国家文化产业资金支持媒体融合重大项目

活页式编写设计

岗课赛证融通教材

湖北省技能名师工作室出品

职业教育教学改革融合创新型教材·会计类

Shuiwu Kuaiji Shiwu

税务会计实务

第六版

刘彩霞 宋燕 主编 汤玉梅 张娟 丁婷玉 副主编

东北财经大学出版社
Dongbei University of Finance & Economics Press
大连

图书在版编目（CIP）数据

税务会计实务 / 刘彩霞，宋燕主编．—6版．—大连：东北财经大学出版社，2023.9
（职业教育教学改革融合创新型教材 · 会计类）
ISBN 978-7-5654-4950-5

Ⅰ．税… Ⅱ．①刘… ②宋… Ⅲ．税收会计-高等职业教育-教材 Ⅳ．F810.62

中国国家版本馆CIP数据核字（2023）第161907号

东北财经大学出版社出版
（大连市黑石礁尖山街217号 邮政编码 116025）
网 址：http：//www.dufep.cn
读者信箱：dufep@dufe.edu.cn
大连图腾彩色印刷有限公司印刷 东北财经大学出版社发行
幅面尺寸：185mm×260mm 字数：501千字 印张：22.75
2023年9月第6版 2023年9月第1次印刷
责任编辑：张旭凤 赵宏洋 责任校对：曲以欢 郭海雷
封面设计：原 皓 版式设计：原 皓
定价：59.80元

教学支持 售后服务 联系电话：（0411）84710309

如有印装质量问题，请联系营销部：（0411）84710711

第六版前言

2019年1月，《国家职业教育改革实施方案》发布，其中提出“倡导使用新型活页式、工作手册式教材并配套开发信息化资源。每3年修订1次教材，其中专业教材随信息技术发展和产业升级情况及时动态更新”。2021年10月，《关于推动现代职业教育高质量发展的意见》提出“改进教学内容与教材……及时更新教学标准，将新技术、新工艺、新规范、典型生产案例及时纳入教学内容。把职业技能等级证书所体现的先进标准融入人才培养方案”。2022年5月实施的《中华人民共和国职业教育法》第三十一条提出，“国家鼓励行业组织、企业等参与职业教育专业教材开发，将新技术、新工艺、新理念纳入职业学校教材，并可以通过活页式教材等多种方式进行动态更新”。

“税务会计实务”课程是财税大数据应用专业的核心课程，也是其他财经商贸类专业的必修课程或选修课程。为了适应“互联网+职业教育”的发展需求，完善“岗课赛证”综合育人机制，按照生产实际和岗位需求设计开发教材，开发模块化、系统化的实训课程体系，提升学生实践能力，我们在北京东大正保科技有限公司、中联集团教育科技有限公司、浙江衡信教育科技有限公司等企业的行业专家指导下，编写了这本《税务会计实务》活页式岗课赛证融通教材。本书的编写具有以下三个特点：

第一，践行党的二十大精神，紧密结合并呈现推进产教融合、深化校企双元合作的成果，注重岗课赛证融通，探索学生三维目标培养新模式。本书在北京东大正保科技有限公司、中联集团教育科技有限公司、浙江衡信教育科技有限公司等企业的行业专家指导下完成。本书注重人才培养知识目标、能力目标、素养目标的统一，实现知识传授、价值引领及能力培养的有机融合。对接税务会计工作岗位，将税务会计的理论知识和基础技能充分融入企业财务工作环境、工作岗位和工作任务的实施过程中，对接1+X智能财税技能等级证书和技能大赛等，岗课赛证融通，符合人才培养规律和技能型人才培养要求。

第二，总结项目教学经验，采用工作任务驱动，探索活页式教材编写新模式，力图实现教材的动态更新，保证教学内容与时代同步。本书分六大模块，以“播下种子-幼芽萌发-向阳生长-繁花似锦-橙黄橘绿-落叶无声”六个阶段对企业“成立-发展-壮大-成熟-衰落-清算”的整个生命周期的税务会计岗位工作任务重新排列组合，打破了单纯以税种会计为项目的传统，将企业不同时期的会计处理与税务处理充分融合，紧密对接税务会计实际工作。在项目下按工作过程分解具体工作任务，每个工作任务按活页式教材编写要求，围绕“任务导航-前导知识和技能测试-任务计划-任务案例-任务知识殿堂-任务实践-任务成果报告及评价-课后作业及拓展”八大环节展开，体现“以学生为中心”，实现“做中学，学中做”。

第三，落实信息化教学，配套数字资源丰富，探索新形态教材混合式教学新模式，打造新时代、新要求的高水平教材。首先，前导知识测试、原始凭证等以二维码形式出现；其次，课后主题讨论、课后技能拓展、案例、作业等设计形式多样，有思维导图绘制、小组讨论、个人展示等；最后，实现学习、示范、模拟练习、教师指导和考核环环相扣，充分体现教学过程的实践性、开放性和职业性，使学生边思边学、边学边练、边练边进，从而起到巩固原理、强化技能、提升能力的效果。

本书以2022年12月止的我国税收法律、法规为主要依据进行了编写，若之后税法有调整或变化，应以新法为准。本书由湖北财税职业学院刘彩霞教授、宋燕副教授任主编，汤玉梅、张娟、丁婷玉任副主编，项目一由张娟、沈颖喆编写，项目二由彭晖编写，项目三由丁婷玉、文丹编写，项目四由胡蝶、宋燕编写，项目五由汤玉梅、刘彩霞编写，项目六由宋燕、黄喆编写。全书由宋燕统稿，刘彩霞审稿。

由于编者水平有限，书中不足之处在所难免，恳请读者在使用教材后提出宝贵意见和建议，以便修订时改进。联系邮箱：455826381@qq.com。

编　者

2023年5月

目录

项目一　播下种子——企业设立财税处理 / 1

任务一　企业设立的筹备工作 / 2
任务二　企业“多证合一”设立登记 / 11
任务三　新办纳税人涉税事项综合申请 / 18
任务四　社保公积金业务办理 / 25
任务五　新设企业建账建制 / 33
任务六　新设企业筹建期间会计处理 / 43
任务七　新设企业筹建期间税务处理 / 48

项目二　幼芽萌发——增值税小规模纳税人财税处理 / 57

任务一　增值税小规模纳税人会计核算 / 58
任务二　小规模纳税人增值税纳税申报 / 70

项目三　向阳生长——增值税一般纳税人财税处理 / 83

任务一　一般纳税人增值税会计科目设置 / 84
任务二　一般纳税人货物、劳务购进业务增值税会计处理 / 92
任务三　一般纳税人服务购进业务增值税会计处理 / 101
任务四　一般纳税人销售业务增值税会计处理 / 108
任务五　一般纳税人增值税缴纳及减免会计处理 / 130
任务六　一般纳税人增值税纳税申报 / 137

项目四　繁花似锦——企业消费税财税处理 / 143

任务一　销售应税消费品会计核算 / 144
任务二　应税消费品视同销售会计核算 / 153
任务三　应税消费品包装物会计核算 / 162
任务四　委托加工应税消费品会计核算 / 168
任务五　外购应税消费品已纳税款扣除会计核算 / 177
任务六　进口应税消费品会计核算 / 185
任务七　出口应税消费品会计处理 / 190
任务八　企业消费税纳税申报 / 197

项目五　橙黄橘绿——企业所得税财税处理 / 207

任务一　企业所得税日常核算与申报 / 208
任务二　认识企业所得税年度纳税申报表 / 221
任务三　企业所得税年度纳税申报基础信息表填报 / 228
任务四　财务信息类报表填报 / 240
任务五　收入类纳税调整 / 250
任务六　扣除类纳税调整 / 266
任务七　资产类纳税调整 / 278
任务八　税收优惠事项纳税调整 / 289
任务九　企业亏损纳税调整 / 297
任务十　确认递延所得税 / 302

项目六　落叶无声——企业注销财税处理 / 329

任务一　企业注销筹备工作 / 330
任务二　企业注销过程财务处理 / 337
任务三　企业注销清算所得税处理 / 348

主要参考文献 / 355

项目一　播下种子——企业设立财税处理

项目导读

将种子播撒到合适的土壤，就会发芽、长大、开花、结果，最终播种人收获成果。市场法人主体的设立，就是播种的过程。

本项目介绍了市场法人主体的类别、市场法人设立的前提和过程。完成本项目所有任务，可以知晓企业办税员或助理会计人员的职业能力清单，能够提升办税员或助理会计人员的从业能力，独立完成法人成立过程中的注册、登记、建账建制等工作。

项目目标

* 能够分辨不同市场法人主体的适用性；
* 能够独立完成法人工商注册程序；
* 能够独立完成法人税务信息登记；
* 能够独立完成法人社保公积金开户；
* 能够独立完成法人建账建制；
* 能够独立完成法人筹建期间的会计处理；
* 能够掌握法人筹建期间的税务处理；
* 能够拥有互学、互鉴、共赢的团队意识；
* 能够养成法治思维、数据思维、证据思维；
* 能够具备敬业负责的职业精神。

任务一 企业设立的筹备工作

一、任务导航

表1-1是企业设立的筹备工作工作任务表，查看本任务的任务目标、任务知识点、任务技能点、学习时间节点、学习资源。

表1-1 企业设立的筹备工作工作任务表

任务基本描述：企业法人设立前的筹备工作前提、内容和要求				
任务目标	任务知识点	任务技能点	学习时间节点	学习资源
1.确定需求意图	•企业法人成立环节 •企业法人类型及名称 •经营范围选择 •注册资本认缴登记制 •注册地址选择 •股东构成及持股比例 •高管岗位分工	•专业询问沟通技巧	•课前准备 •课堂展示	•百度搜索 •微信搜索 •知乎搜索
2.准备资料		•专业询问沟通技巧 •成立环节流程图设计	•课前准备 •课堂展示	•网络搜索 •百度脑图 •思维导图大师App
3.制作文案		•文案构成、设计、制作技巧、工具	•课堂完成 •课堂展示	•网络搜索 •百度脑图 •思维导图大师App

二、前导知识和技能测试①

前导知识测试 1.1.1

前导知识测试 1.1.2

1.前导知识测试1.1.1

2.前导知识测试1.1.2

三、任务计划②

（一）我的学习目标：________________

（二）我的学习内容及时间安排：________________

（三）我的学习完成率及成果：________________

四、任务案例

中国居民宋总一直从事玻璃的生产和销售工作，积累了很多相关资源和经验，也遇到一群小伙伴想共同创业。现在，他们需要成立企业法人，办理工商注册、涉税信息登记、银行开户等事项。于是，他们立即在网上招聘办税员，待遇优厚。如

① 这里是本次学习任务的知识储备库和技能储备库，测试分数达到60分即符合本次任务的知识储备和技能储备要求。请你扫一扫、测一测吧！每个任务均如此，不再赘述。

② 本计划可以在老师引导下完成，也可以由学习者自主安排，还可以由学习者参考老师和同学的建议自主调整和完善。每个任务均如此，不再赘述。

果你要去应聘，请试着作以下准备：

（1）展示自己的专业功底和实践经验，让招聘人员对你产生信任，愿意继续深入沟通。

（2）了解宋总新成立公司的整体运营计划，从而确定自己可以胜任岗位工作，在充分考虑风险的前提下，确保公司客户的要求可以落地，如果可能的话，可以提出一定的建议。

如果应聘成功，需要完成以下工作：

（1）搜集企业成立所需各项资料，建立新企业的财税工作体系；

（2）草拟工作方案，含工作目标、工作内容、工作推进时点等。

五、任务知识殿堂

（一）企业法人类型

中华人民共和国的法人分为企业法人、机关法人、事业单位法人和社会团体法人。其中，企业法人是指具有符合国家法律规定条件，能够独立承担民事责任，经主管机关（市场监督管理部门）核准登记取得法人资格的社会经济组织。

按企业资产的所有制性质来分类，企业法人包括：全民所有制企业法人、集体所有制企业法人、中外合资经营企业法人、中外合作经营企业法人以及外商独资企业法人，以及它们之间成立的具有法人资格的联营企业和其他各种具有法人资格的企业或者公司。

按照企业制度的形态分类有：个人企业、合伙企业和公司制企业。个人企业包括个人独资企业和个体工商户，其法律责任承担等同于自然人。公司制企业，包括有限责任公司和股份有限公司。

成为企业法人的条件包括：

1.依法成立。依法成立是指依照现行法律法规成立，包括在成立程序上的合法性和成立后组织的合法性。我国公司制企业必须依《中华人民共和国公司法》（以下简称《公司法》）成立，方能取得法人资格。

2.有独立的财产。企业法人拥有独立的财产，是它作为民事主体参与经济活动，享有民事权利和承担民事责任的物质基础。企业法人应具有与其经营范围、经营规模相一致的财产。

3.有自己的名称、组织机构和场所。法人的名字是法人的字号，是它区别于其他法人的标志。企业法人是一个经济组织，组织必须是有序的组织机构，组织的功能才能发挥。企业法人场所是企业生产经营活动的地方，也是企业作为民事主体的住所。企业法人必须有场所，一是生产经营活动的需要，二是有利于国家对企业法人的监督和管理。

4.必须独立承担民事责任。这一条件包括三层含义：一是必须承担民事责任；二是只能由它自己承担；三是有能力承担。企业能否独立承担民事责任是以其是否拥有独立财产为基础。公司制企业由多个投资主体（包括自然人和其他法人）出资，依法定程序设立，所有投资主体的出资形成公司独立的法人财产，并与投资主体的其他未投入的财产相分离，公司以它拥有的全部财产独立享有民事权利和承担民事责任，具有与自然人一样的民事权利能力和民事行为能力。

（二）企业法人设立流程

企业法人设立流程为：了解清楚股东设立企业法人的意图，确定名称、经营范围、注册地、股东数量、股东身份、股东资本认缴比例、股东信用情况、股东身份证件完整性、公司章程特殊条款等信息；线上进行企业法人名称核名登记，确定公司名称是否可以使用；线上进行企业法人设立登记，按照每一步骤要求上传提交各类资料，等待审核，股东实名签字，审核通过，邮寄领取或线下领取营业执照。

（三）经营范围选择

经营范围是指国家允许企业生产和经营的商品类别、品种及服务项目，反映企业业务活动的内容和生产经营方向，是企业业务活动范围的法律界限，体现企业民事权利能力和行为能力的核心内容。申请人应当参照《国民经济行业分类》选择一个或多个小类、中类或者大类自主提出经营范围登记申请。

简单来说，经营范围是指企业可以从事的生产经营与服务项目，是进行公司注册申请时的必填项，也是未来从事经营活动开具各种内容发票的依据。

《公司法》对企业的经营范围有以下要求：

1.企业经营范围由公司章程规定，不能超越章程规定经营范围申请登记注册。

2.企业经营范围必须进行依法登记，即以登记注册机关核准为准。企业应当在登记机关核准的经营范围内从事经营活动。

3.企业经营范围中属于法律、行政法规限制的项目，在进行登记之后，必须依法经过批准，取得行政许可证。

（四）注册资本认缴登记制

注册资本认缴登记制是工商登记制度的一项改革措施。注册资本实行认缴登记制，指市场监督管理部门只登记公司认缴的注册资本总额，无须登记实收资本，不再收取验资证明文件，申请企业登记不用再为注册资本发愁，即成立公司的时候可以一分钱都不拿，注册资金在以后几年甚至十几年后再缴纳都可以。

公司注册资本写多少，要参考所在行业资质要求。比如，互联网公司申请ICP经营许可证时，ICP经营许可证要求公司注册资本在100万元以上；天猫、京东也对入驻平台的商家提出了标准：注册资本为200万元以上。需要其他资质或资格的，如招投标等，参照行业通行做法就可以了。

有限责任就是指公司的股东对公司的债务只承担有限的责任，而承担的最高额度就是公司的注册资本。注册资本与所能承担的风险和责任是成正比的。注册资本越大，承担的风险与责任就越大。比如，一家注册资本为100万元的公司，A占70%股权，所以需要出资70万元。后来公司经营不善，欠了1 000万元的外债。那么A最多只需用其70万元的出资额来承担责任，超出的部分就和他没关系了。但如果这家公司的注册资本是1 000万元，A依旧占70%的股权，那么A就要承担700万元的责任。

每年年底，企业要按新增的实收资本和资本公积缴纳万分之二点五的印花税。例如一家科技类公司的注册资本是100万元，如果企业完成实缴，那么，企业的印花税将是250元。说个极端的例子，若一家公司注册资本为5兆元，如完成实缴，印花税将达到12.5亿元。所以那些想要伪装成亿万富翁的“创业土豪们”要慎重了。

注册资本并不是越大越好，也不是越小越好，最重要的是股权比例，而不是注册资本。根据自己的实际情况，设定一个合理的注册资本，才是最理智的选择。

（五）注册地址选择

创办一个公司，要选择一个有效的注册地址。

1.公司注册地址要求

（1）自建房作为住所但尚未取得《房屋所有权证》的，可提交建设单位出具的施工许可证、建设许可证复印件作为住所使用证明。

（2）原属区县房屋管理局直管公房作为住所，但因房屋管理局机构调整无法再由其出具权属证明的，可由区县政府明确的部门出具产权证明。

（3）使用国有企业尚未取得《房屋所有权证》的房产作为住所，可由主管该单位的国有资产管理部门或其上级单位出具产权证明。

（4）使用科技园区（开发区）内尚未取得《房屋所有权证》的房产作为住所，由所在区县政府或其授权的部门出具房屋权属证明文件。

（5）房屋提供者系经市场监督管理部门核准的具有出租房屋经营项目的，即经营范围含有“出租商业用房”“出租办公用房”“出租商业设施”等项目的，由该企业提交加盖公章的营业执照复印件及房屋产权证明复印件作为住所使用证明。

（6）使用宾馆、饭店（酒店）作为住所的，提交加盖公章的宾馆、饭店（酒店）的营业执照复印件作为住所（经营场所）使用证明。

（7）使用人防工程作为住所的，提交人防行政主管部门审查同意的《使用人防工程申报表》以及消防部门同意使用的证明文件的复印件。

（8）使用中央各直属机构的房屋作为住所的，由中央各直属机构的房屋管理部门出具房屋使用证明。

（9）使用中、小学校的非教学用房作为住所的，由所在区县教委出具同意经营的意见。

（10）经市商务局确认申请登记为社区便民菜店的，由所在街道办事处或社区综合服务中心出具同意使用该场所作为住所从事经营的证明。

（11）申请从事报刊零售亭经营的，按照北京市《关于加强全市报刊零售亭建设的意见》的规定，由市政管委出具住所证明。

（12）在已经登记注册的商品交易市场内设立企业或个体工商户的住所证明由市场服务管理机构出具，并提交加盖该市场服务管理机构公章的营业执照复印件。

（13）如果是写字楼，则注册公司时所提供手续较为全面也比较广泛，要求提供房产证复印件、房屋租赁合同、住所证明等。

2.无地址注册情况

（1）公司法规定，住宅一律不可以商用注册公司。

（2）商住两用房分为商业和住宅两种，需要看房产证上面的规划用途，如果规划用途是商业或办公，则此地址可以用来注册公司；如果规划用途是住宅，则此地址不能用来注册公司。

（3）当商住两用房不能注册公司，又不想花高额的租金租写字楼，可以寻找孵化器公司提供的共享办公地址，进行注册。这种地址一般都是在市场监督管理局备过案的，市场监督管理局认可的共享办公区。使用这种虚拟地址不仅节省公司成本，更重要的是合规合法。

（六）股权架构及持股比例

股权是企业法人经营管理权、风险承担、利润分配的依据。股权比例大小，决定了上述权利义务承担的多少。

绝对控制权67%。相当于100%的权力，能够直接作出“修改公司章程、增加或者减少注册资本，合并、分立、解散或者变更公司形式等”重大决策。但需要注意，《公司法》赋予了有限责任公司一定的自主约定权，公司章程可以约定股东会不按照出资比例行使表决权，在这种情况下67%的绝对控制权可能失去相应的意义。

相对控制权51%。基本可以控制公司决策，除上述重大事项以及公司章程特别规定的事项外，决策事项都可以通过。

安全控制权34%。与绝对控制权67%相对，对于需要三分之二以上表决权通过的关于公司“生死存亡”的事宜，如果其中一个股东持有超过三分之一的股权，则其他方就无法达到三分之二以上表决权，相当于拥有了一票否决权，这样就控制了公司生命线，因而表述为安全控制权。

外商投资企业待遇25%（额外参考）。《关于外商投资企业境内投资的暂行规定》将25%的外资比例作为公司享受外商投资企业待遇的前提条件。

重大影响线（20%）。根据《企业会计准则》的规定，当股东持股比例超过20%但低于50%时，通常被认为对被投资公司有重大影响。投资方一旦对被投资公司有重大影响，将被要求以“权益法”对该项投资进行会计核算。在这种核算方法下，被投资公司每年的盈亏情况将对投资公司合并报表中的利润产生影响。

临时股东会与申请解散线（10%）（不能忽视）。①公司重大事项往往通过股东会的形式表决，但前提是要召开股东会。如果持股比例低于10%，则无权召开临时股东会，只能被动等待。（《公司法》第三十九条“代表十分之一以上表决权的股东、三分之一以上的董事、监事会或者不设监事会的公司的监事提议召开临时会议的，应当召开临时会议”）②持股比例达到10%，有权申请解散公司，拥有解散公司的权利相当于掌握了及时止损的权利。因为当公司陷入僵局或者内斗内耗的情况下，拥有10%以上股权的股东可以提出解散公司，不至于任由公司亏损下去。（《公司法》第一百八十二条“公司经营管理发生严重困难，继续存续会使股东利益受到重大损失，通过其他途径不能解决的，持有公司全部股东表决权百分之十以上的股东，可以请求人民法院解散公司。”）

（七）高管岗位分工

企业法人注册时，需要确定董事长一人，总经理一人，董事一人，监事一人，财务负责人一人。中小企业，董事长、总经理、董事可以一人兼任。

拓展阅读

公司注册资本认缴金额是不是越多越好呢？

公司注册资本的认缴制改革大大降低了公司成立的门槛，激发了大众创业热情。当公司作为被执行人且确无财产可供执行时，债权人往往诉至法院要求股东出资“加速到期”。此种情况下，债权人的合法权益如何维护？

案例一　可供执行的财产价值远少于债务数额，应认定属于具备破产原因，可追加股东为被执行人

基本案情：某健身公司注册资本为500万元，股东刘某的认缴出资额为300万元，认缴出资期限为2067年。2020年，顺义法院判决该公司赔偿郑某因人身损害所花费的医疗费、误工费等共计42万余元。执行过程中，顺义法院将公司账户内仅有的1万余元进行划扣给郑某，但剩余40余万元赔偿款一直未能实际赔付。顺义法院另外查询到，该公司尚存部分健身器材，经评估价值24万余元。郑某向股东刘某提起诉讼，请求刘某在未出资范围内对公司应支付其人身损害赔偿金承担补充赔偿责任。刘某认为，公司还有健身器材处于拍卖过程中，在拍卖完成之前，不能确定公司已经具备了破产原因，故不同意承担责任。

法院判决：顺义法院经审理认为，该公司虽尚有财产处于拍卖过程中，但结合相关证据，能够确认可供执行的财产价值远远小于郑某尚未受偿的债权数额。同时考虑到，公司尚有其他执行案件中的债权，数额高达80余万元，亦未获得清偿，故应认定该健身公司已无法清偿全部债务，已具备破产原因。股东刘某的出资期限虽未届满，但在公司的财产不足以清偿生效判决书所确定债务的情况下，尚未足额缴纳出资，应在未出资范围内对公司不能清偿的债务承担补充赔偿责任。因此，顺义法院判决支持郑某的诉讼请求。

典型意义：破产原因的认定是请求追加股东为被执行人时必须厘清的先决问题。实践中，法院会根据双方提供的证据，结合终结本次执行程序的原因、债务人当前的资产负债状况、生产经营状况、信用状况、技术力量、知识产权、劳动力、恢复执行情况、注册资本等情况进行综合审查，以对债务人是否具备破产原因作出认定。其中，最常用来判断债务人是否资不抵债的依据为企业的资产负债表、审计报告以及资产评估报告。

案例二　股东在执行阶段零元转让公司股权，可追加原股东为被执行人

基本案情：某文化公司成立于2017年，注册资本为3 000万元，股东包括于某在内三人。于某认缴出资数额为2 250万元，认缴出资期限为2045年。2019年，于某以文化公司名义向某投资公司借款200余万元。之后因文化公司未能如约偿还借款，投资公司提起诉讼，顺义法院判令文化公司向投资公司偿还借款以及利息。投资公司于2021年5月申请强制执行，因未能查找到公司其他可供执行的财产，顺义法院裁定终结本次执行程序。

2021年6月，于某以零元的价格将其名下的公司股权全部转让给公司的另一股东雷某。投资公司认为，文化公司原股东于某系借款关系的实际参与者，仓促退股属于恶意逃避债务，故向顺义法院提起执行异议之诉，请求追加于某为被执行人，对公司债务承担补充赔偿责任。

法院判决：顺义法院经审理认为，本案借款合同主要是于某与投资公司相关人员进行联系沟通才得以形成的。于某作为公司持股75%的股东，在应当明知文化公司负有债务、尚未执行完毕之时，将股权全部无偿转让给另一名股东，并且转让

过程中没有对转让前后的权利义务进行合理安排。综合考量债务形成时间、股权转让时间、是否支付合理对价以及相关主体之间的身份关系等因素，顺义法院对于原告股权转让之中存在恶意规避债务的主张予以支持。故在符合出资加速到期条件时，于某应就出资不足部分对公司债务承担补充责任。

典型意义：股东的出资是法定义务和强制责任，在股东将股权转让给他人时，该责任不基于股权转让双方的合意而解除。公司配合办理股东变更登记手续也只是对法定义务的履行，不能解释为对认缴义务转移的同意。股东在出资期限届满前将股权转让，仅仅是让渡了自己的合同权利，履行出资的合同义务并不会当然随着股权的转让而转移，这也是公司资本充实原则的体现。因此，认缴期限届满前，尚未履行出资义务的股东转让股权的，未经已有债权人同意或未落实已有债权清偿方案的情况下，在满足出资加速到期的法律要件时，仍要在未实缴出资范围内对公司债务承担补充赔偿责任。

案例三　股东向法定代表人个人银行账户转入资金不属于向公司缴纳出资，可追加股东为被执行人

基本案情：张某、周某均是某体育公司的股东，周某是公司的法定代表人。体育公司注册资本为3 000万元，张某认缴出资数额为300万元，认缴出资时间为2068年。张某先后向体育公司名下银行账户转入资金120万元，向周某名下个人银行账户转入182万元。2020年，顺义法院判决体育公司退还某器材公司押金20万元，并支付逾期利息。该判决书执行过程中，因未找到体育公司可供执行的财产，法院依法裁定终结本次执行程序。器材公司以体育公司财产不足以清偿生效法律文书确定的债务，张某作为股东未依法履行出资义务为由，向顺义法院提起执行异议之诉，请求追加张某为被执行人。张某认为，其向公司账户和周某账户的转账行为均属于向公司的出资，将出资转入公司法定代表人账户是为了使用方便，转入周某账户的资金也全部用于公司经营。故张某认为其已经实缴了全部出资，不应该再承担责任。

法院判决：顺义法院经审理认为，张某向公司法定代表人个人银行账户转入款项，不符合法律对于出资款规定的要件，且张某亦未能提供证据证明转入的资金在股东名册中被记载为其“已经缴纳的出资额”，或者被公司会计账簿计入“实收资本”。对于张某主张其向公司法定代表人名下银行账户转入的款项属于向公司缴纳出资的辩解意见，顺义法院不予采信，故张某未实际缴纳的出资额为180万元。张某的出资期限虽未届满，但在体育公司的财产不足以清偿生效判决书所确定债务的情况下，应在未出资范围内对公司不能清偿的债务承担补充赔偿责任。

典型意义：根据公司法相关规定，股东以货币出资的，应当将货币出资足额存入有限责任公司在银行开设的账户，且有限责任公司成立后应当向股东签发载明股东缴纳的出资额和出资日期的出资证明书，股东名册中亦应对于股东的出资额进行记载。股东于公司账户开户之后，向法定代表人个人银行账户转入的资金不属于向公司缴纳出资款，股东仍作为未实缴出资的股东承担相应责任。

资料来源：根据网络相关资料整理。

六、任务实践

请课前完成分小组，课上随机选定角色，完成以下任务实践。

1.情景模拟实训：角色扮演，第一次线上或线下洽谈，完成整个案例咨询过程。

2.情景模拟实训：角色扮演，与宋总公司对接人员第二次洽谈，厘清需要准备哪些材料。

3.情景模拟实训：草拟工作方案，与公司有关人员沟通日后落实和推进工作的有关事宜，进一步做好成立企业法人、办理工商注册、涉税信息登记、银行开户等事项的准备。

七、任务成果报告及评价

表1-2是实训任务一企业设立的筹备工作成果报告，回顾并总结本任务的过程、结果、评价、诊改及反思。

表1-2　企业设立的筹备工作成果报告

<table>
<tr><td colspan="4">实训任务一　企业设立的筹备工作成果报告</td></tr>
<tr><td>适用项目</td><td></td><td>课时</td><td>2</td></tr>
<tr><td>组名</td><td></td><td rowspan="2">成员及分工</td><td rowspan="2">组织者：　思路方案：
政策支持：　职业素养：
文档制作及上传：</td></tr>
<tr><td>时间及地点</td><td></td></tr>
<tr><td colspan="4">【案例描述及要求】</td></tr>
<tr><td colspan="4">【我的思路或方法】

【我的解决方案】

【我的政策知识】

【我的职业技能】

【我的职业素养】</td></tr>
<tr><td colspan="4">【课堂提问】
一、小组被提问记录

二、小组提问记录

三、教师提问记录</td></tr>
</table>

续表

<table>
<tr><td>【我的评分】
评分标准：
1.知识掌握（20分）：案例适用政策完整且准确（20分）。
2.技能掌握（30分）：案例税额计算准确（15分）、文档制作（5分）、信息搜集整理（5分）、演讲表达（5分）。
3.素质提升（30分）：思政精神力挖掘务实（5分）、与具体实践结合（15分）、具有共鸣感（10分）。
4.小组合作（20分）：分工明确（5分）、全员贡献度（10分）、活跃度（问及答）（5分）。
一、自评分（20%）

二、小组互评分（40%）

三、教师评分（40%）</td></tr>
<tr><td>【我的诊改】
一、存在问题
（一）知识方面

（二）技能方面

（三）素质方面

二、未来改进
（一）知识方面

（二）技能方面

（三）素质方面</td></tr>
</table>

八、课后作业及拓展

（一）课后主题讨论

1.小组趣谈：公司注册资本认缴与实缴的利弊分析。

2.小组趣谈：注册资本需要进行会计处理和缴纳印花税吗？

3.简析股权在资产负债表中的体现。

（二）课后技能拓展

熟悉在线公司核名登记操作和在线公司设立登记操作。

任务二　企业“多证合一”设立登记

一、任务导航

表1-3是企业“多证合一”设立登记工作任务表，查看本任务的任务目标、任务知识点、任务技能点、学习时间节点、学习资源。

表1-3　　企业“多证合一”设立登记工作任务表

任务基本描述：企业法人设立登记的过程和操作事项				
任务目标	任务知识点	任务技能点	学习时间节点	学习资源
1.确认公司设立登记相关信息和资料准备情况	•公司名称的确定要求 •股权构成比例 •股东个人信用情况 •注册地址信息 •法定代表人、董事、监事、总经理、财务负责人、联络员等人员安排 •注册资金具体金额 •经营范围的确定	•专业询问沟通技巧	•课前准备 •课堂展示	•百度搜索 •微信搜索 •知乎搜索
2.在线核名登记	•企业类型、行政区划、字号、行业、组织形式、查重 •实名注册	•专业询问沟通技巧 •线上进行核名登记操作	•课前准备 •课堂实操	•某省政务服务中心网
3.在线办理企业设立登记	•上传资料类型 •生成电子申请书 •股东扫码签字	•专业询问沟通技巧 •线上进行核名登记操作	•课前准备 •课堂实操	•网络搜索 •某省政务服务中心网
4.领取营业执照		•领取方式	•课前准备 •课堂描述	•网络搜索
5.刻章	•印章类型 •渠道选择	•专业询问沟通技巧	•课前准备 •课堂描述	•某省政务服务中心网
6.银行开户	•基本存款账户开设要求 •携带资料 •网银开通 •银企对账方式选择	•专业询问沟通技巧	•课前准备 •课堂描述	•网络搜索
7.思维导图		•百度脑图 •思维导图大师App的使用技能	•课前完成 •课堂展示	•百度脑图 •思维导图大师App

二、前导知识和技能测试

前导知识测试 1.2.1

1. 前导知识测试1.2.1

2. 前导技能测试1.2.1

三、任务计划

前导技能测试 1.2.1

（一）我的学习目标：______

（二）我的学习内容及时间安排：______

（三）我的学习完成率及成果：______

四、任务案例

宋总决定着手设立玻璃商贸有限公司，先做商贸业务，再筹谋玻璃生产。

（一）基本信息

1. 公司名称：武汉博乐玻璃有限公司

2. 行业性质：非金属矿物制品业

3. 注册资本：100万元，认缴期限至2050年12月31日

4. 企业类型：有限责任公司（自然人投资或控股）

5. 营业期限：202×-11-10至无固定期限/ 202×-08-12 至 20××-08-11

6. 注册地址：武汉市汉阳区永丰街黄金口村淘金路5号

7. 经营范围：玻璃生产、玻璃加工、安装、批发、零售（依法须经批准的项目，经相关部门批准后方可开展经营活动）

8. 财务制度：小企业会计准则

9. 办公地址：签订3年期租赁合同

10. 纳税人身份选择：小规模纳税人

11. 发票选择：增值税电子专用发票、增值税电子普通发票

12. 开户行及账号：招商银行汉阳支行，1279 0892 4910 903

13. 统一社会信用代码：91420111MA4F5NCG68

（二）人员信息

执行董事兼总经理：宋立明，电话18903251319

监事：王鸣礼，电话18903271319

财务负责人：肖惠，电话18903261319

（三）持股结构及比例

宋立明：60%；王鸣礼：20%；肖惠：20%。

五、任务知识殿堂

“多证合一、一照一码”是指商事主体的营业执照、组织机构代码证、税务登记证、刻章许可证、社保登记证、统计登记证、住房公积金缴存单位登记等，在商

事登记部门“一表申请、一门受理、一次审核、信息互认、多证合一、档案共享”登记模式的基础上，只发放记载有统一社会信用代码的营业执照，不再发放商事主体的组织机构代码证、税务登记证、刻章许可证、社保登记证、统计登记证等，赋予营业执照以上证（照）的全部功能。

“一码”，指统一社会信用代码，共18位，是每一个法人和其他组织在全国范围内唯一的、终身不变的法定身份识别码。在市场监督管理部门发放的营业执照上具有统一社会信用代码。

拓展阅读

企业纳税信用重要吗？

企业实施统一社会信用代码管理，信用是商业社会唯一的通行证。

“守信者一路绿灯，失信者寸步难行”，现如今这种情形在税收领域得到了充分的体现。

一方面，众多企业凭借较高的纳税信用级别在税收服务、融资授信、项目管理等多个领域享受着多部门联合提供的优惠和便利，进一步提升了市场竞争力。

比如，税务部门与金融监管部门、银行合作，持续深化“银税互动”，让越来越多企业借纳税信用解了融资之渴。2020年上半年，全国小微企业通过“银税互动”获得贷款4 959亿元，同比增长65%。

另一方面，纳税失信的成本也越来越高。近年来，国家发改委、公安部等多部门对重大税收违法案件当事人依法实施阻止出境、限制取得政府供应土地等多项联合惩戒。

税收违法“黑名单”制度体系更加完善，目前已累计公布9万余件相关案件。与此同时，打击虚开骗税违法犯罪专项行动已累计查处涉嫌虚开骗税企业超32万户。

可见，我国纳税信用体系正在守信激励与失信惩戒、多部门协同和多领域应用的综合作用下，更加健全有力且精准高效。伴随纳税信用体系不断完善，企业的纳税信用意识也应从两个维度同步升级。

首先，要注意强化税收违法的“风险意识”。随着大数据等先进技术在税收治理中有效应用，对税收违法行为的稽查精度不断增强，“钻空子”的机会越来越少，风险则越来越大。

而且，从当前趋势看，纳税信用在整个信用体系中的分量不断加大，应用领域也在加速拓展，因此一定要杜绝侥幸心理，强化风险意识，避免“贪小便宜吃大亏”。

同时，要不断提升纳税信用的“增值意识”。随着纳税信用体系不断健全，良好的纳税信用不仅能给企业日常财务管理带来更多便利，还能助企业在融资、招投标、品牌建设等多方面得到更多利好。

因此，企业应进一步强化纳税信用的管理和信用应用意识，不仅要避免纳税信用成为“减分项”，更需要用心完善、注重信用应用，让其成为助力企业健康长远发展的“加分项”。

根据《纳税信用等级评定管理试行办法》，纳税信用等级评价采取年度评价指标得分和直接判级方式。纳税信用评价周期为一个纳税年度，目前纳税信用级别共有A、B、C、D、M五类。纳税信用评价的内容见图1-1。

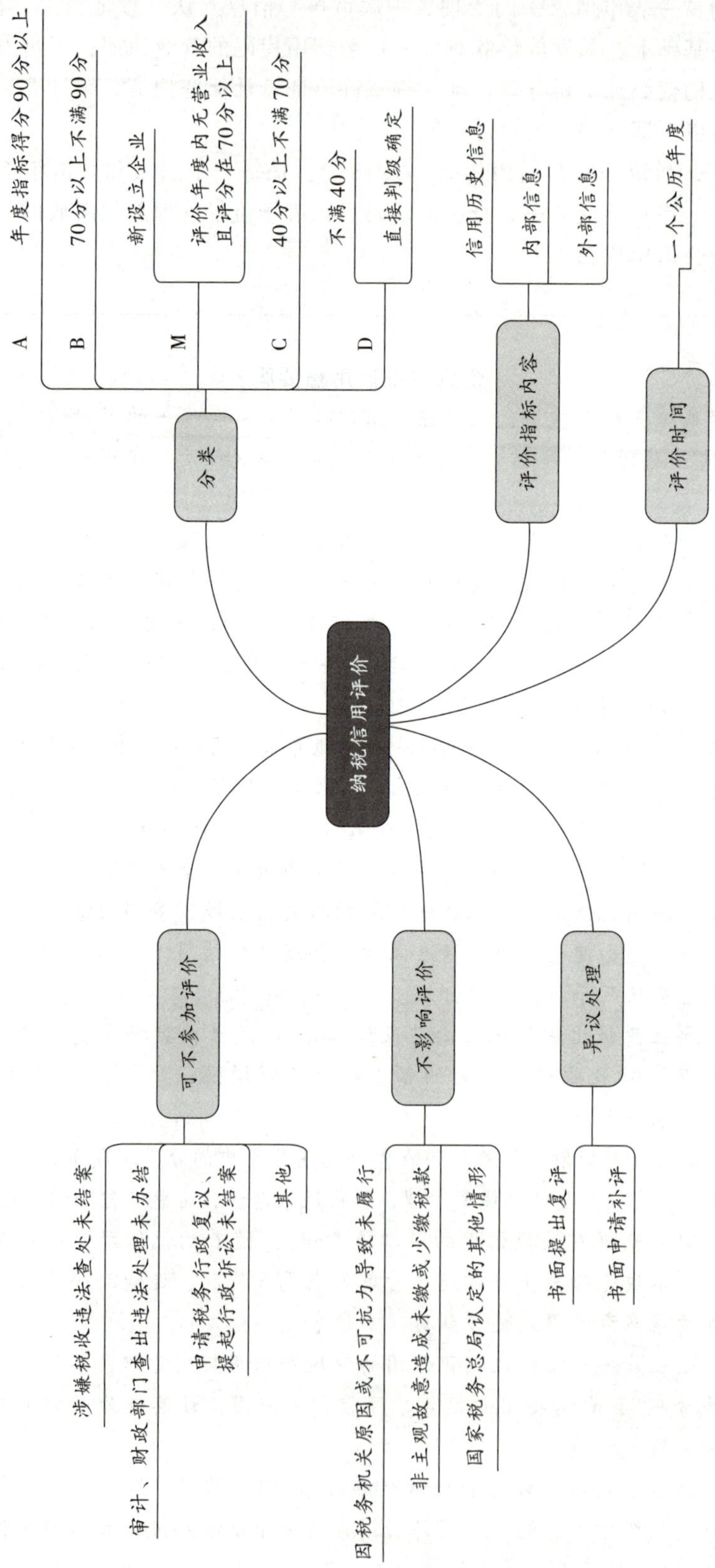
纳税信用评价
分类
A
年度指标得分90分以上
B
70分以上不满90分
M
新设立企业
评价年度内无营业收入且评分在70分以上
C
40分以上不满70分
D
不满40分
直接判级确定
评价指标内容
信用历史信息
内部信息
外部信息
评价时间
一个公历年度
可不参加评价
涉嫌税收违法查处未结案
审计、财政部门查出违法处理未办结
申请税务行政复议、提起行政诉讼未结案
其他
不影响评价
因税务机关原因或不可抗力导致未履行
非主观故意造成未缴或少缴税款
国家税务总局认定的其他情形
异议处理
书面提出复评
书面申请补评

图 1-1 纳税信用评价

《纳税信用管理办法（试行）》第十七条规定："纳税信用评价周期为一个纳税年度，有下列情形之一的纳税人，不参加本期的评价：

（一）纳入纳税信用管理时间不满一个评价年度的；

（二）本评价年度内无生产经营业务收入的；

（三）因涉嫌税收违法被立案查处尚未结案的；

（四）被审计、财政部门依法查出税收违法行为，税务机关正在依法处理，尚未办结的；

（五）已申请税务行政复议、提起行政诉讼尚未结案的；

（六）其他不应参加本期评价的情形。"

国家税务总局公告2015年第46号第二条规定，公司对纳税信用评价结果有异议的，可以在纳税信用评价结果确定的当年内，向主管税务机关申请复评，主管税务机关应在受理申请之日起15个工作日内完成复评工作，并反馈纳税信用复评信息或提供复评结果的自我查询服务。

纳税信用评价激励&惩戒措施

税务机关按照守信激励、失信惩戒的原则，对不同信用级别的纳税人实施分类服务和管理。

对纳税信用评价为A级的纳税人，税务机关予以下列激励措施：

①主动向社会公告年度A级纳税人名单；

②一般纳税人可单次领取3个月的增值税发票用量，需要调整增值税发票用量时即时办理；

③普通发票按需领用；

④连续3年被评为A级信用级别（简称3连A）的纳税人，除享受以上措施外，还可以由税务机关提供绿色通道或专门人员帮助办理涉税事项；

⑤税务机关与相关部门实施的联合激励措施，以及结合当地实际情况采取的其他激励措施。

对纳税信用评价为D级的纳税人，税务机关应采取以下措施：

①公开D级纳税人及其直接责任人员名单，对直接责任人员注册登记或者负责经营的其他纳税人纳税信用直接判为D级；

②增值税专用发票领用按辅导期一般纳税人政策办理，普通发票的领用实行交（验）旧供新、严格限量供应；

③加强出口退税审核；

④加强纳税评估，严格审核其报送的各种资料；

⑤列入重点监控对象，提高监督检查频次，发现税收违法违规行为的，不得适用规定处罚幅度内的最低标准；

⑥将纳税信用评价结果通报相关部门，建议在经营、投融资、取得政府供应土地、进出口、出入境、注册新公司、工程招投标、政府采购、获得荣誉、安全许可、生产许可、从业任职资格、资质审核等方面予以限制或禁止；

⑦税务机关与相关部门实施的联合惩戒措施，以及结合实际情况依法采取的其他严格管理措施。

资料来源：上海税务公众号。

六、任务实践及展示

请同学们课前完成分小组，每个小组抽签选择案例，且两个小组作为对比组，课前完成准备，课堂进行展示、提问、讲解和互评，期待你们的精彩呈现。

1.模拟情景实训：确认公司设立登记相关信息和资料准备情况、企业LOGO设计、思维导图流程；

2.小组课堂实训：在线核名登记；

3.小组课堂实训：在线办理企业设立登记；

4.模拟情景实训：领取营业执照、刻章、银行开户。

七、任务成果报告及评价

表1-4是实训任务二的企业“多证合一”设立登记成果报告，回顾并总结本任务的过程、结果、评价、诊改及反思。

表1-4　**企业“多证合一”设立登记成果报告**

<table>
<tr><td colspan="4">实训任务二　企业“多证合一”设立登记成果报告</td></tr>
<tr><td>适用项目</td><td></td><td>课时</td><td>2</td></tr>
<tr><td>组名</td><td></td><td rowspan="2">成员及分工</td><td rowspan="2">组织者：　　　思路方案：
政策支持：　　职业素养：
文档制作及上传：</td></tr>
<tr><td>时间及地点</td><td></td></tr>
<tr><td colspan="4">【案例描述及要求】</td></tr>
<tr><td colspan="4">【我的思路或方法】

【我的解决方案】

【我的政策知识】

【我的职业技能】

【我的职业素养】</td></tr>
</table>

续表

【课堂提问】 一、小组被提问记录 二、小组提问记录 三、教师提问记录
【我的评分】 评分标准： 1.知识掌握（20分）：案例适用政策完整且准确（20分）。 2.技能掌握（30分）：案例税额计算准确（15分）、文档制作（5分）、信息搜集整理（5分）、演讲表达（5分）。 3.素质提升（30分）：思政精神力挖掘务实（5分）、与具体实践结合（15分）、具有共鸣感（10分）。 4.小组合作（20分）：分工明确（5分）、全员贡献度（10分）、活跃度（问及答）（5分）。 一、自评分（20%） 二、小组互评分（40%） 三、教师评分（40%）
【我的诊改】 一、存在问题 （一）知识方面 （二）技能方面 （三）素质方面 二、未来改进 （一）知识方面 （二）技能方面 （三）素质方面

八、课后作业及拓展

（一）课后主题讨论

小组趣谈：企业、银行、税务局之间签订税款划扣三方协议的公司基本存款账户，因为法律诉讼被冻结，税款还能扣划吗？若不能，怎样缴纳税款？

（二）课后技能拓展

请完成以下涉税表单资料搜集任务，提升个人获取信息能力。

首先，到某省电子税务局“下载”模块下载以下表单：增值税专用发票最高开票限额申请单、纳税人领用发票票种核定表、增值税一般纳税人简易征收备案表、企业所得税优惠事项备案表、增值税备案类减免税登记表、增值税及附加税费申报表（小规模纳税人适用）、财务报表模板汇总、中华人民共和国企业所得税月（季）度预缴纳税申报、增值税一般纳税人资格登记表、存款账户账号报告、税务资格备案表等。

其次，通过网络搜索“多证合一”登记信息确认表。

任务三 新办纳税人涉税事项综合申请

一、任务导航

表1-5是新办纳税人涉税事项综合申请工作任务表，查看本任务的任务目标、任务知识点、任务技能点、学习时间节点、学习资源。

表1-5 新办纳税人涉税事项综合申请工作任务表

任务基本描述：企业法人成立登记之后新办纳税人涉税事项综合申请的过程和操作事项				
任务目标	任务知识点	任务技能点	学习时间节点	学习资源
1.涉税事项综合申请	•增值税纳税人身份选择 •签订三方协议 •税种核定 •办理税控UK •办理发票认证 •备案会计制度	•专业询问沟通技巧	•课前准备 •第二课堂见习 •课堂展示	•网络搜索 •某区政务服务中心
2.思维导图		•百度脑图 •思维导图大师的使用技能	•课前完成 •课堂展示	•百度脑图 •思维导图大师App

二、前导知识和技能测试

前导知识测试 1.3.1

前导技能测试 1.3.1

1.前导知识测试1.3.1

2.前导技能测试1.3.1

三、任务计划

（一）我的学习目标：________________

（二）我的学习内容及时间安排：________________

（三）我的学习完成率及成果：________________

四、任务案例

武汉博乐玻璃有限公司已经成功注册设立，接下来需要帮公司完成新办纳税人涉税事项综合申请。

分小组完成以下任务：

1. 校外实训：校外实训基地见习走访，确认以下事项的办理流程及操作细节：增值税纳税人身份选择、签订三方协议、税种核定、办理税控UK、办理发票认证、备案会计制度；

2. 模拟情景实训：校内课上展示、描述以下事项办理流程及操作细节：增值税纳税人身份选择、签订三方协议、税种核定、办理税控UK、办理发票认证、备案会计制度；

3. 模拟情景实训：校内课上情景模拟企业LOGO设计，寻找专业公司合作；

4. 模拟情景实训：校内课上展示、描述商标申请、注册的流程及操作细节。

五、任务知识殿堂

（一）新办纳税人涉税事项综合申请法律依据

《中华人民共和国税收征收管理法》第十五条规定：企业，企业在外地设立的分支机构和从事生产、经营的场所，个体工商户和从事生产、经营的事业单位（以下统称从事生产、经营的纳税人）自领取营业执照之日起三十日内，持有关证件，向税务机关申报办理税务登记。工商行政管理机关（现市场监督管理机关）应当将办理登记注册、核发营业执照的情况，定期向税务机关通报。

已实行“多证合一、一照一码”登记模式的纳税人，首次办理涉税事宜时，对税务机关依据市场监督管理等部门共享信息制作的“多证合一”登记信息确认表进行确认，对其中不全的信息进行补充，对不准确的信息进行更正。

（二）新办纳税人“套餐式”服务内容

纳税人采用新办纳税人“套餐式”服务的，可一并办理以下涉税事项：电子税务局开户、登记信息确认、财务会计制度及核算软件备案、纳税人存款账户账号报告、增值税一般纳税人登记、发票票种核定、增值税专用发票最高开票限额审批、实名办税、增值税税控系统专用设备初始发行、发票领用。

（三）纳税人（扣缴义务人）身份信息报告

《税务登记管理办法》第二条规定：“企业，企业在外地设立的分支机构和从事生产、经营的场所，个体工商户和从事生产、经营的事业单位，均应当按照《中华人民共和国税收征收管理法》及《中华人民共和国税收征收管理法实施细则》和本办法的规定办理税务登记。

前款规定以外的纳税人，除国家机关、个人和无固定生产、经营场所的流动性农村小商贩外，也应当按照《中华人民共和国税收征收管理法》及《中华人民共和国税收征收管理法实施细则》和本办法的规定办理税务登记。”

哪些纳税人应办理纳税人（扣缴义务人）身份信息报告？

不适用“一照一码”“两证整合”的纳税人，满足以下情形的，应办理纳税人（扣缴义务人）身份信息报告：①取得统一社会信用代码，但是除市场监督管理部门之外其他有关部门批准设立的（如社会团体、律师事务所等）；②因经营地址变更等原因，注销后恢复开业的；③有独立的生产经营权、在财务上独立核算并定期向发包人或者出租人上交承包费或租金的承包承租人；④在中华人民共和国境内承包建筑、安装、装配、勘探工程和提供劳务的境外企业；⑤从事生产、经营的纳税人，应经有关部门批准设立但未经有关部门批准的；⑥非境内注册居民企业收到居民身份认定书的；⑦根据税收法律、行政法规的规定负有扣缴税款义务的扣缴义务人，应当办理扣缴税款登记的。

（四）增值税纳税人身份选择

《增值税一般纳税人登记管理办法》（国家税务总局令第43号）第二条规定：“增值税纳税人（以下简称‘纳税人’），年应税销售额超过财政部、国家税务总局规定的小规模纳税人标准（以下简称‘规定标准’）的，除本办法第四条规定外，应当向主管税务机关办理一般纳税人登记。本办法所称年应税销售额，是指纳税人在连续不超过12个月或四个季度的经营期内累计应征增值税销售额，包括纳税申报销售额、稽查查补销售额、纳税评估调整销售额。销售服务、无形资产或者不动产（以下简称“应税行为”）有扣除项目的纳税人，其应税行为年应税销售额按未扣除之前的销售额计算。纳税人偶然发生的销售无形资产、转让不动产的销售额，不计入应税行为年应税销售额。”

上述文件规定的年应税销售额，是指纳税人在连续不超过12个月或四个季度的经营期内累计应征增值税销售额，包括纳税申报销售额、稽查查补销售额、纳税评估调整销售额。

需注意，年应税销售额超过小规模纳税人标准的其他个人，必须按小规模纳税人纳税；非企业性单位、不经常发生应税行为的企业，可选择按小规模纳税人纳税。

2018年5月1日起，增值税小规模纳税人标准为年应征增值税销售额500万元及以下。

（五）增值税发票分类及使用

1.增值税专用发票

增值税专用发票由基本联次或者基本联次附加其他联次构成，分为三联版和六联版两种。基本联次为三联：第一联为记账联，是销售方记账凭证；第二联为抵扣联，是购买方扣税凭证；第三联为发票联，是购买方记账凭证。其他联次用途，由纳税人自行确定。

2.增值税普通发票

增值税普通发票（折叠票）由基本联次或者基本联次附加其他联次构成，分为两联版和五联版两种。基本联次为两联：第一联为记账联，是销售方记账凭证；第二联为发票联，是购买方记账凭证。其他联次用途，由纳税人自行确定。纳税人办理产权过户手续需要使用发票的，可以使用增值税普通发票第三联。

3.电子发票

电子发票指按照税务机关要求的格式，使用税务机关确定的开票软件开具的电子收付款凭证。电子发票有两类票面样式：增值税电子普通发票、收费公路通行费增值税电子普通发票。增值税电子普通发票的法律效力、基本用途、基本使用规定等与税务机关监制的增值税普通发票相同。开票方和受票方需要纸质发票的，可以自行打印增值税电子普通发票的版式文件。

收费公路通行费电子发票开具对象为办理ETC卡的客户，共分为两种：一是左上角标识“通行费”字样，且税率栏次显示适用税率或征收率的通行费电子发票；二是左上角无“通行费”字样，且税率栏次显示“不征税”的通行费电子发票。

4.机动车销售统一发票

从事机动车零售业务的单位和个人，在销售机动车（不包括销售旧机动车）收取款项时，开具机动车销售统一发票。机动车销售统一发票为电脑六联式发票：第一联为发票联，是购货单位付款凭证；第二联为抵扣联，是购货单位扣税凭证；第三联为报税联，由车辆购置税征收单位留存；第四联为注册登记联，由车辆登记单位留存；第五联为记账联，是销货单位记账凭证；第六联为存根联，由销货单位留存。

5.二手车销售统一发票

自2018年4月1日起，二手车交易市场、二手车经销企业、经纪机构和拍卖企业应当通过增值税发票开票软件开具二手车销售统一发票。二手车销售统一发票“车价合计”栏次仅注明车辆价款。二手车交易市场、二手车经销企业、经纪机构和拍卖企业在办理过户手续过程中收取的其他费用，应当单独开具增值税发票。

6.增值税发票开票限额

增值税发票实行最高开票限额管理，开票限额分为：千元版、万元版、十万元版、百万元版、千万元版。最高开票限额，是指单份发票开具的销售额合计不得达到的上限额度。

拓展阅读

财务离职后要不要解除其身份“绑定”?

“您好，我刚才办理实名认证时发现，因为我几年前工作过的公司未在税务登记中删除我的关联信息，该公司现在已经变成‘非正常户’，导致我现在被金税系统监控了，无法办理涉税业务，请问我该怎么办呢?”12月的一个早上，深圳市某科技公司财务负责人赵女士匆匆跑到宝安区税务局福永税务分局税源管理二科，焦急地向税收管理员文喜波求助。据悉，像赵女士这种情况已经不是第一次出现，随着宝安区税务局福永税务分局最近全面推行实名办税，已经有102人因为此类问题办税受到了限制，其中87人是财会人员。

“我们推行实名办税的一个主要目的，就是利用‘金三’系统强大的监控功能，防范冒用、套用他人身份信息从事虚假注册公司、虚开发票等违法行为。”宝安区税务局福永税务分局局长陈峰对记者说。

据介绍，近年来，国内个人身份信息遭泄露、被不法分子利用的事件时有发生，被冒用身份的个人和国家税款都受到了侵害。利用“金三”系统推行实名办税，可以及早采集、验证企业负责人和办税人员的身份信息，并将这些信息与“非正常户”的税务登记信息相比对，发现相同信息，系统会立即发出预警，并启动监控功能。由此，那些冒用、套用他人身份信息从事虚假注册公司和虚开发票等违法活动的行为将得到有效遏制，对个人身份信息安全也会起到保护作用。

接到赵女士的求助后，税务人员表示，因赵女士是曾任职“非正常户”的财务负责人，按处理流程需要将其情况报上级管理部门，并建议她尽量联系原“东家”协助处理。“没想到，实名办税把我几年前的任职信息都关联了，不知道个人信息这么重要，当初离职时没想到要变更这些信息。现在我不能为现供职公司领取超限量发票了，愁死我了。”赵女士后悔地说道。

黄玲（化名）的情况与赵女士类似，但情节有些差别。在福永税务分局推行实名办税前夕，黄玲告知该分局办税服务厅工作人员自己的身份证被盗了，导致其成了某“非正常企业”的领票员，而她现在是另一家企业的领票员。这显然会导致其无法通过实名认证，进而无法为现供职公司办理涉税业务。得知这一情况后，税务人员宋晓彤马上着手查证，后来可能是迫于自己心理压力，黄玲承认自己的身份证并没有丢，自己的确曾是某“非正常企业”的领票员，但无法联系到该企业的负责人，无法消除不利信息，因担心税务机关不解决自己的问题，致使现供职公司领票受影响，才谎称身份证被盗。

税务人员经查发现，黄玲曾供职的“非正常企业”已经过多次转让、变更名称和地址等手续，无法与原公司负责人取得联系。考虑到黄玲当初的职位只是领票员，经请示上级部门，福永税务分局通过提交后台服务请求的方式将黄玲在某“非正常企业”的领票员信息删除。

“我在开展日常征管工作中发现，许多企业的财务负责人要么联系不上，要么表示已经离职但是没有办理身份变更手续，而办税员离职或者联系不上的就更多了，经我办理的估计就有100宗以上。”福永税务分局税收管理员文喜波告诉记者，这是当前普遍存在的一个问题，表明有很多人对自己的身份信息还不够重视。“我们分局推行实名办税后，有不少企业的财务负责人和办税员因为与‘非正常企业’有身份信息关联而成为‘金三’系统的监控对象，现任岗位工作受到了影响。”

统计显示，在福永税务分局推行实名办税的过程中，目前已有100多人因曾任职的企业被认定为“非正常”状态而未通过认证，导致为现供职企业办理税务事项受阻。其中，有法定代表人15人，财务负责人87人。目前，福永税务分局正按规定处理有关事项。

“‘金三’系统功能强大，可以将办税信息痕迹化，那些随意出借身份证给他人申领发票、财会人员离职后不变更税务登记信息的行为都会给行为人带来重大隐患。”福永税务分局局长陈峰指出。

他说，上述事例表明，“一旦使用你身份信息的企业出现恶意虚开发票的行为或者被税务机关认定为‘非正常户’，你就会成为税务机关重点检查的对象，承担连带责任。”不仅如此，随着社会征信体系不断完善，这些“不良痕迹”存在影响个人征信的风险。陈峰提醒大家要增强身份信息保护意识，尤其是企业法定代表人、财务负责人和办税员这类人员，更要增强身份信息保护意识，避免身份信息被冒用。他表示，从根本上讲，人们还是要诚信做人做事，财务人员尤其是税务代理更是要守法合规，避免因与所服务的企业同流合污或未与其“切割”而使自身信用受到损害。

据悉，实名办税在有效遏制违法涉税行为的同时，也给企业办税人员带来了极大的方便。他们通过电子税务局或者“深圳税务纳税服务”微信公众号就能办理实名认证手续。通过实名认证后，只需用手机绑定有关程序，不用带证件等资料就能轻松办税，避免了过去因忘带资料或资料不齐需要来回跑的麻烦。

资料来源：北京海淀税务公众号。

六、任务实践

每个小组从第四部分中的4个实训中，抽签选择本组实训任务，且两个小组作为对比组，课前完成准备，课上进行展示、提问、讲解和互评。

七、任务成果报告及评价

表1-6是实训任务三的新办纳税人涉税事项综合申请成果报告，回顾并总结本任务的过程、结果、评价、诊改及反思。

表1-6　新办纳税人涉税事项综合申请成果报告

<table>
<tr><td colspan="4">实训任务三　新办纳税人涉税事项综合申请成果报告</td></tr>
<tr><td>适用项目</td><td></td><td>课时</td><td>2</td></tr>
<tr><td>组名</td><td></td><td rowspan="2">成员及分工</td><td rowspan="2">组织者：　　思路方案：
政策支持：　　职业素养：
文档制作及上传：</td></tr>
<tr><td>时间及地点</td><td></td></tr>
<tr><td colspan="4">【案例描述及要求】</td></tr>
<tr><td colspan="4">【我的思路或方法】

【我的解决方案】

【我的政策知识】

【我的职业技能】

【我的职业素养】</td></tr>
</table>

续表

【课堂提问】 一、小组被提问记录 二、小组提问记录 三、教师提问记录
【我的评分】 评分标准： 1.知识掌握（20分）：案例适用政策完整且准确（20分）。 2.技能掌握（30分）：案例税额计算准确（15分）、文档制作（5分）、信息搜集整理（5分）、演讲表达（5分）。 3.素质提升（30分）：思政精神力挖掘务实（5分）、与具体实践结合（15分）、具有共鸣感（10分）。 4.小组合作（20分）：分工明确（5分）、全员贡献度（10分）、活跃度（问及答）（5分）。 一、自评分（20%） 二、小组互评分（40%） 三、教师评分（40%）
【我的诊改】 一、存在问题 （一）知识方面 （二）技能方面 （三）素质方面 二、未来改进 （一）知识方面 （二）技能方面 （三）素质方面

八、课后作业及拓展

（一）课后主题讨论

1.税务信息登记时，法定代表人、财务负责人、办税员，三个人须实名办税登记，可以三个身份为一个人吗？三个身份一个人实名认证登记和三个身份多个人实名认证登记相比，哪个对企业经营比较有利？做了实名办税认证登记的个人，职业风险有哪些？

2.货物购销合同的印花税是按次缴纳，还是按季度申报比较好？

3.开票及纳税申报，纳税人是办理税务UK好，还是购买税控盘好？这两者之间的区别有哪些？

4.小组趣谈：

（1）玻璃购销商贸企业，选择增值税一般纳税人身份有利，还是小规模纳税人身份有利？请阐述理由。

（2）玻璃购销商贸企业，选择适用《企业会计准则》制度有利，还是选择适用《小企业会计准则》制度有利？请阐述理由。

（3）玻璃购销商贸企业，可能涉及的印花税应税类别有哪些？

（二）课后技能拓展

1.请完成本任务相关知识及实训的思维导图绘制，提升个人知识逻辑思维能力，提升知识创造呈现的可视化能力。

2.请完成下列资料的下载任务，提升个人资源获取能力：社会保险业务申请办理承诺书、社会保险登记表、住房公积金网上业务开通申请表、武汉住房公积金单位网上业务操作手册。

任务四 社保公积金业务办理

一、任务导航

表1-7是社保公积金业务办理工作任务表。

表1-7 社保公积金业务办理工作任务表

任务基本描述：企业开立社保公积金账户业务，为新入职员工缴纳社保公积金				
任务目标	任务知识点	任务技能点	学习时间节点	学习资源
1.收集社保公积金的相关规定	•社保类型，用途，缴纳比例，企业义务 •公积金用途，缴纳比例，企业义务	•知识点收集，整理技巧	•课前准备	•百度搜索
2.准备资料	•新设企业社保登记需准备的资料 •企业公积金账户开立需准备的资料	•根据收集信息，及时规整相应资料	•课堂完成 •课堂展示	•百度搜索
3.相关流程	•网上办理新员工社保操作流程 •开立企业公积金账户流程	•流程图设计	•课堂完成 •课堂展示	•百度搜索 •教学平台

前导知识测试 1.4.1

前导知识测试 1.4.2

二、前导知识和技能测试

1. 前导知识测试 1.4.1
2. 前导知识测试 1.4.2

三、任务计划

（一）学习目标：________________

（二）学习内容及时间安排：________________

（三）学习完成率及成果：________________

四、任务案例

案例1：职工社会保险业务

武汉博乐玻璃有限公司是一家刚成立不久的玻璃销售有限公司，截至202×年9月1日，公司设有总经理1名，财务负责人1名，监事1名，另录用2名大学应届毕业生，两位应届毕业生以前未缴纳过职工社会保险。这5位人员的个人信息如表1-8所示。

表1-8　武汉博乐玻璃有限公司员工信息表

序号	1	2	3	4	5
姓名	宋立明	肖惠	王鸣礼	刘丹	钱周
性别	男	女	男	女	男
政治面貌	中共党员	群众	中共党员	群众	群众
学历	大学本科	大学专科	大学专科	大学专科	大学专科
证件类型	居民身份证	居民身份证	居民身份证	居民身份证	居民身份证
证件号码	420102198902030000	420102199303020000	420103199406190000	420103200109140000	420103200107180000
户籍所在地	湖北省武汉市洪山区卓刀泉路362号	湖北省武汉市硚口区京汉大道16号	湖北省武汉市武昌区白沙洲大道518号	湖北省武汉市东西湖区吴家山路3号	湖北省武汉市武昌区中北路4号
移动电话	18903251319	18903261319	18903271319	18903281319	18903291319
职务	执行董事兼总经理	财务负责人，会计	监事	办税员，出纳	销售经理
月工资标准	8 000元	5 000元	5 000元	4 000元	5 000元
婚姻状况	已婚	未婚	未婚	未婚	未婚

说明事项：

（1）5位人员均缴纳五项职工社会保险；

（2）缴费人员类别：本市城镇职工，户口邮政编码：100074；

（3）获取对账单方式：网上查询；

（4）委托代发银行及账号：招商银行汉阳支行，127908924910903；

（5）5位人员均为非农业户口；

（6）刘丹和钱周医保个人缴费原因：新参统；四险个人缴费原因：新参统。

任务：

（1）根据相关信息进行企业参保登记；

（2）根据相关信息进行职工参保登记；

（3）请运用现有资源模拟演练职工参保登记并展示。

案例2：公积金业务

1.企业基础信息：

（1）企业名称：武汉博乐玻璃有限公司

（2）登记注册地：武汉市汉阳区永丰街黄金口村淘金路5号

（3）法定代表人：宋立明

身份证号：420102198902030000

手机号码：18903251319

（4）统一社会信用代码：91420111MA4F5NCG68

（5）注册人：刘丹

身份证号：420103200109140000

手机号码：18903281319

密码：123456

（6）单位电子邮箱：boleboli@163.com

（7）单位性质：企业

单位隶属关系：武汉市汉阳区

单位所属行业：非金属矿物制品业

单位经济类型：有限公司

单位开立日期：202×年9月5日

邮政编码：430070

2.公积金账户信息：

（1）账户名称：武汉博乐玻璃有限公司

（2）开户银行：中国招商银行汉阳支行

账号：127908924910903

（3）资金来源：单位自筹

（4）联系电话：027-88223636

（5）单位发薪日：30日

公积金首次汇缴年月：202×年9月

跨年清册核定月份：7月

（6）经办人一信息：

肖惠，身份证号：420102199303020000，手机号码：18903261319

经办人二信息：

刘丹，身份证号：420103200109140000，手机号码：18903281319

任务：

请运用现有资源模拟演练企业公积金账户开户并展示。

五、任务知识殿堂

（一）社会保险相关知识

1.《中华人民共和国社会保险法》的相关规定

《中华人民共和国社会保险法》（以下简称《社会保险法》）第七章社会保险费征缴中有以下规定：

第五十七条规定，用人单位应当自成立之日起三十日内凭营业执照、登记证书或者单位印章，向当地社会保险经办机构申请办理社会保险登记。社会保险经办机构应当自收到申请之日起十五日内予以审核，发给社会保险登记证件。

用人单位的社会保险登记事项发生变更或者用人单位依法终止的，应当自变更或者终止之日起三十日内，到社会保险经办机构办理变更或者注销社会保险登记。

工商行政管理部门（现市场监督管理部门）、民政部门和机构编制管理机关应当及时向社会保险经办机构通报用人单位的成立、终止情况，公安机关应当及时向社会保险经办机构通报个人的出生、死亡以及户口登记、迁移、注销等情况。

第五十八条规定，用人单位应当自用工之日起三十日内为其职工向社会保险经办机构申请办理社会保险登记。未办理社会保险登记的，由社会保险经办机构核定其应当缴纳的社会保险费。

第六十条规定，用人单位应当自行申报、按时足额缴纳社会保险费，非因不可抗力等法定事由不得缓缴、减免。职工应当缴纳的社会保险费由用人单位代扣代缴，用人单位应当按月将缴纳社会保险费的明细情况告知本人。

第六十二条规定，用人单位未按规定申报应当缴纳的社会保险费数额的，按照该单位上月缴费额的百分之一百一十确定应当缴纳数额；缴费单位补办申报手续后，由社会保险费征收机构按照规定结算。

第六十三条规定，用人单位未按时足额缴纳社会保险费的，由社会保险费征收机构责令其限期缴纳或者补足。

用人单位逾期仍未缴纳或者补足社会保险费的，社会保险费征收机构可以向银行和其他金融机构查询其存款账户；并可以申请县级以上有关行政部门作出划拨社会保险费的决定，书面通知其开户银行或者其他金融机构划拨社会保险费。用人单位账户余额少于应当缴纳的社会保险费的，社会保险费征收机构可以要求该用人单位提供担保，签订延期缴费协议。

用人单位未足额缴纳社会保险费且未提供担保的，社会保险费征收机构可以申请人民法院扣押、查封、拍卖其价值相当于应当缴纳社会保险费的财产，以拍卖所得抵缴社会保险费。

《社会保险法》第十一章法律责任中有以下规定：

第八十四条规定，用人单位不办理社会保险登记的，由社会保险行政部门责令限期改正；逾期不改正的，对用人单位处应缴社会保险费数额一倍以上三倍以下的罚款，对其直接负责的主管人员和其他直接责任人员处五百元以上三千元以下的罚款。

第八十五条规定，用人单位拒不出具终止或者解除劳动关系证明的，依照《中华人民共和国劳动合同法》的规定处理。

第八十六条规定，用人单位未按时足额缴纳社会保险费的，由社会保险费征收机构责令限期缴纳或者补足，并自欠缴之日起，按日加收万分之五的滞纳金；逾期仍不缴纳的，由有关行政部门处欠缴数额一倍以上三倍以下的罚款。

2.缴费基数和比例

单位按照员工的实发工资作为缴费基数申报，员工的实发工资低于社保的最低缴费基数的，按照最低缴费基数缴费；超过最低缴费基数的，按照员工的实际工资作为缴费基数缴纳社保。武汉市2022年度缴费基数月标准为6 795元；缴费基数下限为4 077元，上限为20 385元。武汉市社保公积金最低缴费标准详情见表1-9。

表1-9　武汉市社保公积金最低缴费标准

缴纳项目	社保基数	企业缴纳		个人缴纳		合计
		缴纳比例	缴纳金额（元）	缴纳比例	缴纳金额（元）	
五险—养老	4 077	16%	652.32	8%	326.16	978.48
五险—医疗	4 077	8%	326.16	2%	81.54	407.70
五险—失业	4 077	0.70%	28.54	0.30%	12.23	40.77
五险—工伤	4 077	0.24%	9.78			9.78
五险—生育	4 077	0.70%	28.54			28.54
补充—大病					7	7.00
五险合计		25.64%	1 045.34	10.30%	426.93	1 472.27
公积金	2 010	8%	160.80	8.00%	160.80	321.60
五险一金合计		33.64%	1 206.14	18.30%	587.73	1 793.87

目前武汉市基本养老保险缴费比例为24%（其中用人单位缴费比例为16%、职工个人缴费比例为8%）；医疗保险缴费比例为10%（其中用人单位缴费比例为8%、职工个人缴费比例为2%）；工伤保险缴费比例由社保经办机构根据用人单位工商登记和主要经营生产业务确定，由用人单位缴纳，职工个人不缴纳；失业保险缴费比

例为1%（其中用人单位缴费比例为0.7%，职工个人缴费比例为0.3%）。

（二）住房公积金相关知识

1.《住房公积金管理条例》的相关规定

《住房公积金管理条例》第三章缴存中有以下规定：

第十四条规定，新设立的单位应当自设立之日起30日内向住房公积金管理中心办理住房公积金缴存登记，并自登记之日起20日内，为本单位职工办理住房公积金账户设立手续。

单位合并、分立、撤销、解散或者破产的，应当自发生上述情况之日起30日内由原单位或者清算组织向住房公积金管理中心办理变更登记或者注销登记，并自办妥变更登记或者注销登记之日起20日内，为本单位职工办理住房公积金账户转移或者封存手续。

第十五条规定，单位录用职工的，应当自录用之日起30日内向住房公积金管理中心办理缴存登记，并办理职工住房公积金账户的设立或者转移手续。

单位与职工终止劳动关系的，单位应当自劳动关系终止之日起30日内向住房公积金管理中心办理变更登记，并办理职工住房公积金账户转移或者封存手续。

第十六条规定，职工住房公积金的月缴存额为职工本人上一年度月平均工资乘以职工住房公积金缴存比例。

单位为职工缴存的住房公积金的月缴存额为职工本人上一年度月平均工资乘以单位住房公积金缴存比例。

第十七条规定，新参加工作的职工从参加工作的第二个月开始缴存住房公积金，月缴存额为职工本人当月工资乘以职工住房公积金缴存比例。

单位新调入的职工从调入单位发放工资之日起缴存住房公积金，月缴存额为职工本人当月工资乘以职工住房公积金缴存比例。

第十八条规定，职工和单位住房公积金的缴存比例均不得低于职工上一年度月平均工资的5%；有条件的城市，可以适当提高缴存比例。具体缴存比例由住房公积金管理委员会拟订，经本级人民政府审核后，报省、自治区、直辖市人民政府批准。

《住房公积金管理条例》第六章罚则中有以下规定：

第三十七条规定，违反本条例的规定，单位不办理住房公积金缴存登记或者不为本单位职工办理住房公积金账户设立手续的，由住房公积金管理中心责令限期办理；逾期不办理的，处1万元以上5万元以下的罚款。

第三十八条规定，违反本条例的规定，单位逾期不缴或者少缴住房公积金的，由住房公积金管理中心责令限期缴存；逾期仍不缴存的，可以申请人民法院强制执行。

2.住房公积金月缴存基数的计算口径

缴存单位应按职工上一年度月平均工资总额调整当年职工住房公积金缴存基数。2022年度职工住房公积金月缴存基数应按2021年度职工本人月平均工资核定。职工工资总额计算口径应按《国家统计局关于认真贯彻执行〈关于工资总额组成的规定〉的通知》（统制字〔1990〕1号）执行。

2022年度住房公积金缴存基数上限按2021年武汉市城镇非私营单位就业人员月平均工资的3倍确定，缴存基数上限为29 330.50元；缴存基数下限按省政府公布执行的全日制就业劳动者月最低工资标准确定，武汉市主城区下限为2 010元，新城区（江夏区、黄陂区、新洲区、蔡甸区）下限为1 800元。调整后的缴存基数不得高于上限标准，也不得低于下限标准。

拓展阅读

公司未购买社保，员工就医产生的费用能找公司承担吗？

基本案情

广州某织造厂是个人独资企业，投资人是陈某。2007年9月，杨某入职该织造厂，任捻线车间生产部员工。入职后，该织造厂没有与杨某签订劳动合同，也未为其缴纳社会保险，杨某只得自行参加家乡城镇居民医疗保险。

2020年4月，杨某身体不适，前往医院检查并住院治疗，诊断为宫颈恶性肿瘤等，住院及门诊治疗总费用14.2万元。经查，上述费用中属于医疗保险基金支付的费用为9.3万元，杨某通过城镇居民基本医疗保险报销了7.6万元。杨某认为，某织造厂未为其缴纳社会保险，导致其患病时无法享受社会保险待遇，故将某织造厂和陈某诉至法院，要求其赔偿医疗费损失14.2万元。

裁判结果

广州市白云区人民法院一审判决：某织造厂支付杨某医疗费损失1.7万元；陈某对上述判决确认的债务承担连带清偿责任。

该判决现已生效。

法官说法

本案中，因某织造厂未为杨某缴纳社保，理应承担杨某因无法享受社会保险待遇造成的损失。因损失赔偿本身系弥补、填补性质，现杨某已通过城镇居民基本医疗保险报销了7.6万元，该笔款项杨某不应重复受偿。故在判定杨某受偿总额时，应根据广州市医疗保险服务中心核算的基金支付数额进行计算，某织造厂应赔偿杨某因无法享受社会保险待遇造成的剩余损失1.7万元。

资料来源：佚名.公司未购买社保，员工就医产生的费用能找公司承担吗？[EB/OL].[2022-09-13].https：//m.thepaper.cn/baijiahao_19888195.

六、任务实践

请课前完成分小组，课堂随机选定角色，完成以下任务实践。

任务一：分组演练，完成企业社保开户和新员工首次参保的实训模拟。

任务二：分组演练，完成单位公积金账户的开户和员工公积金缴纳的实训模拟。

七、任务成果报告及评价

表1-10是社保公积金业务办理成果报告。

表 1-10　　社保公积金业务办理成果报告

<table>
<tr><td colspan="4">实训任务四　社保公积金业务办理成果报告</td></tr>
<tr><td>适用项目</td><td></td><td>课时</td><td>2</td></tr>
<tr><td>组名</td><td></td><td rowspan="2">成员及分工</td><td rowspan="2">组织者：　　思路方案：
政策支持：　　职业素养：
文档制作及上传：</td></tr>
<tr><td>时间及地点</td><td></td></tr>
<tr><td colspan="4">【案例描述及要求】</td></tr>
<tr><td colspan="4">【我的思路或方法】

【我的解决方案】

【我的政策知识】

【我的职业技能】

【我的职业素养】</td></tr>
<tr><td colspan="4">【课堂提问】
一、小组被提问记录

二、小组提问记录

三、教师提问记录</td></tr>
<tr><td colspan="4">【我的评分】
评分标准：
1.知识掌握（20分）：案例适用政策完整且准确（20分）。
2.技能掌握（30分）：案例税额计算准确（15分）、文档制作（5分）、信息搜集整理（5分）、演讲表达（5分）。
3.素质提升（30分）：思政精神力挖掘务实（5分）、与具体实践结合（15分）、具有共鸣感（10分）。
4.小组合作（20分）：分工明确（5分）、全员贡献度（10分）、活跃度（问及答）（5分）。
一、自评分（20%）

二、小组互评分（40%）

三、教师评分（40%）</td></tr>
</table>

续表

【我的诊改】 一、存在问题 （一）知识方面 （二）技能方面 （三）素质方面 二、未来改进 （一）知识方面 （二）技能方面 （三）素质方面

八、课后作业及拓展

（一）阅读

请登录湖北政务服务网 http://zwfw.hubei.gov.cn/，搜索并阅读单位住房公积金开户登记相关内容。

（二）作业

【业务题】请完成实训平台中社保和公积金案例的任务。

任务五　新设企业建账建制

一、任务导航

表 1-11 是新设企业建账建制工作任务表。

表 1-11　新设企业建账建制工作任务表

任务基本描述：企业如何进行初始会计科目设置，如何进行会计制度建设				
任务目标	任务知识点	任务技能点	学习时间节点	学习资源
1. 根据企业业务流程建账	•建账的原则及依据	•提升分析、收集、整理综合能力	•课前准备 •课堂展示	•百度搜索
2. 根据企业特点建制	•企业内部报销制度 •薪酬福利管理办法 •资金管理办法	•提升分析、收集、整理综合能力	•课前准备 •课堂展示	•百度搜索

二、前导知识和技能测试

1. 前导知识测试 1.5.1
2. 前导技能测试 1.5.1

前导知识测试 1.5.1

前导技能测试 1.5.1

三、任务计划

（一）学习目标：________________

（二）学习内容及时间安排：________________

（三）学习完成率及成果：________________

四、任务案例

请帮助武汉博乐玻璃有限公司建账建制，可以从以下方面着手考虑：

建账：财会制度执行、财务软件选取、总分类账设置、科目选择、期初数据录入、成本结转方法、福利费计提方法。

建制：企业财务报销制度和流程、薪酬福利管理办法、资金管理办法等。

任务 1：分组演练，完成武汉博乐玻璃有限公司建账业务

参考示例：

（1）财会制度：小企业会计准则；

（2）财务软件：免费/付费；

（3）账套设置：如图 1-2 所示；

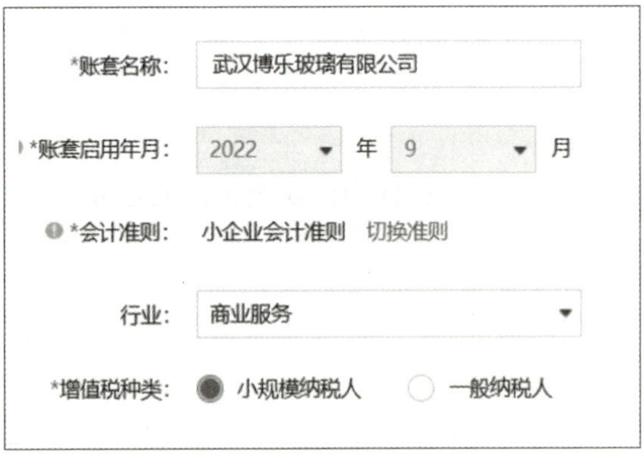

图 1-2　企业账套设置截图

（4）公司适用的所得税税率：25%；

（5）会计主管：肖惠；

（6）适用的会计准则：小企业会计准则（一般企业）；

（7）会计档案存放地：湖北省武汉市；

（8）会计核算软件：××；

（9）记账本位币：人民币；

（10）会计政策和估计是否发生变化：否；

（11）固定资产折旧方法：年限平均法；

（12）存货成本计价方法：先进先出法；

（13）坏账损失核算方法：备抵法；

（14）所得税计算方法：资产负债表债务法；

（15）福利费计提方法：先发生后计提。

任务2：分组演练，完成武汉博乐玻璃有限公司建制业务

参考示例：

企业财务报销制度及报销流程

第一条　为了加强公司内部管理，规范公司财务报销行为，本着一切以业务为重的指导思想，合理控制费用支出，特制定本制度。

第二条　本制度根据相关的财经制度及公司的实际情况，将财务报销分为日常办公费用、工薪福利及相关费用、税费支出、业务相关支出及专项支出等，以下分别说明报销相关的借款流程及各项支出具体的财务报销制度和报销流程。

第三条　本制度适用公司全体员工。

第四条　借款管理规定

（一）出差借款：出差人员凭总经理审批后的“出差申请表”和“借支单”按批准金额到出纳处办理借款，出差返回5个工作日内办理报销还款手续。

（二）其他临时借款，如业务费、周转金等，借款人员凭总经理审批后的“借支单”到出纳处办理借款手续，借款人应于领款日5个工作日内到财务处报销销账，除周转金外其他借款原则上不允许跨月借支。

（三）各项借款金额超过5 000元的，应提前一天通知财务部备款。

（四）借款销账规定：

1.借款销账时应据实报销，不足借支单金额的，借款人应退还差额，超出借支单的部分，须经主管领导签字，总经理核准，否则财务人员有权拒绝销账；

2.借领支票者原则上应在3个工作日内办理销账手续。

（五）借款未还者原则上不得再次借款，逾期未还借支者转为个人借款从工资中扣除。

第五条　借款流程

（一）借款人按规定填写“借款单”，注明借款事由、借款金额（大小写须完全一致，不得涂改）、支票或现金。

（二）审批流程：主管部门经理审核签字→财务部复核→总经理核准。

（三）财务付款：借款人凭总经理核准后的借支单到财务部办理领款手续。

第六条　费用报销的一般规定

常见费用主要包括差旅费、电话费、交通费、办公费、低值易耗品及业务招待费等。在一个预算期间内，各项费用的累计支出原则上不得超出预算。

（一）报销人必须取得相应的合法票据。

（二）填写报销单应注意：根据费用性质填写单据；严格按单据要求项目认真填写，注明附件张数；金额大小写须完全一致（不得涂改）；简述费用内容或事由。

（三）按规定的审批程序：主管部门经理审核签字→财务部复核→总经理核准。

（四）报销5 000元以上的，需要提前一天通知财务部以便备款。

（五）费用报销的一般流程：报销人整理报销单据并填写对应费用报销单→主管部门经理审核签字→财务部门复核→总经理核准→出纳处报销。

第七条　差旅费报销制度及流程。

（一）费用标准（见表1-12）：

表1-12　差旅费报销费用标准

职务	交通工具	住宿标准	伙食标准	外埠市内交通费用
一般员工	火车	320元/天	80元/天	60元/天
部门负责人	火车	400元/天	100元/天	80元/天
副总	飞机	500元/天	120元/天	100元/天
总经理	飞机	实报实销	实报实销	实报实销

（二）费用标准的补充说明：

1.住宿费报销时必须提供住宿发票，实际发生额未达到住宿标准金额，不予补偿；超出住宿标准部分由员工自行承担。

2.实际出差天数的计算以所乘交通工具出发时间到返汉时间为准，12：00以后出发（或12：00以前到达）以半天计，12：00以前出发（或12：00以后到达）以一天计。

3.伙食标准、交通费用标准实行包干制，依据实际出差天数结算，原则上采用额度内据实报销形式，特殊情况无相关票据时可按标准领取补贴。

4.宴请客户须总经理批准后方可报销招待费，同时按比例（早餐20%、午餐或晚餐40%）扣减出差人当天的伙食补贴。

5.出差时由对方接待单位提供餐饮、住宿及交通工具等将不予报销相关费用。

（三）报销流程：

1.出差申请：出差人员首先填写“出差申请表”和“借支单”，详细注明出差地点、目的、行程安排、交通工具及预计差旅费用项目等，出差申请单由总经理批准。

2.借支差旅费：出差人员将总经理审批过的“出差申请表”和“借支单”交财务部，按借款管理规定办理借款手续，出纳按规定支付所借款项。

3.返回报销：出差人员应在回公司后五个工作日内办理报销事宜，根据差旅费用标准填写报销单，部门经理审核签字，财务部审核签字，总经理审批；原则上前款未清者不予办理新的借支。

第八条　办公费、低值易耗品等报销制度及流程

（一）管理规定：为了合理控制费用支出，此类费用由公司行政部统一管理，集中购置，并指定专人负责分配保管。

（二）报销流程：

1.购置申请：公司行政部根据需求及库存情况按管理办法编制购置预算，实际购置时填写购置申请单。

2.报销程序：报销人先填写支出单（附出入库单），按日常费用审批程序报批。审批后的报销单及原始单据（包括结账小票）交财务部，按日常费用报销流程付款或冲抵借支。

3.费用归集：财务部按月根据各部门报销明细统计表，归集核算各部门相关费用。

第九条　招待费及其他报销制度及流程

（一）费用标准：

1.招待费：为了规范招待费的支出，大额招待费应事前征得总经理的同意。

2其他费用：根据实际需要据实支付。

（二）报销流程：招待费及其他费用由经办人按日常费用报销一般规定及一般流程办理报销手续。

第十条　工薪福利及相关费用支出制度及流程

工薪福利等支出包括工资、临时工资、社会保险及各项福利等，此类费用按照资金支出制度相关规定执行。

（一）工薪福利支付流程：

1.工资支付流程：（1）每月8日由办公室人事专员将本月经公司总经理审批后的工资支付标准（含人员变动、额度变动、扣款、社会保险及住房公积金等信息）转交财务部；（2）总经理提供职工月度奖金分配表；（3）财务部根据奖金表及支付标准编制标准格式的工资表；（4）按工薪审批程序审批；（5）每月10日由财务部发放工资；（6）员工到财务部领工资并与工资卡核对，签字确认。

2.临时工资支付流程同工资支付流程。

（二）社会保险及住房公积金支付流程：

1.由办公室人事专员将公司总经理审批后的支付标准交财务部进行相关的财务处理。

2.住房公积金由人事部按工薪审批程序申请转账支票支付；社会保险金由财务部协助人事部办理银行托收手续，财务部收到银行托收单据应交人事专员签字确认，若有差异应查明原因并按实际情况进行调整。

（三）其他福利费支出由公司人事部按总经理审批后的支付标准填写支出单→部门经理签字确认→财务部复核→总经理审批流程执行，审批后的支出单及支付标准交财务部办理报销手续。

第十一条　专项支出财务报销制度及流程

专项支出主要包括软件及固定资产购置、咨询顾问费用及其他专项费用等。

（一）软件及固定资产购置报销财务制度及流程。

1.填写购置申请：经手人填写“资产购置申请单”并报总经理审批。

2.报销标准：相关的合同协议及批准生效的购置申请。

3.结账报销：(1) 资产验收（软件应安装调试无误）后，经办人凭发票等资料办理出入库手续，按规定填写报销单（经办人在发票背面签字并附出入库单）；(2) 按资金支出规定审批程序审批；(3) 财务部根据总经理审批后的报销单以支票形式付款；(4) 若需提前借款，应按借款规定办理借支手续，并在5个工作日内办理报销手续。

（二）其他专项支出报销制度及流程。

1.费用范围：其他专项支出包括其他所有专门立项的费用（含咨询顾问费、公司员工活动费用、办公室装修及其他专项费用）支出。

2.费用标准：此类费用一般金额较大，由主管部门经理根据实际需要向总经理提交请示报告，由总经理审批核准。

3.财务报销流程：

(1) 审批后的报告文件到财务部备案，以便财务备款。

(2) 签订合同：由直接负责部门与合作方签订正式合作合同（合同签订前应认真审核，合同应注明付款方式等）。

(3) 付款流程：①由经办人整理发票等资料并填写支出单（填写规范参照日常费用报销一般规定）；②按审批程序审批：主管部门经理审核签字→财务复核→总经理审批；③财务部根据审批后的报销单金额付款。

(4) 若需提前借款，应按借款规定办理借支手续，并在5个工作日内办理报销手续。

第十二条　本制度解释权归公司财务部

第十三条　本制度经总经理签字后生效

五、任务知识殿堂

《中华人民共和国会计法》第一章总则中有以下规定：

第一条　为了规范会计行为，保证会计资料真实、完整，加强经济管理和财务管理，提高经济效益，维护社会主义市场经济秩序，制定本法。

第二条　国家机关、社会团体、公司、企业、事业单位和其他组织（以下统称单位）必须依照本法办理会计事务。

第三条　各单位必须依法设置会计账簿，并保证其真实、完整。

第四条　单位负责人对本单位的会计工作和会计资料的真实性、完整性负责。

《中华人民共和国会计法》第二章会计核算中有以下规定：

第九条　各单位必须根据实际发生的经济业务事项进行会计核算，填制会计凭证，登记会计账簿，编制财务会计报告。

任何单位不得以虚假的经济业务事项或者资料进行会计核算。

第十五条　会计账簿登记，必须以经过审核的会计凭证为依据，并符合有关法律、行政法规和国家统一的会计制度的规定。会计账簿包括总账、明细账、日记账和其他辅助性账簿。

会计账簿应当按照连续编号的页码顺序登记。会计账簿记录发生错误或者隔页、缺号、跳行的，应当按照国家统一的会计制度规定的方法更正，并由会计人员和会计机构负责人（会计主管人员）在更正处盖章。

使用电子计算机进行会计核算的，其会计账簿的登记、更正，应当符合国家统一的会计制度的规定。

第十六条　各单位发生的各项经济业务事项应当在依法设置的会计账簿上统一登记、核算，不得违反本法和国家统一的会计制度的规定私设会计账簿登记、核算。

第十七条　各单位应当定期将会计账簿记录与实物、款项及有关资料相互核对，保证会计账簿记录与实物及款项的实有数额相符、会计账簿记录与会计凭证的有关内容相符、会计账簿之间相对应的记录相符、会计账簿记录与会计报表的有关内容相符。

第十八条　各单位采用的会计处理方法，前后各期应当一致，不得随意变更；确有必要变更的，应当按照国家统一的会计制度的规定变更，并将变更的原因、情况及影响在财务会计报告中说明。

第二十条　财务会计报告应当根据经过审核的会计账簿记录和有关资料编制，并符合本法和国家统一的会计制度关于财务会计报告的编制要求、提供对象和提供期限的规定；其他法律、行政法规另有规定的，从其规定。

财务会计报告由会计报表、会计报表附注和财务情况说明书组成。向不同的会计资料使用者提供的财务会计报告，其编制依据应当一致。有关法律、行政法规规定会计报表、会计报表附注和财务情况说明书须经注册会计师审计的，注册会计师及其所在的会计师事务所出具的审计报告应当随同财务会计报告一并提供。

第二十一条　财务会计报告应当由单位负责人和主管会计工作的负责人、会计机构负责人（会计主管人员）签名并盖章；设置总会计师的单位，还须由总会计师签名并盖章。

单位负责人应当保证财务会计报告真实、完整。

第二十二条　会计记录的文字应当使用中文。在民族自治地方，会计记录可以同时使用当地通用的一种民族文字。在中华人民共和国境内的外商投资企业、外国企业和其他外国组织的会计记录可以同时使用一种外国文字。

第二十三条　各单位对会计凭证、会计账簿、财务会计报告和其他会计资料应当建立档案，妥善保管。会计档案的保管期限和销毁办法，由国务院财政部门会同有关部门制定。

《中华人民共和国会计法》第六章法律责任中有以下规定：

第四十二条　违反本法规定，有下列行为之一的，由县级以上人民政府财政部门责令限期改正，可以对单位并处三千元以上五万元以下的罚款；对其直接负责的主管人员和其他直接责任人员，可以处二千元以上二万元以下的罚款；属于国家工作人员的，还应当由其所在单位或者有关单位依法给予行政处分：

（一）不依法设置会计账簿的；

（二）私设会计账簿的；

（三）未按照规定填制、取得原始凭证或者填制、取得的原始凭证不符合规定的；

（四）以未经审核的会计凭证为依据登记会计账簿或者登记会计账簿不符合规定的；

（五）随意变更会计处理方法的；

（六）向不同的会计资料使用者提供的财务会计报告编制依据不一致的；

（七）未按照规定使用会计记录文字或者记账本位币的；

（八）未按照规定保管会计资料，致使会计资料毁损、灭失的；

（九）未按照规定建立并实施单位内部会计监督制度或者拒绝依法实施的监督或者不如实提供有关会计资料及有关情况的；

（十）任用会计人员不符合本法规定的。

有前款所列行为之一，构成犯罪的，依法追究刑事责任。

会计人员有第一款所列行为之一，情节严重的，五年内不得从事会计工作。

有关法律对第一款所列行为的处罚另有规定的，依照有关法律的规定办理。

第四十三条　伪造、变造会计凭证、会计账簿，编制虚假财务会计报告，构成犯罪的，依法追究刑事责任。

有前款行为，尚不构成犯罪的，由县级以上人民政府财政部门予以通报，可以对单位并处五千元以上十万元以下的罚款；对其直接负责的主管人员和其他直接责任人员，可以处三千元以上五万元以下的罚款；属于国家工作人员的，还应当由其所在单位或者有关单位依法给予撤职直至开除的行政处分；其中的会计人员，五年内不得从事会计工作。

第四十四条　隐匿或者故意销毁依法应当保存的会计凭证、会计账簿、财务会计报告，构成犯罪的，依法追究刑事责任。

有前款行为，尚不构成犯罪的，由县级以上人民政府财政部门予以通报，可以对单位并处五千元以上十万元以下的罚款；对其直接负责的主管人员和其他直接责任人员，可以处三千元以上五万元以下的罚款；属于国家工作人员的，还应当由其所在单位或者有关单位依法给予撤职直至开除的行政处分；其中的会计人员，五年内不得从事会计工作。

第四十五条　授意、指使、强令会计机构、会计人员及其他人员伪造、变造会计凭证、会计账簿，编制虚假财务会计报告或者隐匿、故意销毁依法应当保存的会计凭证、会计账簿、财务会计报告，构成犯罪的，依法追究刑事责任；尚不构成犯罪的，可以处五千元以上五万元以下的罚款；属于国家工作人员的，还应当由其所在单位或者有关单位依法给予降级、撤职、开除的行政处分。

拓展阅读

关于经营主体不执行农药采购台账、销售台账制度的案例分析

2018年10月17日，本机关执法人员出示证件后对福鼎市××供销社有限公司××购销站的农药采购台账、销售台账进行检查，发现当事人未按照规定建立农药采购台账、销售台账。本机关对当事人发出“福鼎市农业局责令整改通知书”，责令当事人于2018年11月15日之前按照规定建立农药采购台账、销售台账。

2019年2月20日，本机关执法人员出示证件后再次对当事人的农药采购台账、销售台账进行检查，在其经营场所的货架上随机抽取了“阿维菌素”（标签标识：农药登记证号：PD20083551；有效成分含量：1.8%；剂型：乳油；规格：200ml /瓶；有效期至2019年12月29日；生产单位：上海沪联生物药业股份有限公司）、“草甘膦异丙胺盐”（标签标识：农药登记证号：PD20090602；草甘膦异丙胺盐含量：41%，草甘膦含量：30%；剂型：水剂；规格：1千克/瓶；生产日期：2017-11-21；生产单位：浙江新安化工集团股份有限公司）、“甲维·丁醚脲”（标签标识：农药登记证号：PD20150997；总有效成分含量：21%；剂型：水乳剂；规格：500克/瓶；生产日期：2018-04-08；生产单位：泰安市泰山现代农业科技有限公司）三种农药，发现当事人既没有在福建省农资经营单位管理系统建立电子采购台账、销售台账，也没有建立纸质采购台账、销售台账，没有按照“福鼎市农业局责令整改通知书”的要求进行整改。当日，经本机关负责人批准对当事人立案调查。

处理结果：依据《农药管理条例》第五十八条第一项：“农药经营者有下列行为之一的，由县级以上地方人民政府农业主管部门责令改正；拒不改正或者情节严重的，处2 000元以上2万元以下罚款，并由发证机关吊销农药经营许可证：（一）不执行农药采购台账、销售台账制度；（二）在卫生用农药以外的农药经营场所内经营食品、食用农产品、饲料等；（三）未将卫生用农药与其他商品分柜销售；（四）不履行农药废弃物回收义务。”参照《福鼎市农业行政处罚自由裁量权细化标准》（农药）第16项对“不执行农药采购台账、销售台账制度”违法情节“严重”的自由裁量意见，经本机关负责人集体讨论研究，对福鼎市××供销社有限公司××购销站作出如下处罚决定：一、罚款3 000元；二、取消农药经营资格。

释法评述：农药经营者应当严格遵守《农药管理条例》第二十六条第二款：“农药经营者应当建立采购台账，如实记录农药的名称、有关许可证明文件编号、规格、数量、生产企业和供货人名称及其联系方式、进货日期等内容。采购台账应当保存2年以上”和第二十七条第一款：“农药经营者应当建立销售台账，如实记录销售农药的名称、规格、数量、生产企业、购买人、销售日期等内容。销售台账应当保存2年以上”的规定。本案中，福鼎市xx供销社有限公司xx购销站违反《农药管理条例》的规定，没有按照2018年10月17日“福鼎市农业局责令整改通知书”的要求进行整改，参照《福鼎市农业行政处罚自由裁量权细化标准》（农药）第16项对“不执行农药采购台账、销售台账制度”违法情节“严重”的自由裁量意见，给予行政处罚。

资料来源：佚名.关于经营主体不执行农药采购台账、销售台账制度的案例分析[EB/OL].[2019-11-04].http：//www.fuding.gov.cn/ztzl/nyxxzl/tzgg_17947/201911/t20191104_1232333.htm.

六、任务实践

请课前完成分组，课堂分组展示以下任务实践。

任务一：分组演练，完成武汉博乐玻璃有限公司建账业务模拟演练。

任务二：分组演练，完成武汉博乐玻璃有限公司建制业务模拟演练。

七、任务成果报告及评价

表1-13是新设企业建账建制成果报告。

表1-13 新设企业建账建制成果报告

<table>
<tr><td colspan="4">实训任务五　新设企业建账建制成果报告</td></tr>
<tr><td>适用项目</td><td></td><td>课时</td><td>2</td></tr>
<tr><td>组名</td><td></td><td rowspan="2">成员及分工</td><td rowspan="2">组织者：　思路方案：
政策支持：　职业素养：
文档制作及上传：</td></tr>
<tr><td>时间及地点</td><td></td></tr>
<tr><td colspan="4">【案例描述及要求】</td></tr>
<tr><td colspan="4">【我的思路或方法】

【我的解决方案】

【我的政策知识】

【我的职业技能】

【我的职业素养】</td></tr>
<tr><td colspan="4">【课堂提问】
一、小组被提问记录

二、小组提问记录

三、教师提问记录</td></tr>
</table>

续表

【我的评分】 评分标准： 1.知识掌握（20分）：案例适用政策完整且准确（20分）。 2.技能掌握（30分）：案例税额计算准确（15分）、文档制作（5分）、信息搜集整理（5分）、演讲表达（5分）。 3.素质提升（30分）：思政精神力挖掘务实（5分）、与具体实践结合（15分）、具有共鸣感（10分）。 4.小组合作（20分）：分工明确（5分）、全员贡献度（10分）、活跃度（问及答）（5分）。 一、自评分（20%） 二、小组互评分（40%） 三、教师评分（40%）
【我的诊改】 一、存在问题 （一）知识方面 （二）技能方面 （三）素质方面 二、未来改进 （一）知识方面 （二）技能方面 （三）素质方面

八、课后作业及拓展

讨论：武汉博乐玻璃有限公司的账务和制度方面还有哪些地方可以优化？

任务六　新设企业筹建期间会计处理

一、任务导航

表1-14是新设企业筹建期间会计处理工作任务表。

表 1–14　　新设企业筹建期间会计处理工作任务表

任务基本描述：企业筹建期间典型业务的会计处理				
任务目标	任务知识点	任务技能点	学习时间节点	学习资源
1. 确定筹建期间业务类型	•区分筹建期间资本化支出和费用化支出	•信息收集，整理	•课前准备 •课堂展示	•百度搜索
2. 准确进行会计处理	•会计核算科目确定	•根据筹建期间不同业务类型，准确进行会计处理	•课前准备 •课堂展示	•百度搜索

二、前导知识和技能测试

前导知识测试 1.6.1

前导技能测试 1.6.1

1. 前导知识测试 1.6.1

2. 前导技能测试 1.6.1

三、任务计划

（一）学习目标：________________

（二）学习内容及时间安排：________________

（三）学习完成率及成果：________________

四、任务案例

宋总在筹办武汉博乐玻璃有限公司期间发生一系列支出，资金来源于向股东借款。支出包括办理银行开户支出、交通费支出、餐饮费支出、租赁办公用房支出、差旅费支出、办公费支出、税控设备支出等。这一系列支出应该如何进行会计处理？处理依据是什么？

1.202×年 9 月，武汉博乐玻璃有限公司向股东宋立明借款 100 万元，存入公司招商银行账户。

2. 出纳刘丹办理开户、网银等业务，自行垫付 80 元现金，后续公司通过网银转账报销。

3. 武汉博乐玻璃有限公司租赁办公用房，采用银行存款支付 10 万元，取得增值税普通发票，租期 3 年，签订了房屋租赁合同。

4. 公司为拓展相关业务，发生了餐饮费支出 3 万元，采用银行存款支付，取得增值税普通发票。

5. 公司发生交通费支出 3 000 元，采用银行存款支付，取得增值税普通发票。

6. 公司购买电脑一批，支出 25 000 元；购买文具、耗材等办公用品一批，支出 5 000 元，采用银行存款支付，取得增值税普通发票。

7. 购买空调一批，银行存款支付 10 000 元，取得增值税普通发票。

8. 购买办公桌椅一批，银行存款支付 5 000 元，取得增值税普通发票。

9. 购买税控专用设备支出 480 元，并用银行存款支付首年的税控专用设备维护费 280 元，取得增值税普通发票。

五、任务知识殿堂

（一）《小企业会计准则》及《企业会计准则》相关规定

管理费用，是指小企业为组织和管理生产经营发生的其他费用。包括：小企业在筹建期间发生的开办费、行政管理部门发生的费用（包括：固定资产折旧费、修理费、办公费、水电费、差旅费、管理人员的职工薪酬等）、业务招待费、研究费用、技术转让费、相关长期待摊费用摊销、财产保险费、聘请中介机构费、咨询费（含顾问费）、诉讼费等费用。

开办费的开支范围：开办费是指企业在筹建期间发生的费用，包括筹建期间人员工资、办公费、培训费、差旅费、印刷费、注册登记费以及不计入固定资产和无形资产购建成本的汇兑损益、利息等支出。

下列费用不包括在开办费内：应当由投资者负担的费用支出；为取得各项固定资产、无形资产所发生的支出；以及筹建期间应当计入资产价值的汇兑损益、利息支出等。

（二）筹办期的账务处理

1.在实际发生时的账务处理

（1）发生费用支出时：

借：管理费用——开办费

　贷：库存现金（或银行存款）

（2）月末结转期间费用时：

借：本年利润

　贷：管理费用——开办费

2.筹办期间发生的资本化支出的账务处理

借：固定资产/无形资产等

　贷：银行存款

拓展阅读

西安市税务局第三稽查局依法对
网络主播贾××、加××偷逃税案件进行处理

近期，西安市税务局第三稽查局通过税收大数据分析，发现网络主播贾××、加××涉嫌偷逃税款，在相关税务机关配合下，依法对其开展了税务检查。

经查，贾××在2019年至2021年期间从事直播取得收入，未依法办理纳税申报少缴个人所得税9.81万元，其中偷税9.26万元。西安市税务局第三稽查局依据《中华人民共和国个人所得税法》《中华人民共和国税收征收管理法》《中华人民共和国行政处罚法》等相关法律法规规定，对贾××追缴税款、加收滞纳金并处罚款共计17.67万元。日前，西安市税务局第三稽查局已依法向贾××送达税务行政处理处罚决定书。

加××在2020年至2021年期间从事直播取得收入，未依法办理纳税申报少缴个人所得税10.28万元，其中偷税9.89万元。西安市税务局第三稽查局依据《中华人民共和国个人所得税法》《中华人民共和国税收征收管理法》《中华人民共和国行政处罚

法》等相关法律法规规定，对加××追缴税款、加收滞纳金并处罚款共计18.57万元。日前，西安市税务局第三稽查局已依法向加××送达税务行政处理处罚决定书。

西安市税务局第三稽查局有关负责人表示，税务部门将进一步依法加强对网络直播从业人员的税收服务和税收监管，依托税收大数据分析，对存在涉税风险的，按照“提示提醒、督促整改、约谈警示、立案稽查、公开曝光”的“五步工作法”进行处置，不断提升网络直播行业从业人员税法遵从度，促进行业长期规范健康发展。

资料来源：佚名.西安市税务局第三稽查局依法对网络主播贾亚亚、加婵婵偷逃税案件进行处理[EB/OL].[2023-02-14].http：//www.chinatax.gov.cn/chinatax/n810219/c102025/c5185199/content.html.

六、任务实践

请依据“任务案例”的资料分组完成任务。

步骤一：完成筹建期间发生的一系列支出项目的科目设置。

步骤二：完成筹建期间相关业务的会计处理。

七、任务成果报告及评价

表1-15是新设企业筹建期间会计处理成果报告。

表1-15 新设企业筹建期间会计处理成果报告

<table>
<tr><td colspan="4">实训任务六　新设企业筹建期间会计处理成果报告</td></tr>
<tr><td>适用项目</td><td></td><td>课时</td><td>2</td></tr>
<tr><td>组名</td><td></td><td rowspan="2">成员及分工</td><td rowspan="2">组织者：　思路方案：
政策支持：　职业素养：
文档制作及上传：</td></tr>
<tr><td>时间及地点</td><td></td></tr>
<tr><td colspan="4">【案例描述及要求】</td></tr>
<tr><td colspan="4">【我的思路或方法】
【我的解决方案】
【我的政策知识】
【我的职业技能】
【我的职业素养】</td></tr>
</table>

续表

【课堂提问】 一、小组被提问记录 二、小组提问记录 三、教师提问记录
【我的评分】 评分标准： 1.知识掌握（20分）：案例适用政策完整且准确（20分）。 2.技能掌握（30分）：案例税额计算准确（15分）、文档制作（5分）、信息搜集整理（5分）、演讲表达（5分）。 3.素质提升（30分）：思政精神力挖掘务实（5分）、与具体实践结合（15分）、具有共鸣感（10分）。 4.小组合作（20分）：分工明确（5分）、全员贡献度（10分）、活跃度（问及答）（5分）。 一、自评分（20%） 二、小组互评分（40%） 三、教师评分（40%）
【我的诊改】 一、存在问题 （一）知识方面 （二）技能方面 （三）素质方面 二、未来改进 （一）知识方面 （二）技能方面 （三）素质方面

八、课后作业及拓展

（一）讨论

企业筹建期间还会涉及哪些业务？这些业务分别如何进行账务处理？

（二）作业

1.【业务题】筹建期间固定资产是否计提折旧，若不计提请说明理由，若计提折旧，账务处理为何？

2.【业务题】购买的税款专用设备及其发生的技术维护费抵减应纳增值税时账务处理为何？

任务七　新设企业筹建期间税务处理

一、任务导航

表1-16是新设企业筹建期间税务处理工作任务表。

表1-16　　新设企业筹建期间税务处理工作任务表

任务基本描述：企业筹建期间涉税业务处理				
任务目标	任务知识点	任务技能点	学习时间节点	学习资源
1.筹建期间典型涉税业务分析	•印花税相关知识 •个人所得税相关知识 •企业所得税相关知识	•筹建企业涉印花税分析 •筹建期间涉个税分析 •筹建期间涉企业所得税分析	•课前准备 •课堂展示	•国家税务总局政策库
2.准确进行筹建期间税务处理	•印花税的计算 •个人所得税计算 •税会差异调整	•印花税申报 •个税申报 •筹建期间涉企业所得税分析	•课堂展示	•国家税务总局政策库

二、前导知识和技能测试

前导知识测试 1.7.1

1.前导知识测试1.7.1

2.前导知识测试1.7.2

前导知识测试 1.7.2

三、任务计划

（一）学习目标：____________________

（二）学习内容及时间安排：____________________

（三）学习完成率及成果：____________________

四、任务案例

承接上一节的“任务案例”，该玻璃有限公司会计肖慧月末进行税金计提及月末结账处理，并出具资产负债表和利润表。办税员刘丹依据相关资料进行印花税申报、个税申报、增值税申报、企业所得税预缴申报。

五、任务知识殿堂

（一）印花税税目和税率

表1-17是印花税税目税率表。

表1-17　　印花税税目税率表

税目		税率	备注
合同（指书面合同）	借款合同	借款金额的万分之零点五	银行业金融机构、经国务院银行业监督管理机构批准设立的其他金融机构与借款人（不包括同业拆借）的借款合同
	融资租赁合同	租金的万分之零点五	
	买卖合同	价款的万分之三	动产买卖合同（不包括个人书立的动产买卖合同）
	承揽合同	报酬的万分之三	
	建设工程合同	价款的万分之三	
	运输合同	运输费用的万分之三	货运合同和多式联运合同（不包括管道运输合同）
	技术合同	价款、报酬或者使用费的万分之三	不包括专利权、专有技术使用权转让书据
	租赁合同	租金的千分之一	
	保管合同	保管费的千分之一	单据作为合同使用的，按合同贴花
	仓储合同	仓储费的千分之一	仓单或栈单作为合同使用的，按合同贴花
	财产保险合同	保险费的千分之一	不包括再保险合同
产权转移书据	土地使用权出让书据	价款的万分之五	转让包括买卖（出售）、继承、赠与、互换、分割
	土地使用权、房屋等建筑物和构筑物使用权转让书据（不包括土地承包经营权和土地经营权转移）	价款的万分之五	
	股权转让书据（不包括应缴纳证券交易印花税的）	价款的万分之五	
	商标专用权、著作权、专利权、专有技术使用权转让书据	价款的万分之三	
营业账簿		实收资本（股本）、资本公积合计金额的万分之二点五	
证券交易		成交金额的千分之一	

|例 1-1| 按“产权转移书据”计征印花税的有（　　）。

A.专利实施许可合同　　B.专利申请转让合同　　C.土地使用权出让合同

D.土地使用权转让合同　　E.商品房销售合同

|答案| ACDE

|解析| 选项B按技术合同缴纳印花税。产权转移书据，包括土地使用权出让书据，土地使用权、房屋等建筑物和构筑物使用权转让书据（不包括土地承包经营权和土地经营权转移），股权转让书据，商标专用权、著作权、专利权、专有技术使用权转让书据。

（二）居民个人综合所得计税方法

居民个人取得综合所得，按年计算个人所得税；有扣缴义务人的，由扣缴义务人按月或者按次预扣预缴税款；需要办理汇算清缴的，应当在取得所得的次年3月1日至6月30日内办理汇算清缴。居民个人预扣预缴办法详见表1-18。

表1-18　居民个人预扣预缴办法：每月（次）综合所得税务处理

所得项目	税务处理
1.工资、薪金所得	扣缴义务人支付时，按“累计预扣法”计算预扣税款，并按月办理全员全额扣缴申报
2.劳务报酬所得	扣缴义务人支付时，按以下方法按次或按月预扣预缴税款：（3级累进） （1）每次收入不超过4 000元的，预扣预缴税额=（收入-800）×预扣率 （2）每次收入4 000元以上的，预扣预缴税额=收入×（1-20%）×预扣率-速算扣除数
3.稿酬所得	扣缴义务人支付时，按以下方法按次或按月预扣预缴税款： （1）每次收入不超过4 000元的，预扣预缴税额=（收入-800）×70%×20% （2）每次收入4 000元以上的，预扣预缴税额=收入×（1-20%）×70%×20%
4.特许权使用费所得	扣缴义务人支付时，按以下方法按次或按月预扣预缴税款： （1）每次收入不超过4 000元的，预扣预缴税额=（收入-800）×20% （2）每次收入4 000元以上的，预扣预缴税额=收入×（1-20%）×20%

工资薪金所得的累计预扣法的具体计算方法如下：

（1）累计减除费用：5 000元/月×当年截至本月在本单位的任职受雇月份数

（2）专项扣除：包括居民个人按照国家规定的范围和标准缴纳的基本养老保险、基本医疗保险、失业保险等社会保险费和住房公积金等（三险一金）。

（3）专项附加扣除：包括子女教育、继续教育、大病医疗、住房贷款利息或者住房租金、赡养老人、3岁以下婴幼儿照护等支出。

除大病医疗以外，子女教育、赡养老人、住房贷款利息、住房租金、继续教育、3岁以下婴幼儿照护，纳税人可以选择在单位发放工资、薪金时，按月享受专项附加扣除政策。

一个纳税年度内，如果没有及时将扣除信息报送任职受雇单位，以致在单位预扣预缴工资、薪金所得税时未享受扣除或未足额享受扣除的，可以在当年剩余月份内向单位申请补充扣除，也可以在次年3月1日至6月30日内，向汇缴地主管税务机关进行汇算清缴申报时办理扣除。

（4）其他扣除：包括个人缴付符合国家规定的企业年金、职业年金，个人购买符合国家规定的商业健康保险、税收递延型商业养老保险的支出，以及国务院规定可以扣除的其他项目。

专项扣除、专项附加扣除和依法确定的其他扣除，以居民个人一个纳税年度的应纳税所得额为限额；一个纳税年度扣除不完的，不结转以后年度扣除。

$$\text{某月应预扣预缴税款}=\left(\text{累计收入}-\text{累计减除费用}-\text{累计专项扣除}-\text{累计专项附加扣除}-\text{累计法定其他扣除}-\text{减免税收入}\right)\times\text{预扣率}-\text{速算扣除数}-\text{已预扣预缴的税额}$$

表1-19是居民个人工资、薪金所得预扣预缴适用的个人所得税预扣率表。

表1-19　个人所得税预扣率表（居民个人工资、薪金所得预扣预缴适用）

级数	累计预扣预缴应纳税所得额	预扣率（%）	速算扣除数
1	不超过36 000元	3	0
2	超过36 000元至144 000元的部分	10	2 520
3	超过144 000元至300 000元的部分	20	16 920
4	超过300 000元至420 000元的部分	25	31 920
5	超过420 000元至660 000元的部分	30	52 920
6	超过660 000元至960 000元的部分	35	85 920
7	超过960 000元的部分	45	181 920

例1-2 张某202×年每月应发工资均为30 000元，每月减除费用5 000元，“三险一金”等专项扣除为4 500元，享受专项附加扣除共计2 000元，没有减免税收入及减免税额等情况，请计算3月份应预扣预缴税额。

解析

1月份应预扣预缴税额=（30 000−5 000−4 500−2 000）×3%=555（元）

2月份应预扣预缴税额=（30 000×2−5 000×2−4500×2−2 000×2）×10%−2 520−555=625（元）

3月份应预扣预缴税额=（30 000×3−5 000×3−4 500×3−2 000×3）×10%−2 520−555−625
=1 850（元）

（三）企业所得税

1.筹建期间亏损

《国家税务总局有关于贯彻落实企业所得税法若干税收问题的通知》（国税函〔2010〕79号）规定，企业开始生产经营的年度，为开始计算企业损益的年度。企业从事生产经营之前筹建期间发生的筹建费用支出，不得计算为当期的亏损，应按照《国家税务总局关于企业所得税若干税务事项衔接问题的通知》（国税函〔2009〕98号）文件执行，即企业可以在开始经营之日的当年一次性扣除，也可以按照税法有关长期待摊费用的处理规定处理，但一经选定，不得改变。

2.筹建期间业务招待费

《国家税务总局关于企业所得税应纳税所得额若干税务处理问题的公告》（国家税务总局公告2012年第15号）规定，企业在筹建期间，发生的与筹办活动有关的业务招待费支出，可按实际发生额的60%记入筹办费，并按有关规定在税前扣除。

例 1-3 甲公司成立于202×年8月，至202×年12月，未实际生产经营，仍处于筹建期。本年度发生的经济事项包括：在“管理费用”中列支业务招待费6万元，“营业外支出”中列支向市教育局捐赠助学5万元，“利润表”反映利润总额-30万元。请进行有关涉税分析。

解析

1.202×年发生的业务招待费，在以后生产经营年度可税前扣除金额为3.6万元（6×60%）。

2.当期会计利润为-30万元，税法未对筹建期间公益性捐赠支出作出特别规定，所以可税前扣除金额为0，应纳税调增5万元。

3.甲公司当年会计利润为-30万元，经纳税调整计算，以后年度可税前扣除金额为22.6万元（30-5-（6-3.6）），应作为长期待摊费用处理，在以后生产经营年度选择一次性扣除，也可按不低于3年期限均匀税前扣除，而不认定为202×年的税收亏损。

拓展阅读

河北省沧州市税务局稽查局依法查处一起加油站偷税案件

近期，河北省沧州市税务局稽查局根据精准分析，依法查处了献县××加油站偷税案件。

经查，该加油站通过隐匿销售收入、进行虚假申报等手段，少缴增值税等税费364.08万元。税务稽查部门依据《中华人民共和国行政处罚法》《中华人民共和国税收征收管理法》等相关规定，对该加油站依法追缴少缴税费、加收滞纳金并处罚款，共计687.25万元。

沧州市税务局稽查局有关负责人表示，下一步将坚决依法严查严处各种偷逃税行为，坚决维护国家税法权威，促进社会公平正义，持续营造良好税收营商环境，促进相关企业和行业长期规范健康发展。

资料来源：佚名.河北省沧州市税务局稽查局依法查处一起加油站偷税案件[EB/OL].[2023-04-26].http://www.chinatax.gov.cn/chinatax/n810219/c102025/c5192923/content.html.

六、任务实践

请依据“任务案例”分组完成。

（1）月末印花税涉税分析；

（2）月末个人所得税及社保账务处理、个税预扣预缴分析，工资情况详见表1-20。

表 1-20　**202×年 9 月工资一览表**　单位：元

序号	姓名	性别	月工资标准	单位缴纳基本养老保险（16%）	单位缴纳基本医疗保险（8%）	单位缴纳基本失业保险（0.7%）	单位缴纳生育保险（0.7%）	单位缴纳工伤保险（0.2%）	单位缴纳公积金（12%）	单位缴费部分合计	扣基本养老保险（8%）	扣基本医疗保险（2%+7）	扣失业保险（0.3%）	扣住房公积金（12%）	个人缴费部分合计	扣个税	实发合计	备注
1	宋立明	男	8 000	1280	640	56	55	16	960	3008	640	167	24	960	831	65.07	7 103.93	1. 宋立明 202×年 1—8 月工资同 9 月，在别处任职。2. 其他人 202×年 1—8 月均无工资。3. 所有人本年度无专项附加扣除
2	肖惠	女	5 000	800	400	35	35	10	600	1880	400	107	15	600	522	0	4 478	
3	王鸣礼	男	5 000	800	400	35	35	10	600	1880	400	107	15	600	522	0	4 478	
4	刘丹	女	4 000	640	320	28	28	8	480	1504	320	87	12	480	419	0	3 581	
5	钱周	男	5 000	800	400	35	35	10	600	1880	400	107	15	600	522	0	4 478	
合计			27 000	4320	2160	189	189	54	3240	10152	2160	575	81	3240	2816	65.07	24 118.93	

（3）月末增值税申报；附增值税及附加税费申报表（小规模纳税人适用）（见表1-21）。

表1-21　　**增值税及附加税费申报表**

（小规模纳税人适用）

纳税人识别号（统一社会信用代码）：□□□□□□□□□□□□□□□□□□□□

纳税人名称：　　　　　　　　　　　　金额单位：元（列至角分）

税款所属期：　　年　　月　　日至　　年　　月　　日　　　填表日期：　　年　　月　　日

项目		栏次	本期数		本年累计	
			货物及劳务	服务、不动产和无形资产	货物及劳务	服务、不动产和无形资产
一、计税依据	（一）应征增值税不含税销售额（3%征收率）	1				
	增值税专用发票不含税销售额	2				
	其他增值税发票不含税销售额	3				
	（二）应征增值税不含税销售额（5%征收率）	4	—		—	
	增值税专用发票不含税销售额	5	—		—	
	其他增值税发票不含税销售额	6	—		—	
	（三）销售使用过的固定资产不含税销售额	7（7≥8）		—		—
	其中：其他增值税发票不含税销售额	8		—		—
	（四）免税销售额	9=10+11+12				
	其中：小微企业免税销售额	10				
	未达起征点销售额	11				
	其他免税销售额	12				
	（五）出口免税销售额	13（13≥14）				
	其中：其他增值税发票不含税销售额	14				
二、税款计算	本期应纳税额	15				
	本期应纳税额减征额	16				
	本期免税额	17				
	其中：小微企业免税额	18				
	未达起征点免税额	19				
	应纳税额合计	20=15-16				
	本期预缴税额	21			—	—
	本期应补（退）税额	22=20-21			—	—
三、附加税费	城市维护建设税本期应补（退）税额	23				
	教育费附加本期应补（退）费额	24				
	地方教育附加本期应补（退）费额	25				
声明：此表是根据国家税收法律法规及相关规定填写的，本人（单位）对填报内容（及附带资料）的真实性、可靠性、完整性负责。 纳税人（签章）：　　年　月　日						
经办人： 经办人身份证号： 代理机构签章： 代理机构统一社会信用代码：			受理人： 受理税务机关（章）： 受理日期：　年　月　日			

（4）企业所得税申报分析。

七、任务成果报告及评价

表1-22是新设企业筹建期间税务处理成果报告。

表1-22　新设企业筹建期间税务处理成果报告

实训任务七　新设企业筹建期间税务处理成果报告				
适用项目		课时	2	
组名		成员及分工	组织者： 政策支持： 文档制作及上传：	思路方案： 职业素养：
时间及地点				
【案例描述及要求】				
【我的思路或方法】 【我的解决方案】 【我的政策知识】 【我的职业技能】 【我的职业素养】				
【课堂提问】 一、小组被提问记录 二、小组提问记录 三、教师提问记录				

续表

【我的评分】 评分标准： 1.知识掌握（20分）：案例适用政策完整且准确（20分）。 2.技能掌握（30分）：案例税额计算准确（15分）、文档制作（5分）、信息搜集整理（5分）、演讲表达（5分）。 3.素质提升（30分）：思政精神力挖掘务实（5分）、与具体实践结合（15分）、具有共鸣感（10分）。 4.小组合作（20分）：分工明确（5分）、全员贡献度（10分）、活跃度（问及答）（5分）。 一、自评分（20%） 二、小组互评分（40%） 三、教师评分（40%）
【我的诊改】 一、存在问题 （一）知识方面 （二）技能方面 （三）素质方面 二、未来改进 （一）知识方面 （二）技能方面 （三）素质方面

八、课后作业及拓展

（一）阅读

《国家税务总局关于增值税 消费税与附加税费申报表整合有关事项的公告》（国家税务总局公告2021年第20号），http：//www.chinatax.gov.cn/chinatax/n359/c5166427/content.html。

（二）作业

【业务题】承接本节任务案例，假设该玻璃公司202×年未完成筹建，假设202×年会计利润为-20万元，业务招待费3万元。请思考202×年是否需要进行企业所得税汇算清缴。（假定202×年11月、12月未发生新业务）

项目二　幼芽萌发——增值税小规模纳税人财税处理

项目导读

将种子种进合适的土壤，就会发芽、长大。一家小微企业的发展和壮大，就是发芽和成长的过程。

本项目，带着大家了解小微企业如何办理缴纳增值税业务，向您展示小微企业日常经营业务的会计核算和纳税申报。完成本项目所有任务，您就可以独立完成小微企业办税员或助理会计岗位的主要工作，就能够提升办税员或助理会计岗位的从业能力。

项目目标

* 能够根据任务案例计算小规模纳税人增值税额；
* 能够设置小规模纳税人增值税的会计科目，并根据任务案例编制正确的会计分录；
* 能够看懂小规模纳税人增值税纳税申报表，并根据任务案例填写增值税及附加税费申报表，完成小规模纳税人增值税纳税申报；
* 能够运用增值税小规模纳税人的税收优惠政策，培养学生对国家制度的自信，从而增强社会责任意识，做到依法纳税。

任务一　增值税小规模纳税人会计核算

一、任务导航

增值税小规模纳税人会计核算工作任务表见表2-1。

表2-1　　增值税小规模纳税人会计核算工作任务表

<table>
<tr><td colspan="5">任务基本描述：掌握小规模纳税人增值税会计核算的运用，培养学生适应岗位需求的实践操作能力</td></tr>
<tr><td>任务目标</td><td>任务知识点</td><td>任务技能点</td><td>学习时间节点</td><td>学习资源</td></tr>
<tr><td>1. 确定需求意图</td><td>•小规模纳税人的增值税会计核算处理</td><td>•通过日常业务进行增值税会计核算</td><td>•课前准备
•课堂展示</td><td>•国家税务总局网站、超星平台、税务会计实训平台</td></tr>
<tr><td>2. 准备资料</td><td>•识别原始凭证</td><td>•填制记账凭证</td><td>•课前准备
•课堂展示</td><td>•国家税务总局网站、超星平台、税务会计实训平台</td></tr>
<tr><td>3. 制作凭证</td><td>•购进、销售、缴纳和减免业务</td><td>•根据原始凭证填写记账凭证</td><td>•课堂完成
•课堂展示</td><td>•国家税务总局网站、超星平台、税务会计实训平台</td></tr>
</table>

二、前导知识和技能测试

前导知识测试 2.1.1

前导知识测试 2.1.1

三、任务计划

（一）我的学习目标：________________

（二）我的学习内容及时间安排：________________

（三）我的学习完成率及成果：________________

四、任务案例

业务1

业务2

武汉滨江商贸有限责任公司为小规模纳税人，经营业务有商品销售和酒店住宿，202×年发生如下业务：

1. 1月购入甲商品，取得的增值税专用发票上注明价款为600 000元，增值税税款78 000元。该公司以银行存款支付购入生产材料款项。

2. 1月12日接受咨询服务。提供咨询服务方为增值税一般纳税人，开具给武汉滨江商贸有限责任公司增值税普通发票，发票上注明价款5 000元、增值税额300元。款项已付。

3. 3月首次购入增值税税控系统专用设备，支付价款824元，同时支付当年增值税税控系统专用设备技术维护费318元。当月两项合计抵减当月增值税应纳税额1 142元。

业务3

4.4月酒店住宿业务收入为41 200元，所收款项全部送存银行。请作出该业务的会计处理。

业务4

5.5月采取直接收款方式销售A产品一批，开具的增值税普通发票上注明价款3 000元、增值税额90元。A产品的成本为2 000元。该批A产品已发出，款项以银行存款收讫。该批A产品在发出时，其控制权由武汉滨江商贸有限责任公司转移给客户。

业务5

6.5月因经营业务调整，出售使用过的一台机器设备。机器设备账面原值为10 000元，已计提折旧2 000元，以12 000元（含增值税）的价格出售。甲公司向对方开具了增值税普通发票，款项已收存银行。

业务6

7.6月人力资源部李东报销办公用品3 390元，出具增值税专用发票，金额为3 000元，增值税额为390元。出纳以现金付讫。

业务7

五、任务知识殿堂

（一）小规模纳税人的征收率

小规模纳税人不划分行业和类别的征收率为3%；销售、出租其取得的不动产的征收率为5%。

（二）小规模纳税人计税方法——简易计税方法

1.应纳税额的一般计算公式

应纳税额=不含税销售额×征收率

　　　　=含税销售额÷（1+征收率）×征收率

2.小微企业税收优惠

（1）小规模纳税人发生增值税应税销售行为，合计月销售额未超过10万元（以1个季度为1个纳税期的，季度销售额未超过30万元）的，免征增值税。

（2）小规模纳税人发生增值税应税销售行为，合计月销售额超过10万元，但扣除本期发生的销售不动产的销售额后未超过10万元的，其销售货物、劳务、服务、无形资产取得的销售额免征增值税。

（3）适用增值税差额征税政策的小规模纳税人，以差额后的销售额确定是否可以享受上述规定的免征增值税政策。

（4）其他个人（即自然人），采取一次性收取租金形式出租不动产取得的租金收入，可在对应的租赁期内平均分摊，分摊后的月租金收入未超过10万元的，免征增值税。

（5）小规模纳税人月销售额未超过10万元的，当期因开具专票已经缴纳的税款，在专票全部联次追回或者按规定开具红字专票后，可以向主管税务机关申请退还。

例2-1　（多项选择题）关于小规模纳税人增值税政策，2023年1月1日起下列说法正确的有（　　）。

A.月销售额扣除本期发生的销售不动产销售额后，未超过10万元的，其销售货物、劳务、服务、无形资产取得的销售额免征增值税

B.月销售额10万元以上的增值税小规模纳税人，免征增值税

C.适用增值税差额征税政策的小规模纳税人，以差额后的销售额确定是否可以享受月销售额10万元及以下免征增值税的政策

D.按现行规定应预缴增值税税款的小规模纳税人，凡在预缴地实现的月销售额未超过10万元的，当期无须预缴税款

E.其他个人一次性收取两月租金10万元，不能享受免征增值税的政策

|答案| ACD

|解析|

根据国家税务总局公告2023年第1号规定：增值税小规模纳税人（以下简称小规模纳税人）发生增值税应税销售行为，合计月销售额未超过10万元（以1个季度为1个纳税期的，季度销售额未超过30万元，下同）的，免征增值税。

小规模纳税人发生增值税应税销售行为，合计月销售额超过10万元，但扣除本期发生的销售不动产的销售额后未超过10万元的，其销售货物、劳务、服务、无形资产取得的销售额免征增值税。

其他个人，采取一次性收取租金形式出租不动产取得的租金收入，可在对应的租赁期内平均分摊，分摊后的月租金收入未超过10万元的，免征增值税。

3.小规模纳税人税额计算中的具体问题

（1）因销售折让、中止或者退回而退还给购买方的销售额，应当从当期销售额中扣减。扣减当期销售额后仍有余额造成多缴的税款，可从以后的应纳税额中扣减。

（2）小规模纳税人购进税控收款机的税额抵免。

①可凭购进税控收款机取得的增值税专用发票上注明的增值税额，抵免当期应纳增值税。

②凭普通发票上注明的价款，依下列公式计算可抵免的税额：

可抵免的税额=价款÷（1+适用税率）×适用税率

当期应纳税额不足抵免的，未抵免部分可在下期继续抵免

4.小规模纳税人（除其他个人外）销售自己使用过的货物

小规模纳税人销售自己使用过的货物的税务处理见表2-2。

表2-2　小规模纳税人销售自己使用过的货物的税务处理

销售业务	税务处理	计税公式
（1）销售自己使用过的固定资产	减按2%征收率征收增值税	应纳税额=售价÷（1+3%）×2%
（2）销售自己使用过的除固定资产以外的物品	按3%的征收率征收增值税	应纳税额=售价÷（1+3%）×3%

|例2-2|（单项选择题）某小规模纳税人202×年3月销售自己使用过的一台设备，开具的普通发票注明价款45 000元，则该项业务应纳增值税（　　）元。

A.2 700　　B.1 350　　C.1 310.7　　D.873.79

|答案| D

|解析| 应纳增值税873.79元（45 000÷（1+3%）×2%）。

（三）小规模纳税人缴纳增值税特殊问题——差额计税

1.按3%征收率，差额计税

小规模纳税人跨县（市）提供建筑服务，在建筑服务所在地预缴税款时，应以取得的全部价款和价外费用扣除支付的分包款后的余额为销售额，依3%的征收率计算应纳税额。

应纳税额=计税销售额÷（1+3%）×3%

2.按5%征收率，差额计税——小规模纳税人出售不动产

小规模纳税人出售不动产的税务处理见表2-3。

表2-3　小规模纳税人出售不动产的税务处理

纳税人	不动产性质	计税依据
（1）非房地产企业	销售取得的不动产（不含自建）	全部价款和价外费用减去该项不动产购置原价或取得不动产时的作价后的余额
（2）其他个人	销售其取得的不动产（不含购买住房） 北、上、广、深四地，销售其购买2年以上的非普通住宅	

（四）征收管理

1.增值税纳税义务发生时间

增值税纳税义务发生时间，即销项税额确认时间、发票开具时间。如果开票在先，纳税义务发生时间为开具发票的当天。

（1）采取直接收款方式销售货物的，不论货物是否发出，均为收到销售额或取得索取销售额的凭据的当天。

（2）采取托收承付和委托银行收款方式销售货物的，为发出货物并办妥托收手续的当天。

（3）采取赊销和分期收款方式销售货物的，为书面合同约定的收款日期的当天。无书面合同的或者书面合同没有约定收款日期的，为货物发出的当天。

（4）采取预收货款方式销售货物的，为货物发出的当天。

|特殊1| 生产销售生产工期超过12个月的大型机械设备、船舶、飞机等货物的，为收到预收款或者书面合同约定的收款日期的当天。

|特殊2| 纳税人提供租赁服务，采用预收款方式的，为收到预收款的当天。

（5）委托其他纳税人代销货物的，为收到代销单位销售的代销清单或者收到全部或者部分货款的当天；未收到代销清单及货款的，其纳税义务发生时间为发出代销货物满180天的当天。

（6）销售应税劳务的，为提供劳务同时收讫销售款或取得索取销售款的凭据的当天。

（7）发生除代销以外的视同销售货物行为的，为货物移送的当天。

（8）纳税人从事金融商品转让的，为金融商品所有权转移的当天。

（9）纳税人发生视同销售服务、无形资产或者不动产情形的，其纳税义务发生时间为服务、无形资产转让完成的当天或者不动产权属变更的当天。

（10）增值税扣缴义务发生时间为纳税人增值税纳税义务发生的当天。

（11）纳税人提供建筑服务，被工程发包方从应支付的工程款中扣押的质押金、保证金，未开具发票的，以纳税人实际收到质押金、保证金的当天为纳税义务发生时间。

2.小规模纳税人会计科目的设置

小规模纳税人发生的业务比一般纳税人简单，只需在“应交税费”科目下设置“应交增值税”“转让金融商品应交增值税”“代扣代交增值税”三个明细科目，以减轻小规模纳税人的核算压力。

“应交税费——应交增值税”明细科目核算小规模纳税人除转让金融商品以及代扣代缴业务以外的应纳税额，发生的纳税义务（计提）在本科目贷方反映，扣减、预缴、缴纳均在本科目借方反映。采购业务对应的进项税额，即使取得增值税专用发票等合规扣税凭证，也应当在发生时记入成本费用或资产科目，不得记入本科目借方。

“应交税费——转让金融商品应交增值税”明细科目核算小规模纳税人转让金融商品应纳税额，产生的转让收益按应纳税额在本科目贷方反映，实际缴纳时在本科目借方反映。产生转让损失，按现行政策规定可在年内抵减的，应将结转下月可抵减的应纳税额在本科目借方反映，年末本科目如有借方余额，则应自本科目贷方结转至“投资收益”科目借方。

“应交税费——代扣代交增值税”明细科目核算小规模纳税人购买在境内未设经营机构的境外单位或个人在境内的应税行为代扣代缴的增值税。发生的代扣代缴义务在本科目贷方反映，实际缴纳时在本科目借方反映。

3.小规模纳税人采购、购进业务的会计核算

小规模纳税人增值税的征收管理采取简易办法，不实行进项税抵扣制度。小规模纳税人购买货物、加工修理修配劳务、服务、无形资产或不动产，取得增值税专用发票或增值税普通发票上注明的增值税应计入相关成本费用或资产，不通过“应交税费——应交增值税”科目核算。

因此，小规模纳税人购入货物、接受应税劳务或应税服务，均按应付或实际支付的价款借记“材料采购”“原材料”“管理费用”等科目，贷记“应付账款”“银行存款”等科目。

|例 2-3| 云扬玩具厂为小规模纳税人，202×年7月购进材料一批，取得的增值税普通发票上注明的价款为10 000元、增值税为1 300元，价税合计款开出转账支票付讫。请作出该业务的会计处理。

|解析| 账务处理如下：

借：原材料　　11 300

　贷：银行存款　　11 300

按税法的有关规定，小规模纳税人初次购买增值税税控系统专用设备支付的费

用以及缴纳的技术维护费允许在增值税应纳税额中全额抵减的，按规定抵减的增值税应纳税额应直接冲减“应交税费——应交增值税”科目。

4.小规模纳税人销售等业务应纳增值税额的会计核算

小规模纳税人销售货物、加工修理修配劳务、服务、无形资产或不动产等，应当按应收或已收的金额，借记“应收账款”“应收票据”“银行存款”等科目；按实现的销售收入额，贷记“主营业务收入”“其他业务收入”“固定资产清理”等科目；按销售收入与征收率的乘积计算的应纳增值税额，贷记“应交税费——应交增值税”科目。

例 2-4 大明公司为增值税小规模纳税人，202×年5月实现的销售商品收入为46 800元，所收款项全部送存银行。请作出该业务的会计处理。

解析 账务处理如下：

本期应纳增值税税额=46 800÷（1+3%）×3%=1 363.11（元）

借：银行存款	46 800	
贷：主营业务收入		45 436.89
应交税费——应交增值税		1 363.11

发生销售退回的，应根据按规定开具的红字增值税专用发票编制相反的会计分录。

例 2-5 云扬玩具厂为小规模纳税人，202×年8月收到群兴商场退回的7月购进玩具一批，含税售价51 500元，款项通过银行转账给群兴商场。请作出该业务的会计处理。

解析 账务处理如下：

借：主营业务收入	50 000	
应交税费——应交增值税	1 500	
贷：银行存款		51 500

5.小规模纳税人销售自己使用过的固定资产的会计核算

小规模纳税人（除其他个人外）销售自己使用过的固定资产，减按2%的征收率征收增值税。这里指的是小规模纳税人适用3%征收率减按2%征收，其销售额和应纳增值税的计算公式如下：

销售额=含增值税销售额÷（1+3%）

应纳增值税税额=销售额×2%

其他个人销售自己使用过的固定资产，免征增值税。

小规模纳税人将固定资产转入清理时，冲销其账面原值、累计折旧及减值准备，借记“固定资产清理”“累计折旧”“固定资产减值准备”等科目，贷记“固定资产”科目；发生各项清理支出时，借记“固定资产清理”科目，贷记“银行存款”等科目；在销售时，按照取得的销售收入和计算的增值税额，借记“银行存款”等科目，贷记“固定资产清理”“应交税费——应交增值税”（按照3%的征收率计算）等科目，同时，借记“应交税费——应交增值税”（按照1%（即3%−2%）计算）科目，贷记“其他收益”（生产经营期间正常销售固定资产）或者“营业外收入——政府补助”（因自然灾害等发生非流动资产毁损、已丧失使用功能而报废固定资产）科目。按生产经营期间正常销售固定资产所产生的损失，借记“资产处置损益”科目，贷记“固定资产清理”科目；或者按生产经营期间正常销售固定资产所产生的利得，借记“固定资产清理”科目，贷记“资产处置损益”科目。按因自然灾害等发生非流动资产毁损、已丧失使用功能而报废固定资产所产生的清理损失，借记“营业外支出——非流动资产毁损报废损失”科目，贷记“固定资产清理”科目；或者按因自然灾害等发生非流动资产毁损、已丧失使用功能而报废固定资产所产生的清理收益，借记“固定资产清理”科目，贷记“营业外收入——非流动资产毁损报废收益”科目。

|例 2-6| 大明公司为增值税小规模纳税人，202×年3月出售本企业使用过的一辆货车，该车原值300 000元，累计折旧100 000元，转让价150 000元，款项已收到。请作出该业务的会计处理。

|解析| 账务处理如下：

（1）借：固定资产清理	200 000	
累计折旧	100 000	
贷：固定资产		300 000
（2）借：银行存款	150 000	
贷：固定资产清理		150 000

（3）销售额=150 000÷（1+3%）=145 631.07（元）

应纳税额=145 631.07×2%=2 912.62（元）

借：固定资产清理	2 912.62	
贷：应交税费——应交增值税		2 912.62
（4）借：资产处置损益	52 912.62	
贷：固定资产清理		52 912.62
（5）借：应交税费——应交增值税	1 456.31	
贷：其他收益		1 456.31

6.小规模纳税人提供应税行为差额征税的会计核算

小规模纳税人提供应税行为，按照增值税有关规定允许从销售额中扣除其支付给其他纳税人价款的，按规定扣减销售额而减少的应交增值税，应直接冲减“应交税费——应交增值税”科目。企业接受应税行为时，按规定允许扣减销售额而减少的应交增值税，借记“应交税费——应交增值税”科目，按实际支付或应付的金额与上述增值税税额的差额，借记“主营业务成本”等科目，按实际支付或应付的金额，贷记“银行存款”“应付账款”等科目。

例如：自2014年1月1日后，试点纳税人提供知识产权代理服务、货物运输代理服务和代理报关服务，以其取得的全部价款和价外费用，扣除向委托方收取并代为支付的政府性基金或者行政事业性收费后的余额为销售额。对外支付款项时，借记“应交税费——应交增值税”“主营业务成本”科目，贷记“银行存款”“应付账款”等科目。

对于期末一次性进行账务处理的企业，期末，按规定当期允许扣减销售额而减少的应交增值税，借记“应交税费——应交增值税”科目，贷记“主营业务成本”

等科目。

|例2-7| 大明公司为增值税小规模纳税人，2月共收取含增值税的技术服务费103 000元，其中代委托方支付的政府性基金和行政事业性收费共计72 100元。请作出该业务的账务处理。

|解析| 账务处理如下：

应纳增值税=（103 000−72 100）÷（1+3%）×3%=900（元）

（1）确认收入时：

借：银行存款	103 000	
贷：主营业务收入		100 000
应交税费——应交增值税		3 000

（2）对外支付款项时：

借：应交税费——应交增值税	2 100	
主营业务成本	70 000	
贷：银行存款		72 100

7.小规模纳税人上缴税款的会计核算

小规模纳税人按规定的纳税期限缴纳增值税税款时，借记“应交税费——应交增值税”科目，贷记“银行存款”等科目。收到退回多交的增值税时，进行相反的会计处理。

|例2-8| 大明公司（小规模纳税人）10月9日交纳第二季度应交增值税1 363.10元。请作出该业务的会计处理。

|解析| 账务处理如下：

借：应交税费——应交增值税	1 363.10	
贷：银行存款		1 363.10

8.小规模纳税人免征增值税的会计核算

小规模纳税人在取得销售收入时，应当按照税法的规定计算应交增值税，并确认为应交税费，在达到增值税制度规定的免征增值税条件时，将有关应交增值税转入当期损益（“其他收益”科目）。小规模纳税人在取得销售收入时，应当按照税法的规定计算应当缴纳的增值税，并记入“应交税费——应交增值税”科目；在达到增值税制度规定的免征增值税条件时，再从“应交税费——应交增值税”科目转入当期损益（“其他收益”科目）。

小规模纳税人免征的增值税不属于企业所得税不征税收入的范围，应计入企业当年收入总额申报缴纳企业所得税，但对于“小规模纳税人减按1%征收率征收增值税”来说，由于小规模纳税人在开具增值税发票时按照1%征收率换算为不含税收入，且按照1%计算增值税额，小规模纳税人享受的2%的增值税减免税实际上已经包含在企业所得税应税收入中，因此，对小规模纳税人享受的2%的增值税减免税，不应重复计入企业当年收入总额申报缴纳企业所得税。

|例2-9| 大明公司为增值税小规模纳税人，选择以1个季度为增值税的纳税期。本年第三季度大明公司销售产品，共取得含增值税收入202 000元（假设只发

生1笔销售业务)。大明公司减按1%征收率征收增值税。对甲公司上述业务进行账务处理。

解析 账务处理如下:

借:银行存款	202 000	
贷:主营业务收入(202 000÷(1+1%))		200 000
应交税费——应交增值税(202 000÷(1+1%)×1%)		2 000
借:应交税费——应交增值税	2 000	
贷:其他收益		2 000

拓展阅读

观察:看税收政策这样为个体工商户"输血""活血"

近年来,我国营商环境不断优化,市场主体总量持续增长,这其中,个体工商户数量多、活力足,在稳增长稳就业、推动经济高质量发展中发挥了重要作用。市场监管总局最新统计显示,截至2023年1月,我国市场主体达1.7亿户,其中全国登记在册个体工商户达1.14亿户,约占市场主体总量三分之二、带动近3亿人就业。

记者梳理发现,2022年11月1日开始施行的《促进个体工商户发展条例》,完善了促进发展及保护权益的制度措施,从登记注册、经营场所供给以及资金、财税、金融、社保、创业就业、社区便民、知识产权保护等多方面,对个体工商户发展提供了全方位支持。

值得注意的是,近年来,我国实施系列税费支持政策,直接为广大个体工商户"输血""活血",让个体工商户能走敢跑、走稳跑快,助力稳就业、保民生。

"这几年多亏国家出台了一系列扶持我们个体工商户发展的政策,税费负担实实在在地减轻了,办税便利度也提升了。"在吉林,辽源市德胜家具馆内建材商店老板付先生说。

据悉,辽源市经开区税务局依托大数据手段,对辽源大型商场内的个体户进行"一条龙"涉税办理特色服务,从注册、建账和申报入手,帮助纳税人详细掌握涉税知识和操作流程,同时按申报期帮助企业梳理结账单,共同计算营业额和纳税额,协助纳税人规避涉税风险。

2月6日,湖南省人民政府发布《关于打好经济增长主动仗实现经济运行整体好转的若干政策措施》共二十条,提出全力帮扶实体经济,加大财税支持力度。

2月13日上午,税务干部将最新税费优惠传达到长沙市开福区一家湘菜餐饮店。创始人王心亮说:"根据我们的营业状况,可以享受增值税小规模纳税人减按1%征收增值税的政策,以及'六税两费'减按50%征收的政策,这样我们一年减免的税额能达到30万元。"

在河北,秦皇岛腾越装潢服务部是一家从事装修装潢业务的个体工商户,春节前多个工程没有及时回款,在按时为工人结算了工资后,服务部出现了流动资金短缺无法缴纳应纳税款的情况。秦皇岛北戴河新区税务局的纳税服务科工作人员获悉后，联系了企业负责人，向其宣讲可依法办理延期缴纳税款申请并告知了相关流程，辅导其通过电子税务局提交申请。“我线上申请缓缴税款8万余元，避免了拖欠工人工资情况的发生。”服务部老板张文亮说。

“我这店面有点小，来的大多是回头客，忙的时候座位还挺紧张呢。随着餐饮行业日趋回暖，我想扩大一下店面，正愁手头资金吃紧呢。税务部门的税费优惠政策给我带来了好消息，预计今年可减免税费4万多元呢，扩大店面有钱了，努力干活争取有个好收益。”在山东省泰安市，正宗莱芜羊汤店店长王继亭说。

今年以来，当地税务部门通过微信群、电话、实地上门走访等形式第一时间把适用于个体工商户的小规模纳税人减免增值税等税费优惠政策传达纳税人，帮助个体工商户应享尽享国家税费红利。

北京国家会计学院财税政策与应用研究所所长李旭红在接受人民网记者采访时表示，我国实施的个体工商户税费支持政策主要着力于减轻个体工商户负担，保障个体工商户可持续性经营及发展。例如，增值税小规模纳税人发生增值税应税销售行为，合计月销售额未超过10万元的，免征增值税。以上政策主要通过规定起征点的方式使规模小的个体工商户免于缴纳增值税。

“这也是国际上增值税较为普遍的制度设计，通过规定起征点的方式，使低于起征点的较小规模的例如个体工商户等市场主体免于纳税，以帮助小微企业发展。”李旭红说。

六、任务实践

请同学们课前完成分小组，每个小组抽签选择案例，且两个小组作为对比组，课前完成准备，课堂进行展示、提问、讲解和互评，期待你们的精彩呈现。

模拟情景实训：根据背景案例给出的业务资料，完成小规模纳税人增值税的会计核算处理。

步骤一：根据小规模纳税人增值税核算要求进行相应会计科目设置。

步骤二：根据实际业务情况进行增值税账务处理。

七、任务成果报告及评价

增值税小规模纳税人会计核算成果报告见表2-4。

表2-4　增值税小规模纳税人会计核算成果报告

<table>
<tr><td colspan="4">实训任务一　增值税小规模纳税人会计核算成果报告</td></tr>
<tr><td>适用项目</td><td></td><td>课时</td><td>6</td></tr>
<tr><td>组名</td><td></td><td rowspan="2">成员及分工</td><td rowspan="2">组织者：　　思路方案：
政策支持：　　职业素养：
凭证制作及上传：</td></tr>
<tr><td>时间及地点</td><td></td></tr>
</table>

续表

【案例描述及要求】
【我的思路或方法】 【我的解决方案】 【我的政策知识】 【我的职业技能】 【我的职业素养】
【课堂提问】 一、小组被提问记录 二、小组提问记录 三、教师提问记录
【我的评分】 评分标准： 1.知识掌握（20分）：案例适用政策完整且准确（20分）。 2.技能掌握（30分）：案例税额计算准确（10分）、凭证制作（15分）、信息搜集整理（5分）。 3.素质提升（30分）：思政精神力挖掘务实（5分）、与具体实践结合（15分）、具有共鸣感（10分）。 4.小组合作（20分）：分工明确（5分）、全员贡献度（10分）、活跃度（问及答）（5分）。 一、自评分（20%） 二、小组互评分（40%） 三、教师评分（40%）

续表

【我的诊改】 一、存在问题 （一）知识方面   （二）技能方面   （三）素质方面   二、未来改进 （一）知识方面   （二）技能方面   （三）素质方面

八、课后作业及拓展

（一）讨论

1.增值税一般纳税人和小规模纳税人在缴纳增值税上有哪些区别？

2.小规模纳税人免增值税如何开票？

（二）阅读

劳务派遣的税会处理——小规模纳税人篇，https：//www.shui5.cn/article/15/104526.html。

（三）作业

1.【业务题】202×年3月，北京天依股份有限公司（小规模纳税人）向北京麓谷实业有限公司销售人造花1 000支，增值税普通发票上注明每支不含税的销售额为30元，销售款项未收到，请作出该业务的账务处理。

2.【业务题】202×年3月，北京宾速运输有限公司（增值税小规模纳税人）发生运输业务，增值税普通发票上注明价税合计金额为918元，款项已收到，请作出该业务的账务处理。

3.【业务题】202×年4月北京天依股份有限公司（小规模纳税人）购入原材料，销售材料方为增值税一般纳税人，开具给甲公司的增值税专用发票上注明价款10 000元，增值税税额1 300元。款项未付。请作出该业务的账务处理。

4.【业务题】202×年4月北京天依股份有限公司（小规模纳税人）出售本企业使用过的一台机器设备，该设备原值300 000元，累计折旧100 000元，转让价150 000元，款项已收到。请作出该业务的账务处理。

任务二　小规模纳税人增值税纳税申报

一、任务导航

小规模纳税人增值税纳税申报工作任务表见表2-5。

表2-5　小规模纳税人增值税纳税申报工作任务表

任务基本描述：展示企业常见增值税业务的计算和账务处理				
任务目标	任务知识点	任务技能点	学习时间节点	学习资源
1.确定需求意图	•小规模纳税人的增值税纳税申报处理	•填写小规模纳税人的增值税申报表	•课前准备 •课堂展示	•国家税务总局网站、超星平台、税务会计实训平台
2.准备资料	•增值税发票	•填制记账凭证	•课前准备 •课堂展示	•国家税务总局网站、超星平台、税务会计实训平台
3.填写申报表	•销售和减免业务	•根据发生的业务填写申报表	•课堂完成 •课堂展示	•国家税务总局网站、超星平台、税务会计实训平台

二、前导知识和技能测试

前导知识测试 2.2.1

1.前导知识测试2.2.1

2.前导技能测试2.2.1

前导技能测试 2.2.1

三、任务计划

（一）学习目标：______________________________

（二）学习内容及时间安排：______________________________

（三）学习完成率及成果：______________________________

四、任务案例

武汉正平法务咨询有限公司为小规模纳税人，减按1%的征收率征收增值税，纳税人识别号为91370705724812678A，按月进行增值税纳税申报。202×年6月该公司发生的经济业务如下：

1.10日，为黄石某工业企业（一般纳税人提）供咨询服务，取得含增值税收入

303 000元，并开具增值税专用发票。

2.18日，为仙桃某商业企业（小规模纳税人）提供鉴证服务，取得含增值税收入202 000元，并开具增值税普通发票。

工作要求：

（1）计算武汉正平法务咨询有限公司6月的应纳增值税税额。

（2）对武汉正平法务咨询有限公司6月发生的经济业务以及7月缴纳增值税的业务进行账务处理。

（3）武汉正平法务咨询有限公司7月8日对6月的增值税进行纳税申报，填写《增值税及附加税费申报表（小规模纳税人适用）》等申报表。

五、任务知识殿堂

（一）增值税及附加税费申报表（小规模纳税人适用）

增值税小规模纳税人依照税收法律、法规、规章及其他有关规定，在规定的纳税期限内填报《增值税及附加税费申报表（小规模纳税人适用）》、附列资料和其他相关资料，向税务机关进行纳税申报。

小规模纳税人对增值税进行纳税申报时，预缴阶段应当填报“增值税及附加税费预缴表附列资料（附加税费情况表）”，以及“增值税及附加税费预缴表”；在机构所在地进行纳税申报时，应当填报“增值税及附加税费申报表（服务、不动产和无形资产扣除项目明细）（小规模纳税人适用）附列资料（一）”“增值税及附加税费申报表（小规模纳税人适用）附列资料（二）（附加税费情况表）”“增值税减免申报明细表”，以及“增值税及附加税费申报表（小规模纳税人适用）”。

申报表及填表说明

（二）小规模纳税人纳税申报注意事项

（1）纳税人对报送材料的真实性和合法性承担责任。

（2）文书表单可在省（自治区、直辖市和计划单列市）税务局网站“下载中心”栏目查询下载或到办税服务厅领取。

（3）税务机关提供“最多跑一次”服务。纳税人在资料完整且符合法定受理条件的前提下，最多只需要到税务机关跑一次。

（4）纳税人使用符合电子签名法规定条件的电子签名，与手写签名或者盖章具有同等法律效力。

（5）纳税人提供的各项资料为复印件的，均须注明“与原件一致”并签章。

（6）纳税人未按照规定的期限办理纳税申报和报送纳税资料的，将影响纳税信用评价结果，并依照《中华人民共和国税收征收管理法》有关规定承担相应法律责任。

（7）增值税的纳税期限分别为1日、3日、5日、10日、15日、1个月或者1个季度。纳税人的具体纳税期限，由主管税务机关根据纳税人应纳税额的大小分别核定；不能按照固定期限纳税的，可以按次纳税。纳税人以1个月或者1个季度为1个纳税期的，自期满之日起15日内申报纳税；以1日、3日、5日、10日或者15日为1个纳税期的，自期满之日起5日内预缴税款，于次月1日起15日内申报纳税并结清上月应纳税款。纳税人进口货物，应当自海关填发海关进口增值税专用缴款书之日起15日内缴纳税款。纳税期限遇最后一日是法定休假日的，以休假日期满的次日为期限的最后一日；在期限内有连续3日以上法定休假日的，按休假日天数顺延。

|提示| 以一个季度为纳税期限：

（1）银行、财务公司、信托投资公司、信用社，以及财政部和国家税务总局规定的其他纳税人。

（2）按固定期限纳税的小规模纳税人可以选择以1个月或1个季度为纳税期限。一经选择，一个会计年度内不得变更。

|例2-10| （多项选择题）关于增值税纳税义务和扣缴义务发生时间，下列说法正确的有（　　）。

A.从事金融商品转让的，为收到销售款的当天

B.赠送不动产的，为不动产权属变更的当天

C.以预收款方式提供租赁服务的，为服务完成的当天

D.以预收款方式销售货物（除特殊情况外）的，为货物发出的当天

E.扣缴义务发生时间为纳税人增值税纳税义务发生的当天

|答案| BDE

|解析| 根据增值税纳税义务发生和扣缴义务发生时间的规定，纳税人从事金融商品转让的，纳税义务发生时间为金融商品所有权转移的当天，所以A不正确；以预收款方式提供租赁服务的，纳税义务发生时间为收到预收款的当天，所以C不正确。

|例2-11| （计算题）202×年4月，万家乐超市（小规模纳税人）采用分期收款方式销售200箱货物，合同规定不含税销售额共计36万元，本月收回50%货款，其余款项下月收回；由于购货方资金紧张，实际收到货款15万元。

要求：计算此业务应纳增值税税额是多少？

|解析| 应纳增值税税额为0.54万元（36×50%×3%）。

（8）增值税小规模纳税人缴纳增值税、消费税、文化事业建设费，以及随增值税、消费税附征的城市维护建设税、教育费附加等税费，原则上实行按季申报。

（9）年应税销售额超过小规模纳税人标准的其他个人按小规模纳税人纳税；原增值税纳税人中非企业性单位、不经常发生应税行为的企业可选择按小规模纳税人的规定申报缴纳增值税；营改增纳税人中年应税销售额超过规定标准但不经常发生应税行为的单位和个体工商户可选择按照小规模纳税人纳税。

（10）小微企业免征规定。

①自2023年1月1日至2027年12月31日止，增值税小规模纳税人（以下简称小规模纳税人）发生增值税应税销售行为，合计月销售额未超过10万元（以1个季度为1个纳税期的，季度销售额未超过30万元，下同）的，免征增值税。

②自2023年1月1日至2027年12月31日止，小规模纳税人适用3%征收率的

应税销售收入，减按1%征收率征收增值税；适用3%预征率的预缴增值税项目，减按1%预征率预缴增值税。

③小规模纳税人发生增值税应税销售行为，合计月销售额超过10万元，但扣除本期发生的销售不动产的销售额后未超过10万元的，其销售货物、劳务、服务、无形资产取得的销售额，免征增值税。

④适用增值税差额征税政策的小规模纳税人，以差额后的销售额确定是否可以享受免征增值税政策。

《增值税及附加税费申报表（小规模纳税人适用）》中的“免税销售额”相关栏次，填写差额后的销售额。

⑤《中华人民共和国增值税暂行条例实施细则》第九条所称的其他个人，采取一次性收取租金形式出租不动产取得的租金收入，可在对应的租赁期内平均分摊，分摊后的月租金收入未超过10万元的，免征增值税。

⑥小规模纳税人取得应税销售收入，适用第①条规定的免征增值税政策的，纳税人可就该笔销售收入选择放弃免税并开具增值税专用发票。

⑦小规模纳税人取得应税销售收入，适用第②条规定的减按1%征收率征收增值税政策的，应按照1%征收率开具增值税发票。纳税人可就该笔销售收入选择放弃减税并开具增值税专用发票。

⑧小规模纳税人取得应税销售收入，纳税义务发生时间在2022年12月31日前并已开具增值税发票，如发生销售折让、中止或者退回等情形需要开具红字发票，应开具对应征收率红字发票或免税红字发票；开票有误需要重新开具的，应开具对应征收率红字发票或免税红字发票，再重新开具正确的蓝字发票。

⑨小规模纳税人发生增值税应税销售行为，合计月销售额未超过10万元的，免征增值税的销售额等项目应填写在《增值税及附加税费申报表（小规模纳税人适用）》“小微企业免税销售额”或者“未达起征点销售额”相关栏次；减按1%征收率征收增值税的销售额应填写在《增值税及附加税费申报表（小规模纳税人适用）》“应征增值税不含税销售额（3%征收率）”相应栏次，对应减征的增值税应纳税额按销售额的2%计算填写在《增值税及附加税费申报表（小规模纳税人适用）》“本期应纳税额减征额”及《增值税减免税申报明细表》减税项目相应栏次。

⑩按固定期限纳税的小规模纳税人可以选择以1个月或1个季度为纳税期限，一经选择，一个会计年度内不得变更。

⑪按照现行规定应当预缴增值税税款的小规模纳税人，凡在预缴地实现的月销售额未超过10万元的，当期无须预缴税款。在预缴地实现的月销售额超过10万元的，适用3%预征率的预缴增值税项目，减按1%预征率预缴增值税。

⑫小规模纳税人中的单位和个体工商户销售不动产，应按其纳税期、第⑪项以及其他现行政策规定确定是否预缴增值税；其他个人销售不动产，继续按照现行规定征免增值税。

（11）自2021年4月1日起，增值税小规模纳税人按规定享受的增值税减征税额在《增值税减免税申报明细表》中反映，该表不包括仅享受月销售额不超过10

万元免征增值税政策或未达起征点的增值税小规模纳税人。

（12）纳税人有多缴税金，又存在欠税的，可办理抵缴欠税业务。

（13）纳税人享受减税、免税待遇的，在减税、免税期间应当按照规定办理纳税申报，填写申报表及其附表上的优惠栏目。

（14）自2021年8月1日起，附加税费申报表与增值税申报表进行整合申报。

（15）纳税地点。

①固定业户，一般为机构所在地。总、分机构不在同一县（市）的，应当分别向各自所在地主管税务机关申报纳税；经批准可由总机构汇总纳税的，向总机构所在地主管税务机关申报纳税。

②非固定业户——销售地或劳务发生地。

③进口货物——报关地海关。

④扣缴义务人的扣税地点——扣缴义务人机构所在地或者居住地。

拓展阅读

长期虚假申报偷税，税务机关如何处罚

行政相对人名称：程**

行政相对人类别：个体工商户

法定代表人：程**

法定代表人证件类型：居民身份证

法定代表人证件号码：441611********5716

行政处罚决定文书号：惠税稽罚〔2022〕46号

违法行为类型：其他违法

违法事实

经查，惠州市大×商贸有限公司（以下简称“大×商贸”）与惠州市高×开关制品有限公司（以下简称“高×开关”）签订了租赁合同，合同写明高×开关将位于惠州市斜下外贸工业区（由惠州市仲恺高新技术产业开发区惠环街道办事处管辖）总建筑面积6 000平方米的厂房出租给大×商贸使用，租赁期限从2005年1月1日至2020年12月31日，合同约定租金每月68 000元，从第四年起每三年月租金递增10%（即2005年1月1日至2007年12月31日租金不变，2008年1月1日起每三年递增10%）。2009年1月，高×开关将该房产转让给你个人名下，并签订了补充合同约定从2009年3月起由你继续履行原高×开关与大×商贸的房屋租赁合同。

大×商贸一直按34 000元开具相应的房屋租赁发票给大×商贸，没有开票的部分没有进行相应的纳税申报。租金一部分通过现金收款，一部分通过银行收款。

大×商贸可以提供相关的房屋租赁合同。但其他资料由于当时距拆迁时间很近，没有搬走相关资料，所以相关账册、收付款凭证、租金发票等其他资料已经没有了，你无法提供。

经查询大×商贸从2009年3月开始到2020年12月的纳税申报情况，你在2009

年3月开始到2020年12月（部分月份未缴纳、少缴纳或者延迟缴纳）基本按照3.4万元的计税依据缴纳房屋租赁相关税费，对于实际收取房租超过3.4万元的部分未查询到你申报或者缴纳税费的数据。

大×商贸已对上述纳税申报情况进行确认，从2009年3月开始到2020年12月合计申报缴纳房屋出租相关税费854 649.56元。

综上，从2009年3月至2020年12月大×商贸停止经营，期间142个月你未按照实际房屋出租收入申报纳税，造成少缴税款1 450 907.34元，涉及各税具体情况如下：

①根据《中华人民共和国营业税暂行条例》（已废止）第一条“在中华人民共和国境内销售货物或者加工、修理修配劳务（以下简称劳务），销售服务、无形资产、不动产以及进口货物的单位和个人，为增值税的纳税人，应当依照本条例缴纳营业税”、第十二条第一款“营业税纳税义务发生时间为纳税人提供应税劳务、转让无形资产或者销售不动产并收讫营业收入款项或者取得索取营业收入款项凭据的当天。国务院财政、税务主管部门另有规定的，从其规定”，《中华人民共和国营业税暂行条例实施细则》（已废止）第四条“条例第一条所称在中华人民共和国境内（以下简称境内）提供条例规定的劳务、转让无形资产或者销售不动产，是指：……（三）所转让或者出租土地使用权的土地在境内”的规定，你2009年3月至2016年4月出租房产收入应按规定申报缴纳营业税。你已就部分租金收入开具发票并缴纳部分营业税，少申报计税依据4 404 504.00元，须补缴营业税220 225.20元。

②根据《中华人民共和国增值税暂行条例》第一条“在中华人民共和国境内销售货物或者加工、修理修配劳务（以下简称劳务），销售服务、无形资产、不动产以及进口货物的单位和个人，为增值税的纳税人，应当依照本条例缴纳增值税”、第十九条第一款“增值税纳税义务发生时间：发生应税销售行为，为收讫销售款项或者取得索取销售款项凭据的当天；先开具发票的，为开具发票的当天”，《财政部 国家税务总局关于全面推开营业税改征增值税试点的通知》（财税〔2016〕36号）附件2：《营业税改征增值税试点有关事项的规定》第一条第九项第5目“其他个人出租其取得的不动产（不含住房），应按照5%的征收率计算应纳税额”的规定，你2016年5月至2020年12月出租房产收入应按规定申报缴纳增值税，你已就部分租金收入开具专用发票并缴纳部分增值税，少申报计税依据3 433 997.25元，须补缴增值税171 699.86元。

③根据《中华人民共和国城市维护建设税暂行条例》（已废止）第二条“凡缴纳消费税、增值税、营业税的单位和个人，都是城市维护建设税的纳税义务人（以下简称纳税人），都应当依照本条例的规定缴纳城市维护建设税。”和第四条“城市维护建设税税率如下：纳税人所在地在市区的，税率为7%；纳税人所在地在县城、镇的，税率为5%；纳税人所在地不在市区、县城或镇的，税率为1%”的规定，你2009年3月至2020年12月出租房产收入应按规定申报缴纳城市建设维护税，你少申报计税依据394 327.16元，须补缴城市建设维护税27 602.90元。

④根据《中华人民共和国房产税暂行条例》第三条“房产出租的，以房产租金

收入为房产税的计税依据”、第四条“房产税的税率，依照房产余值计算缴纳的，税率为1.2%；依照房产租金收入计算缴纳的，税率为12%”，以及《关于我省实施小微企业普惠性税收减免政策的通知》（粤财法〔2019〕6号）第一条“对增值税小规模纳税人减按50%征收资源税、城市维护建设税、房产税、城镇土地使用税、印花税（不含证券交易印花税）、耕地占用税和教育费附加、地方教育附加”、第二条“增值税小规模纳税人已依法享受资源税、城市维护建设税、房产税、城镇土地使用税、印花税、耕地占用税和教育费附加、地方教育附加其他优惠政策的，可迭加享受本通知第一条规定的优惠政策”、第三条“本通知执行期限为2019年1月1日至2021年12月31日”的规定，你2009年3月至2020年12月出租房产收入应按规定申报缴纳房产税，少申报计税依据7 854 475.53元，须补缴房产税839 972.39元。

⑤根据《中华人民共和国印花税暂行条例》（已废止）第一条“在中华人民共和国境内书立、领受本条例所列举凭证的单位和个人，都是印花税的纳税义务人（以下简称纳税人），应当按照本条例规定缴纳印花税”、第二条第一款“下列凭证为应纳税凭证：购销、加工承揽、建设工程承包、财产租赁、货物运输、仓储保管、借款、财产保险、技术合同或者具有合同性质的凭证”、第三条“纳税人根据应纳税凭证的性质，分别按比例税率或者按件定额计算应纳税额。具体税率、税额的确定，依照本条例所附《印花税税目税率表》执行。应纳税额不足一角的，免纳印花税。应纳税额在一角以上的，其税额尾数不满五分的不计，满五分的按一角计算缴纳”，以及《中华人民共和国印花税暂行条例》附件《印花税税目税率表》的规定，你2009年3月至2020年12月出租房产收入应按规定申报缴纳印花税，少申报计税依据8 961 100.96元，须补缴印花税8 098.50元。

⑥根据《中华人民共和国个人所得税法》第一条“在中国境内有住所，或者无住所而一个纳税年度内在中国境内居住累计满一百八十三天的个人，为居民个人。居民个人从中国境内和境外取得的所得，依照本法规定缴纳个人所得税”、第二条“下列各项个人所得，应当缴纳个人所得税：……（七）财产租赁所得”、第六条第四款“财产租赁所得，每次收入不超过四千元的，减除费用八百元；四千元以上的，减除百分之二十的费用，其余额为应纳税所得额”的规定，你2009年3月至2020年12月出租房产收入应按规定申报缴纳个人所得税，少申报计税依据7 470 643.16元，须补缴个人所得税125 917.96元。

⑦根据《中华人民共和国城镇土地使用税暂行条例》第二条“在城市、县城、建制镇、工矿区范围内使用土地的单位和个人，为城镇土地使用税（以下简称土地使用税）的纳税人，应当依照本条例的规定缴纳土地使用税。前款所称单位，包括国有企业、集体企业、私营企业、股份制企业、外商投资企业、外国企业以及其他企业和事业单位、社会团体、国家机关、军队以及其他单位；所称个人，包括个体工商户以及其他个人”，《关于我省实施小微企业普惠性税收减免政策的通知》（粤财法〔2019〕6号）第一条“对增值税小规模纳税人减按50%征收资源税、城市维护建设税、房产税、城镇土地使用税、印花税（不含证券交易印花税）、耕地占用税和教育费附加、地方教育附加”、第二条“增值税小规模纳税人已依法享受资源税、城市维护建设税、房产税、城镇土地使用税、印花税、耕地占用税和教育费附

加、地方教育附加其他优惠政策的，可叠加享受本通知第一条规定的优惠政策”、第三条“本通知执行期限为2019年1月1日至2021年12月31日”，《关于公布我市城镇土地使用税年税额标准的通知》（惠财法〔2008〕10号）附件《惠州市城镇土地使用税年税额标准表》，《关于调整我市城镇土地使用税适用税额标准的通知》（惠财法〔2017〕13号）附件1《惠州市城镇土地使用税年税额标准表》、附件2《2017惠州市城镇土地使用税适用税额表》的规定，高×开关为增值税小规模纳税人，2019年1月1日至2020年12月31日按照相关规定享受城镇土地使用税减按50%征收政策。

根据《中华人民共和国税收征收管理法》第五十二条“因纳税人、扣缴义务人计算错误等失误，未缴或者少缴税款的，税务机关在三年内可以追征税款、滞纳金；有特殊情况的，追征期可以延长到五年”、《中华人民共和国税收征收管理法实施细则》第八十二条“税收征管法第五十二条所称特殊情况，是指纳税人或者扣缴义务人因计算错误等失误，未缴或者少缴、未扣或者少扣、未收或者少收税款，累计数额在10万元以上的”、《国家税务总局关于未申报税款追缴期限问题的批复》（国税函〔2009〕326号）“税收征管法第六十四条第二款规定的纳税人不进行纳税申报造成不缴或少缴应纳税款的情形不属于偷税、抗税、骗税，其追征期按照税收征管法第五十二条规定的精神，一般为三年，特殊情况可以延长至五年”的规定，高×开关未对其土地使用行为进行纳税申报，从2009年3月至2020年12月累计税额为252 355.50元，超过10万元，从立案之日2022年3月4日追征期为五年，你2017年3月至2020年12月已申报缴纳城镇土地使用税0元，应补缴城镇土地使用税57 390.53元。

处罚依据及金额

《中华人民共和国税收征收管理法》第六十三条第一款“纳税人伪造、变造、隐匿、擅自销毁账簿、记账凭证，或者在账簿上多列支出或者不列、少列收入，或者经税务机关通知申报而拒不申报或者进行虚假的纳税申报，不缴或者少缴应纳税款的，是偷税。对纳税人偷税的，由税务机关追缴其不缴或者少缴的税款、滞纳金，并处不缴或者少缴的税款百分之五十以上五倍以下的罚款；构成犯罪的，依法追究刑事责任”、《中华人民共和国行政处罚法》第三十六条“违法行为有连续或者继续状态的，从行为终了之日起计算”、《国务院法制办公室对湖北省人民政府法制办公室〈关于如何确认违法行为连续或者继续状态的请示〉的复函》（国法函〔2005〕442号）“违法行为的连续状态，是指当事人基于同一个违法故意、连续实施数个独立的行政违法行为，并触犯同一个行政处罚规定的情形”的规定，你未按照实际房屋出租收入申报纳税，造成少缴税款的行为已构成偷税。对少缴应纳税款的偷税行为处以少缴营业税、增值税、城市维护建设税、个人所得税、印花税、房产税合计1 393 516.81元0.5倍的罚款696 758.41元。

根据《中华人民共和国税收征收管理法》第六十四条第二款“纳税人不进行纳税申报，不缴或者少缴应纳税款的，由税务机关追缴其不缴或者少缴的税款、滞纳金，并处不缴或者少缴的税款百分之五十以上五倍以下的罚款”的规定，对高×开关未对土地使用行为进行城镇土地使用税纳税申报的行为处以追征期五年内未申报的城镇土地使用税57 390.53元百分之五十的罚款28 695.27（计算：57 390.53×

50%）元。

罚款金额（万元）：69.675841

没收违法所得、没收非法财物的金额（万元）：0

暂扣或吊销证照名称及编号：无

处罚决定日期：2022-07-18

公示截止期：2023-07-18

处罚机关：国家税务总局惠州市税务局稽查局

六、任务实践

请同学们课前完成分小组，课堂随机选人定角色，课堂完成以下任务实践，期待你们的呈现。

根据背景任务，完成小规模纳税人增值税的申报。

模拟情景实训：请完成下列资料的下载任务，提升个人资源获取能力：增值税备案类减免税登记表、《增值税及附加税费申报表（小规模纳税人适用）》

七、任务成果报告及评价

小规模纳税人增值税纳税申报成果报告见表2-6。

表2-6　小规模纳税人增值税纳税申报成果报告

<table>
<tr><td colspan="4">实训任务二　小规模纳税人增值税纳税申报成果报告</td></tr>
<tr><td>适用项目</td><td></td><td>课时</td><td>2</td></tr>
<tr><td>组名</td><td></td><td rowspan="2">成员及分工</td><td rowspan="2">组织者：　思路方案：
政策支持：　职业素养：
凭证制作及上传：</td></tr>
<tr><td>时间及地点</td><td></td></tr>
<tr><td colspan="4">【案例描述及要求】</td></tr>
<tr><td colspan="4">【我的思路或方法】

【我的解决方案】

【我的政策知识】

【我的职业技能】

【我的职业素养】</td></tr>
</table>

续表

【课堂提问】 一、小组被提问记录   二、小组提问记录   三、教师提问记录
【我的评分】 评分标准： 1.知识掌握（20分）：案例适用政策完整且准确（20分）。 2.技能掌握（30分）：案例税额计算准确（10分）、凭证制作（15分）、信息搜集整理（5分）。 3.素质提升（30分）：思政精神力挖掘务实（5分）、与具体实践结合（15分）、具有共鸣感（10分）。 4.小组合作（20分）：分工明确（5分）、全员贡献度（10分）、活跃度（问及答）（5分）。 一、自评分（20%）   二、小组互评分（40%）   三、教师评分（40%）
【我的诊改】 一、存在问题 （一）知识方面   （二）技能方面   （三）素质方面   二、未来改进 （一）知识方面   （二）技能方面   （三）素质方面

八、课后作业及拓展

（一）讨论

谈谈自营改增以来，增值税的优惠政策对小微企业有哪些积极作用？

（二）阅读

退税减税降费落实处 服务发展大局显担当——党的十八大以来税务部门落实退税减税降费政策助力稳定宏观经济大盘综述，http：//www.chinatax.gov.cn/chinatax/n810219/n810724/c5179240/content.html。

（三）作业

1.【业务题】巧手服装企业为小规模纳税人，按季申报增值税。202×年4—6月份销售服装取得不含税收入30万元，提供服装设计服务取得不含税收入15万元，向购买方开具增值税普通发票。

【任务要求】

（1）计算此企业4—6月的应纳增值税税额。

（2）7月10日对4—6月的增值税进行纳税申报，填写《增值税及附加税费申报表（小规模纳税人适用）》等申报表。

2.【业务题】个体工商户李某经营一家酒店（小规模纳税人），按季申报增值税。202×年4—6月提供住宿服务取得不含税收入10万元，销售商品取得不含税收入5万元。

【任务要求】

（1）计算个体工商户李某4—6月的应纳增值税税额。

（2）7月10日对6月的增值税进行纳税申报，填写《增值税及附加税费申报表（小规模纳税人适用）》等申报表。

3.【业务题】东华咨询公司属于按季申报的小规模纳税人，202×年10—12月份共实现不含税收入75万元，其中：提供咨询服务收入45万元，开具增值税普通发票；转让在越秀区的不动产收入30万元，开具增值税普通发票。

【任务要求】

（1）计算该咨询公司10—12月的应纳增值税税额。

（2）1月10日对10—12月的增值税进行纳税申报，填写《增值税及附加税费申报表（小规模纳税人适用）》等申报表。

4.【业务题】中山广告服务公司，属于按季纳税的小规模纳税人，202×年1—3月份共实现不含税收入245万元，其中提供广告策划服务45万元，开具增值税普通发票；转让在从化区的不动产收入200万元，申请代开增值税专用发票。

【任务要求】

（1）计算该广告服务公司1—3月的应纳增值税税额。

（2）1月10日对10—12月的增值税进行纳税申报，填写《增值税及附加税费申报表（小规模纳税人适用）》等申报表。

5.【业务题】真巧服装加工店属于小规模纳税人，按季申报。202×年7—9月份提供加工劳务取得不含税收入30万元，自行开具增值税专用发票；同时提供咨询服务取得不含税收入15万元，开具增值税普通发票。

【任务要求】

（1）计算该服装店202×年7—9月的应纳增值税税额。

（2）10月10日对7—9月的增值税进行纳税申报，填写《增值税及附加税费申报表（小规模纳税人适用）》等申报表。

6.【业务题】丽云广告公司属于按月纳税的小规模纳税人，202×年6月提供广告服务，自行开具增值税普通发票价税合计5.15万元，税务机关代开增值税专用发票上注明的不含税收入为10万元，预缴增值税3 000元。

【任务要求】

（1）计算该广告公司7—9月的应纳增值税税额。

（2）7月10日对6月的增值税进行纳税申报，填写《增值税及附加税费申报表（小规模纳税人适用）》等申报表。

7.【业务题】捷迅安保公司属于按季纳税的小规模纳税人，202×年4—6月份提供劳务派遣服务，取得含税收入197.25万元，其中含代用工单位支付给劳务派遣员工的工资、福利和为其办理社会保险及住房公积金共计150万元，选择差额征税办法并按规定开具了增值税普通发票。

【任务要求】

（1）计算该安保公司4—6月的应纳增值税税额。

（2）7月10日对4—6月的增值税进行纳税申报，填写《增值税及附加税费申报表（小规模纳税人适用）》等申报表。

8.【业务题】永江超市属于按季纳税的小规模纳税人，从事鲜活肉蛋批发零售，202×年4—6月销售鲜活肉蛋取得收入30万元，开具增值税普通发票；销售粮油等其他应税货物取得不含税收入18万元，开具增值税普通发票。无其他经营收入。

【任务要求】

（1）计算该超市4—6月的应纳增值税税额。

（2）7月10日对4—6月的增值税进行纳税申报，填写《增值税及附加税费申报表（小规模纳税人适用）》等申报表。

项目三　向阳生长——增值税一般纳税人财税处理

项目导读

小树苗茁壮成长，逐渐长成一棵参天大树。一家企业，随着经营规模的扩大，也从增值税小规模纳税人变成增值税一般纳税人。

本项目介绍一般纳税人增值税会计科目，一般纳税人购进、销售、缴纳税款以及减免税等多种业务的账务处理，并根据具体账务处理进行增值税的纳税申报，完成一般纳税人“业务-账务-纳税”申报全过程，沉浸式体验增值税财务场景。

项目目标

*能够根据任务案例计算增值税额；

*能够设置增值税的会计科目，并根据任务案例编制正确的会计分录；

*能够看懂增值税纳税申报表，并根据任务案例填写增值税及附加税费申报表，完成增值税纳税申报；

*能够领会增值税一般纳税人实行纳税信用管理的意义，注重社会主义核心价值观——诚信，增强诚信意识，树立诚信观念。

任务一 一般纳税人增值税会计科目设置

一、任务导航

一般纳税人增值税会计科目设置工作任务表见表3-1。

表3-1 一般纳税人增值税会计科目设置工作任务表

任务基本描述：掌握一般纳税人增值税会计科目的设置及运用				
任务目标	任务知识点	任务技能点	学习时间节点	学习资源
1. 确定需求意图	•一般纳税人增值税会计科目	•了解一般纳税人增值税会计科目	•课前准备 •课堂展示	•国家税务总局网站 •税屋网 •超星平台
2. 准备资料	•一般纳税人增值税会计科目	•能够掌握一般纳税人增值税会计科目的设置	•课前准备 •课堂展示	•国家税务总局网站 •税屋网 •超星平台
3. 制作凭证	•一般纳税人增值税会计科目的运用	•根据原始凭证填写记账凭证	•课堂完成 •课堂展示	•国家税务总局网站 •税屋网 •超星平台

二、前导知识和技能测试

前导知识测试 3.1.1

前导技能测试 3.1.1

1. 前导知识测试3.1.1
2. 前导技能测试3.1.1

三、任务计划

（一）学习目标：______

（二）学习内容及时间安排：______

（三）学习完成率及成果：______

四、任务案例

业务1

业务2

业务4

武汉光明有限责任公司为增值税一般纳税人，202×年10月业务明细如下：

1.10月3日，购进不含税价3 000元、进项税额390元的甲材料，取得增值税专用发票，材料已入库，款项未付。

2.10月7日，原销售的不含税价格为10 000元、销项税额为1 300元的货物被退回，已按税法规定开具了红字增值税专用发票。

3.企业的免抵退税额为100 000元，应退税额为80 000元，免抵税额为20 000元。

4.本月已预缴增值税9 000元。

五、任务知识殿堂

（一）“应交税费”科目设置

“应交税费”中与增值税核算有关的明细科目见表3-2。

表3-2 “应交税费”中与增值税核算有关的明细科目

应交增值税	未交增值税	预交增值税
待抵扣进项税额	待认证进项税额	待转销项税额
增值税留抵税额	简易计税	转让金融商品应交增值税
代扣代交增值税	增值税检查调查	

1.应交税费——应交增值税

“应交税费——应交增值税”核算一般纳税人月度终了从“应交增值税”或“预交增值税”明细科目转入当月的应缴未缴、多缴或预缴的增值税额，以及当月缴纳以前期间未缴的增值税额，具体账务处理为：

（1）月份终了，企业应将当月发生的应缴增值税额自“应交税费——应交增值税”科目转入“未交增值税”科目，借记“应交税费——应交增值税（转出未交增值税）”，贷记“应交税费——未交增值税”。

（2）月份终了，企业应将当月多缴的增值税额自“应交税费——应交增值税”科目转入“未交增值税”科目，借记“应交税费——未交增值税”，贷记“应交税费——应交增值税（转出多交增值税）”。

2.应交税费——预交增值税

“应交税费——预交增值税”核算一般纳税人转让不动产、提供不动产经营租赁服务、提供建筑服务、采用预收款方式销售自行开发的房地产项目等，以及其他按现行增值税制度规定应预缴的增值税额。

3.应交税费——待抵扣进项税额

“应交税费——待抵扣进项税额”核算实行纳税辅导期管理的一般纳税人取得的尚未交叉稽核比对的增值税扣税凭证上注明或计算的增值税额，包括尚未交叉稽核比对的专用发票抵扣联、海关进口增值税专用缴款书。

4.应交税费——待认证进项税额

“应交税费——待认证进项税额”核算一般纳税人由于未经税务机关认证而不得从当期销项税额中抵扣的进项税额。

5.应交税费——待转销项税额

“应交税费——待转销项税额”核算一般纳税人销售货物、劳务、服务、无形资产或不动产，已确认相关收入（或利得）但尚未发生增值税纳税义务而需于以后期间确认为销项税额的增值税额。

6.应交税费——简易计税

“应交税费——简易计税”核算一般纳税人采用简易计税方法发生的增值税计提、扣减、预缴、缴纳等业务。

7.应交税费——转让金融商品应交增值税

“应交税费——转让金融商品应交增值税”核算增值税纳税人转让金融商品发生的增值税额。金融商品转让按规定以盈亏相抵后的余额为销售额。

8.应交税费——代扣代交增值税

“代扣代交增值税”明细科目核算纳税人购进在境内未设经营机构的境外单位或个人在境内的应税行为代扣代缴的增值税。

9.应交税费——增值税检查调整

在税务机关对增值税一般纳税人增值税纳税情况进行检查后凡涉及增值税涉税账务调整的，应设立“应交税费——增值税检查调整”专门账户。

（二）“应交税法——应交增值税”科目设置

“应交税费——应交增值税”明细科目见表3-3。

表3-3 “应交增值税”明细科目

借方专栏	贷方专栏
1.进项税额	7.销项税额
2.销项税额抵减	8.出口退税
3.已交税金	9.进项税额转出
4.减免税款	10.转出多交增值税
5.出口抵减内销产品应纳税额	
6.转出未交增值税	

1.进项税额

进项税额记录企业购入货物、劳务、服务、无形资产或不动产而支付或负担的准予从销项税额中抵扣的增值税额。

|例3-1| 某增值税一般纳税人202×年5月购买原材料，取得增值税专用发票，注明不含税金额为10 000元，进项税额为1 300元，已经支付价款并通过发票平台勾选确认抵扣；6月发现其中20%的材料有问题，退回给销售方（已经完成红字发票流程，并通过银行收款），请作出相应账务处理。

|解析| 1.5月采购入库，确认抵扣时的会计分录如下：

借：原材料	10 000	
应交税费——应交增值税（进项税额）	1 300	
贷：银行存款		11 300

2.6月发生退货，完成红字发票流程后的会计分录如下：

借：银行存款	2 260	
应交税费——应交增值税（进项税额）	−260	
贷：原材料		2 000

2.销项税额抵减

销项税额抵减记录一般纳税人差额纳税而减少的销项税额，只有按一般计税方法计税允许差额纳税时才使用该科目核算。

|例 3-2| 某旅行社为一般纳税人，提供旅游服务取得含税收入500万元，支付其他接团旅游企业120万元，取得合法票据，请作出相应账务处理。

|解析| 账务处理如下：

借：银行存款　　5 000 000

　贷：主营业务收入　　4 716 981.13

　　应交税费——应交增值税（销项税额）　　283 018.87

借：主营业务成本　　1 132 075.47

　应交税费——应交增值税（销项税额抵减）　　67 924.53

　贷：银行存款　　1 200 000

3.已交税金

已交税金记录当月缴纳的增值税款，退回多缴的增值税额用红字登记。

|例 3-3| 某企业被税务机关核定每10天为一期交纳增值税。该企业11月12日交11月1日至10日的增值税3 000元。请问，该如何进行账务处理？

|解析| 账务处理如下：

借：应交税费——应交增值税（已交税金）　　3 000

　贷：银行存款　　3 000

4.减免税款

减免税款反映的是企业按规定减免的增值税款，企业按规定直接减免的增值税额借记本科目，贷记损益类相关科目，比如“其他收益”“营业外收入”等。

5.出口抵减内销产品应纳税额

出口抵减内销产品应纳税额反映出口企业销售出口货物后，向税务机关办理免抵退税申报，按规定计算的应免抵税额。

6.转出未交增值税

转出未交增值税核算企业月终转出应缴未缴的增值税。月末企业“应交税费——应交增值税”明细账出现贷方余额时，根据余额借记本科目，贷记“应交税费——未交增值税”科目。

|例 3-4| 某企业为一般纳税人，月末“应交税费——应交增值税”账户出现贷方余额，金额为24 000元。该企业纳税期限为1个月，下个月15内缴税。请问，如何进行会计处理？

|解析| 账务处理如下：

借：应交税费——应交增值税（转出未交增值税）　　24 000

　贷：应交税费——未交增值税　　24 000

下月缴税时：

借：应交税费——未交增值税　　24 000

　贷：银行存款　　24 000

7.销项税额

销项税额记录一般纳税人销售货物、劳务、服务、无形资产或不动产应收取的增值税额。

8.出口退税

出口退税记录企业出口适用零税率的货物、劳务、服务、无形资产，出口后凭相关手续向税务机关申报办理出口退税时计算的退税最高限额——即按“免抵退税额”记账。

9.进项税额转出

进项税额转出记录企业购进货物、劳务、服务、无形资产或不动产等发生非正常损失以及其他原因而不应从销项税额中抵扣，按规定转出的进项税额。

10.转出多交增值税

转出多交增值税核算一般纳税人月终转出多缴的增值税。

拓展阅读

袜业生产企业常见涉税风险点需重视

9月23日，《中国税务报》刊发了一篇题为《袜企可以成“高新”，政策口径须辨清》的文章，对袜业生产企业中的高新技术企业涉税风险点进行分析，重点对其高新技术企业资质管理和研发费用加计扣除方面的税务风险进行提示。从笔者调研的情况看，袜业生产企业日常生产经营中的常见涉税风险点，也应引起足够重视。

生产环节常见风险点：购进原料未核实供货方。

对袜业生产企业来说，日常生产经营环节，采购原材料是必不可少的业务。笔者在实务中发现，购进原料未核实供货方，是袜业生产企业常见的涉税风险点之一。

甲企业为袜业生产企业，棉纱为主要生产原料之一。近期，有外省业务员上门向企业推销棉纱。在未认真核实对方身份的情况下，甲企业采购人员按对方提供的对公账号汇款并收到棉纱。税务机关在接到外省虚开增值税专票协查函对甲企业开展调查时，甲企业才得知供货方和开票方不是同一家公司，大呼“冤枉”。

根据《国家税务总局关于纳税人善意取得虚开的增值税专用发票处理问题的通知》（国税发〔2000〕187号）的规定，纳税人善意取得虚开的增值税专用发票的，应按有关规定不予抵扣进项税额或者不予出口退税；购货方已抵扣的进项税款或者取得的出口退税，应依法追缴。甲企业这笔采购业务，相应的进项税额不得从销项税额中抵扣。

袜业生产企业原料采购业务较多，供应商往往遍布全国各地。在采购过程中，财务人员须加强事前、事中、事后的审核把关，防止因发票等问题引发涉税风险。采购部门在交易之前，应对供货单位的经营范围、规模、生产能力、企业资质、货物的所有权等进行了解，对其是否有自己领用和开具发票的能力进行重点调查，特别对业务员上门推销的货物，不仅要核实货物来源，而且要核实业务员的真实身份。

同时，交易中要注意手续完整，严把“三流”关。资金流应使用“公对公”方式，少用现金交易；货物流应保证正规运输、交接有据；发票流要保证实际交易方与开票方一致，与合同相符。交易完成后，要注意保留证据，避免损失。在购进原料或劳务时，注意取得并保存相关证据。一旦因对方故意隐瞒有关销售和开票的真实情况，恶意提供增值税专用发票，给自身造成了经济损失，可以依法向对方追偿经济损失。

出口环节常见风险点：混淆“视同自产货物”与“自产货物”。

随着我国外贸经济的发展，“中国制造”的袜子，已经出口到世界各地。一些袜业生产企业在出口环节，混淆“视同自产货物”与“自产货物”，很容易导致涉税风险。

乙袜业生产企业为生产型出口企业。今年年初，企业接到某国一笔大额订单。受新冠肺炎疫情影响，很多员工未按时到岗，生产能力不足，而对方又要求尽快发货。于是，乙企业委托本地一些增值税小规模纳税人，代为加工货物。企业在申报这批货物的出口退税时，按“自产货物”类型进行申报，忽略了委托加工货物须按“视同自产货物”进行申报这一事实，导致企业出口退税流程受阻。同时，税务人员在检查时发现，企业对外支付的部分加工费，未合规取得发票，导致其无法按照“视同自产货物”适用增值税退（免）税政策。

根据《财政部 国家税务总局关于出口货物、劳务增值税和消费税政策的通知》（财税〔2012〕39号）的规定，生产企业出口自产货物和视同自产货物，适用增值税免抵退税办法，即免征增值税，相应的进项税额抵减应纳增值税额，未抵减完的部分予以退还。同时，该文件还规定，委托加工货物出口，要视同自产货物适用增值税退（免）税政策，须与本企业生产的货物名称、性能相同，或者用本企业生产的货物委托深加工的货物；委托方与受托方必须签订委托加工协议，且主要原材料必须由委托方提供，受托方不垫付资金，只收取加工费，开具加工费（含代垫的辅助材料）的增值税专用发票。

一些袜业生产企业在接到跨国订单后，由于产能有限，需要委托其他企业代为生产部分产品。这种情况下，值得这些袜业生产企业注意的是，委托加工货物，应及时与受托方签订委托加工协议，且主要原材料必须是自己提供，受托企业只收取加工费。在申报增值税出口退税时，申报类型应选择“视同自产货物”类型。如果受托方为增值税小规模纳税人，企业也要注意，支付加工费后，要求对方开具增值税专用发票。

资料来源：佚名.袜业生产企业常见涉税风险点需重视[EB/OL].[2022-10-28].https://finance.sina.com.cn/jjxw/2022-10-28/doc-imqmmthc2447344.shtml.

六、任务实践

请根据“任务案例”，完成“任务案例”的会计处理。

七、任务成果报告及评价

一般纳税人增值税会计科目设置成果报告见表3-4。

表 3-4　　一般纳税人增值税会计科目设置成果报告

<table>
<tr><td colspan="4">实训任务一　一般纳税人增值税会计科目设置成果报告</td></tr>
<tr><td>适用项目</td><td></td><td>课时</td><td>2</td></tr>
<tr><td>组名</td><td></td><td rowspan="2">成员及分工</td><td rowspan="2">组织者：　　思路方案：
政策支持：　　职业素养：
凭证制作及上传：</td></tr>
<tr><td>时间及地点</td><td></td></tr>
<tr><td colspan="4">【案例描述及要求】</td></tr>
<tr><td colspan="4">【我的思路或方法】

【我的解决方案】

【我的政策知识】

【我的职业技能】

【我的职业素养】</td></tr>
<tr><td colspan="4">【课堂提问】
一、小组被提问记录

二、小组提问记录

三、教师提问记录</td></tr>
<tr><td colspan="4">【我的评分】
评分标准：
1.知识掌握（20分）：案例适用政策完整且准确（20分）。
2.技能掌握（30分）：案例税额计算准确（10分）、凭证制作（15分）、信息搜集整理（5分）。
3.素质提升（30分）：思政精神力挖掘务实（5分）、与具体实践结合（15分）、具有共鸣感（10分）。
4.小组合作（20分）：分工明确（5分）、全员贡献度（10分）、活跃度（问及答）（5分）。
一、自评分（20%）

二、小组互评分（40%）

三、教师评分（40%）</td></tr>
</table>

续表

【我的诊改】 一、存在问题 （一）知识方面   （二）技能方面   （三）素质方面   二、未来改进 （一）知识方面   （二）技能方面   （三）素质方面

八、课后作业及拓展

（一）讨论

增值税一般纳税人月末存在借方余额，都需要从贷方结转到“应交税费——未交增值税”，这种说法正确吗？为什么？

（二）阅读

《增值税会计处理规定》（财会〔2016〕22号）

（三）作业

1.【业务题】某增值税一般纳税人202×年5月31日增值税账户贷方的销项税额为96 000元，借方的进项税额为130 000元。请问，月末如何进行账务处理？

2.【业务题】某增值税一般纳税人202×年5月31日增值税账户贷方的销项税额为10 000元，借方的进项税额为12 000元，已交税金为8 000元。请问，月末应该如何进行账务处理？

任务二 一般纳税人货物、劳务购进业务增值税会计处理

一、任务导航

一般纳税人货物、劳务购进业务增值税会计处理工作任务表见表3-5。

表3-5 一般纳税人货物、劳务购进业务增值税会计处理工作任务表

任务基本描述：以“实践操作为主，理论够用”作为指导，掌握货物、劳务购进业务				
任务目标	任务知识点	任务技能点	学习时间节点	学习资源
1.确定需求意图	•货物、劳务采购业务的会计处理	•分析货物采购业务类型	•课前准备 •课堂展示	•国家税务总局网站 •税屋网 •超星平台
2.准备资料	•货物、劳务采购业务进项税额抵扣凭证的收集	•掌握不得抵扣进项税额的情形	•课前准备 •课堂展示	•国家税务总局网站 •税屋网 •超星平台
3.制作凭证	•货物、劳务采购业务凭证的编制	•根据原始凭证填写记账凭证	•课堂完成 •课堂展示	•国家税务总局网站 •税屋网 •超星平台

二、前导知识和技能测试

前导知识测试 3.2.1

前导技能测试 3.2.1

1.前导知识测试3.2.1

2.前导技能测试3.2.1

三、任务计划

（一）学习目标：________________

（二）学习内容及时间安排：________________

（三）学习完成率及成果：________________

四、任务案例

业务1

业务2

业务3

武汉明华有限公司为增值税一般纳税人，202×年10月发生经济业务如下：

1.10月01日，从杭州东青股份有限公司采购一批甲材料，取得增值税专用发票和收料单，并已支付其货款，采用实际成本进行材料日常核算。（单价：10 000元/吨，数量：20吨）。

2.10月06日，向宏程有限公司采购免税农产品一批，收购凭证上注明的价款为5 000元，另支付100元运费，取得增值税专用发票，发票注明价税合计为109元。材料已验收入库，货款未付。

3.10月07日，支付水费2 180元，取得防伪税控系统开具的增值税专用发票，发票上注明的价款为2 000元，增值税税额为180元；支付电费5 650元，防伪税控系统开具的增值税专用发票上注明的价款为5 000元，增值税税额为650元。增值

税发票均已取得认证。水电费80%用于生产车间、20%厂部使用。

4.10月08日，因材料存在质量问题退回一部分，取得当地主管税务机关开具的“红字增值税专用发票通知单”送交销货方，退回价款2 000元，增值税税额260元，已收到对方开具的红字增值税专用发票。

业务4

5.10月09日，接受天初公司投资转入B材料一批，取得防伪税控系统开具的增值税专用发票，注明双方确认的价格为12 000元，增值税税额为1 560元，增值税专用发票已通过认证。该项投资占该公司20%的股份，该公司注册资本为50 000元。

业务5

6.10月13日，因管理不善，上月采购的一批原材料被盗，账面价值为159 000元，包含9 000元的运输成本。

业务6

7.10月15日，从某4S店购入一辆奥迪A6汽车，取得机动车销售统一发票，一共支付565 000元，款项以银行存款支付，企业选择年限平均法计提折旧，会计折旧年限为3年。

业务7

8.10月16日，收到北京雅丽纺织有限公司无偿捐赠的工作服套装200件，价款40 000元。作为员工统一工装，已收到增值税专用发票（入库单\增值税专用发票\捐赠合同）。

业务8

9.10月17日，从杭州文化用品有限公司购买18个计算器，现金共计支付927元，取得增值税普通发票。

业务9

10.10月19日，由于杭州东青股份有限公司发生财务困难，无法按合同规定偿还债务11 300元，经双方协议，公司同意杭州东青股份有限公司用产品抵偿该项应收账款。该产品市价为8 000元，增值税税率为13%，产品成本为7 000元。公司为该项债权计提了坏账准备500元。

业务10

11.10月20日，当月发出原材料原木委托木器加工厂加工包装用木箱，原木的实际成本为30 000元，支付加工费2 000元，增值税税额为260元，款项均已通过银行支付，取得增值税专用发票。

业务11

12.10月21日，首次购入增值税税控系统设备，支付价款1 582元，同时支付当年增值税税控系统专用设备技术维护费392.2元。当月两项合计抵减当月增值税应纳税额1 974.2元。

业务12

13.10月22日，从国外进口材料一批，海关核定的关税完税价格为300 000元，应缴纳的进口关税为30 000元，从海关取得的海关进口增值税专用缴款书上注明的增值税税额为42 900元。材料已验收入库，款项以银行存款支付。

业务13

五、任务知识殿堂

（一）一般购进业务增值税的会计处理

一般纳税人在购入货物时，会计处理实行价与税分离，分离的依据为增值税专用发票上注明的增值税和价款，价款部分，记入购入货物的成本；增值税部分，记入进项税额。

（二）购入免税农产品的涉税会计处理

税法规定，对于一般纳税人购入的免税农业产品，可以按买价（收购金额）的一定比率计算进项税额，并准予从销项税额中抵扣。在会计核算时，按有关凭证上确定的金额扣除规定比率的进项税额，作为购进成本，借记“原材料”等科目；按买价（收购金额）和规定的扣除率计算的进项税额，借记“应交税费——应交增值税（进项税额）”科目；按应付或实际支付的价款，贷记“应付账款”“银行存款”等科目。

例 3-5 某公司3月份购进免税农产品一批，收购凭证上注明的价款为5 000元。材料已验收入库，货款未付。请作出该业务的会计处理。

解析 会计处理如下：

借：原材料　　4 550

　　应交税费——应交增值税（进项税额）　　450

　贷：应付账款　　5 000

（三）接受投资转入货物进项税额的核算

一般纳税人接受投资转入的货物，按照增值税专用发票上注明的增值税税额，借记“应交税费——应交增值税（进项税额）”科目。按照双方确认的货物价值，借记“原材料”等科目；按其在注册资本中所占的份额，贷记“实收资本”科目；按其差额，贷记“资本公积”科目。

例 3-6 某有限责任公司接受华明公司投资转入原材料一批，取得防伪税控系统开具的增值税专用发票，注明双方确认的价格为12 000元，增值税税额为1 560元，增值税专用发票已通过认证。该项投资占该公司20%的股份，该公司注册资本为50 000元。请作出该业务的会计处理。

解析 会计处理如下：

借：原材料　　12 000

　　应交税费——应交增值税（进项税额）　　1 560

　贷：实收资本　　10 000

　　　资本公积　　3 560

（四）购进固定资产进项税额的核算

纳税人允许抵扣的固定资产进项税额，是指纳税人2009年1月1日以后实际发生，并取得2009年1月1日以后开具的增值税扣税凭证上注明的或者依据增值税扣税凭证计算的增值税税额。财税〔2009〕113号进一步明确，以建筑物或者构筑物为载体的附属设备和配套设施，无论在会计处理上是否单独记账与核算，均应作为建筑物或者构筑物的组成部分，其进项税额不得在销项税额中抵扣。附属设备和配套设施是指：给排水、采暖、卫生、通风、照明、通讯、煤气、消防、中央空调、电梯、电气、智能化楼宇设备和配套设施。

自2009年1月1日起，增值税一般纳税人购进（包括接受捐赠、实物投资）或者自制（包括改扩建、安装）固定资产发生的进项税额，可凭增值税专用发票、海关进口增值税专用缴款书和运输费用结算单据从销项税额中抵扣。纳税人允许抵扣的固定资产进项税额，是指纳税人2009年1月1日以后（含）实际发生，并取得2009年1月1日以后开具的增值税扣税凭证上注明的或者依据增值税扣税凭证计算的增值税额。

用于非增值税应税项目、免征增值税项目、集体福利或者个人消费的固定资产进项税额不得抵扣。非增值税应税项目，是指提供非增值税应税劳务、转让无形资产、销售不动产和不动产在建工程。个人消费包括交际应酬费。

机器、机械、运输工具等固定资产经常混用于生产应税和免税货物，如果无法按照销售额划分，则可以抵扣进项税额。也就是说，只有专门用于非应税项目、免税项目等的固定资产进项税额才不得抵扣，其他混用的固定资产均可抵扣。所以对既用于增值税应税项目（不包括免征增值税项目）也用于非增值税应税项目、免征增值税项目、集体福利或者个人消费的固定资产，准予抵扣进项税额。

（五）首次购入税控系统专用设备

一般纳税人首次购入增值税税控系统专用设备，按实际支付或应付的金额，借记“固定资产”科目，贷记“银行存款”“应付账款”等科目。按规定抵减的增值税应纳税额，借记“应交税费——应交增值税（减免税款）”科目，贷记“递延收益”科目。按期计提折旧，借记“管理费用”等科目，贷记“累计折旧”科目；同时，借记“递延收益”科目，贷记“管理费用”等科目。

一般纳税人发生技术维护费，按实际支付或应付的金额，借记“管理费用”等科目，贷记“银行存款”等科目。按规定抵减的增值税应纳税额，借记“应交税费——应交增值税（减免税款）”科目，贷记“管理费用”等科目。

例 3-7 某增值税一般纳税人202×年6月5日，首次购买增值税税控系统专用设备和支付技术维护费价税共计10 000元，其中专用设备6 000元，服务费用4 000元。请作出账务处理。

解析 账务处理如下：

①购入增值税税控系统专用设备时：

借：固定资产——税控设备	6 000	
贷：银行存款		6 000
借：应交税费——应交增值税（减免税额）	6 000	
贷：管理费用		6 000

②支付技术维护费时：

借：管理费用——技术维护费	4 000	
贷：银行存款		4 000

（六）购进货物、接受应税劳务不得抵扣进项税额的核算

1. 下列项目的进项税额不得从销项税额中抵扣：

（1）纳税人购进货物、接受应税劳务，没有按照规定取得并且保存增值税抵扣凭证或增值税扣税凭证上未按规定注明增值税税额及其他有关事项的。

（2）一般纳税人有下列情形之一者，应按销售额依照增值税税率计算应纳税额，不得抵扣进项税额，也不得使用专用发票：

①会计核算不健全或者不能够提供准确税务资料的；

②除另有规定外，纳税人销售额超过小规模纳税人标准，未申请一般纳税人认定手续的。

（3）用于简易计税方法计税项目、免征增值税项目、集体福利或者个人消费的购进货物、加工修理修配劳务。其中涉及的固定资产、无形资产、不动产，仅指专用于上述项目的固定资产、无形资产（不包括其他权益性无形资产）、不动产。

纳税人的交际应酬消费属于个人消费。

（4）非正常损失的购进货物，以及相关的加工修理修配劳务和交通运输服务。

（5）非正常损失的在产品、产成品所耗用的购进货物（不包括固定资产）、加工修理修配劳务和交通运输服务。

（6）非正常损失的不动产，以及该不动产所耗用的购进货物。

（7）非正常损失的不动产在建工程所耗用的购进货物。

纳税人新建、改建、扩建、修缮、装饰不动产，均属于不动产在建工程。

上述第（6）项、第（7）项所称货物，是指构成不动产实体的材料和设备，包括建筑装饰材料和给排水、采暖、卫生、通风、照明、通信、煤气、消防、中央空调、电梯、电气、智能化楼宇设备及配套设施。

以上规定中的固定资产，是指使用期限超过12个月的机器、机械、运输工具以及其他与生产经营有关的设备、工具、器具等有形动产。

非正常损失，是指因管理不善造成货物被盗、丢失、霉烂变质，以及因违反法律法规造成货物或者不动产被依法没收、销毁、拆除的情形。

2.按规定不予抵扣的进项税额的账务处理

（1）购入货物、接受应税劳务时即能认定其进项税额不能抵扣的。

如未按照规定取得并保存增值税扣税凭证，购入货物、劳务、服务直接用于简易计税方法计税项目、免税项目、集体福利和个人消费的，其增值税专用发票上注明的增值税税额，记入购入货物及接受劳务成本。

外购货物在购进中发生非正常损失的，其进项税额不得抵扣，应将损失货物的价值连同相应的进项税额一并转入“待处理财产损溢——待处理流动资产损溢”科目。

例 3-8 明华公司上月外购原材料一批，数量为20吨，取得的专用发票上注明的价款为10万元，税款为1.3万元，款项已付，进项税额已认证抵扣，因保管不善入库后造成非正常损失2吨。请作出该业务的账务处理。

解析 账务处理如下：

借：待处理财产损溢——待处理流动资产损溢　　11 300

　贷：原材料　　10 000

　　　应交税费——应交增值税（进项税额转出）　　1 300

（2）购入货物及接受劳务不能直接认定其进项税额能否抵扣的。

购入时不能直接认定其进项税额能否抵扣的，其增值税专用发票上注明的增值税税额，按照增值税会计处理方法记入“应交税费——应交增值税（进项税额）”

科目；已抵扣进项税额的购进货物（不含固定资产）、劳务、服务，用于按规定不得抵扣进项税额项目（简易计税方法计税项目、免征增值税项目除外）的，应当将该进项税额从当期进项税额中扣减；无法确定该进项税额的，按照当期实际成本计算应扣减的进项税额。

实际成本=进价+运费+保险费

应扣减的进项税额=实际成本×征税时该货物、应税劳务或应税行为适用的税率

已抵扣进项税额的固定资产、无形资产或者不动产，用于按规定不得抵扣进项税额项目，按照下列公式计算不得抵扣的进项税额：

不得抵扣的进项税额=固定资产、无形资产或者不动产净值×适用税率

固定资产、无形资产或者不动产净值，是指纳税人根据财务会计制度计提折旧或摊销后的余额。

①购进货物改变用途转出进项税额的会计处理。

为生产、销售购进的货物，购进后被用于集体福利或个人消费时，应将其负担的增值税转入有关成本、费用科目，借记“应付职工薪酬”等科目，贷记“应交税费——应交增值税（进项税额转出）”科目。

②购进货物等用于简易计税方法计税项目、免税项目转出进项税额的会计处理。

适用一般计税方法的纳税人，兼营简易计税方法计税项目、免征增值税项目而无法划分不得抵扣的进项税额，按照下列公式计算不得抵扣的进项税额：

$$\text{货物不得抵扣的进项税额}=\text{当期无法划分的全部进项税额}\times\left(\text{当期简易计税方法计税项目销售额}+\text{免征增值税项目销售额}\right)\div\text{当期全部销售额}$$

无法确定该进项税额的，按照当期实际成本计算应扣减的进项税额。

已抵扣进项税额的固定资产、无形资产或者不动产，发生不得抵扣规定情形的，按照下列公式计算不得抵扣的进项税额：

不得抵扣的进项税额=固定资产、无形资产或者不动产净值×适用税率

固定资产、无形资产或者不动产净值，是指纳税人根据财务会计制度计提折旧或摊销后的余额。

借记“主营业务成本”等科目，贷记“应交税费——应交增值税（进项税额转出）”科目。

③非正常损失货物转出进项税额的会计处理。

非正常损失的在产品、产成品所耗用的购进货物或应税劳务、服务的进项税额，不得从销项税额中抵扣。当发生非正常损失时，按非正常损失的在产品、产成品的实际成本与负担的进项税额的合计数，借记“待处理财产损溢——待处理流动资产损溢”科目，按实际损失的在产品、产成品成本，贷记“生产成本——基本生产成本”“库存商品”科目，按计算出的应转出的增值税税额，贷记“应交税费——应交增值税（进项税额转出）”科目。

拓展阅读

海利得：假发票抵扣进项税额被处罚

案情回顾

《海利得首次公开发行股票招股意向书》中披露，2005年1月，海利得向山东海力化工有限公司购入PVC树脂过程中，取得由德州华威汽车运输有限公司提供的假公路、内河货物运输业统一发票（代开）一份，发票号码为00056306，运费为112 500元，已于2005年2月申报抵扣进项税额7 875.00元。上述行为违反了《中华人民共和国发票管理办法实施细则》的规定，属未按规定取得发票的行为。海宁市税务稽查局对未按规定取得发票行为决定处以5 000元的罚款。

2005年12月，海利得销售货物给河北省宁晋县凤凰织带有限公司过程中，取得由上海耀东汽车运输有限公司开具的假公路、内河货物运输业统一发票（代开）一份，发票号码为00598016，运费为5 000元，已于当月申报抵扣进项税额350元。海宁市税务稽查局对未按规定取得发票行为决定处1 000元的罚款。

分析点评

此案例中海利得公司遭受税务机关两次处罚均因生产经营中取得的假运输发票抵扣了增值税进项税额。无论当地税务机关如何处理，不妨碍我们就其揭示的问题进行分析。

海利得两次取得虚假发票得到的税收利益，两次取得虚开发票得以抵扣增值税进项税额合计8 225元，得以虚增成本117 500元，有可能从而得以少缴企业所得税（假如当时该企业盈利，所得税税率为33%）38 775元。除应补缴税款外，属于未按规定取得发票的行为，税务机关有权力作出行政罚款处理。

六、任务实践

请课前完成分小组，课堂随机选人根据“任务案例”编制记账凭证。

七、任务成果报告及评价

一般纳税人货物、劳务购进业务增值税会计处理成果报告见表3-6。

表3-6　一般纳税人货物、劳务购进业务增值税会计处理成果报告

<table>
<tr><td colspan="4">实训任务二　一般纳税人货物、劳务购进业务增值税会计处理成果报告</td></tr>
<tr><td>适用项目</td><td></td><td>课时</td><td>4</td></tr>
<tr><td>组名</td><td></td><td rowspan="2">成员及分工</td><td rowspan="2">组织者：　　思路方案：
政策支持：　　职业素养：
凭证制作及上传：</td></tr>
<tr><td>时间及地点</td><td></td></tr>
<tr><td colspan="4">【案例描述及要求】</td></tr>
</table>

续表

【我的思路或方法】 【我的解决方案】 【我的政策知识】 【我的职业技能】 【我的职业素养】
【课堂提问】 一、小组被提问记录 二、小组提问记录 三、教师提问记录
【我的评分】 评分标准： 1.知识掌握（20分）：案例适用政策完整且准确（20分）。 2.技能掌握（30分）：案例税额计算准确（10分）、凭证制作（15分）、信息搜集整理（5分）。 3.素质提升（30分）：思政精神力挖掘务实（5分）、与具体实践结合（15分）、具有共鸣感（10分）。 4.小组合作（20分）：分工明确（5分）、全员贡献度（10分）、活跃度（问及答）（5分）。 一、自评分（20%） 二、小组互评分（40%） 三、教师评分（40%）

续表

【我的诊改】 一、存在问题 （一）知识方面   （二）技能方面   （三）素质方面   二、未来改进 （一）知识方面   （二）技能方面   （三）素质方面

八、课后作业及拓展

（一）讨论

某出口公司主要从事鞋类产品出口销售业务，兼有部分网上销售业务。经核查，发现该公司将税率为6%的货物代理费用进项税额进行抵扣，同时将外销收入的税务代理服务费进项税额进行抵扣。请问，这种做法是否正确？

（二）阅读

材料采购的增值税会计处理，https：//www.shui5.cn/article/cb/109682.html。

（三）作业

1.【单项选择题】增值税一般纳税人，下列进项税额可以从销项税额中抵扣的是（　　）。

A.用于简易计税方法计税项目　　B.用于免税项目

C.用于集体福利　　D.用于在建工程

2.【单项选择题】关于现行增值税一般纳税人进项税额抵扣的说法，错误的是（　　）。

A.某公司进口货物，取得国外的运输发票计算的增值税进项税额准予抵扣

B.某公司自制设备器具，财务上直接转入“固定资产”核算，用于增值税一般

计税项目，自制固定资产的进项税额可以抵扣

C.某汽车销售公司装修汽车销售展厅，所耗用装饰材料的进项税额准予抵扣

D.某生产企业，办公室和车间共用一块电表，每月电费开具专票结算，进项税额准予抵扣

3.【业务题】增值税一般纳税人202×年4月由于管理不善，一批产品发生霉烂变质，已知损失产品账面价值为80 000元，当期总的生产成本为420 000元，其中耗用外购材料、低值易耗品等价值为300 000元，所耗用的外购货物均适用13%增值税税率，请问，企业应如何进行账务处理？

任务三　一般纳税人服务购进业务增值税会计处理

一、任务导航

一般纳税人服务购进业务增值税会计处理工作任务表见表3-7。

表3-7　一般纳税人服务购进业务增值税会计处理工作任务表

任务基本描述：以“实践操作为主，理论够用”为指导，掌握服务、无形资产、不动产购进业务的增值税会计处理				
任务目标	任务知识点	任务技能点	学习时间节点	学习资源
1.确定需求意图	•接受应税服务的会计处理	•分析应税服务的业务类型	•课前准备 •课堂展示	•国家税务总局网站 •税屋网 •超星平台
2.准备资料	•接受服务进项税额抵扣凭证的收集	•掌握不同应税服务进项税额的抵扣	•课前准备 •课堂展示	•国家税务总局网站 •税屋网 •超星平台
3.制作凭证	•旅客运输等业务记账凭证的编制	•根据原始凭证制作记账凭证	•课堂完成 •课堂展示	•国家税务总局网站 •税屋网 •超星平台

二、前导知识和技能测试

1.前导知识测试3.3.1

2.前导技能测试3.3.1

前导知识测试 3.3.1

前导技能测试 3.3.1

三、任务计划

（一）学习目标：________________

（二）学习内容及时间安排：________________

（三）学习完成率及成果：________________

四、任务案例

武汉明华有限责任公司为增值税一般纳税人，202×年9月发生如下业务：

业务1 业务2 业务3 业务4 业务5 业务6 业务7 业务8

1.9月03日，公司收到武汉智联招聘网络信息技术有限公司寄来招聘信息服务费增值税专用发票，款项已在11月份电汇。

2.9月04日，投资管理部购入A上市公司股票1万股，每股10元，发生交易费用5 000元（含税，取得专用发票），全部用银行存款支付，假设支付的价款中不包含已宣告但尚未发放的现金股利。

3.9月13日，公司取得车辆的高速公路通行费电子普通发票1张，票面金额10 900元。

4.9月18日，公司通过银行转账支付武汉第一运输有限公司运费1 526元，取得增值税专用发票。

5.9月21日，公司以现金支付防伪税控开票系统技术维护费5 000元，取得增值税普通发票。

6.9月22日，发生广告宣传费10万元（不含税），取得增值税专用发票，增值税额0.6万元，价税合计10.6万元。

7.9月23日，发生业务招待费12万元（不含税），取得增值税专用发票，增值税额0.72万元，价税合计12.72万元。

8.9月28日，公司取得1份旅客运输增值税电子普通发票，金额8 000元，税额720元；取得1张注明旅客身份信息的航空运输电子客票行程单，票价2 130元，民航发展基金120元，燃油附加费50元；取得5张注明旅客身份信息的铁路车票，票面金额合计2 180元；取得20张注明旅客身份信息的公路、水路等其他客票，票面金额合计5 150元。以上费用都已支付。

五、任务知识殿堂

（一）接受一般应税服务的处理

一般纳税人接受应税服务取得的增值税扣税凭证，按税法规定符合抵扣条件的，可在本期申报抵扣的进项税额，借记“应交税费——应交增值税（进项税额）”科目；按应计入相关项目成本的金额，借记“材料采购”“商品采购”“原材料”“制造费用”“管理费用”“销售费用”“固定资产”“主营业务成本”“其他业务成本”等科目；按照应付或实际支付的金额，贷记“应付账款”“应付票据”“银行存款”等科目。所接受的服务中止时，作相反的会计分录。

|例3-9| 上海A企业系增值税一般纳税人，4月委托上海B公司一项运输业务，取得B公司开具的增值税专用发票，价款20万元，注明的增值税税额为1.8万元。相关的票据当月认证。请作出该业务的会计处理。

|解析| 会计处理如下：

借：销售费用　　200 000

　　应交税费——应交增值税（进项税额）　　18 000

　贷：应付账款——B公司　　218 000

（二）购进旅客运输服务

《财政部 税务总局 海关总署关于深化增值税改革有关政策的公告》（财政部

税务总局 海关总署公告2019年第39号）第六条规定，纳税人购进国内旅客运输服务，其进项税额允许从销项税额中抵扣。

纳税人取得增值税专用发票的，以发票上注明的税额为进项税额。

纳税人未取得增值税专用发票的，暂按照以下规定确定进项税额：

①取得增值税电子普通发票的，为发票上注明的税额。

②取得注明旅客身份信息的航空运输电子客票行程单的，按照下列公式计算进项税额：

航空旅客运输进项税额=（票价+燃油附加费）÷（1+9%）×9%

③取得注明旅客身份信息的铁路车票的，为按照下列公式计算的进项税额：

铁路旅客运输进项税额=票面金额÷（1+9%）×9%

④取得注明旅客身份信息的公路、水路等其他客票的，按照下列公式计算进项税额：

公路、水路等其他旅客运输进项税额=票面金额÷（1+3%）×3%

注意事项如下：

①注明旅客个人身份信息（最好是登记在公司人员花名册中的员工，或者在公司缴纳社保、个税，能证明是公司员工）。

②票据的日期为2019年4月1日及以后。

③未取得增值税专用发票。

为了准确核算公司账务和税务申报涉及的公司日常报销业务、记账业务和增值税抵税问题，可以在管理费用/销售费用/研发费用/制造费用等科目下新增科目——差旅费（新）及二级科目，从2019年4月份启用，原差旅费科目在2019年4月停用，具体新增明细科目设置为："差旅费（新）——火车票/飞机票/公路、水路票/其他费用"。除记入以上类别的费用，其他正常的票据和补贴记入"差旅费（新）——其他用费"。

一般纳税人购进无形资产取得的增值税扣税凭证，按税法规定符合抵扣条件的，可在本期申报抵扣的进项税额，借记"应交税费——应交增值税（进项税额）"科目；按应计入相关项目成本的金额，借记"无形资产"，贷记"应付账款""应付票据""银行存款"等科目。所接受的服务中止时，作相反的会计分录。

一般纳税人在2019年4月1日后取得并按固定资产核算的不动产或者2019年4月1日后取得的不动产在建工程，其进项税额从销项税额中抵扣的，应当按取得成本，借记"固定资产""在建工程"等科目，按当期可抵扣的增值税税额，借记"应交税费——应交增值税（进项税额）"科目，按应付或实际支付的金额，贷记"应付账款""应付票据""银行存款"等科目。

例3-10 202×年3月5日，A一般纳税人购进办公大楼一座，该大楼用于公司办公经营，记入固定资产，并于次月开始计提折旧。3月20日，该纳税人取得该大楼增值税专用发票并认证相符，专用发票注明价款100万元，税额9万元。请作出该业务的会计处理。

解析 会计处理如下：

借：固定资产——办公楼　　1 000 000
　　应交税费——应交增值税（进项税额）　　90 000
　贷：银行存款　　1 090 000

拓展阅读

企业善意取得虚开发票，如何合规税务处理？

在实务中，纳税人有时候会遇到善意取得增值税虚开发票，并被税务机关要求配合协查的情形。对此，一些企业感到手足无措，不知如何是好。其实，只要积极配合税务机关，这类问题很容易得到妥善解决。

1.案例

最近，A企业接到主管税务机关的协查通知。原来，经税务机关查证，A企业的上游供应方B企业存在虚开发票行为，A企业从B企业取得的增值税专用发票，很可能是虚开发票。面对协查通知，A企业不知道该如何处理。经涉税专业服务机构帮助，A企业积极向主管税务机关提交了相关证据资料，证明A企业取得的发票属于善意取得。同时，该企业充分与税务部门沟通，详细说明了与取得虚开发票相关的具体交易情况。最终，很好地完成了配合协查工作。

2.税务处理

如果纳税人遇到上述情况，应当首先对已抵扣的虚开发票作进项税额转出处理。

根据《国家税务总局关于纳税人虚开增值税专用发票征补税款问题的公告》（国家税务总局公告2012年第33号），纳税人取得虚开的增值税专用发票，不得作为增值税合法有效的扣税凭证抵扣其进项税额。也就是说，纳税人不论业务是否真实存在，也不论取得的虚开发票属于善意行为还是恶意行为，只要被证实供应方纳税人属于虚开增值税发票，其对应发票的进项税额一律需要转出处理，纳税人还应当注意取得异常增值税发票的处理。所谓异常发票一般指一些不具有经济实质或者没有正确履行纳税义务的企业所开具的发票。根据《国家税务总局关于异常增值税扣税凭证管理等有关事项的公告》（国家税务总局公告2019年第38号，以下简称“38号公告”）的规定，异常发票尚未申报抵扣增值税进项税额的，暂不允许抵扣。纳税人取得异常增值税发票的进项税额已经申报抵扣的，首先应作进项税额转出。其次，纳税人应及时向主管税务机关提交证据资料和详细的情况说明。经税务机关核实后，符合现行增值税进项税额抵扣相关规定的，可继续抵扣。不过，38号公告还规定，纳税信用等级为A级的纳税人取得异常凭证且已经申报抵扣的，可暂不转出该异常凭证对应的进项税额，但相关纳税人应当自接到税务机关通知之日起10个工作日内，向主管税务机关提出核实申请。经税务机关核实，符合现行增值税进项税额抵扣相关规定的，可不作进项税额转出。这相当于给予诚实守信单位一个较宽松的待遇，体现国家鼓励诚信经营、依法纳税的导向。

3.开展内部自查

对取得的虚开增值税发票进项税额转出后，纳税人要尽快进行自查，搞清楚取得的发票究竟是善意取得还是恶意取得。

纳税人应当明白的是，善意取得虚开发票和恶意取得虚开发票，在具体处罚上是有本质区别的。根据《国家税务总局关于纳税人善意取得虚开增值税专用发票已抵扣税款加收滞纳金问题的批复》（国税函〔2007〕1240号）的规定，纳税人善意取得虚开发票，如能重新取得合法、有效的发票，准许其抵扣进项税款；如不能重新取得合法、有效的发票，不准其抵扣进项税款或追缴其已抵扣的进项税款。同时，对纳税人善意取得虚开的发票被依法追缴已抵扣税款的，不加收追缴的已转出进项税额的滞纳金。但是，倘若恶意取得虚开发票，将会依法受到严厉的税收处罚甚至刑事处罚。

根据《国家税务总局关于纳税人善意取得虚开的增值税专用发票处理问题的通知》（国税发〔2000〕187号，简称“187号”文件）的规定，构成善意取得虚开发票必须同时满足以下要件：①购货方与销售方存在真实的交易；②销售方使用的是其所在省（自治区、直辖市和计划单列市）的专用发票；③专用发票注明的销售方名称、印章、货物数量、金额及税额等全部内容与实际相符；④没有证据表明购货方知道销售方提供的专用发票是以非法手段获得的。

特别需要注意的是第④项要件，纳税人不能仅凭自身的主观理解就认为满足该要件的要求，而应由税务部门凭借纳税人提供的证据资料进行充分的分析后进行认定。因此，纳税人应详细对照187号文件规定的这四项要件，逐条收集全面的证据资料，及时提供给税务部门。同时，纳税人应当明白，根据相关政策规定，税务部门有权依法依规要求纳税人配合开展协查，纳税人也有相应义务，因此应积极主动配合税务机关进行协查。

4. 加强日常管理

纳税人应注重加强日常管理，通过选择纳税信用等级高的企业作为供应商、强化采购环节发票管理、完善发票管理岗位责任和绩效考核等方式，从源头上杜绝虚开发票，促进自身的健康良好发展。

六、任务实践

请课前完成分小组，课堂随机选人，课堂完成业务1-8记账凭证。

七、任务成果报告及评价

一般纳税人服务购进业务增值税会计处理成果报告见表3-8。

表3-8　一般纳税人服务购进业务增值税会计处理成果报告

<table>
<tr><td colspan="4">实训任务三　一般纳税人服务购进业务增值税会计处理成果报告</td></tr>
<tr><td>适用项目</td><td></td><td>课时</td><td>2</td></tr>
<tr><td>组名</td><td></td><td rowspan="2">成员及分工</td><td rowspan="2">组织者：　思路方案：
政策支持：　职业素养：
文档制作及上传：</td></tr>
<tr><td>时间及地点</td><td></td></tr>
<tr><td colspan="4">【案例描述及要求】</td></tr>
</table>

续表

【我的思路或方法】 【我的解决方案】 【我的政策知识】 【我的职业技能】 【我的职业素养】
【课堂提问】 一、小组被提问记录 二、小组提问记录 三、教师提问记录
【我的评分】 评分标准： 1.知识掌握（20分）：案例适用政策完整且准确（20分）。 2.技能掌握（30分）：案例税额计算准确（15分）、文档制作（5分）、信息搜集整理（5分）、演讲表达（5分）。 3.素质提升（30分）：思政精神力挖掘务实（5分）、与具体实践结合（15分）、具有共鸣感（10分）。 4.小组合作（20分）：分工明确（5分）、全员贡献度（10分）、活跃度（问及答）（5分）。 一、自评分（20%） 二、小组互评分（40%） 三、教师评分（40%）

续表

【我的诊改】 一、存在问题 （一）知识方面   （二）技能方面   （三）素质方面   二、未来改进 （一）知识方面   （二）技能方面   （三）素质方面

八、课后作业及拓展

（一）讨论

某公司以长租形式从某酒店租用酒店式公寓分别用于公司职工住宿和办公（两区域可明确区分），已取得该酒店开具的“住宿服务”增值税专用发票。这种情况，是否属于租入不动产既用于一般计税方法计税项目，又用于集体福利，其进项税额是否可以从销项税额中全额抵扣？

（二）阅读

退税减税降费政策操作指南（十）——公共交通运输服务收入免征增值税政策，https：//www.shui5.cn/article/06/86185.html。

（三）作业

【业务题】武汉大华有限责任公司为增值税一般纳税人，202×年10月发生以下业务：

1.外购办公楼，取得1份增值税专用发票注明金额1 000万元，税额90万元，款项已付。

2.取得旅客运输增值税电子普通发票，金额10万元，税额0.9万元；取得注明旅客身份信息的航空运输电子客票行程单，票价21.30万元，民航发展基金0.12万元，燃油附加费0.5万元；取得注明旅客身份信息的铁路车票，票面金额合计6.54万元。

3. 支付广告服务费，取得增值税专用发票，注明金额100万元。

4. 支付代销佣金，取得增值税专用发票，注明金额1 000万元。

请编制以上业务记账凭证。

任务四　一般纳税人销售业务增值税会计处理

一、任务导航

一般纳税人销售业务增值税会计处理工作任务表见表3-9。

表3-9　　一般纳税人销售业务增值税会计处理工作任务表

任务基本描述：以“实践操作为主，理论够用”为指导，介绍销售业务的增值税会计处理，让学生能够有适应岗位需求的实践操作能力				
任务目标	任务知识点	任务技能点	学习时间节点	学习资源
1. 确定需求意图	•销售业务的涉税核算	•分析销售业务类型	•课前准备 •课堂展示	•国家税务总局网站 •税屋网 •超星平台
2. 准备资料	•不同销售业务的归集和分类	•掌握不同销售业务增值税销项税额处理	•课前准备 •课堂展示	•国家税务总局网站 •税屋网 •超星平台
3. 制作凭证	•一般销售业务、特殊销售业务账务处理	•根据原始凭证制作记账凭证	•课堂完成 •课堂展示	•国家税务总局网站 •税屋网 •超星平台

前导知识测试 3.4.1

前导技能测试 3.4.1

业务1

业务2

业务3

二、前导知识和技能测试

1. 前导知识测试3.4.1

2. 前导技能测试3.4.1

三、任务计划

（一）学习目标：________________

（二）学习内容及时间安排：________________

（三）学习完成率及成果：________________

四、任务案例

武汉明华有限责任公司（简称“明华公司”）为增值税一般纳税人，202×年9月发生以下业务：

1. 9月1日，销售A产品一批，开具的增值税专用发票上注明的货款为750 000元，增值税税额为97 500元，另外开出支票代垫运费1 800元，款项未收。

2. 9月2月，提供餐饮服务总收入106万元，将其闲置房屋出租收入5.45万元（该企业选择一般计税方法），按照适用税率，分别开具增值税专用发票，款项已收。

3. 9月3日，用托收承付结算方式向异地某公司销售甲材料一批，货款为30 000元，增值税税额为3 900元，另支付运费2 180元，取得货物运输业增值税专用发票。托收手续已办理完毕。

4. 9月4日，收到某批发公司预付服装款50 000元，9月28日明华公司发出服装并开具增值税专用发票，发票上注明价款60 000元、增值税额7 800元，同时补收货款。该批服装的控制权在明华公司发出服装时转移给批发公司。

5. 9月5日，以赊销方式向大华公司销售A产品共计80 000元（不含增值税），未来应确认的增值税税额为10 400元，产品实际成本为50 000元，合同规定收款日期为202×年12月。商品已经发出，且在发出时，其控制权由明华公司转移给大华公司。

6. 9月6日，以分期收款方式向新源公司销售一套大型设备，合同约定的不含增值税销售价格为1900 000元，未来应确认的增值税税额为247 000元，从202×年起分5次于每年12月31日等额收取货款。该大型设备成本为1200 000元。在现销方式下，该大型设备的不含增值税销售价格为1520 000元。该套设备已于202×年1月1日发出，明华公司在合同约定的日期收到相应价款和增值税，并开具增值税专用发票（该分期收款销售业务具有融资性质），该套设备在发出时，其控制权由明华公司转移给新源公司。

7. 9月7日，提供交通运输服务收入100万元、物流辅助收入100万元，按照适用税率，分别开具增值税专用发票，款项已收。

8. 9月8日，向客户销售A产品，不含税销售额为500 000元，给予客户10%的商业折扣，折扣额与销售额在同一张发票上分别注明，货款尚未收到。

9. 9月9日，向客户销售B产品，增值税专用发票注明的价款为800 000元，增值税税额为104 000元，其付款条件为“2/10，1/20，n/30”。

10.9月10日，提供运输服务，开具了运输业增值税专用发票，注明金额60 000元。9月11日，由于前往目的地的道路被冲毁，双方同意中止履行合同。大华公司将尚未认证的专用发票退还给明华公司，明华公司返还运费。

11.9月11日，由于质量原因，明华公司将上月一批销售额为60 000元的A产品折让30%的价款，收到大明公司转来的当地主管税务机关开具的开具红字增值税专用发票通知单，开具红字发票。

12.9月12日，明华公司出租给大华公司两台数控机床，收取半年租金18万元并开具发票，大华公司使用两个月后发现其中一台机床的齿轮存在故障无法运转，要求明华公司派人进行维修并退还维修期间租金2万元。202×年9月20日，大华公司至主管税务机关开具“开具红字增值税专用发票通知单”，明华公司开具红字专用发票，退还已收租金2万元。

13.9月13日，售出5 000件C产品，单位价格500元，单位成本400元，增值税发票已开出。协议约定，购货方应于10月2日前付款，12月30日前有权退货。明华公司根据经验，估计退货率为20%。退回的增值税均取得扣税凭证。

14.9月14日，采用以旧换新方式销售彩电一批，不含税售价为380 000元，收

业务4
业务5
业务6
业务7
业务8
业务9
业务10
业务11
业务12
业务13
业务14

回旧彩电冲减售价20 000元，增值税税率为13%。

15.9月15日，以账面价值为9 000元、公允价值为10 000元的甲材料，换入大华公司账面价值为11 000元、公允价值为13 000元的乙材料，另支付大华公司补价3 390元。明华公司支付运费300元，大华公司支付运费500元。两公司均未对存货计提跌价准备，增值税税率均为13%。

16.9月16日，转让5月购入的一台设备，该设备原价为200 000元，累计已计提折旧80 000元，取得变价收入100 000元，增值税税额为13 000元，已经收到全部款项。该设备购进时所含增值税26 000元已全部记入进项税额。假定明华公司未计提减值准备，不考虑其他相关税费。

17.9月17日转让2008年9月购入的生产设备，原价为1 000 000元，累计已计提折旧700 000元，取得变价收入206 000元，款项已收到。假定明华公司未计提减值准备，不考虑其他相关税费。

18.9月18日，委托大华公司销售甲商品100件，协议价为100元/件，该商品成本为60元/件，增值税税率为13%。202×年10月22日明华公司在收到大华公司开来的代销清单时开具增值税发票，发票上注明售价10 000元，增值税税额1 300元，同时收到货款。

19.9月19日，将一批产品从郑州市销售部移送至洛阳市销售部，该批产品成本价为8 000元，售价为12 000元。

20.9月20日，将A产品一批作为礼物赠送给自己的客户，该批产品无同类产品的销售价格，已知该批产品实际成本为12 000元，成本利润率为10%。

21.9月21日，将自产的A产品一批作为利润分配给投资者，该批产品的实际成本为250 000元，不含税售价为300 000元；将B产品一批作为投资投入大华公司，该批产品的成本为200 000元，公允价值为250 000元，占大华公司股份的10%。

22.9月22日，销售一批A材料给红星公司，含税价为113 000元。202×年10月1日，红星公司发生财务困难，无法按合同规定偿还债务，经双方协议，大华公司同意红星公司用产品抵偿该应收账款。该产品市价为80 000元，增值税税率为13%，产品成本为70 000元，已计提存货跌价准备10 000元。

23.9月23日，销售胶印书刊纸100吨，每吨售价6 000元（不含税）；同时用自己的汽车将100吨纸运至北京某公司，每吨收取运费109元，款项尚未收取。

24.9月24日，销售D产品取得收入200 000元，取得餐饮收入53 000元。

25.9月25日，取得不含税旅游收入106万元，开具了普通发票，当月支付扣除项21.2万元。

五、任务知识殿堂

1.直接收款方式销售货物、发生应税行为的核算

纳税人采取直接收款方式销售货物的，企业应根据销售结算凭证和银行存款进账单，借记“应收账款”“应收票据”“银行存款”等科目；按照实现的销售收入，

业务15 业务16 业务17 业务18 业务19 业务20 业务21 业务22 业务23 业务24 业务25

贷记“主营业务收入”“其他业务收入”等科目；按照规定收取的增值税税额，贷记“应交税费——应交增值税（销项税额）”科目。

2.托收承付和委托收款方式销售货物的核算

纳税人采取托收承付和委托收款方式销售货物的，纳税义务发生时间为发出货物并办妥托收手续的当天。按照实现的销售收入和按规定收取的增值税税额，借记“应收账款”科目；按照实现的销售收入，贷记“主营业务收入”科目；按照规定收取的增值税税额，贷记“应交税费——应交增值税（销项税额）”科目。

3.预收货款方式销售货物的核算

企业采取预收货款方式销售货物，其纳税义务发生时间为货物发出的当天，但生产销售生产工期超过12个月的大型机械设备、船舶、飞机等货物，其纳税义务发生时间为收到预收款或者书面合同约定的收款日期的当天。企业采取预收货款方式销售货物，会计处理与税法的规定基本一致，除了生产销售生产工期超过12个月的大型机械设备、船舶、飞机等货物以外，企业收到预收货款时，不作销售处理，等到发出产品时才作销售处理。

纳税人在收到预收货款时，应借记“银行存款”科目，贷记“合同负债”科目；发出商品时，确认收入及补收货款，借记“合同负债”“银行存款”等科目，贷记“主营业务收入”、“应交税费——应交增值税（销项税额）”或“应交税费——简易计税”（小规模纳税人应贷记“应交税费——应交增值税”）等科目，同时结转已销商品成本。收取客户对价而应向客户转让商品的义务，如企业在转让承诺的商品之前已收取的款项。企业在向客户转让商品之前，客户已经支付合同对价或企业已经取得无条件收取合同对价权利的，企业应当在客户实际支付款项与到期应支付款项孰早时点，按照该已收或应收的金额，借记“银行存款”“应收账款”“应收票据”等科目，贷记“合同负债”科目；企业向客户转让相关商品时，借记“合同负债”科目，贷记“主营业务收入”“其他业务收入”等科目。涉及增值税的，还应进行相应的处理。

企业因转让商品收到的预收款适用《企业会计准则第14号——收入》进行会计处理时，不再使用“预收账款”科目及“递延收益”科目。

例3-11 永明公司以预收账款方式销售C产品一批。3月收到预收账款90 000元；5月5日发出C产品，实际成本85 000元，不含税售价100 000元，增值税税额13 000元，当日收到对方补付的货款。请作出会计处理。

解析

①3月收到预收货款时：

借：银行存款	90 000	
贷：合同负债		90 000

②5月5日发出产品、补收货款时：

借：合同负债	90 000	
银行存款	23 000	
贷：主营业务收入——C产品		100 000
应交税费——应交增值税（销项税额）		13 000

③结转成本时：

借：主营业务成本　　85 000

　贷：库存商品——C产品　　85 000

4.赊销和分期收款方式销售货物的核算

《企业会计准第14号——收入》中赊销或者分期收款分为两种类型：不具有融资性质和具有融资性质。在实务中，确定赊销或分期收款销售商品是否具有融资性质，一般根据赊销或分期收款期限的长短，但同时需要进行会计职业判断。最简单的判断标准是看未来收款额（赊销）或各期收款总额之和（分期收款销售商品）是否比合同或协议签订之日商品的正常市场价格高。

如果未来收款额（赊销）或各期收款总额之和（分期收款销售商品）高于货物当前的市价，则说明购货方延期支付货款付出了货币时间价值的代价，销货方因延期收取货款可以取得相当于货币时间价值的收益，按企业会计准则的规定，应将其确认为融资收益，且赊销或分期收款销售商品是否具有融资性质完全取决于交易双方的意愿和交易本身的特性。不过未必收款递延时间越长，融资收益就一定越高，有时递延收款时间可能未超过一年，未来收款额（赊销）或各期收款总额之和（分期收款销售商品）也会超过当前商品售价，所以递延收款时间长短不足以作为判断交易是否具有融资性质的依据。

在会计处理上，递延收款时间长短将影响确认应收款项时所采用的科目：递延收款时间在一年以内的应该采用“应收账款”科目；一年以上的应采用“长期应收款”科目。从税收法规和会计准则相互协调的角度看，会计处理中，“应交税费——应交增值税（销项税额）”的确认时间和金额计算应遵循税收法规的规定。如果根据会计相关规定已经确认收入但增值税纳税义务尚未发生，增值税应记入“应交税费——待转销项税额”科目。

企业采取赊销或分期收款方式销售货物，如果不具有融资性质，则以合同金额确认收入，其会计处理与税法规定基本相同。在发出货物时，应当借记“应收账款”或“长期应收款”科目，贷记“主营业务收入”“应交税费——待转销项税额”科目；同时，结转销售成本。企业采取赊销或分期收款方式销售货物，如果具有融资性质，则其会计处理与税法规定不一致。在发出货物时，按应收合同或协议价款，借记“应收账款”或“长期应收款”科目；按应收合同或协议价款的公允价值（未来现金流量现值），贷记“主营业务收入”科目；按未来应确认的增值税额，贷记“应交税费——待转销项税额”等科目；按其差额，贷记“未实现融资收益”科目；同时，结转成本。

例3-12 2×20年1月1日，A公司采用分期收款方式向B公司销售一套大型设备，合同约定的销售价格为2 000万元，分5次于每年12月31日等额收取。该大型设备成本为1 560万元，在现销方式下，该大型设备的销售价格为1 600万元。(i=7.93%)，请作出A公司2×20年—2×24年账务处理。

解析

A公司销售成立时：

借：长期应收款　　2 260

贷：主营业务收入　　1 600

　　未实现融资收益　　400

　　应交税费——待转销项税额　　260

结转成本：

借：主营业务成本　　1 560

　贷：库存商品　　1 560

分期收款利息摊销明细见表3-10。

表3-10　分期收款利息摊销明细表

日期	未收本金 （1）=上期（1）-上期（4）	利息计算 （2）=（1）×7.93%	收现额 （3）	已收本金 （4）=（3）-（2）
2×20.1.1	1 600			
2×20.12.31	1 600	126.88	400	273.12
2×21.12.31	1 326.88	105.22	400	294.78
2×22.12.31	1 032.10	81.85	400	318.15
2×23.12.31	713.95	56.62	400	343.38
2×24.12.31	370.57	29.43	400	370.57
合计		400	2 000	1 600

2×20年12月31日账务处理：

借：银行存款　　452

　贷：长期应收款　　452

借：应交税费——待转销项税额　　52

　贷：应交税费——应交增值税（销项税额）　　52

借：未实现融资收益　　126.88

　贷：财务费用　　126.88

2×21年12月31日账务处理：

借：银行存款　　452

　贷：长期应收款　　452

借：应交税费——待转销项税额　　52

　贷：应交税费——应交增值税（销项税额）　　52

借：未实现融资收益　　105.22

　贷：财务费用　　105.22

2×22年12月31日账务处理：

借：银行存款　　452

　贷：长期应收款　　452

借：应交税费——待转销项税额　　52

　贷：应交税费——应交增值税（销项税额）　　52

借：未实现融资收益　81.85
　贷：财务费用　81.85

2×23年12月31日账务处理：

借：银行存款　452
　贷：长期应收款　452

借：应交税费——待转销项税额　52
　贷：应交税费——应交增值税（销项税额）　52

借：未实现融资收益　56.62
　贷：财务费用　56.62

2×24年12月31日账务处理：

借：银行存款　452
　贷：长期应收款　452

借：应交税费——待转销项税额　52
　贷：应交税费——应交增值税（销项税额）　52

借：未实现融资收益　29.43（倒挤）
　贷：财务费用　29.43

5.提供应税服务的核算

一般纳税人提供应税服务的，按照确认的收入和按规定收取的增值税税额，借记“应收账款”“应收票据”“银行存款”等科目；按规定收取的增值税税额，贷记“应交税费——应交增值税（销项税额）”科目；按确认的收入，贷记“主营业务收入”“其他业务收入”等科目。发生服务中止或折让的，编制相反的会计分录。

【例3-13】某市C餐饮企业提供餐饮服务收入106万元，将其闲置房屋出租收入5.45万元（该企业选择一般计税方法），按照适用税率，分别开具增值税专用发票，款项已收。请作出该业务的会计处理。

【解析】

取得餐饮服务收入的会计处理：

借：银行存款　1 060 000
　贷：主营业务收入　1 000 000
　　　应交税费——应交增值税（销项税额）　60 000

取得房屋出租收入的会计处理：

借：银行存款　54 500
　贷：其他业务收入——租金收入　50 000
　　　应交税费——应交增值税（销项税额）　4 500

6.折扣方式销售货物的核算

（1）折扣销售。

税法规定，如果销售额和折扣额在同一张发票上分别注明，可以折扣后的余额作为销售额计算增值税；如果将折扣额另开发票，不论其在财务上如何处理，均不得从销售额中扣减。企业按应收金额，借记“应收账款”科目；按扣除折扣额后的销售额，贷记“主营业务收入”科目；按应收取的增值税税额，贷记“应交税费——应交增值税（销项税额）”科目。

例 3-14 华明公司向客户销售一批商品，增值税专用发票上注明的价款为800 000元，因客户一次性购买量大，给予客户10%的折扣。销售额和折扣额在一张发票上分别注明，货款未收到，请作出该业务的会计处理。

解析 会计处理如下：

借：应收账款　　813 600

　贷：主营业务收入　　720 000

　　　应交税费——应交增值税（销项税额）　　93 600

（2）销售折扣。

销售折扣有总价法和净价法两种确认方法。我国会计实务中规定采用总价法，即在销售业务发生时，以未扣减销售折扣的销售价格和增值税税额，确认销售收入、销项税额和应收账款，而销售折扣则通过“财务费用”进行核算。企业在发生销售折扣时，应借记“财务费用”等科目，贷记“应收账款”科目。

7.销售退回和折让的核算

企业在产品销售过程中，如果发生退货与折让，不论是当年销售的退货与折让，还是以前年度销售的退货与折让，除特殊情况外，一般应冲减当月的主营业务收入，在收到购货单位退回的增值税专用发票或寄来的“证明单”后，分不同情况进行会计处理。

例 3-15 3月2日，A物流企业与H公司签订合同，为其提供购进货物的运输服务，H公司于签订协议时全额支付现金54 500元，且开具了增值税专用发票。3月8日，由于特殊情况，双方同意中止履行合同。H公司将尚未认证的专用发票退还A企业，A企业返还运费。请作出该业务的会计处理。

解析

A企业3月2日取得运输收入的会计处理：

借：库存现金　　545 00

　贷：主营业务收入——运输　　50 000

　　　应交税费——应交增值税（销项税额）　　4 500

A企业3月8日发生服务中止的会计处理：

借：主营业务收入——运输　　50 000

　贷：应交税费——应交增值税（销项税额）　　（4 500）

　　　库存现金　　54 500

（1）购货方未抄税并且未作账情况下的处理。

在此种情况下，购货方需将原发票联和税款抵扣联主动退还销售方。销售方收到后，应在该发票联和税款抵扣联及有关的存根联、记账联上注明“作废”字样，作为扣减当期销项税额的凭证。借记“主营业务收入”科目，贷记“应交税费——应交增值税（销项税额）”（红字）、“应收账款”及“银行存款”等科目。收到购货方退还的专用发票前，销售方不得扣减当期销项税额。属于销售折让的，销售方应按折让后的价格重开专用发票。

（2）购货方已付货款，或者货款未付但已作账情况下的处理。

在此种情况下，销货方在收到“开具红字增值税专用发票通知单”后，根据退回货物的数量、价款或折让金额向购货方开具红字专用发票。红字专用发票的存根联、记账联作为销货方扣减当期销项税额的凭证，其发票联、税款抵扣联作为购货方扣减进项税额的凭证。

8.附有销售退回条件的商品销售的核算

会计准则规定：附有销售退回条件的商品销售，能够估计退货可能性的，发出商品时确认收入；不能估计退货可能性的，退货期满时确认收入。

《企业会计准则第14号——收入》第三十二条规定，对于附有销售退回条款的销售，企业应当在客户取得相关商品控制权时，按照因向客户转让商品而预期有权收取的对价金额（即不包含预期因销售退回将退还的金额）确认收入，按照预期因销售退回将退还的金额确认负债；同时，按照预期将退回商品转让时的账面价值，扣除收回该商品预计发生的成本（包括退回商品的价值减损）后的余额，确认为一项资产（“应收退货成本”），按照所转让商品转让时的账面价值，扣除上述资产成本的净额结转成本。

每一资产负债表日，企业应当重新估计未来销售退回情况，如有变化，应当作为会计估计变更进行会计处理。

税法规定，附有销售退回条件的商品销售，通常应在发出商品时确认相关税费。

【例3-16】甲公司为增值税一般纳税人（增值税税率为13%），企业所得税率为25%。甲公司于202×年12月10日将一批商品销售给乙公司，销售价格为100万元（不含增值税），商品销售成本为80万元，于12月10日发出商品，控制权发生转移。根据双方签订的协议，乙公司在收到货后6个月内不满意有权退货，按以往的经验估计退货的可能性为10%。截至202×年12月31日商品已发出，款项尚未收到，增值税专用发票已开具（假设发生销售退回的事项不属于资产负债表日后事项），请作出相应账务处理。

【解析】

12月10日确认收入时：

借：应收账款	1 130 000	
贷：主营业务收入		900 000
预计负债——预计退货款		100 000
应交税费——应交增值税（销项税额）		130 000

同时结转成本：

借：主营业务成本	720 000	
应收退货成本	80 000	
贷：库存商品		800 000

【例3-17】承接上题，202×年3月1日发生销售退回，实际退货量为10%，款项已经支付。根据《增值税专用发票使用规定》，甲公司凭购买方乙公司提供的“开具红字增值税专用发票申请单”开具红字专用发票，在防伪税控系统中以销项负数开具，并在开具红字专用发票后将该笔业务的相应记账凭证复印件报送主管税务机

关备案。请作出相应账务处理。

|解析|

借：库存商品　　80 000
　　预计负债　　100 000
　贷：应收退货成本　　80 000
　　　应交税费——应交增值税（销项税额）　　（13 000）
　　　银行存款　　113 000

9.“以旧换新”方式销售货物的核算

（1）一般商品以旧换新。

采取以旧换新方式销售货物的，应按新货物的同期销售价格确定销售额，不得冲减旧货物的收购价格。按实际收到的价款借记“库存现金”“银行存款”等科目，按回收旧货物的抵偿价值借记“库存商品”科目，按新货物的同期销售价格和计算的增值税税额贷记“主营业务收入”“应交税费——应交增值税（销项税额）”科目。

|例 3-18| 某百货商场销售A牌电冰箱含税零售价3 390元/台，若顾客交还同品牌旧冰箱作价1 000元，支付差价2 390元就可换回一台全新冰箱。当月采用此种方式销售了100台。请作出相应账务处理。

|解析|

借：库存商品　　100 000
　　库存现金　　239 000
　贷：主营业务收入　　300 000
　　　应交税费——应交增值税（销项税额）　　39 000

（2）金银首饰以旧换新。

鉴于金银首饰以旧换新业务的特殊情况，财政部、国家税务总局明确规定，对于金银首饰以旧换新业务，按销售方实际收取的不含增值税的全部价款计缴增值税。按实际收到的价款，借记“库存现金”“银行存款”等科目；按回收旧货物的抵偿价值，借记“库存商品”科目；按实际收取的不含税价款和旧物抵偿价值之和，贷记“主营业务收入”科目；按实际收取的不含税货款计算的增值税税额，贷记“应交税费——应交增值税（销项税额）”科目。

|例 3-19| 某商场采用以旧换新方式销售金银首饰一件，零售价3 000元，收回旧首饰作价1 000元，实际收款2 000元。请作出账务处理。

|解析|

借：库存现金　　2 000
　　库存商品　　1 000
　贷：主营业务收入　　2 769.91
　　　应交税费——应交增值税（销项税额）　　230.09

10.售后回购销售货物的核算

采用售后回购方式销售货物的，税法规定在销售时按销售价格计算销项税额；会计准则规定不应确认收入。企业应当根据结算凭证和银行进账单，借记“银行存款”科目；按照发出商品的成本，贷记“库存商品”科目；按照增值税专用发票上注明的增值税税额，贷记“应交税费——应交增值税（销项税额）”科目；按其售价高于成本的差额，贷记“其他应付款”科目。对于回购价格大于原售价的差额，应在回购期间按期计提利息，借记“财务费用”科目，贷记“其他应付款”科目。

11.以物易物方式销售货物的核算

以物易物是业务双方在进行交易时，不以货币结算或不主要以货币结算，而以货物相互结算，从而实现货物购销的一种交易方式。在财务会计中，此类业务属非货币性资产交换业务。按税法的有关规定，对于以物易物，双方都要作购销处理，以各自发出的货物核定销售额并计算销项税额，以各自收到的货物核定购货额，并依据对方开具的增值税发票抵扣进项税额，即同时反映进项税额、销项税额。

会计准则规定，非货币性资产交换同时满足两个条件时，才以公允价值计量。这两个条件为：该交易具有商业实质；换入或换出资产的公允价值能够可靠计量。不能同时满足这两个条件的，以换出资产的账面价值为基础计量。

（1）以公允价值计量。

以换出资产的公允价值加上应支付的相关税费（发生补价的，再加上支付的补价或减去收到的补价）作为换入资产的入账价值，借记“原材料”“库存商品”等科目；按可抵扣的增值税进项税额，借记“应交税费——应交增值税（进项税额）”科目；按换出资产已提的跌价准备，借记“存货跌价准备”等科目。换出资产为存货的，应当作销售处理，按其公允价值确认商品销售收入，贷记“主营业务收入”；按应支付的销项税额贷记“应交税费——应交增值税（销项税额）”科目；同时结转存货销售成本和已提减值准备。换出资产为固定资产、无形资产的，按资产的账面价值（或余额）贷记“固定资产清理”“无形资产”等科目；换入资产公允价值和换出资产账面价值的差额，记入“营业外收入”或“营业外支出”科目。换出资产为长期股权投资、其他权益工具投资的，按资产的账面余额贷记“长期股权投资”等科目；换入资产公允价值和换出资产账面价值的差额，记入“投资收益”科目。

（2）以账面价值计量。

以换出资产的账面价值加上应支付的相关税费作为换入资产的入账价值，无论是否支付补价，均不涉及损益。

12.带包装物销售货物的核算

（1）随同产品销售单独计价包装物的核算。

随同产品销售单独计价包装物，其收入记入“其他业务收入”科目。按应收或实际收到的全部价款，借记“银行存款”“应收账款”等科目；按应确认的收入，贷记“其他业务收入”科目；按规定应缴纳的增值税税额，贷记“应交税费——应交增值税（销项税额）”科目。

（2）随同产品销售不单独计价包装物的核算。

随同产品销售不单独计价包装物，其收入随同所销售的产品一起计入主营业务收入，会计处理同一般销售业务。

例 3-20 某企业销售产品（非白酒、其他酒类）取得价款90 000元（不含增值税），收取包装物租金1 000元，押金3 000元，款项已收讫存入银行。该产品适用增值税税率为13%。请作出账务处理。

|解析|

销售产品：

借：银行存款　　101 700

　贷：主营业务收入　　90 000

　　　应交税费——应交增值税（销项税额）　　11 700

包装物租金收入销项税额=1 000÷（1+13%）×13%=115.04（元）

借：银行存款　　1 000

　贷：其他业务收入　　884.96

　　　应交税费——应交增值税（销项税额）　　115.04

收取包装物押金：

借：银行存款　　3 000

　贷：其他应付款——押金　　3 000

（3）逾期押金的核算。

企业逾期未退还的包装物押金，按规定应缴纳增值税，借记“其他应付款”等科目，贷记“其他业务收入”“应交税费——应交增值税（销项税额）”科目。

|例3-21| 华泰公司4月销售产品收取包装物押金6 780元，5月收到退回的包装物3 390元，其余因逾期而将押金没收。请作出相应账务处理。

|解析|

收取包装物押金：

借：银行存款　　6 780

　贷：其他应付款——押金　　6 780

回收包装物退还押金：

借：其他应付款——押金　　3 390

　贷：银行存款　　3 390

逾期没收包装物押金

销项税额=（6 780−3 390）÷（1+13%）×13%=390（元）

借：其他应付款——押金　　3 390

　贷：其他业务收入　　3 000

　　　应交税费——应交增值税（销项税额）　　390

13.销售自己使用过的固定资产的核算

一般纳税人销售自己使用过的2009年1月1日以后购进（包括接受捐赠、实物投资）或者自制（包括改扩建、安装）的固定资产（主要是机器、机械、运输工具以及其他与生产经营有关的设备、工具、器具，不包括房屋、建筑物等不动产），及2008年12月31日以前已纳入扩大增值税抵扣范围试点的纳税人销售自己使用过的在本地区扩大增值税抵扣范围试点以后购进或者自制的固定资产，按照适用税率征收增值税。

增值税转型前购置的未抵扣进项税额的固定资产及营业税纳税人营改增之前购

置的固定资产，在2014年7月1日后均按照3%征收率减按2%征收增值税。

根据国家税务总局公告2014年第26号，一般纳税人销售自己使用过的符合税法规定不得抵扣且未抵扣进项税额的固定资产，按简易办法3%征收率减按2%征收增值税。这类资产包括：一般纳税人购进的用于非增值税应税项目、免征增值税项目、集体福利或者个人消费的固定资产。

14.视同销售与混合销售的核算

（1）代销货物的核算。

税法规定，将货物交付他人代销，其纳税义务发生时间为收到代销清单的当天。代销分为视同买断和收取手续费两种方式，在不同的方式下，其会计处理各不相同。在视同买断方式下，委托方在交付商品时应当确认销售商品收入，受托方作购进商品处理。受托方将商品销售后，应按实际售价确认销售收入，并向委托方开具代销清单。在收取手续费方式下，委托方应在收到受托方交付的商品代销清单时确认销售收入，受托方则按应收取的手续费确认收入。

（2）“统一核算、异地移送”。

设有两个以上机构并实行统一核算的纳税人，将货物从一个机构移送至其他机构用于销售时，应视同销售，计算应纳增值税税额，但相关机构设在同一县（市）的除外。当货物移送时，发出货物的机构应按税务机关核定的计税价格，开出增值税专用发票，借记“应收账款——内部往来”“银行存款”等科目，贷记“应交税费——应交增值税（销项税额）”科目。接收货物的机构按取得的专用发票，借记“应交税费——应交增值税（进项税额）”科目，贷记“应付账款——内部往来”“银行存款”等科目。由于两个机构实行统一核算，因此移送货物时只需确认增值税销项税额，不需要确认收入。

例3-22 大华公司将一批产品从郑州市销售部移送至洛阳市销售部，该批产品成本价为8 000元，售价为12 000元。请作出相应账务处理。

解析

郑州市销售部移送货物时：

借：应收账款——内部往来（洛阳）　　1 560

　贷：应交税费——应交增值税（销项税额）　　1 560

洛阳市销售部接受货物时：

借：应交税费——应交增值税（进项税额）　　1 560

　贷：应付账款——内部往来（郑州）　　1 560

（3）将自产或委托加工的货物用于集体福利和个人消费的核算。

纳税人将自产或委托加工的货物用于集体福利和个人消费的，应视同销售，计算应纳增值税税额。移送时按移送货物的成本和计算的增值税销项税额，借记“在建工程”“其他业务成本”“应付职工薪酬”等科目；按货物成本，贷记“库存商品”“委托加工物资”等科目；按货物计税价格乘以适用税率计算的应纳增值税税额，贷记“应交税费——应交增值税（销项税额）”科目。

例3-23 乙公司为一家生产彩电的企业，共有职工200名，2月公司以其生产的成本为10 000元的液晶电视作为春节福利发放给公司每名职工。该型号液晶电视的售价为每台14 000元，乙公司适用的增值税率为13%，已开具增值税专用发票，请作出具体账务处理。

|解析|

借：应付职工薪酬——非货币性福利　　3 164 000
　贷：主营业务收入　　2 800 000
　　　应交税费——应交增值税（销项税额）　　364 000
借：主营业务成本　　2 000 000
　贷：库存商品——液晶电视　　2 000 000

（4）将自产、委托加工或购买的货物无偿赠送他人的核算。

纳税人将自产、委托加工或购买的货物无偿赠送他人的，应在货物移送时，按移送货物的成本和计算的增值税销项税额，借记“营业外支出”等科目，按货物成本贷记“库存商品”“自制半成品”等科目，按计算出的销项税额贷记“应交税费——应交增值税（销项税额）”科目。

|例3-24| 永明公司5月份将自产的A产品一批作为礼物赠送给自己的客户，该批产品无同类产品的销售价格，已知该批产品实际成本为12 000元，成本利润率为10%。请作出该业务的账务处理。

|解析|

组成计税价格=12 000×（1+10%）=13 200（元）

增值税销项税额=13 200×13%=1 716（元）

借：营业外支出　　13 716
　贷：库存商品——A产品　　12 000
　　　应交税费——应交增值税（销项税额）　　1 716

（5）将自产、委托加工或购买的货物对外投资、分配给股东的核算。

纳税人将自产、委托加工或购买的货物对外投资或作为利润分配给股东的，应在货物移送时，按照依税法核定的销售额与增值税销项税额的合计数，借记“长期股权投资”“应付股利”科目；按核定的销售额，贷记“主营业务收入”等科目；按计算出的增值税销项税额，贷记“应交税费——应交增值税（销项税额）”科目。

|例3-25| 华美公司4月份将自产的A产品一批作为利润分配给投资者，该批产品的实际成本为250 000元，不含税售价为300 000元；将B产品一批作为投资投入大华公司，该批产品的成本为200 000元，公允价值为250 000，占大华公司股份的10%。请作出该业务的会计处理。

利润分配时：

借：应付股利　　339 000
　贷：主营业务收入　　300 000
　　　应交税费——应交增值税（销项税额）　　39 000
借：主营业务成本　　250 000
　贷：库存商品——A产品　　250 000

投资大华公司时：

借：长期股权投资——大华公司	282 500	
贷：主营业务收入		250 000
应交税费——应交增值税（销项税额）		32 500
借：主营业务成本	200 000	
贷：库存商品——B产品		200 000

（6）以存货资产清偿债务的核算。

根据《企业会计准则第14号——收入》（财会〔2017〕22号）第二条，收入是指企业在日常活动中形成的、会导致所有者权益增加的、与所有者投入资本无关的经济利益的总流入。

通常情况下，债务重组不属于企业的日常活动，因此债务重组不适用收入准则，不应作为存货的销售处理。所清偿债务账面价值与存货账面价值之间的差额，记入“其他收益”科目。

例3-26 甲公司为增值税一般纳税人，本年7月与其原材料供应商乙公司签订债务重组协议，乙公司同意甲公司以所产的库存商品抵付应付的原材料款项230 000元。该批库存商品的市场价格为160 000元（不含税）。甲公司向乙公司开具增值税专用发票，发票上注明价款160 000元、增值税税额20 800元，该批库存商品的实际成本为140 000元；甲公司为运送该批库存商品以银行存款支付运费436元（含增值税），取得专业运输公司开具的增值税专用发票，发票上注明运费400元、增值税税额36元。请作出该业务的会计处理。

解析

借：应付账款	230 000	
应交税费——应交增值税（进项税额）	36	
贷：库存商品		140 000
应交税费——应交增值税（销项税额）		20 800
银行存款		436
其他收益		68 800

（7）视同销售服务、无形资产或者不动产。

一般纳税人发生下列情形，视同销售服务、无形资产或者不动产：

①单位或者个体工商户向其他单位或者个人无偿提供服务，但用于公益事业或者以社会公众为对象的除外。

②单位或者个人向其他单位或者个人无偿转让无形资产或者不动产，但用于公益事业或者以社会公众为对象的除外。

③财政部和国家税务总局规定的其他情形。

视同销售服务、无形资产或者不动产应提取的销项税额，借记“营业外支出”“应付利润”等科目，贷记“应交税费——应交增值税（销项税额）”科目。

15.混合销售行为销项税额的核算

一项销售行为如果既涉及服务又涉及货物，为混合销售。从事货物的生产、批发或者零售的单位和个体工商户的混合销售行为，按照销售货物缴纳增值税；其他单位和个体工商户的混合销售行为，按照销售服务缴纳增值税。

企业应按销售货物、服务应收取款项的合计金额，借记“应收账款”“银行存款”等科目；按货物、服务的销售额，贷记“主营业务收入”科目；按货物、服务的销售额合计额乘以适用税率计算的应纳增值税税额，贷记“应交税费——应交增值税（销项税额）”科目。

纳税人兼营销售货物、劳务、服务、无形资产或者不动产，适用不同税率或者征收率的，应当分别核算适用不同税率或者征收率的销售额；未分别核算的，按照以下方法适用税率或者征收率：

（1）兼有不同税率的销售货物、加工修理修配劳务、服务、无形资产或者不动产的，从高适用税率。

（2）兼有不同征收率的销售货物、加工修理修配劳务、服务、无形资产或者不动产的，从高适用征收率。

（3）兼有不同税率和征收率的销售货物、加工修理修配劳务、服务、无形资产或者不动产的，从高适用税率。

在分别核算的情况下，企业应按销售货物、加工修理修配劳务、服务、无形资产或者不动产收取的款项，借记“应收账款”“银行存款”等科目；按货物、加工修理修配劳务、服务、无形资产或者不动产的销售额，贷记“主营业务收入”“其他业务收入”科目；按货物、加工修理修配劳务、服务、无形资产或者不动产的销售额乘以适用税率计算的应纳增值税税额，贷记“应交税费——应交增值税（销项税额）”科目。在未分别核算的情况下，企业应按销售货物、加工修理修配劳务、服务、无形资产或者不动产收取的款项，借记“应收账款”“银行存款”等科目；按货物、加工修理修配劳务、服务、无形资产或者不动产销售额之和，贷记“主营业务收入”科目；按货物、加工修理修配劳务、服务、无形资产或者不动产销售额之和从高税率计算的应纳增值税税额，贷记“应交税费——应交增值税（销项税额）”科目。

例 3-27 世华公司为从事商品零售的增值税一般纳税人，附带经营一家餐厅。4月份公司不含税商品销售额为200 000元，餐饮收入为53 000元。请作出该业务的会计处理。

解析

如果公司分开核算：

借：银行存款	226 000	
贷：主营业务收入		200 000
应交税费——应交增值税（销项税额）		26 000
借：银行存款	53 000	
贷：其他业务收入		50 000
应交税费——应交增值税（销项税额）		3 000

如果公司未分开核算：

从高适用税率缴纳增值税税额=200 000×13%+53 000÷（1+13%）×13%=32 097.35（元）

借：银行存款	279 000	
贷：主营业务收入		200 000

贷：其他业务收入 46 902.65

应交税费——应交增值税（销项税额） 32 097.35

16.出口退税的核算

出口货物退税是指货物报关出口销售后，将其在国内已缴纳或应缴纳的税款退还给货物出口企业或给予免税的一种制度，旨在世界范围内维护商品的公平竞争。根据出口企业的不同形式和出口产品的不同种类，我国的出口退税政策可以分为三种形式。

（1）出口不免税也不退税。

出口不免税是指对国家限制或禁止出口的某些货物的出口环节视同内销环节，照常征收增值税（消费税）；出口不退税是指对这些货物的出口不退还其出口前所负担的税款。适用于税法列举的限制或禁止出口的货物，如天然牛黄、麝香、铜及铜基合金、白银等。

这类货物在出口环节视同内销环节进行会计处理，即在出口时，按照出口货物实现的销售收入和按规定收取的增值税税额，借记“应收账款”“应收票据”“银行存款”等科目；按照出口货物实现的销售收入，贷记“主营业务收入”“其他业务收入”等科目；按照规定收取的增值税税额，贷记“应交税费——应交增值税（销项税额）”科目。

（2）出口免税不退税。

出口免税是指对货物在出口环节不征增值税（消费税）。出口不退税是指适用这个政策的出口货物因在前一道生产、销售环节或进口环节是免税的，因此，出口时该货物本身就不含税，也无须退税。出口不退税适用于来料加工复出口的货物、列入免税项目的避孕药品和工具、古旧图书、免税农产品、国家计划内出口的卷烟及军用品等。

这类货物免征出口环节增值税，其耗用的购进货物所负担的进项税额不予退税，因此，在购进这类货物时，应将相应的进项税额直接计入购进货物的成本，借记“材料采购”“原材料”等科目，贷记“应付账款”“银行存款”等科目；或在出口后按规定自内销货物进项税额中转出，借记“主营业务成本”科目，贷记“应交税费——应交增值税（进项税额转出）”科目；同时确认收入，借记“银行存款”等科目，贷记“主营业务收入”科目。

（3）出口免税并退税。

目前，我国企业出口主要有三种形式：生产企业自营出口自产货物；生产企业没有进出口经营权，委托外贸代理出口自产货物；流通企业以收购方式出口货物。

①免、退税的会计核算。

应退税额=购进出口货物的增值税专用发票或海关进口增值税专用缴款书注明金额×退税率

不予退税金额=应退税额−购进出口货物的增值税专用发票或海关进口增值税专用缴款书注明金额×（征税率−退税率）

②免、抵、退税的会计核算。

对生产企业自营或委托外贸企业代理出口的自产货物，除另有规定外，增值税一律实行免、抵、退税的管理办法。该办法适用于独立核算、经主管税务机关认定为具有增值税一般纳税人资格并且具有实际生产能力的企业和企业集团。“免”指对上述出口企业，免征本企业生产、销售环节的增值税；“抵”指对上述出口企业自营或委托代理出口的产品中所耗用的原材料、零配件、燃料、动力等所含应予退还的进项税额，抵顶内销货物的应纳税额；“退”指上述出口企业出口的产品在当月内应抵顶的进项税大于应纳税额时，对未抵顶完的部分予以退税。

免、抵、退税的计算步骤：

第一步：计算当期出口货物不予免征抵扣和退税的税额。

$$\text{当期出口货物不予免征、抵扣和退税的税额}=\text{当期出口货物的离岸价}\times\text{人民币外汇牌价}\times(\text{出口货物征税率}-\text{出口货物退税率})-\text{当期免抵退税不得免征和抵扣税额抵减额}$$

$$\text{当期免抵退税不得免征和抵扣税额抵减额}=\text{免税进口料件组成计税价格}\times(\text{出口货物征税率}-\text{出口货物退税率})$$

第二步：计算当期应纳税额。

$$\text{当期应纳税额}=\text{当期内销货物的销项税额}-(\text{当期进项税额}-\text{当期出口货物不予免征、抵扣和退税的税额})-\text{上期末抵扣完的进项税额}$$

第三步：免抵退税额的计算。

免抵退税额=出口货物离岸价×人民币外汇牌价×出口货物退税率-免抵退税额抵减额

免抵退税额抵减额=免税购进原材料价格×出口货物退税率

第四步：比大小。

若当期期末留抵税额≤当期免抵退税额

当期应退税额=当期期末留抵税额

当期免抵税额=当期免抵退税额-当期应退税额

若当期期末留抵税额＞当期免抵退税额

当期应退税额=当期免抵退税额

当期免抵税额=0

实行免、抵、退增值税办法的企业，按规定计算的当期出口物资不予免征、抵扣和退税的税额，计入出口物资成本，借记“主营业务成本”科目，贷记“应交税费——应交增值税（进项税额转出）”科目。

对根据“生产企业出口货物免、抵、退税审批通知单”上的批准数作会计处理的，按批准的应退税额，借记“其他应收款”，按批准的应免抵税额，借记“应交税费——应交增值税（出口抵减内销产品应纳税额）”科目，按两者之和，贷记“应交税费——应交增值税（出口退税）”科目。

例 3-28 某具有进出口经营权的生产企业，对自产货物经营出口销售及国内销售。202×年1月共销售5吨货物，其中4吨出口，出口离岸价为130 579美元，货款未收到，美元记账汇率为6.27。内销量为1吨，内销金额200 000元，销项税额26 000元，当月购进原材料等辅助材料615 384.62元，进项税额合计80 000元。假设销售货物增值税税率为13%，出口货物退税率为11%，无上期留抵税额，请作出具体账务处理。

解析

（1）外购原辅材料、备件等：

借：原材料	615 384.62
应交税费——应交增值税（进项税额）	80 000

贷：银行存款　695 384.62

（2）产品外销时：

免税出口销售额=130 579×6.27=818 730.33（元）

借：应收账款——外汇　818 730.33

　贷：主营业务收入　818 730.33

（3）内销产品：

借：银行存款　226 000

　贷：主营业务收入　200 000

　　应交税费——应交增值税（销项税额）　26 000

（4）月末，计算当月出口货物不予抵扣和退税的税额：

当期免抵退税不得免征和抵扣额=818 730.33×（13%−11%）=16 374.61（元）

借：主营业务成本　16 374.61

　贷：应交税费——应交增值税（进项税额转出）　16 374.61

（5）计算应纳税额：

本月应纳税额=当期内销货物的销项税额−（当期进项税额+上期留抵税款−当期不予抵扣或退税的金额）

=26 000−（80 000−16 374.61）=−37 625.39（元）

（6）计算应退税额和应免抵税额：

免抵退税额=出口货物离岸价×外汇人民币牌价×出口货物退税率

=818 730.33×11%=90 060.34（元）

因为当期期末留抵税额<当期免抵退税额，所以，当期应退税额=当期期末留抵税额= 37 625.39 元

当期免抵税额=当期免抵退税额−当期应退税额

=90 060.34− 37 625.39 =52 434.95（元）

借：其他应收款——应收出口退税　37 625.39

　　应交税费——应交增值税（出口抵减内销产品应纳税额）52 434.95

　贷：应交税费——应交增值税（出口退税）　90 060.34

（7）收到退税款时：

借：银行存款　37 625.39

　贷：其他应收款——应收出口退税　37 625.39

拓展阅读

税收秩序不容侵，虚开发票系违法

沈某在厦门开设了一家贸易公司，合法经营进口家电销售业务，2015 年以来，沈某发现在电器销售过程中，部分客户不需要开具发票，公司有大量多余的增值税专用发票未开出。为谋取非法利益，沈某经中间人吴某介绍，在明知没有实际业务发生的情况下，以收取票面金额 2.5% 的开票费为条件，为多家外地公司虚开增值税专用发票，共计 924 份，价税共计人民币 1 020 万元，税款共

计148万元。其中有684份增值税专用发票已被上述购票公司用于认证抵扣税款110万元。沈某通过虚开增值税专用发票非法获利共计28万元。案发后，沈某向税务机关缴纳了罚款以及违法所得共计48万元。本案由厦门市思明区人民检察院依法提起公诉。2019年，厦门市思明区人民法院以虚开增值税专用发票罪判处上述贸易公司罚金人民币十五万元；对公司直接负责的主管人员沈某判处有期徒刑三年，缓刑三年；对吴某判处有期徒刑三年，缓刑三年，并处罚金人民币五万元。

六、任务实践

请完成“任务案例”的会计处理。

七、任务成果报告及评价

一般纳税人销售业务增值税会计处理成果报告见表3-11。

表3-11　一般纳税人销售业务增值税会计处理成果报告

<table>
<tr><td colspan="4">实训任务四　一般纳税人销售业务增值税会计处理成果报告</td></tr>
<tr><td>适用项目</td><td></td><td>课时</td><td>16</td></tr>
<tr><td>组名</td><td></td><td rowspan="2">成员及分工</td><td rowspan="2">组织者：　思路方案：
政策支持：　职业素养：
凭证制作及上传：</td></tr>
<tr><td>时间及地点</td><td></td></tr>
<tr><td colspan="4">【案例描述及要求】</td></tr>
<tr><td colspan="4">【我的思路或方法】

【我的解决方案】

【我的政策知识】

【我的职业技能】

【我的职业素养】</td></tr>
</table>

续表

【课堂提问】 一、小组被提问记录   二、小组提问记录   三、教师提问记录
【我的评分】 评分标准： 1.知识掌握（20分）：案例适用政策完整且准确（20分）。 2.技能掌握（30分）：案例税额计算准确（10分）、凭证制作（15分）、信息搜集整理（5分）。 3.素质提升（30分）：思政精神力挖掘务实（5分）、与具体实践结合（15分）、具有共鸣感（10分）。 4.小组合作（20分）：分工明确（5分）、全员贡献度（10分）、活跃度（问及答）（5分）。 一、自评分（20%）   二、小组互评分（40%）   三、教师评分（40%）
【我的诊改】 一、存在问题 （一）知识方面   （二）技能方面   （三）素质方面   二、未来改进 （一）知识方面   （二）技能方面   （三）素质方面

八、课后作业及拓展

（一）讨论

总结归纳一般纳税人不同销售行为的增值税账务处理。

（二）阅读

差额征税和差额开票，https：//www.shui5.cn/article/62/126187.html。

（三）作业

1.【单项选择题】某单位采取折扣方式销售货物，折扣额和销售额在同一张发票上，增值税销售额是（　　）。

A.折扣额　　B.不扣除折扣额的销售额

C.扣除折扣额的销售额　　D.加上折扣额的销售额

2.【单项选择题】某工业企业（增值税一般纳税人）发生的下列行为中，应视同销售计算增值税销项税额的是（　　）。

A.将购买的货物用于免税项目

B.将购买的货物用于职工福利或个人消费

C.将购买的货物用于对外投资

D.将购买的货物用于生产应税产品

3.【单项选择题】下列视同销售行为中，应记入“主营业务收入”科目的是（　　）。

A.无偿向其他企业提供服务　　B.将自产的货物用于职工食堂

C.将自产的货物用于对外捐赠　　D.将自产的货物用于分配股东红利

4.【多项选择题】下列应税行为中，应该按照6%的税率征收增值税的有（　　）。

A.会议展览服务　　B.装卸搬运服务

C.远洋运输的光租业务　　D.航空运输的湿租业务

5【多项选择题】下列混合销售行为中，应当按照13%的税率征收增值税的有（　　）。

A.生产企业销售货物并实行有偿送货上门服务

B.电信部门销售移动电话并为客户有偿提供电信服务

C.商场销售空调并有偿安装

D.饭店提供餐饮服务并销售酒水

6.【多项选择题】下列行为中，应视同销售征收增值税的有（　　）。

A.委托他人代销货物　　B.销售代销货物

C.将自产的货物分给职工　　D.将外购的货物用于免税项目

7.【多项选择题】委托代销商品，依据合同约定收取手续费的，受托企业可能记入的会计科目有（　　）。

A.“主营业务收入”　　B.“其他业务收入”

C.“销售费用”　　D.“营业外支出”

8.【业务题】武汉新华公司2×19年12月外购某固定资产，入账成本103万元，预计使用4年（税法也认可），按直线法计提折旧，预计净残值为3万元。2×20年年末该固定资产出现减值迹象，进行减值测试，可收回金额为60万元，2×21年没有发生减值，2×22年该固定资产可回收金额为10万元，公司决定，当年年末以54 500元（含税）出售该项固定资产。出售时发生清理费用8 000元。增值税适用税率为9%。要求：根据上述资料，作出甲公司2×22年出售固定资产的账务处理。

9.【业务题】202×年1月1日，甲公司采用分期收款方式向乙公司销售一套大型设备，合同约定的销售价格为2 000万元，分4次于每年12月31日等额收取。该大型设备成本为1 560万元。在现销方式下，该大型设备的销售价格为1 700万元。经测算得知4年期折现率为6.84%。要求：根据上述资料，作出甲公司的账务处理。

任务五　一般纳税人增值税缴纳及减免会计处理

一、任务导航

一般纳税人增值税缴纳及减免会计处理工作任务表见表3-12。

表3-12　一般纳税人增值税缴纳及减免会计处理工作任务表

任务基本描述：以“实践操作为主，理论够用”为指导，掌握一般纳税人增值税缴纳及减免会计处理				
任务目标	任务知识点	任务技能点	学习时间节点	学习资源
1.确定需求意图	•增值税缴纳及减免涉及科目与运用	•会分析增值税缴纳及减免业务类型	•课前准备 •课堂展示	•国家税务总局网站 •税屋网 •超星平台
2.准备资料	•增值税缴纳及减免相关政策收集与整理	•能够掌握增值税缴纳及减免重难点	•课前准备 •课堂展示	•国家税务总局网站 •税屋网 •超星平台
3.制作凭证	•增值税缴纳及减免相应业务账务处理	•根据原始凭证填写记账凭证	•课堂完成 •课堂展示	•国家税务总局网站 •税屋网 •超星平台

二、前导知识和技能测试

前导知识测试 3.5.1

1.前导知识测试3.5.1

2.前导技能测试3.5.1

前导技能测试 3.5.1

三、任务计划

（一）学习目标：____________________

（二）学习内容及时间安排：____________________

（三）学习完成率及成果：____________________

四、任务案例

武汉新科技是一家软件开发企业，为增值税一般纳税人，202×年9月和10月，发生以下业务：

1.9月03日，销售自行开发的软件产品，取得销售额100 000元（不含增值税），开具增值税专用发票，该批软件产品已经发出，款项以银行存款收讫。

2.9月10日，为开发新软件，购进一批零件设备，支付价款40 000元，取得增值税专用发票，款项以银行存款支付。

3.9月30日，结转当月增值税。

4.10月2日，缴纳上月增值税。

5.10月7日，收到即征即退增值税。

业务1

业务2

五、任务知识殿堂

1.一般纳税人缴纳增值税的会计核算

（1）缴纳当月增值税。

企业缴纳当月的增值税，通过"应交税费——应交增值税（已交税金）"科目反映。

（2）缴纳以前月份增值税。

月份终了，纳税人应根据"应交税费——应交增值税"明细科目各专栏本期发生额，计算企业当期应缴纳的增值税税额，并在规定期限内申报缴纳。

$$\text{当期应纳税额}=(\text{当期销项税额}+\text{当期进项税额转出}+\text{当期出口退税发生额})-(\text{上期留抵}+\text{当期发生的允许抵扣的进项税额})$$

企业计算出当月应缴未缴的增值税，借记"应交税费——应交增值税（转出未交增值税）"科目，贷记"应交税费——未交增值税"科目；当月多缴的增值税，借记"应交税费——未交增值税"科目，贷记"应交税费——应交增值税（转出多交增值税）"科目。

|例3-29| 大华公司202×年5月外购货物，发生允许抵扣的进项税额合计200 000元，本月初"应交税费——应交增值税"明细账户借方余额为30 000元，本月对外销售货物，取得销项税额合计310 000元。请作出该业务的会计处理。

|解析|

大华公司本月应纳增值税=310 000-（200 000+30 000）=80 000（元）

借：应交税费——应交增值税（转出未交增值税）　　80 000
　贷：应交税费——未交增值税　　80 000

202×年6月，大华公司依法申报缴纳上月应缴未缴的增值税80 000元、本月的增值税120 000元。

借：应交税费——未交增值税　　80 000
　　　　　——应交增值税（已交税金）　　120 000
　贷：银行存款　　200 000

（3）预缴增值税。

企业预缴增值税时，借记"应交税费——预交增值税"科目，贷记"银行存款”科目。月末，企业应将“预交增值税”明细科目的余额转入“未交增值税”明细科目，借记“应交税费——未交增值税”科目，贷记“应交税费——预交增值税”科目。房地产开发企业等在预缴增值税后，纳税义务发生时方可从“应交税费——预交增值税”科目结转至“应交税费——未交增值税”科目。

|例 3-30| 甲房地产开发企业为增值税一般纳税人，202×年共有A、B两个开发项目，均适用一般计税方法。A项目位于武汉武昌区，尚在建设当中，已经取得预售许可证，202×年10月预售收入为5 450万元。B项目位于武汉洪山区，为现房，建筑面积为10万平方米，202×年10月共销售230套房，建筑面积为2万平方米，取得预售收入95 920万元。A、B项目均未成立独立的项目公司，立项等手续均由甲房地产开发企业办理。请作出相应账务处理。

|解析|

A项目应向武昌区主管税务机关预缴增值税=5 450÷（1+9%）×3%=150（万元）

B项目应向洪山区主管税务机关预缴增值税=95 920÷（1+9%）×3%=2 640（万元）

借：应交税费——预交增值税　　27 900 000

　贷：银行存款　　27 900 000

2. 增值税减免的核算

（1）直接减免增值税。

企业按规定享受直接减免的增值税，应借记“应交税费——应交增值税（减免税款）”科目，贷记“营业外收入”或“其他收益”科目。

（2）先征后返、先征后退、即征即退的增值税。

企业销售货物在确认先征后返增值税时，借记“其他应收款”科目，贷记“其他收益”科目；日后收到退税款时，借记“银行存款”科目，贷记“其他应收款”科目。

|例 3-31| 华夏公司为增值税一般纳税人，202×年5月份购进货物取得的增值税专用发票注明价款300 000元，增值税税额39 000元，当月实现销售收入500 000元，销项税额65 000元。经企业申请，主管税务机关批准，企业按规定享受先征后退办法。请作出该业务的会计处理。

|解析|

（1）计算、缴纳当月应纳增值税税额时：

应纳税额=65 000-39 000=26 000（元）

借：应交税费——应交增值税（转出未交增值税）　　26 000

　贷：应交税费——未交增值税　　26 000

借：应交税费——未交增值税　　26 000

　贷：银行存款　　26 000

（2）收到先征后退的增值税税款时：

借：其他应收款　　26 000

　贷：其他收益　　26 000

借：银行存款　　26 000

　贷：其他应收款　　26 000

3.税控设备抵减增值税

按税法有关规定，增值税一般纳税人初次购买增值税税控系统专用设备支付的费用以及缴纳的技术维护费允许在增值税应纳税额中全额抵减的，应在“应交税费——应交增值税”科目下增设“减免税款”专栏，用于记录该企业按规定抵减的增值税应纳税额。

企业购入增值税税控系统专用设备，按实际支付或应付的金额，借记“固定资产”科目，贷记“银行存款”“应付账款”等科目。按规定抵减的增值税应纳税额，借记“应交税费——应交增值税（减免税款）”科目，贷记“递延收益”科目。按期计提折旧，借记“管理费用”等科目，贷记“累计折旧”科目；同时，借记“递延收益”科目，贷记“管理费用”等科目。

企业发生技术维护费，按实际支付或应付的金额，借记“管理费用”等科目，贷记“银行存款”等科目。按规定抵减的增值税应纳税额，借记“应交税费——应交增值税（减免税款）”科目，贷记“管理费用”等科目。

例 3-32 202×年4月，某公司首次购入金税盘、报税盘，支付价款720元，同时支付当年增值税税控系统专用设备技术维护费330元。由于金额较小，该企业未将增值税税控系统专用设备作为固定资产核算。

解析

购入金税盘和报税盘时（不作为固定资产）：

借：管理费用　720

　贷：银行存款　720

抵减增值税税额时：

借：应交税费——应交增值税（减免税款）　720

　贷：管理费用　720

330元技术维护费的账务处理：

支付技术维护费时：

借：管理费用　330

　贷：银行存款　330

抵减增值税税额时：

借：应交税费——应交增值税（减免税款）　330

　贷：管理费用　330

4.增值税简易计税的核算

增值税一般纳税人发生适用简易计税方法应税行为的，借记“库存现金”“银行存款”“应收账款”等科目，贷记“主营业务收入”“其他业务收入”“应交税费——未交增值税”等科目。

一般纳税人发生适用简易计税方法应税行为，以及发生《营业税改征增值税试点实施办法》第十四条所规定情形视同销售服务、无形资产或者不动产应缴纳的增值税税额，借记“营业外支出”“应付利润”等科目，贷记“应交税费——未交增值税”科目。

例 3-33 202×年5月，某市A建筑公司以清包工方式为X公司提供建筑服务，选择适用简易计税方法计税。当月取得含税施工费50 000元。

解析 简易计税方法下增值税应纳税额=50 000÷（1+3%）×3%=1 456.31（元）

会计分录如下：

借：银行存款 50 000

贷：主营业务收入 48 543.69

应交税费——未交增值税 1 456.31

拓展阅读

2022年税费减免红利超4.2万亿元 制造业和小微企业最受益

2023年1月31日，2022年减退税成绩单正式出炉。国家税务总局当天发布的数据显示，2022年全国新增减税降费及退税缓税缓费超4.2万亿元。

细看这份成绩单，4.2万亿元中，增值税留抵退税部分比重最大，全年累计退到纳税人账户的税款达2.46万亿元，超过2021年全年办理留抵退税规模的3.8倍。此外，新增减税降费超1万亿元，其中新增减税超8 000亿元，新增降费超2 000亿元，办理缓税缓费超7 500亿元。

哪些行业和企业受益最明显？国家税务总局党委委员、副局长王道树介绍，分行业看，制造业新增减税降费及退税缓税缓费近1.5万亿元，占比35%左右，是受益最明显的行业。分企业规模看，小微企业和个体工商户是受益主体，新增减税降费及退税缓税缓费超1.7万亿元，占总规模的比重约四成；另外，近八成的个体工商户在2022年无须缴纳税款。

从成效看，2022年实施的系列税费支持政策，直接为广大市场主体“输血”“活血”，在支持企业纾难解困、保市场主体保就业、助力稳住宏观经济大盘、促进高质量发展等方面发挥了关键性作用。

六、任务实践

请课前完成分小组，课堂随机选人，根据任务案例，完成相应会计处理。

七、任务成果报告及评价

一般纳税人增值税缴纳及减免会计处理成果报告见表3-13。

表3-13 一般纳税人增值税缴纳及减免会计处理成果报告

实训任务五　一般纳税人增值税缴纳及减免会计处理成果报告			
适用项目		课时	2
组名		成员及分工	组织者：　　思路方案： 政策支持：　　职业素养： 凭证制作及上传：
时间及地点			
【案例描述及要求】			

续表

【我的思路或方法】   【我的解决方案】   【我的政策知识】   【我的职业技能】   【我的职业素养】
【课堂提问】 一、小组被提问记录   二、小组提问记录   三、教师提问记录
【我的评分】 评分标准： 1.知识掌握（20分）：案例适用政策完整且准确（20分）。 2.技能掌握（30分）：案例税额计算准确（10分）、凭证制作（15分）、信息搜集整理（5分）。 3.素质提升（30分）：思政精神力挖掘务实（5分）、与具体实践结合（15分）、具有共鸣感（10分）。 4.小组合作（20分）：分工明确（5分）、全员贡献度（10分）、活跃度（问及答）（5分）。 一、自评分（20%）   二、小组互评分（40%）   三、教师评分（40%）

续表

【我的诊改】 一、存在问题 （一）知识方面   （二）技能方面   （三）素质方面   二、未来改进 （一）知识方面   （二）技能方面   （三）素质方面

八、课后作业及拓展

（一）讨论

2020年财政部联合国家税务总局出台临时性税收政策《关于支持疫情防控有关税收政策的公告》（财政部 税务总局公告2020年第8号），对“纳税人提供公共交通运输服务、生活服务，以及为居民提供必需生活物资快递收派服务取得的收入，免征增值税”。

请同学们思考增值税免税与增值税零税率有何区别。

（二）阅读

增值税及六税两费减半等会计处理，https：//www.shui5.cn/article/71/22447.html。

（三）作业

【业务题】大华公司是增值税一般纳税人，202×年6月1日，发生相关业务如下：

1.6月5日，初次购买增值税税控系统专用设备和支付技术维护费，价税共计10 000元，其中专用设备6 000元，服务费用4 000元。该设备按平均年限法计提折旧，折旧年限为3年、无残值。经统计，6月发生咨询收入价税合计120万元，购买纸张等耗材，取得增值税专用发票，注明价款2.8万元，税金0.364万元。

2.7月5日，向税务机关缴纳6月份的增值税款项。

3.7月共取得咨询收入82万元（不含税）；涉税鉴证收入80万元（不含税）；7月购进计算机50台，取得增值税专用发票，注明价款42万元，税金5.46万元。上述取得的增值税专用发票取得当月均通过了认证。（结果保留两位小数）

要求：根据上述资料，作出202×年6、7月份大华公司上述业务的会计处理。

任务六　一般纳税人增值税纳税申报

一、任务导航

一般纳税人增值税纳税申报工作任务表见表3-14。

表3-14　一般纳税人增值税纳税申报工作任务表

任务基本描述：以“实践操作为主，理论够用”为指导，掌握增值税一般纳税人申报				
任务目标	任务知识点	任务技能点	学习时间节点	学习资源
1.确定需求意图	•增值税税务处理	•进行一般纳税人增值税申报	•课前准备 •课堂展示	•国家税务总局网站 •税屋网 •超星平台
2.准备资料	•增值税及附加税费申报表及填列说明	•掌握申报表每一行应填列的内容	•课前准备 •课堂展示	•国家税务总局网站 •税屋网 •超星平台
3.纳税申报	•本期销售情况明细 •本期进项税额明细	•填报附表1、附表2、附表3、附表4	•课堂完成 •课堂展示	•国家税务总局网站 •税屋网 •超星平台

二、前导知识和技能测试

1.前导知识测试3.6.1

2.前导技能测试3.6.1

前导知识测试 3.6.1

前导技能测试 3.6.1

三、任务计划

（一）学习目标：________________

（二）学习内容及时间安排：________________

（三）学习完成率及成果：________________

四、任务案例

杭州同乐医药销售有限公司为增值税一般纳税人，202×年1月发生业务如下：

1.采用商业折扣方式销售应税药品，开具增值税专用发票，金额栏注明销售额为3 000万元，折扣额为300万元，增值税额合计栏为351万元。合同约定运费由销售方承担，取得10份增值税专用发票注明运费20万元，增值税额1.8万元。

2. 销售应税药品给小规模纳税人，开具增值税普通发票注明金额60万元，增值税额7.8万元，同时收取优质费1.13万元，开具收款收据。

3. 销售2008年5月购入的设备，开具增值税普通发票注明价税合计金额为18.54万元。

4. 将自产应税药品发放职工作为员工福利，账面成本4万元，同期不含税销售额10万元。

5. 购进原材料，取得22份增值税专用发票注明的价款为600万元，增值税额为78万元。支付运输费用，取得8份增值税专用发票注明运费10万元，增值税额0.9万元。

6. 外购建筑材料用于修建员工健身房，取得12份增值税专用发票注明金额70万元，增值税款9.1万元。

7. 购进小轿车，取得1份机动车销售统一发票注明金额20万元，增值税额2.6万元。

8. 向小规模纳税人购进办公用品，取得增值税普通发票注明金额1万元，增值税额0.13万元。

9. 向农民购入药材，开具15份收购发票注明收购价款250万元，当月领用40%用于生产应税药品。

10. 报关进口生产设备，关税完税价格500万元，关税税率20%，取得1份海关进口增值税专用缴款书。

11. 外购办公楼，取得1份增值税专用发票注明销售额1 000万元，增值税额90万元。

12. 取得6份旅客运输增值税电子普通发票，金额10万元，增值税额0.9万元；取得100张注明旅客身份信息的航空运输电子客票行程单，票价21.30万元，民航发展基金0.12万元，燃油附加费0.5万元；取得400张注明旅客身份信息的铁路车票，票面金额6.54万元。

13. 因管理不善丢失一批药品，账面成本为5万元，其中耗用外购原料（非农产品）1万元，其他为人工成本。

取得的增值税专用发票均通过勾选确认平台确认通过，海关进口增值税专用缴款书已采集上传稽核比对相符，根据以上业务填报增值税纳税申报表。

五、任务知识殿堂

（一）申报及缴纳程序

一般纳税人办理纳税申报，需要经抄报税、发票认证、纳税申报、税款缴纳、清卡解锁等工作。

1. 抄报税

抄税是指开票纳税人在次月的纳税申报期内将防伪税控系统中本月开具的增值税发票的信息读入纳税人开发票使用的金税盘中：报税是指纳税人将金税盘中的开票信息报送税务机关。纳税人在征期内登入开票软件，通过“报税处理”功能中的“网上抄报”系统自动实现抄报税功能，将纳税人的开票信息联网上报税务机关。实务中，税务会计人员在次月的纳税申报期内将税控盘插入电脑的USB接口并打开后，便自动进行抄报税。

2.发票认证

增值税一般纳税人本期申报抵扣的增值税专用发票必须先进行认证，纳税人可以持增值税专用发票的抵扣联在办税服务厅认证窗口认证，或进行远程认证（指的是网上增值税专用发票认证，包括扫描认证、勾选确认认证两种）。未经认证的，不得申报抵扣。自2019年3月1日起，取消增值税发票认证（指的是扫描认证）的纳税人范围扩大至全部一般纳税人。一般纳税人取得增值税发票（包括增值税专用发票、机动车销售统一发票、收费公路通行费增值税电子普通发票，下同）后，可以自愿使用增值税发票综合服务平台查询、选择用于申报抵扣、出口退税或者代办退税的增值税发票信息（一般称作发票勾选确认认证）。纳税人取得增值税发票，通过增值税发票综合服务平台未查询到对应发票信息的，仍可进行扫描认证。扫描专用发票认证在本月末进行，而通过增值税发票综合服务平台进行发票勾选确认认证一般在次月纳税申报期内进行。

3.纳税申报

本步纳税申报主要是指提交纳税申报表等资料，而广义的纳税申报包括第一步抄报税。纳税申报工作可分为上门申报和网上申报。纳税人在次月1日起15日内，不论有无销售额，均应按主管税务机关核定的纳税期限按期向当地税务机关申报。

上门申报是指纳税人和扣缴义务人在规定的申报期限内，自行到税务机关指定的办税服务场所报送纳税申报表、代扣代缴、代收代缴报告表及有关资料。

网上申报是指纳税人通过网络，填写增值税纳税申报相关表格，并向税务机关报送纳税申报表等资料的一种申报方法。目前，我国大多数地区已经实行网上申报。

4.税款缴纳

对于实行税库银联网的纳税人，税务机关将纳税申报表单据送到纳税人的开户银行，由银行进行自动转账处理；而未实行税库银联网的纳税人，应当到税务机关指定的银行进行现金缴纳或通过微信、支付宝扫描申报网页中的缴款二维码进行直接缴纳。

5.清卡解锁

网上申报成功后，纳税人需再次登入开票软件，执行“清卡解锁”操作，本步操作是将开票信息进行整理，纳税人可以转入下期进行开票处理。如果企业在征期内没有按期进行纳税申报或执行“清卡解锁”操作，则金税盘将自动锁死，纳税人将无法进行下期的购买发票和开票处理。

（二）纳税申报时需提交的资料

增值税一般纳税人纳税申报，必须实行电子信息采集。使用防伪税控系统开具增值税专用发票的纳税人，在抄税、报税成功后方可向所在地税务局办税服务厅进行纳税申报。具体附件见二维码。

纳税申报材料

自2021年8月1日起，增值税、消费税分别与城市维护建设税、教育费附加、地方教育附加申报表整合，启用《增值税及附加税费申报表（一般纳税人适用）》。增值税一般纳税人纳税申报表及其附列资料包括以下内容：

（1）《增值税及附加税费申报表（一般纳税人适用）》

（2）《增值税及附加税费申报表附列资料（一）》（本期销售情况明细）

(3)《增值税及附加税费申报表附列资料（二）》(本期进项税额明细)

(4)《增值税及附加税费申报表附列资料（三）》(服务、不动产和无形资产扣除项目明细)

(5)《增值税及附加税费申报表附列资料（四）》(税额抵减情况表)

(6)《增值税及附加税费申报表附列资料（五）》(附加税费情况表)

(7)《增值税减免税申报明细表》

此外，增值税需预缴税款的，还需填写《增值税及附加税费预缴表》。

拓展阅读

民办学校收到异常增值税扣税凭证时该如何应对?

案情简介：

A学校为民办学校，税务登记为增值税一般纳税人，纳税信用等级为A级，2020年11月，A学校从一般纳税人W公司购买桌椅并取得增值税专用发票，A学校以银行转账方式支付货款并取得增值税专用发票，之后学校对发票进行了查询并抵扣了进项税额，将不含税价在成本费用中列支。2021年6月，A学校收到主管税务机关通知，W公司于2020年年初被认定为走逃（失联）企业，税务机关认为A学校2020年从W公司取得的增值税专用发票为异常增值税扣税凭证，要求A学校将已抵扣税额作进项税额转出，并补缴增值税，相应成本不得在企业所得税税前扣除，A学校应调整2020年企业所得税申报表并补缴税款，以上补缴的税款应按规定缴纳滞纳金。

应对措施：

由于A学校纳税信用等级为A级，所以其应在接到主管税务机关通知后10个工作日内向主管税务机关提出审核申请，并提交购销合同、购货款的转账记录和桌椅的入库、使用记录，如果当初桌椅经历了运输流程，还应提交运输合同或单据等，以证明业务的真实性。若经税务机关核实，A学校的业务与发票被证实真实且相符，则公司可以继续以相关发票抵扣进项税额，并将相关发票作为企业所得税的税前扣除凭证。

总结评述：

异常增值税扣税凭证只是可能出问题的凭证，而不是一定有问题的凭证。纳税人在接到税务机关的通知后，应该根据业务的实际情况，采取不同的应对措施。

(1) 如果业务是虚假的，此时纳税人应及时转出增值税的进项税额，补缴增值税税款和滞纳金，补缴企业所得税税款及滞纳金，尽量降低或免除罚款。

(2) 如果业务是真实的，由于对方原因导致出现发票虚开的状况，那么此时纳税人应该尽量争取被认定为善意取得虚开的增值税专用发票。

六、任务实践

请根据背景任务，完成增值税一般纳税人的申报。

七、任务成果报告及评价

一般纳税人增值税纳税申报成果报告见表3-15。

表 3-15　　一般纳税人增值税纳税申报成果报告

<table>
<tr><td colspan="4">实训任务六　一般纳税人增值税纳税申报成果报告</td></tr>
<tr><td>适用项目</td><td></td><td>课时</td><td>8</td></tr>
<tr><td>组名</td><td></td><td rowspan="2">成员及分工</td><td rowspan="2">组织者：　　思路方案：
政策支持：　　职业素养：
凭证制作及上传：</td></tr>
<tr><td>时间及地点</td><td></td></tr>
<tr><td colspan="4">【案例描述及要求】</td></tr>
<tr><td colspan="4">【我的思路或方法】

【我的解决方案】

【我的政策知识】

【我的职业技能】

【我的职业素养】</td></tr>
<tr><td colspan="4">【课堂提问】
一、小组被提问记录

二、小组提问记录

三、教师提问记录</td></tr>
<tr><td colspan="4">【我的评分】
评分标准：
1.知识掌握（20分）：案例适用政策完整且准确（20分）。
2.技能掌握（30分）：案例税额计算准确（10分）、凭证制作（15分）、信息搜集整理（5分）。
3.素质提升（30分）：思政精神力挖掘务实（5分）、与具体实践结合（15分）、具有共鸣感（10分）。
4.小组合作（20分）：分工明确（5分）、全员贡献度（10分）、活跃度（问及答）（5分）。
一、自评分（20%）

二、小组互评分（40%）

三、教师评分（40%）</td></tr>
</table>

续表

【我的诊改】 一、存在问题 （一）知识方面 （二）技能方面 （三）素质方面 二、未来改进 （一）知识方面 （二）技能方面 （三）素质方面

八、课后作业及拓展

（一）讨论

电子普通发票是不是也属于抵扣凭证？应该列入《增值税及附加税费申报表附列资料（二）》（本期进项税额明细）哪个栏次？

（二）阅读

增值税申报7个易错点，https：//www.shui5.cn/article/a4/115268.html。

（三）作业

【业务题】华永公司于2018年1月成立，为增值税一般纳税人，增值税纳税期为一个月，使用防伪税控系统。202×年6月留抵税额为3 000元，7月份主要经济业务如下：

1.销售电子产品取得不含税收入700 000元，开具防伪税控增值税专用发票15份；销售食用植物油取得不含税收入500 000元，其中：开具防伪税控增值税专用发票6份，销售额为300 000元，开具普通发票18份，不含税销售额为200 000元。

2.提供加工劳务取得不含税收入400 000元，开具防伪税控增值税专用发票18份。

3.销售按简易办法3%征收率征收增值税的货物取得103 000元（含税），开具防伪税控增值税专用发票2份。

4.职工集体福利领用账面成本40 000元的购进货物，增值税税率为13%。

5.因管理不善致使账面成本30 000元的购进货物被盗，增值税税率为13%。

6.本期按简易办法征税货物的账面成本为80 000元，应负担的进项税额为10 400元。

7.购进货物情况：①本期认证相符且本期申报抵扣的防伪税控增值税专用发票16份，金额为670 000元，进项税额为78 300万元；②前期认证相符且本期申报抵扣发票2份，金额为160 000元，进项税额为20 800元；③农产品收购发票14份，金额350 000元。

要求：填写增值税纳税申报表及其附列资料。

项目四　繁花似锦——企业消费税财税处理

项目导读

随着枝叶的生长，繁花似锦，花瓣下孕育着果实。随着企业业务的拓展，生产产品范围的扩大，不少企业除了要缴纳增值税外，还需缴纳消费税。

本项目，将带着大家学习消费税征税范围，展示消费税相关会计处理和纳税申报的过程。完成本项目所有任务，您就可以知晓企业办税员或助理会计人员的所有职业能力要求，就能够提升办税员或助理会计人员的从业能力，独立完成应税消费品销售、委托加工、出口等环节的账务处理并能熟练完成消费税纳税申报等工作。

项目目标

* 能够独立判断哪些项目应征收消费税；
* 能够根据业务资料计算应纳消费税税额；
* 能够根据业务资料进行消费税的涉税会计业务处理；
* 能够根据业务资料填制消费税纳税申报表；
* 能够树立"爱岗敬业、忠于职守、严守法规、坚持原则、廉洁奉公、严守职业道德、服务社会"的思想原则。

任务一 销售应税消费品会计核算

一、任务导航

表4-1是销售应税消费品会计核算工作任务表。

表4-1 销售应税消费品会计核算工作任务表

任务基本描述：企业常见消费税业务的计算和账务处理				
任务目标	任务知识点	任务技能点	学习时间节点	学习资源
1.确定需求意图	•消费税纳税人 •消费税征税范围 •消费税税率 •消费税计税依据	•能判断是否缴纳消费税	•课前准备 •课堂展示	•百度搜索 •国家税务总局法规库
2.准备资料	•消费税的计算：从价计征、从量计征、复合计征	•制作消费税计算表	•课前准备 •课堂展示	•百度搜索
3.制作凭证	•一般销售业务的消费税会计核算 •金银首饰以旧换新会计核算	•根据原始凭证填写记账凭证	•课堂完成 •课堂展示	•百度搜索

二、前导知识和技能测试

前导知识测试 4.1.1

1.前导知识测试4.1.1

2.前导技能测试4.1.1

前导技能测试 4.1.1

三、任务计划

（一）学习目标：______________________________

（二）学习内容及时间安排：______________________________

（三）学习完成率及成果：______________________________

四、任务案例

业务1

业务1：202×年06月02日，北京醇香酒业有限公司销售啤酒30吨，款项已收（专用发票不含税金额102 000元，税额13 260元）。202×年07月05日，北京醇香酒业有限公司缴纳消费税（电子缴税付款凭证）。

业务2

业务2：202×年09月13日，北京醇香酒业有限公司销售粮食白酒20吨，款项已收（专用发票不含税金额360 000元，税额46 800元）。202×年10月05日，北京醇香酒业有限公司缴纳消费税（电子缴税付款凭证）。

业务3：202×年07月15日，北京金福首饰有限公司（一般纳税人）采取“以旧换新”方式销售黄金首饰，换出的黄金首饰零售价为103 450元，换入的黄金首饰作价为78 450元（含税价），实际收回现金金额25 000元。（金、银、铂金首饰的消费税税率为5%）

业务3

五、任务知识殿堂

（一）销售应税消费品的税法规定

1.计税依据的规定

我国消费税的计税方法分为从价计征、从量计征及复合计征三种。

（1）从价计征。

在从价定率计算方法下，应纳税额等于应税消费品的销售额乘以适用税率，应纳税额的多少取决于应税消费品的销售额和适用税率两个因素。

①销售额的确定。

销售额为纳税人销售应税消费品向购买方收取的全部价款和价外费用。销售，是指有偿转让应税消费品的所有权；有偿，是指从购买方取得货币、货物或者其他经济利益；价外费用，是指价外向购买方收取的手续费、补贴、基金、集资费、返还利润、奖励费、违约金、滞纳金、延期付款利息、赔偿金、代收款项、代垫款项、包装费、包装物租金、储备费、优质费、运输装卸费以及其他各种性质的价外收费。但下列项目不包括在内：

其一，同时符合以下条件的代垫运输费用：

A.承运部门的运输费用发票开具给购买方的；

B.纳税人将该项发票转交给购买方的。

其二，同时符合以下条件的代为收取的政府性基金或者行政事业性收费：

A.由国务院或者财政部批准设立的政府性基金，由国务院或者省级人民政府及其财政、价格主管部门批准设立的行政事业性收费；

B.收取时开具省级以上财政部门印制的财政票据；

C.所收款项全额上缴财政。

其他价外费用，无论是否属于纳税人的收入，均应并入销售额计算征税。

实行从价定率办法计算应纳税额的应税消费品连同包装物销售的，无论包装物是否单独计价，也不论在会计上如何核算，均应并入应税消费品的销售额中征收消费税。如果包装物不作价随同产品销售，而是收取押金，此项押金不应并入应税消费品的销售额中征税。但对因逾期未收回的包装物不再退还的或者已收取的时间超过12个月的押金，应并入应税消费品的销售额，按照应税消费品的适用税率缴纳消费税。

对既作价随同应税消费品销售，又另外收取押金的包装物的押金，凡纳税人在规定的期限内没有退还的，均应并入应税消费品的销售额，按照应税消费品的适用税率缴纳消费税。

纳税人销售的应税消费品，以外汇结算销售额的，其销售额的人民币折合率可以选择结算的当天或者当月1日的国家外汇牌价（原则上为中间价）。纳税人应在事先确定采取何种折合率，确定后1年内不得变更。

②含增值税销售额的换算。

应税消费品在缴纳消费税的同时，与一般货物一样，还应缴纳增值税。按照《中华人民共和国消费税暂行条例实施细则》的规定，应税消费品的销售额，不包括应向购货方收取的增值税税款。如果纳税人应税消费品的销售额中未扣除增值税税款或者因不得开具增值税专用发票而发生价款和增值税税款合并收取的，在计算消费税时，应将含增值税的销售额换算为不含增值税的销售额。其换算公式为：

应税消费品的销售额=含增值税的销售额÷（1+增值税税率或征收率）

在使用换算公式时，应根据纳税人的具体情况分别使用增值税税率或征收率。如果消费税的纳税人是增值税一般纳税人，应适用13%的增值税税率；如果消费税的纳税人是增值税小规模纳税人，应适用3%的征收率。

（2）从量计征。

在从量定额计算方法下，应纳税额等于应税消费品的销售数量乘以单位税额，应纳税额的多少取决于应税消费品的销售数量和单位税额两个因素。

①销售数量的确定。

销售数量是指纳税人生产、加工和进口应税消费品的数量。其具体规定为：

A.销售应税消费品的，为应税消费品的销售数量。

B.自产自用应税消费品的，为应税消费品的移送使用数量。

C.委托加工应税消费品的，为纳税人收回的应税消费品数量。

D.进口应税消费品的，为海关核定的应税消费品进口征税数量。

②计量单位的换算标准。

《中华人民共和国消费税暂行条例》规定，黄酒、啤酒以吨为税额单位；汽油、柴油以升为税额单位。但是，考虑到在实际销售过程中，一些纳税人会把吨或升这两个计量单位混用，为了规范不同产品的计量单位，以准确计算应纳税额，吨与升两个计量单位的换算标准见表4-2。

表4-2　**吨与升的换算标准**

序号	类别	换算标准
1	黄酒	1吨=962升
2	啤酒	1吨=988升
3	汽油	1吨=1 388升
4	柴油	1吨=1 176升
5	航空煤油	1吨=1 246升
6	石脑油	1吨=1 385升
7	溶剂油	1吨=1 282升
8	润滑油	1吨=1 126升
9	燃料油	1吨=1 015升

(3) 复合计征。

在现行消费税的征收范围中，只有卷烟、粮食白酒、薯类白酒采用复合计征方法。应纳税额等于应税销售数量乘以定额税率再加上应税销售额乘以比例税率。

生产销售卷烟、粮食白酒、薯类白酒的从量定额计税依据为实际销售数量，进口、委托加工、自产自用卷烟、粮食白酒、薯类白酒的从量定额计税依据分别为海关核定的进口征税数量、委托方收回数量、移送使用数量。

①计税依据的特殊规定。

A.卷烟从价定率计税办法的计税依据为调拨价格或核定价格。

B.纳税人通过自设非独立核算门市部销售的自产应税消费品的，应当按照门市部对外销售额或者销售数量征收消费税。

C.纳税人用于换取生产资料和消费资料、投资入股和抵偿债务等方面的应税消费品，应当以纳税人同类应税消费品的最高销售价格作为计税依据计算消费税。

D.兼营不同税率应税消费品的税务处理。纳税人生产销售应税消费品，如果不是单一经营某一税率的产品，而是经营多种不同税率的产品，这就是兼营行为。由于《中华人民共和国消费税暂行条例》中税目税率表列举的各种应税消费品的税率高低不同，因此，纳税人在兼营不同税率的应税消费品时，税法就要针对其不同的核算方式分别规定税务处理方法，以加强税收管理，避免因核算方式不同而出现税款流失的现象。

纳税人兼营不同税率的应税消费品时，应当分别核算不同税率应税消费品的销售额、销售数量。未分别核算销售额、销售数量，或者将不同税率的应税消费品组成成套消费品销售的，从高适用税率。

需要解释的是，纳税人兼营不同税率的应税消费品，是指纳税人生产销售两种税率以上的应税消费品。所谓从高适用税率，就是对兼营高低不同税率的应税消费品，当不能分别核算销售额、销售数量，或者将不同税率的应税消费品组成成套消费品销售的，以应税消费品中适用的高税率与混合在一起的销售额、销售数量相乘，得出应纳消费税税额。

例如，某酒厂既生产税率为20%的粮食白酒，又生产税率为10%的其他酒，如汽酒、药酒等。对于这种情况，税法规定，该厂应分别核算白酒与其他酒的销售额，然后按各自适用的税率计税；如不分别核算各自的销售额，其他酒也按白酒的税率计算纳税。如果该酒厂还生产白酒与其他酒小瓶装礼品套酒，就是税法所指的成套消费品，应按全部销售额以白酒的税率20%计算应纳消费税税额，而不能以其他酒10%的税率计算其中任何一部分的应纳税额。对未分别核算的销售额按高税率计税，意在督促企业对不同税率应税消费品的销售额分别核算，准确计算纳税额。

②销售额的确定。

销售额包括纳税人销售应税消费品向购买方收取的全部价款和价外费用。

确定销售额时还应注意以下问题：

A.销售额不包括应向购货方收取的增值税税款。

B.实行从价定率办法计算应纳税额的应税消费品连同包装物销售的，包装物应并入应税消费品的销售额中征收消费税。包装物收取的押金，不应并入应税消费品的销售额中征税，但对因逾期未收回的包装物不再退还的和已收取一年以上的押金，应并入应税消费品的销售额，按照应税消费品的适用税率征收消费税。自1995年6月1日起，酒类产品生产企业销售酒类产品（不包括啤酒、黄酒）而收取的包装物押金，须并入酒类产品销售额中，依酒类产品的适用税率征税。

C.纳税人销售应税消费品，以外汇计算销售额的，应当按外汇市场价格折合成人民币计算应纳税额。其销售额的人民币折合率可以选择结算的当天或者当月1日的国家外汇牌价。纳税人应事先确定采取何种折合率，确定后1年内不得变更。

D.纳税人自产自用和委托加工的应税消费品，按规定应当纳税的，按照纳税人生产的同类消费品的销售价格计算纳税。如果销售价格高低不同，应用加权平均价格，但有两种情况不得列入加权平均数据：一是销售价格明显偏低又无正当理由的；二是没有销售价格的。

E.纳税人自产的应税消费品用于换取生产资料和消费资料、投资入股和抵偿债务等方面，应当以纳税人同类应税消费品的最高销售价格作为计税依据。

F.纳税人通过自设非独立核算门市部销售自产应税消费品的，应当按照门市部对外销售额或销售数量计算消费税。

G.对于金银首饰的以旧换新业务，按销售方实际收取不含增值税的全部价款计算缴纳增值税、消费税。

③销售数量的确定。

销售数量是指应税消费品的数量，具体为：

A.销售应税消费品的，为应税消费品的销售数量。

B.自产自用应税消费品的，为应税消费品的移送使用数量。

C.委托加工应税消费品的，为纳税人收回的应税消费品数量。

D.进口应税消费品的，为海关核定的应税消费品进口征税数量。

2.应纳税额的基本计算

我国消费税实行价内税制度。其基本计算公式为：

实行从价定率方法计算的应纳税额=应税销售额×比例税率

实行从量定额方法计算的应纳税额=应税销售数量×定额税率

实行从价定率和从量定额复合计算的应纳税额=应税销售数量×定额税率+应税销售额×比例税率

（二）消费税的会计科目设置

为了准确反映企业消费税的应交、已交、欠交等情况，需要缴纳消费税的企业，应在“应交税费”科目下增设“应交消费税”明细科目进行会计核算。“应交消费税”明细账户采用三栏式，借方核算实际缴纳的消费税或待扣的消费税；贷方核算按规定应缴纳的消费税；期末贷方余额表示尚未缴纳的消费税，借方余额表示多缴纳的消费税或待抵扣的消费税。

缴纳消费税的企业，除要设置“应交税费——应交消费税”明细账户外，还要设置“税金及附加”账户。“税金及附加”账户核算企业经营活动发生的消费税、城市维护建设税、资源税、教育费附加及房产税、城镇土地使用税、车船税、印花税等相关税费。“税金及附加”账户可以按税种类别设置明细账。期末，应将“税金及附加”账户余额转入“本年利润”账户，结转后“税金及附加”账户应无余额。

（三）一般销售业务的会计处理

纳税人销售应税消费品，在销售确认时，计提消费税，借记“税金及附加”科目，贷记“应交税费——应交消费税”科目；按规定期限缴纳税款时，借记“应交税费——应交消费税”科目，贷记“银行存款”科目；期末结转销售税费时，借记“本年利润”科目，贷记“税金及附加”科目。发生销货退回或退税时，作相反的会计分录。

例 4-1 北京复兴生物技术有限公司为增值税一般纳税人，202×年 10 月 15 日向某大型商场销售高档化妆品一批，开具增值税专用发票，取得不含增值税销售额 30 万元，增值税税额 3.9 万元，款项已收到并存入银行。试对该化妆品公司的上述业务进行会计处理。

解析

公司当月应纳消费税税额=300 000×15%=45 000（元）

（1）销售实现确认收入时：

借：银行存款	339 000	
贷：主营业务收入		300 000
应交税费——应交增值税（销项税额）		39 000

（2）计提消费税时：

借：税金及附加	45 000	
贷：应交税费——应交消费税		45 000

（3）缴纳税款时：

借：应交税费——应交消费税	45 000	
贷：银行存款		45 000

拓展阅读

辽宁省税务局稽查局依法对部分企业偷逃成品油消费税案件进行查处

2021 年年初，辽宁省税务局稽查局根据有关信息和反映以及税收大数据分析发现，辽宁省盘锦市部分企业存在数额巨大的涉嫌虚开发票偷逃成品油消费税问题。随后，在国家税务总局、辽宁省人民政府的指导督办下，辽宁省税务局稽查局会同有关部门开展深入调查。

经查，盘锦北方沥青燃料有限公司、辽宁宝来生物能源有限公司、盘锦浩业化工有限公司以篡改生产设备名称等方式为掩护，以虚开增值税专用发票为手段，通过将应税成品油变名为非应税化工品销售等方式，偷逃成品油消费税。辽宁省税务局稽查局依法对涉案企业进行查处，其在规定期限内未能缴清税款、滞纳金和罚款，相关人员涉嫌构成虚开增值税专用发票罪和逃避缴纳税款罪，已依法移送司法机关。公安机关已将涉案企业实际控制人及相关犯罪嫌疑人抓捕归案并采取强制措施，检察机关正依法审查起诉。有关部门依纪依规依法对涉嫌违纪违法、失职失责的政府部门公职人员进行了严肃处理，涉嫌犯罪的移送司法机关。

在案件查处过程中，有关部门和地方政府始终坚持把严厉打击违法犯罪分子与维持企业正常生产经营区分开来，积极采取一系列有效措施，确保企业生产经营稳定。目前，涉案企业职工队伍稳定，生产运行平稳。

辽宁省税务局有关负责人表示，下一步将坚决依法严查严处各种偷逃税行为，坚决维护国家税法权威，促进社会公平正义，持续营造良好税收营商环境，促进相关企业和行业长期规范健康发展。

资料来源：佚名.辽宁省税务局稽查局依法对部分企业偷逃成品油消费税案件进行查处[EB/OL].[2022-01-19].http：//www.chinatax.gov.cn/chinatax/n810219/c102025/c5172245/content.html.

六、任务实践

请完成业务1—3的相关税费计算，并编制记账凭证。

七、任务成果报告及评价

表4-3是销售应税消费品会计核算成果报告。

表4-3　销售应税消费品会计核算成果报告

<table>
<tr><td colspan="4">实训任务一　销售应税消费品会计核算成果报告</td></tr>
<tr><td>适用项目</td><td></td><td>课时</td><td>2</td></tr>
<tr><td>组名</td><td></td><td rowspan="2">成员及分工</td><td rowspan="2">组织者：　思路方案：
政策支持：　职业素养：
凭证制作及上传：</td></tr>
<tr><td>时间及地点</td><td></td></tr>
<tr><td colspan="4">【案例描述及要求】</td></tr>
<tr><td colspan="4">【我的思路或方法】

【我的解决方案】

【我的政策知识】

【我的职业技能】

【我的职业素养】</td></tr>
</table>

续表

【课堂提问】 一、小组被提问记录   二、小组提问记录   三、教师提问记录
【我的评分】 评分标准： 1.知识掌握（20分）：案例适用政策完整且准确（20分）。 2.技能掌握（30分）：案例税额计算准确（10分）、凭证制作（15分）、信息搜集整理（5分）。 3.素质提升（30分）：思政精神力挖掘务实（5分）、与具体实践结合（15分）、具有共鸣感（10分）。 4.小组合作（20分）：分工明确（5分）、全员贡献度（10分）、活跃度（问及答）（5分）。 一、自评分（20%）   二、小组互评分（40%）   三、教师评分（40%）
【我的诊改】 一、存在问题 （一）知识方面   （二）技能方面   （三）素质方面   二、未来改进 （一）知识方面   （二）技能方面   （三）素质方面

八、课后作业及拓展

（一）讨论

金银首饰以旧换新与其他商品以旧换新在税务处理和会计处理上有什么区别？

（二）阅读

消费税计税依据总结（从价、从量、复合及特殊规定），https：//www.shui5.cn/article/6e/116048.html。

（三）作业

1.【单项选择题】享美化妆品公司是增值税一般纳税人，本月销售给某个体工商户高档化妆品10箱，收取现金22 600元，则享美化妆品公司正确的会计处理是（　　）。

A.借：库存现金　22 600
　　贷：库存商品　22 600

B.借：库存现金　22 600
　　贷：主营业务收入　22 600

C.借：库存现金　22 600
　　贷：主营业务收入　20 000
　　　　应交税费——应交增值税（销项税额）　2 600

D.借：库存现金　22 600
　　贷：主营业务收入　20 000
　　　　应交税费——应交增值税（销项税额）　2 600
　借：税金及附加　3 000
　　贷：应交税费——应交消费税　3 000

2.【单项选择题】有金银首饰零售业务的企业，在营业收入实现时，按照应交的消费税，借记（　　）科目，贷记“应交税费——应交消费税”科目。

A.税金及附加　　B.营业外支出
C.其他业务成本　　D.主营业务成本

3.【单项选择题】关于金银首饰零售业务消费税的核算，下列说法不正确的是（　　）。

A.有金银首饰零售业务的企业，在营业收入实现时，按照应缴的消费税，借记“税金及附加”科目

B.有金银首饰零售业务的企业，因受托代销金银首饰按照税法规定应缴纳的消费税，借记“主营业务成本”科目

C.企业随同金银首饰出售但单独计价的包装物，按照税法规定应缴纳的消费税，借记“税金及附加”科目

D.企业因受托加工或翻新改制金银首饰按照税法规定应缴纳的消费税，于向委托方交货时，借记“税金及附加”科目

4.【业务题】享美化妆品生产公司（一般纳税人）2月份销售一批高档化妆品，增值税专用发票上注明的不含税收入为60 000元，该批化妆品的成本为40 000元，款项已收到并存入银行。试对该化妆品公司的上述业务进行会计处理。

5.【业务题】东大金银首饰销售公司（一般纳税人），10月以以旧换新方式向个人消费者零售金戒指150个，每个金戒指含税零售价为3 000元，旧金戒指作价1 000元/个，收现金2 000元/个。增值税税率为13%，消费税税率为5%。试对该公司的上述业务进行会计处理。

任务二　应税消费品视同销售会计核算

一、任务导航

表4-4是应税消费品视同销售会计核算工作任务表。

表4-4　　应税消费品视同销售会计核算工作任务表

任务基本描述：企业视同销售行为消费税的会计核算				
任务目标	任务知识点	任务技能点	学习时间节点	学习资源
1.准备资料	•自产的应税消费品连续生产应税消费品、自产的应税消费品用于其他方面的税务处理	•制作消费税计算表	•课前准备 •课堂展示	•百度搜索 •国家税务总局法规库 •超星平台
2.制作凭证	•自产的应税消费品连续生产应税消费品的会计处理 •自产的应税消费品用于对外馈赠、赞助、广告，或用于在建工程、集体福利、个人消费等方面的会计处理	•根据原始凭证制作记账凭证	•课堂完成 •课堂展示	•百度搜索 •税务会计实训平台

二、前导知识和技能测试

1.前导知识测试4.2.1

2.前导技能测试4.2.1

前导知识测试 4.2.1

前导技能测试 4.2.1

三、任务计划

（一）学习目标：＿＿＿＿＿＿＿＿＿＿＿＿＿＿＿＿＿＿＿＿

（二）学习内容及时间安排：＿＿＿＿＿＿＿＿＿＿＿＿＿＿＿

（三）学习完成率及成果：＿＿＿＿＿＿＿＿＿＿＿＿＿＿＿＿

四、任务案例

业务1 业务2 业务3 业务4 业务5 业务6

业务1：202×年08月1日，北京华烟烟草有限公司领用库存自产烟丝，用于连续生产卷烟，烟丝的实际成本为60 000元。

业务2：202×年05月28日，北京丰赢油田股份有限公司将自产的柴油800升用于本厂的职工宿舍在建工程。该柴油不含税单位售价为6.83元/升，单位成本为5.5元/升，增值税税率为13%。（该类柴油的消费税单位税额为1.20元/升）

业务3：202×年08月31日，北京华烟烟草有限公司将自产的12标准箱卷烟发放给职工作为福利，该卷烟的出厂价格为19 000元/标准箱（不含增值税），增值税税率为13%。（管理人员领用1.2箱，生产人员领用10.8箱）（注：先计提后发放）

业务4：202×年9月5日，北京复兴生物技术有限公司决定以账面价值为20 000元（同类化妆品最低售价23 000元，最高售价25 000元）的高档化妆品，换入华夏生物制药公司账面价值为19 000元、公允价值为24 000元的乙材料（非应税消费品），两公司均未对存货计提跌价准备，增值税税率均为13%，消费税税率为15%。双方交易具有商业实质，且两公司产品的公允价值是可靠的。

业务5：202×年10月31日，北京复兴生物技术有限公司用自产的天仙高档化妆品70套抵偿前欠北京广华商贸有限公司的胶原蛋白货款55 000元。该天仙高档化妆品本月不含税售价在600元/套至700元/套之间浮动，平均不含税售价为650元/套，成本为400元/套，增值税税率为13%。（注：无须进行成本结转的账务处理）

业务6：202×年07月15日，北京华烟烟草有限公司以其生产的卷烟向北京凯利商贸有限公司投资。卷烟数量为50标准箱，每标准箱不含税销售额为19 000元，增值税税率为13%。（卷烟采用统一售价，该类别卷烟的单位税额为150元/标准箱，比例税率为56%）

五、任务知识殿堂

（一）自产自用应税消费品应纳税额的计算

自产自用通常指的是纳税人生产应税消费品后，不是直接用于对外销售，而是用于连续生产应税消费品或用于其他方面。其纳税规定如下：

1.用于连续生产应税消费品。

按照《中华人民共和国消费税暂行条例》的规定，纳税人自产自用的应税消费品，用于连续生产应税消费品的，不纳税。例如，卷烟厂外购烟叶加工烟丝，用烟丝生产卷烟，烟丝作为中间产品，用于卷烟连续生产时不纳税。

2.用于其他方面

纳税人自产自用的应税消费品，用于其他方面视同销售，在移送使用环节纳税。

①“其他方面”是指纳税人用于生产非应税消费品和在建工程、管理部门、非生产机构、提供劳务以及用于馈赠、赞助、奖励等方面的应税消费品。

②应纳税额的计算。

A.有同类消费品销售价格的。

按照纳税人生产的同类消费品的销售价格计算纳税，用于换取生产资料、消费资料、投资入股和抵偿债务方面的应税消费品，应使用同类产品的最高价。其应纳税额计算公式为：

应纳税额=同类消费品销售单价×自产自用数量×适用税率

B.没有同类消费品销售价格的。

按照规定，纳税人自产自用应税消费品没有同类消费品销售价格的，应按组成计税价格计算。

从价定率计算纳税的应纳税额计算公式为：

组成计税价格=（成本+利润）÷（1-比例税率）

或 =成本×（1+成本利润率）÷（1-比例税率）

应纳税额=组成计税价格×适用比例税率

复合计税计算纳税的应纳税额计算公式为：

组成计税价格=（成本+利润+自产自用数量×定额税率）÷（1-比例税率）

或 =［成本×（1+成本利润率）+自产自用数量×定额税率］÷（1-比例税率）

应纳税额=组成计税价格×适用比例税率+自产自用数量×定额税率

成本，是指消费品的产品生产成本。消费品全国平均成本利润率由国家税务总局确定，并非增值税法规中所有产品采用的10%的成本利润率。

消费品全国平均成本利润率由国家税务总局统一确定如下：高档手表为20%；甲类卷烟、粮食白酒、高尔夫球及球具、游艇等为10%；乘用车为8%；贵重首饰及珠宝玉石、摩托车等为6%；乙类卷烟、雪茄烟、烟丝、薯类白酒、其他酒、化妆品、鞭炮焰火、木制一次性筷子、实木地板、中轻型商用客车等为5%。

（二）自产自用消费品的会计处理

1.用于连续生产应税消费品的会计处理

纳税人自产自用的应税消费品用于连续生产应税消费品的，不缴纳消费税，只进行实际成本的核算，借计“生产成本”科目，贷计“自制半成品”相关科目。

例4-2 北京复兴生物技术有限公司领用库存自产香水精，用于连续生产高档化妆品，香水精的实际成本为200 000元。试对该公司领用香水精的业务进行会计处理。

解析

借：生产成本	200 000	
贷：自制半成品——香水精		200 000

2.用于连续生产应税消费品以外的其他方面的会计处理

（1）纳税人自产自用的应税消费品用于连续生产非应税消费品的会计处理。

纳税人自产自用的应税消费品用于连续生产非应税消费品的，由于最终产品不属于应税消费品，所以，应在移送使用环节纳税。在领用时借记“生产成本”等科目，贷记“自制半成品”“应交税费——应交消费税”等科目。

|例 4-3| 石城糖酒厂领用库存1吨白酒，用于连续生产酒心糖2 000千克。白酒的成本为80 000元，不含税售价为100 000元。试对上述业务进行会计处理。

|解析| 应纳消费税税额=100 000×20%+1×2 000×0.5=21 000（元）

借：生产成本　　101 000

　贷：自制半成品　　80 000

　　　应交税费——应交消费税　　21 000

（2）纳税人将生产的应税消费品用于对外馈赠、赞助、广告，或用于在建工程、集体福利、个人消费等方面的会计处理。

纳税人将生产的应税消费品用于对外馈赠、赞助、广告，或用于在建工程、集体福利、个人消费等方面，在税法上属于视同销售，按规定应该计算缴纳消费税。会计处理上，应于自产的应税消费品对外移送时，借记“固定资产”“在建工程”“销售费用”“应付职工薪酬”“营业外支出”等科目，贷记“库存商品”“应交税费——应交增值税（销项税额）”“应交税费——应交消费税”等科目。对于视同销售的业务，会计上可以不作收入处理，直接按成本结转，但必须按同类消费品的销售价格或组成计税价格和适用的税率计算增值税销项税额和消费税。同时，还有一点需要注意：纳税人用于换取生产资料和消费资料、投资入股和抵偿债务等方面的应税消费品，应当以纳税人同类应税消费品的最高销售价格作为计税依据计算消费税。

|例 4-4| 北京复兴生物技术有限公司将一批自产的高档化妆品用于职工福利，该高档化妆品的成本为6 800元，该高档化妆品同类产品市场销售价格为10 000元（不含税），消费税税率为15%。计算该批高档化妆品应缴纳的消费税税额。

|解析|

应纳增值税税额=10 000×13%=1 300（元）

应纳消费税税额=10 000×15%=1 500（元）

发放职工福利时：

借：应付职工薪酬　　11 300

　贷：主营业务收入　　10 000

　　　应交税费——应交增值税（销项税额）　　1 300

计提消费税时：

借：税金及附加　　1 500

　贷：应交税费——应交消费税　　1 500

缴纳税款时：

借：应交税费——应交消费税　　1 500

　贷：银行存款　　1 500

（3）纳税人生产的应税消费品用于换取生产资料和消费资料的会计处理。

纳税人生产的应税消费品用于换取生产资料和消费资料的，换入商品计入“原材料”“库存商品”“固定资产”等科目，取得的专用发票上注明的税额借记“应交税费——应交增值税（进项税额），换出的自产应税消费品作销售核算，贷记“主营业务收入”，应按纳税人同类应税消费品的最高销售价格和适用的税率计算缴纳消费税，贷记“应交税费——应交消费税”科目。

（4）纳税人生产的应税消费品用于抵偿债务的会计处理。

纳税人生产的应税消费品用于抵偿债务的，借记“应付账款”，贷记“库存商品”，增值税贷记“应交税费——应交增值税（销项税额）”，应按纳税人同类应税消费品的最高销售价格和适用的税率计算缴纳消费税，贷记“应交税费——应交消费税”，差额记入“其他收益——债务重组收益”。

|例 4-5| 大华汽车公司（一般纳税人）以自产的汽车抵偿所欠A公司的债务100 000元。该汽车的当月平均售价为80 000元、最高售价为90 000元，产品成本为50 000元，增值税税率为13%，消费税税率为12%。试对该汽车公司的上述业务进行会计处理。

|解析|

应纳增值税税额=80 000×13%=10 400（元）

应纳消费税税额=90 000×12%=10 800（元）

账务处理：

借：应付账款	100 000	
贷：库存商品		50 000
应交税费——应交增值税（销项税额）		10 400
应交税费——应交消费税		10 800
其他收益——债务重组收益		28 800

（5）纳税人生产的应税消费品用于投资入股的会计处理。

纳税人将自产的应税消费品作为投资，提供给其他单位或个体经营者，应在货物移送时，借记“长期股权投资”科目，贷记“主营业务收入”“应交税费——应交增值税（销项税额）”科目，按同类应税消费品的最高售价和适用的税率计算缴纳消费税，借记“税金及附加”，贷记“应交税费——应交消费税”科目。

|例 4-6| 大华汽车公司（一般纳税人）以自产的乘用车20辆投资于当地的客运公司，同类乘用车不含税平均售价为130 000元，最高售价为150 000元，实际成本100 000元，该批乘用车当月已经发给客运公司，其控制权已转移给客运公司。该批乘用车消费税税率为5%。

|解析|

应纳增值税税额=130 000×20×13%=338 000（元）

应纳消费税税额=150 000×20×5%=150 000（元）

借：长期股权投资——大华公司	2 938 000	
贷：主营业务收入		2 600 000
应交税费——应交增值税（销项税额）		338 000
借：税金及附加	150 000	
贷：应交税费——应交消费税		150 000
借：主营业务成本	2 000 000	

贷：库存商品　　2 000 000

拓展阅读

商家促销送金银，税收风险要注意

背景

适逢国庆佳节，举国欢庆，为了节日大促销不少商家都推出了国庆特别活动。比如小必在逛街时就遇到这样一家服装店：

到店拍照打卡并发至朋友圈即可获得银饰一枚。

看到这样的活动，小必不由得开始思考，这其中貌似包含了不少需要特别注意的税收处理呢。

分析

其一，外购货物无偿赠送，商家应视同销售缴纳增值税及附加。

其二，如果商家是公司制企业，应视同销售缴纳企业所得税，如果商家是个体工商户、个人独资企业或合伙企业，则应视同销售缴纳经营所得个人所得税。

其三，获得银饰的幸运儿，应按偶然所得缴纳个人所得税，商家负有代扣代缴义务。

那该服装店商家是否需要缴纳金银首饰消费税呢？

金银首饰消费税的纳税义务人是从事金银首饰零售业务的单位和个人，服装店营业范围并未包含金银首饰的销售，只是因促销活动外购金银首饰再无偿赠送，因此，该商家并不属于消费税的纳税义务人，无须视同销售缴纳金银首饰消费税。

延展思考

如果商家不是无偿赠送，而是以低价比如1元的价格出售银饰呢？

这样一来，商家就不是无偿赠送银饰了，无须按视同销售处理，应按一般货物销售缴纳增值税及附加，以及企业所得税或经营所得个人所得税。但是在增值税上，就会存在被税务机关认定价格明显偏低且无正当理由，并被核定销售额的风险。同时，客户以1元购买银饰，不是受赠，也就不需要按偶然所得缴纳个人所得税了。但是这样的情况下，该服装店商家就存在销售银饰的行为，如果该商家有金银首饰销售资质，就成为金银首饰消费税的纳税人了，需另外缴纳金银首饰零售环节的消费税。

再换种方式，如果商家不是直接赠送银饰，而是从金银店里购买实物券，再赠送实物券呢？

这种情况下，如果客户是可以直接凭券到金银店领取银饰，无须支付任何费用，商家依然需要代扣代缴偶然所得个人所得税，如果客户是可以凭券低价购买银饰，实物券实质是价格折扣，则无须缴纳偶然所得个人所得税。另外，实物券实质是一种债权资产，商家只是将该债权转让，并非转让实物资产，无须视同销售缴纳增值税及附加，以及企业所得税或经营所得个人所得税，同时，也不涉及金银饰品消费税。

总结

实务中存在这类广告宣传促销的企业非常多，例如金融业中银行和保险公司、互联网及相关服务业、航空公司、各大商管物业公司等，这类促销活动中税收风险集中在增值税和企业所得税是否视同销售的处理和是否存在代扣代缴个人所得税的问题。

资料来源：佚名.商家促销送金银，税收风险要注意[EB/OL].[2021-10-12].https：//www.shui5.cn/article/4a/111332.html.

六、任务实践

请完成业务1—6的相关税费计算，并编制记账凭证。

七、任务成果报告及评价

表4-5是应税消费品视同销售会计核算成果报告。

表4-5　应税消费品视同销售会计核算成果报告

<table>
<tr><td colspan="4">实训任务二　应税消费品视同销售会计核算成果报告</td></tr>
<tr><td>适用项目</td><td></td><td>课时</td><td>4</td></tr>
<tr><td>组名</td><td></td><td rowspan="2">成员及分工</td><td rowspan="2">组织者：　思路方案：
政策支持：　职业素养：
凭证制作及上传：</td></tr>
<tr><td>时间及地点</td><td></td></tr>
<tr><td colspan="4">【案例描述及要求】</td></tr>
<tr><td colspan="4">【我的思路或方法】

【我的解决方案】

【我的政策知识】

【我的职业技能】

【我的职业素养】</td></tr>
</table>

续表

【课堂提问】 一、小组被提问记录   二、小组提问记录   三、教师提问记录
【我的评分】 评分标准： 1.知识掌握（20分）：案例适用政策完整且准确（20分）。 2.技能掌握（30分）：案例税额计算准确（10分）、凭证制作（15分）、信息搜集整理（5分）。 3.素质提升（30分）：思政精神力挖掘务实（5分）、与具体实践结合（15分）、具有共鸣感（10分）。 4.小组合作（20分）：分工明确（5分）、全员贡献度（10分）、活跃度（问及答）（5分）。 一、自评分（20%）   二、小组互评分（40%）   三、教师评分（40%）
【我的诊改】 一、存在问题 （一）知识方面   （二）技能方面   （三）素质方面   二、未来改进 （一）知识方面   （二）技能方面   （三）素质方面

八、课后作业及拓展

（一）讨论

消费税的视同销售情形跟增值税视同销售有区别吗？

（二）阅读

五大税种的视同销售行为，https：//www.shui5.cn/article/50/13618.html。

应税消费品用于其他方面是否交税，https：//www.shui5.cn/article/24/18051.html。

（三）作业

1.【单项选择题】根据消费税的有关规定，下列纳税人自产自用应税消费品不缴纳消费税的是（　　）。

A.炼油厂用于本企业基建部门车辆的自产汽油

B.汽车厂用于管理部门的自产汽车

C.日化厂用于交易会样品的自产高档化妆品

D.卷烟厂用于生产卷烟的自制烟丝

2.【单项选择题】自产自用应税消费品计算消费税时，若没有同类应税消费品销售价格，按组成计税价格计算，其组成计税价格为（　　）。

A.（成本+利润）÷（1-消费税税率）

B.（成本+利润）÷（1+消费税税率）

C.（成本+利润）÷（1-增值税税率或征收率）

D.（成本+利润）÷（1+增值税税率或征收率）

3.【单项选择题】纳税人自产自用的实行复合计税办法的应税消费品，没有同类消费品销售价格的，组成计税价格的计算公式为（　　）。

A.组成计税价格=（成本+利润）÷（1-比例税率）

B.组成计税价格=（成本+利润+自产自用数量×定额税率）÷（1-比例税率）

C.组成计税价格=（成本+利润）÷（1-比例税率）+自产自用数量×定额税率

D.以上都不对

4.【单项选择题】应税消费品的全国平均成本利润率由（　　）确定。

A.国家税务总局　　B.国务院

C.财政部　　D.省、自治区、直辖市税务局

5.【单项选择题】纳税人自产的应税消费品用于下列项目的，不应征收消费税的是（　　）。

A.连续生产应税消费品　　B.用于样品

C.用于赠送　　D.用于集体福利

6.【单项选择题】华夏公司将自产的一批应税消费品（非金银首饰）用于本公司在建工程（房产）。该批消费品成本为80万元，计税价格为100万元。该批应税消费品适用的增值税税率为13%，消费税税率为10%。据此计算，华夏公司应计入

在建工程成本的金额为（　　）万元。

A.80　　B.90　　C.97　　D.107

7.【多项选择题】纳税人自产自用的应税消费品，用于（　　）的，应缴纳消费税。

A.在建工程　　B.职工福利

C.管理部门　　D.连续生产应税消费品

8.【多项选择题】木材加工厂（一般纳税人）将自产的一批实木地板用于在建工程的会计分录为（　　）。

A.借：在建工程

　　贷：应交税费——应交增值税（销项税额）

B.借：在建工程

　　贷：应交税费——应交消费税

C.借：税金及附加

　　贷：应交税费——应交消费税

D.借：在建工程

　　贷：库存商品

9.【业务题】华星地板厂（一般纳税人）将自产500平方米高档实木地板用于本公司的新建办公楼装修。该批实木地板生产成本为500元/平方米，出厂价为1 000元/平方米，实木地板的消费税税率为5%、增值税税率为13%。试对该地板厂的上述业务进行会计处理。

10.【业务题】华星地板厂将自产的实木地板作为投资投入大华公司。该批实木地板的成本为300 000元，最低售价为350 000元，最高售价为400 000元，占大华公司股份的10%。试对该地板厂的上述业务进行会计处理。

任务三　应税消费品包装物会计核算

一、任务导航

表4-6是应税消费品包装物会计核算工作任务表。

表4-6　应税消费品包装物会计核算工作任务表

任务基本描述：应税消费品包装物的会计核算				
任务目标	任务知识点	任务技能点	学习时间节点	学习资源
1.准备资料	•销售包装物、出租包装物，以及包装物押金的税务处理	•制作消费税计算表	•课前准备 •课堂展示	•百度搜索 •税屋
2.制作凭证	•销售包装物、出租包装物，以及包装物押金的会计处理	•根据原始凭证填写记账凭证	•课堂完成 •课堂展示	•百度搜索

二、前导知识和技能测试

1.前导知识测试4.3.1

2.前导技能测试4.3.1

前导知识测试 4.3.1

前导技能测试 4.3.1

三、任务计划

（一）学习目标：________

（二）学习内容及时间安排：________

（三）学习完成率及成果：________

四、任务案例

业务1：202×年07月05日，北京醇香酒业有限公司异地销售粮食白酒5 000斤，连同销售的包装物单独计价，款未收。（专用发票上，白酒不含税金额100 000元，税额13 000元；包装物不含税金额40 000元，税额5 200元。）

业务2：202×年06月10日，北京复兴生物技术有限公司（增值税一般纳税人）向北京建航购物中心有限公司销售一批高档化妆品，数量为500，单价为2 000元，出借包装物收取押金2 000元。购销合同规定，包装物在30天内必须退回，否则没收其押金。202×年07月10日，出借包装物逾期未收回，没收押金。

业务3：202×年07月06日，北京醇香酒业有限公司向北京源隆贸易有限公司收取白酒包装物押金2 000元。

业务1

业务2

业务3

五、任务知识殿堂

（一）包装物的税务处理

（1）实行从价定率办法计算应纳税额的应税消费品连同包装销售的，无论包装是否单独计价，也不论在会计上如何核算，均应并入应税消费品的销售额中征收消费税。如果包装物不作价随同产品销售，而是收取押金，此项押金不应并入应税消费品的销售额中征税。但对因逾期未收回的包装物不再退还的或者已收取的时间超过12个月的押金，应并入应税消费品的销售额，按照应税消费品的适用税率缴纳消费税。

（2）包装物逾期的相关规定。《国家税务总局关于取消包装物押金逾期期限审批后有关问题的通知》（国税函〔2004〕827号）对纳税人出租出借包装物收取的押金是否征税的问题重新作出了规定：纳税人为销售货物出租出借包装物而收取的押金，无论包装物周转使用的期限长短，只要超过一年以上仍未退还的，均应并入销售额征收税款。

（3）对既作价随同应税消费品销售，又另外收取押金的包装物的押金，凡纳税人在规定的期限内没有退还的，均应并入应税消费品的销售额，按照应税消费品的适用税率缴纳消费税。

（4）关于酒类包装物的相关规定。《财政部 国家税务总局关于酒类产品包装物押金征税问题的通知》（财税字〔1995〕53号）规定，从1995年6月1日起，对酒类产品生产企业销售酒类产品而收取的包装物押金，无论押金是否返还与会计上如何核算，均须并入酒类产品销售额中依酒类产品的适用税率征收消费税。《国家税务总局关于加强增值税征收管理若干具体问题的通知》(国税发〔1995〕192号)第三条关于酒类产品包装物的征税问题规定，从1995年6月1日起，对销售除啤酒、黄酒外的其他酒类产品而收取的包装物押金，无论是否返还以及会计上如何核算，均应并入销售额征税。而对销售啤酒、黄酒所收取的押金，按一般押金的规定处理。

(二) 包装物的会计处理

(1) 应税消费品连同包装物销售的，无论包装物是否单独计价，均应并入应税消费品的销售额中缴纳消费税。其应缴纳的消费税均记入“税金及附加”科目。其中，随同产品销售且不单独计价的包装物，其收入随同所销售的产品一起记入“主营业务收入”科目；随同产品销售但单独计价的包装物，其收入记入“其他业务收入”科目。

(2) 出租出借包装物收取的押金，借记“银行存款”科目，贷记“其他应付款”科目；待包装物到期未收回而将押金没收时，借记“其他应付款”科目，贷记“其他业务收入”科目，这部分押金收入应缴纳的消费税应相应记入“税金及附加”科目。对销售除啤酒、黄酒外的其他酒类产品而收取的包装物押金，无论是否返还，均应并入销售额征税，在收取押金时，借记“银行存款”，贷记“其他应付款”；同时计提增值税与消费税，借记“其他应付款”，贷记“应交税费——应交增值税(销项税额)”“应交税费——应交消费税”。

|例4-7| 新华珠宝生产企业(增值税一般纳税人)销售一批玉石收取押金2 260元，逾期一年未收回包装物，适用的消费税税率为10%。对该业务进行会计处理。

|解析|

收取押金时：

借：银行存款	2 260	
贷：其他应付款——押金		2 260

逾期时：

借：其他应付款——押金	2 260	
贷：其他业务收入		2 000
应交税费——应交增值税(销项税额)		260
借：税金及附加	200	
贷：应交税费——应交消费税		200

|例4-8| 北京醇香酒业有限公司1月份销售粮食白酒，不含税价为20 000元，另收取包装物押金2 000元，适用的消费税税率为20%，从量计征的消费税税额为1 000元。对该业务进行会计处理。

|解析|

1月份销售时：

借：银行存款	24 600	
贷：主营业务收入		20 000
应交税费——应交增值税(销项税额)		2 600

贷：其他应付款——押金　　2 000

白酒计提消费税：

借：税金及附加（20 000×20%+1 000）　　5 000

贷：应交税费——应交消费税　　5 000

同时：

押金计提增值税及消费税

借：其他应付款——押金　　584.07

贷：应交税费——应交增值税（销项税额）（2 000÷1.13×13%）　　230.09

——应交消费税（2 000÷1.13×20%）　　353.98

（3）包装物已作价随同产品销售，但为了促使购货人将包装物退回而另外加收的押金，借记“银行存款”科目，贷记“其他应付款”科目；包装物逾期未收回时，押金没收，没收的押金应缴纳的消费税应先自“其他应付款”科目冲抵，即借记“其他应付款”科目，贷记“应交税费——应交消费税”科目，冲抵后“其他应付款”科目的余额转入“营业外收入”科目。

拓展阅读

包装物租金变押金，延迟了增值税和企业所得税的缴纳时间

案例

某公司在销售化工产品过程中，为了便于客户盛放化工产品，出租给客户一些特大型号的钢瓶，租金113万元，按照税法规定，属于有形动产租赁，按照13%税率缴纳增值税，销项税额=113÷1.13×13%=13万元。

账务处理如下：

借：银行存款　　1 130 000

贷：其他业务收入　　1 000 000

应交税费——应交增值税(销项税额)　　130 000

改变：若是把收取客户租金变为押金，并单独记账核算，则收取时不需要缴纳增值税。

账务处理如下：

借：银行存款　　1 130 000

贷：其他应付款——押金　　1 130 000

当押金逾期12个月后，应按照税法依法缴纳增值税，账务处理如下：

借：其他应付款——押金　　1 130 000

贷：其他业务收入　　1 000 000

应交税费——应交增值税(销项税额)　　130 000

结果：(1) 虽然跟未改变前的增值税应纳税额一样，但是延长了纳税时间，充分利用了资金的时间价值。(2) 延长了收入确认的时间，避免了提前缴纳企业所得税的风险。

政策

(1)《国家税务总局关于印发〈增值税若干具体问题的规定〉的通知》(国税发〔1993〕154号)，第二条第一款规定：纳税人为销售货物而出租出借包装物收取的

押金，单独记账核算的，不并入销售额征税。但对因逾期未收回包装物不再退还的押金，应按所包装货物的适用税率征收增值税。

（2）《国家税务总局关于取消包装物押金逾期期限审批后有关问题的通知》(国税函〔2004〕827号)规定：纳税人为销售货物出租出借包装物而收取的押金，无论包装物周转使用期限长短，超过一年(含一年)仍不退还的，均并入销售额征税。

（3）《国家税务总局关于增值税若干征管问题的通知》(国税发〔1996〕155号)第一条规定：对增值税一般纳税人(包括纳税人自己或代其他部门)向购买方收取的价外费用和逾期包装物押金，应视为含税收入，在征税时换算成不含税收入并入销售额计征增值税。

资料来源：佚名.包装物租金变押金，延迟了增值税和企业所得税的缴纳时间[EB/OL].[2017-11-29].https://www.shui5.cn/article/a1/116504.html.

六、任务实践

请完成业务1-3相关税费的计算，并编制记账凭证。

七、任务成果报告及评价

表4-7是应税消费品包装物会计核算成果报告。

表4-7　应税消费品包装物会计核算成果报告

<table>
<tr><td colspan="4">实训任务三　应税消费品包装物会计核算成果报告</td></tr>
<tr><td>适用项目</td><td></td><td>课时</td><td>2</td></tr>
<tr><td>组名</td><td></td><td rowspan="2">成员及分工</td><td rowspan="2">组织者：　　思路方案：
政策支持：　　职业素养：
凭证制作及上传：</td></tr>
<tr><td>时间及地点</td><td></td></tr>
<tr><td colspan="4">【案例描述及要求】</td></tr>
<tr><td colspan="4">【我的思路或方法】

【我的解决方案】

【我的政策知识】

【我的职业技能】

【我的职业素养】</td></tr>
<tr><td colspan="4">【课堂提问】
一、小组被提问记录

二、小组提问记录

三、教师提问记录</td></tr>
</table>

续表

【我的评分】 评分标准： 1.知识掌握（20分）：案例适用政策完整且准确（20分）。 2.技能掌握（30分）：案例税额计算准确（10分）、凭证制作（15分）、信息搜集整理（5分）。 3.素质提升（30分）：思政精神力挖掘务实（5分）、与具体实践结合（15分）、具有共鸣感（10分）。 4.小组合作（20分）：分工明确（5分）、全员贡献度（10分）、活跃度（问及答）（5分）。 一、自评分（20%） 二、小组互评分（40%） 三、教师评分（40%）
【我的诊改】 一、存在问题 （一）知识方面 （二）技能方面 （三）素质方面 二、未来改进 （一）知识方面 （二）技能方面 （三）素质方面

八、课后作业及拓展

（一）讨论

啤酒、黄酒包装物押金为什么收取押金和没收押金时都不需要缴纳消费税？

（二）阅读

包装物涉税梳理，https：//www.shui5.cn/article/89/123697.html。

（三）作业

1.【单项选择题】企业出租、出借包装物逾期未收回没收的押金应交的消费税，应借记（　　）科目，贷记“应交税费——应交消费税”科目。

A.税金及附加　　B.营业外支出

C.其他业务成本　　D.主营业务成本

2.【单项选择题】某生产应税消费品的企业，购进材料委托其他企业生产应税消费品的包装盒，以下会计处理中，错误的是（　　）。

A.借：委托加工物资
　　贷：原材料

B.借：应交税费——应交消费税
　　贷：银行存款

C.借：委托加工物资
　　　应交税费——应交增值税（进项税额）
　　贷：银行存款

D.借：原材料
　　贷：委托加工物资

3.【业务题】甲企业销售应税消费品（非酒类）收取押金2 260元，逾期一年未收回包装物，该消费品适用的消费税税率为10%。请对该业务进行会计处理。

任务四　委托加工应税消费品会计核算

一、任务导航

表4-8是委托加工应税消费品会计核算工作任务表。

表4-8　委托加工应税消费品会计核算工作任务表

任务基本描述：委托加工环节消费税的会计核算				
任务目标	任务知识点	任务技能点	学习时间节点	学习资源
1.准备资料	•委托加工应税消费品应纳税额的计算	•制作消费税计算表	•课前准备 •课堂展示	•百度搜索 •税屋
2.制作凭证	•委托加工应税消费品的会计处理	•根据原始凭证填写记账凭证	•课堂完成 •课堂展示	•百度搜索

二、前导知识和技能测试

前导知识测试
4.4.1

前导技能测试
4.4.1

1.前导知识测试4.4.1

2.前导技能测试4.4.1

三、任务计划

（一）学习目标：________________

（二）学习内容及时间安排：________________

（三）学习完成率及成果：________________

四、任务案例

业务1：202×年9月2日，北京华烟烟草有限公司委托北京福安加工有限公司加工烟丝，北京华烟烟草有限公司提供原材料烟叶。（烟叶单价15元/千克，数量4 000千克）

9月8日，公司以银行存款支付加工费22 600元，取得增值税专用发票，注明价款20 000元，税款2 600元。

9月8日，会计计算确认当日委托加工业务将由受托方代收代缴的消费税税额。（注：受托方同类消费品不含税销售价格为130 000元；烟丝的消费税税率为30%）

9月8日，公司支付被代收代缴的消费税，该批烟丝收回后将直接出售。

9月8日，公司收回委托加工物资入库。

9月12日，该批烟丝收回后直接出售，款项已收（银行存款），不含税售价130 000元，烟丝属于该公司的原材料。

业务1

业务2：202×年10月3日，北京华烟烟草有限公司委托北京福安加工有限公司加工烟丝，北京华烟烟草有限公司提供原材料烟叶。（烟叶单价15元/千克，数量4 000千克）

10月9日，公司以银行存款支付加工费22 600元，取得增值税专用发票，注明价款20 000元，税款2 600元。

10月9日，会计计算确认当日委托加工业务将由受托方代收代缴的消费税税额。（注：受托方无同类消费品销售价格；烟丝的消费税税率为30%）

10月9日，公司支付被代收代缴的消费税，该批烟丝收回后将直接出售。

10月9日，公司收回委托加工物资入库。

11月12日，该批烟丝收回后直接出售，款项已收（银行存款），不含税售价130 000元，烟丝属于该公司的原材料。

业务2

业务3：202×年11月14日，北京华烟烟草有限公司委托北京福安加工有限公司加工烟丝，北京华烟烟草有限公司提供原材料烟叶。（烟叶单价16元/千克，数量2 500千克）

11月22日，公司以银行存款支付加工费18 080元，取得增值税专用发票，注明价款16 000元，税款2 080元。

11月22日，会计计算确认当日委托加工业务将由受托方代收代缴的消费税税额。（注：受托方无同类消费品销售价格；烟丝的消费税税率为30%）

11月22日，公司支付被代收代缴的消费税。该批烟丝收回后用于连续生产卷烟。

11月22日，公司收回委托加工物资并入库。该批烟丝收回后用于连续生产卷烟。

业务3

11月30日，公司委托加工收回的烟丝用于连续加工成卷烟50箱对外全部销售，取得不含税销售额500 000元，款项已收（银行存款）。月初库存委托加工应税烟丝已纳消费税7 000元，期末库存委托加工应税烟丝已纳消费税8 000元。

五、任务知识殿堂

（一）委托加工应税消费品应纳税额的计算

委托加工产品，是由委托方提供原材料及主要材料，受托方只收取加工费、代垫部分辅助材料的业务。根据消费税的有关规定，委托加工应税消费品由受托方在委托方收回货物时代收代缴消费税（受托方为个体经营者的除外）。委托方收回货物后，用于直接销售的，如果价格不高于同类消费品销售价格或组成计税价格，将不再征税。

根据《中华人民共和国消费税暂行条例》的规定，委托加工的应税消费品，按照受托方同类消费品的销售价格计算纳税；受托方是个体经营者的，按照委托方的同类消费品的销售价格计算纳税；没有同类消费品销售价格的，按照组成计税价格计算纳税。

①有同类产品销售价格的，应纳税额计算公式为：

应纳税额=同类消费品销售单价×委托加工数量×适用税率

②没有同类产品销售价格的，应纳税额计算公式为：

A.以从价定率办法计算纳税的组成计税价格计算公式为：

组成计税价格=（材料成本+加工费）÷（1-消费税税率）

应纳税额=组成计税价格×适用比例税率

B.以复合计税办法计算纳税的组成计税价格计算公式为：

组成计税价格=（材料成本+加工费+委托加工数量×定额税率）÷（1-比例税率）

应纳税额=组成计税价格×适用比例税率+委托加工数量×定额税率

公式中的“材料成本”是指委托方所提供加工材料的实际成本；“加工费”是指受托方加工应税消费品向委托方收取的全部费用，包括代垫辅助材料的实际成本。材料成本、加工费以及代垫辅助材料成本，均不包含增值税和代收代缴的消费税。

根据税法的规定，纳税人用委托加工收回的应税消费品连续生产应税消费品的，以及委托加工收回直接销售的（销售价格高于同类消费品销售价格或高于组成计税价格）的，其已纳消费税税款准予扣除。委托加工收回的准予扣除的已税消费品范围与外购的相同。

当期准予扣除的委托加工应税消费品已纳税款=期初库存的委托加工应税消费品已纳税款+当期收回的委托加工应税消费品已纳税款-期末库存的委托加工应税消费品已纳税款

纳税人用委托加工收回的已税珠宝玉石生产改在零售环节缴纳消费税的金银首饰，在计税时一律不得扣除委托加工收回的珠宝玉石已纳税款。

（二）委托加工应税消费品的会计处理

1.委托方收回后直接用于销售的应税消费品的会计处理

如果委托方将委托加工的应税消费品收回后直接用于销售，受托方在交货时已代收代缴消费税，按照税法的规定，委托方将收回的应税消费品，以不高于受托方的计税价格出售的，为直接出售，不再缴纳消费税；将受托方代收代缴的消费税计入委托加工的应税消费品成本，借记“委托加工物资”等，贷记“应付账款”“银行存款”等。

委托方以高于受托方的计税价格出售的，不属于直接出售，需按照规定申报缴纳消费税，在计税时准予扣除受托方已代收代缴的消费税；受托方代收代缴的消费税记入“应交税费——应交消费税”科目的借方，待最终应税消费品缴纳消费税时抵扣。委托方在提货时，按应支付的加工费等借记“委托加工物资”等科目，按受托方代收代缴的消费税，借记“应交税费——应交消费税”科目，按支付加工费相应的增值税税额借记“应交税费——应交增值税（进项税额）”科目，按加工费与增值税、消费税之和贷记“银行存款”等科目；待加工成最终应税消费品销售时，按最终应税消费品应缴纳的消费税，借记“税金及附加”科目，贷记“应交税费——应交消费税”科目；“应交税费——应交消费税”科目中这两笔借贷方发生额的差额为实际应缴的消费税；缴纳时，借记“应交税费——应交消费税”科目，贷记“银行存款”科目。

例 4-9 红星烟厂10月3日委托家悦烟厂加工烟丝，两厂均为增值税一般纳税人。红星烟厂提供烟叶价值10 000元。10月9日家悦烟厂收取加工费40 000元，增值税5 200元，加工烟丝1吨；家悦烟厂没有同类烟丝的售价。红星烟厂11月12日收回烟丝。烟丝收回后在当月全部销售，不含税收入为90 000元。烟丝消费税税率为30%。请进行相应的会计处理。

解析

（1）10月3日发出材料时：

借：委托加工物资	10 000	
贷：原材料		10 000

（2）10月9日支付加工费、消费税和增值税时：

组成计税价格=（10 000+40 000）÷（1−30%）=71 428.57元，低于售价90 000元。

受托方代收代缴消费税税额= 71 428.57 ×30%=21 428.57（元）

借：委托加工物资	40 000	
应交税费——应交增值税（进项税额）	5 200	
——应交消费税	21 428.57	
贷：银行存款		66 628.57

（3）收回烟丝入库待售：

借：库存商品——烟丝（10 000+40 000+21 428.57）	71 428.57	
贷：委托加工物资		71 428.57

（4）销售烟丝时：

销项税额=90 000×13%=11 700（元）

借：银行存款　　101 700

　贷：主营业务收入　　90 000

　　　应交税费——应交增值税（销项税额）　　11 700

红星烟厂（委托方）收回烟丝后直接销售，售价为90 000元（不含税），以高于受托方的计税价格出售，不属于直接出售，需按照规定申报缴纳消费税，在计税时准予扣除受托方已代收代缴的消费税。

借：税金及附加　　27 000

　贷：应交税费——应交消费税　　27 000

应纳消费税=90 000×30%-21 428.57=5 571.43（元）

（5）下月缴纳消费税时：

借：应交税费——应交消费税　　5 571.43

　贷：银行存款　　5 571.43

2.委托方收回后用于连续生产应税消费品的会计处理

如果委托方将委托加工的应税消费品收回后用于连续生产应税消费品，则应将受托方代收代缴的消费税记入"应交税费——应交消费税"科目的借方，在最终应税消费品计算缴纳消费税时予以抵扣。委托方在提货时，按应支付的加工费等借记"委托加工物资"等科目，按受托方代收代缴的消费税，借记"应交税费——应交消费税"科目，按支付加工费相应的增值税税额借记"应交税费——应交增值税（进项税额）"科目，按加工费与增值税、消费税之和贷记"银行存款"等科目；待加工成最终应税消费品销售时，按最终应税消费品应缴纳的消费税，借记"税金及附加"科目，贷记"应交税费——应交消费税"科目；"应交税费——应交消费税"科目中这两笔借贷方发生额的差额为实际应缴的消费税；缴纳时，借记"应交税费——应交消费税"科目，贷记"银行存款"科目。

|例4-10| 承|例4-9|假定红星烟厂用委托加工收回的烟丝用于连续加工成卷烟50箱对外全部销售，取得不含税销售额500 000元。月初库存委托加工应税烟丝已纳消费税7 000元，期末库存委托加工应税烟丝已纳消费税8 000元。试针对上述业务进行相应的会计处理。

|解析|

当月不含税销售额为500 000元，单条售价为40元（500 000÷50÷250），消费税从价部分适用税率为36%。

（1）发出材料的会计处理同上。

（2）支付加工费、消费税和增值税时：

借：委托加工物资　　40 000

　　应交税费——应交增值税（进项税额）　　5 200

　　　　　　——应交消费税　　21 428.57

　贷：银行存款　　66 628.57

（3）收回委托加工烟丝入库时：

借：原材料——烟丝　　50 000

　贷：委托加工物资　　50 000

（4）收回的烟丝加工成卷烟后销售：

①红星烟厂取得销售收入时：

借：银行存款　　565 000

　贷：主营业务收入　　500 000

　　　应交税费——应交增值税（销项税额）　　65 000

②计算消费税时：

应纳消费税税额=500 000×36%+50×150=187 500（元）

借：税金及附加　　187 500

　贷：应交税费——应交消费税　　187 500

③下月实际上缴消费税时：

可以抵扣已纳消费税=7 000+21 428.57−8 000=20 428.57（元）

本期实际向税务机构缴纳消费税=187 500−20 428.57=167 071.43（元）

借：应交税费——应交消费税　　167 071.43

　贷：银行存款　　167 071.43

3.委托方收回后用于连续生产非应税消费品的会计处理

如果委托方将委托加工的应税消费品收回后用于连续生产非应税消费品，则委托加工环节由受托方代收代缴的消费税不允许抵扣，将受托方代收代缴的消费税计入委托加工的应税消费品成本，借记“委托加工物资”等，贷记“应付账款”“银行存款”等。

拓展阅读

酒厂未代扣代缴税款的案例

案例

20×1年6月，某市圣井白酒厂与本市一家镇办集体企业——古源酒厂签订了一份受托加工粮食白酒的合同，由古源酒厂向圣井白酒厂提供1 500吨价值185万元的红粮，委托圣井白酒厂为其加工生产400吨特制高度粮食白酒（圣井白酒厂没有生产过类似的白酒），古源酒厂每吨白酒支付圣井白酒厂2 500元的委托加工费。20×1年9月，圣井白酒厂按时将400吨加工好的粮食白酒交给了古源酒厂，并将收取的100万元委托加工费申报缴纳了增值税，但未履行代扣代缴委托加工白酒消费税的义务。

20×2年3月12日，该市税务稽查局对圣井白酒厂20×1年度的增值税、消费税进行检查时，认为圣井白酒厂受托加工的粮食白酒应该按照组成计税价格代收代缴消费税121.25万元。对圣井白酒厂应代收古源酒厂而未代收的消费税，决定全部由圣井白酒厂进行补缴，遂向圣井白酒厂下达了《税务处理决定书》，限其于20×2年3月20日前将应补缴的消费税税款缴纳入库。圣井白酒厂对税务稽查局的处理决定有异议，遂采取不予理睬的办法对待稽查局的处理决定。至3月20日，圣井白酒厂没有履行稽查局作出的处理决定。3月21日，稽查局突然派人将圣井白酒厂在工商银行开办的基本账户中的150万元的销售货款冻结了121.25万元，要该厂马上缴纳应补缴的税款，否则，将冻结的资金全部划缴入库，并视情节给予罚款。

无奈，圣井白酒厂只好乖乖地缴纳了121.25万元的消费税。

复议

20×2年4月6日，圣井白酒厂在缴纳121.25万元的消费税后，向该市税务稽查局的上一级税务机关——市税务局提出了复议申请：

1. 圣井白酒厂受托加工的400吨白酒的产权归古源酒厂，且产品已经发生了转移，消费税应该由古源酒厂缴纳，请求撤销稽查局的税务处理决定；

2. 对已经补缴入库的121.25万元消费税立即予以退还。

20×2年4月28日，市税务局经过对案件的进一步审查，作出撤销稽查局原处理决定并退还补缴的121.25万元消费税的复议决定。

案例分析

首先，根据《中华人民共和国消费税暂行条例》第四条第二款的规定，委托加工的应税消费品，应由受托方在向委托方交货时代收代缴税款。圣井白酒厂为受托加工白酒的生产企业，理所当然成为委托加工白酒的法定代收代缴义务人，应该依法代收代缴受托加工白酒的消费税。对扣缴义务人应代收而未代收、应代扣而未代扣的税款，依照《中华人民共和国税收征收管理法》第六十九条的规定，税务机关应依法向纳税人进行追缴，不能向扣缴义务人进行追缴。对扣缴义务人应扣未扣、应收未收的税款，税务机关只能对其处以百分之五十以上三倍以下的罚款。所以，该市稽查局对圣井白酒厂应代收而未代收的委托加工白酒的消费税要该厂予以补缴是不合法的。

其次，《中华人民共和国税收征收管理法》对税务机关采取税收保全措施的税务行政相对人作出了明确规定，那就是，税务机关采取税收保全措施的对象只能是"从事生产、经营的纳税人"和"临时从事经营的纳税人"，而不能是"扣缴义务人"及其他当事人。因此，该市稽查局就圣井白酒厂未代收代缴税款的问题对其采取税收保全措施是不合法的。

因此，对于不该补征的税款，且违法采取税收保全措施征收的代扣代缴税款，市税务局应撤销稽查局的处理决定，退还已经补缴的消费税税款。

资料来源：佚名.酒厂未代扣代缴税款的案例[EB/OL].[2008-12-12].https://www.shui5.cn/article/62/15212.html，有改编.

六、任务实践

请完成业务1—3相关税费的计算，并编制记账凭证。

七、任务成果报告及评价

表4-9是委托加工应税消费品会计核算成果报告。

表 4-9　　　　委托加工应税消费品会计核算成果报告

<table>
<tr><td colspan="4">实训任务四　委托加工应税消费品会计核算成果报告</td></tr>
<tr><td>适用项目</td><td></td><td>课时</td><td>2</td></tr>
<tr><td>组名</td><td></td><td rowspan="2">成员及分工</td><td rowspan="2">组织者：　　　　思路方案：
政策支持：　　　职业素养：
凭证制作及上传：</td></tr>
<tr><td>时间及地点</td><td></td></tr>
<tr><td colspan="4">【案例描述及要求】</td></tr>
<tr><td colspan="4">【我的思路或方法】

【我的解决方案】

【我的政策知识】

【我的职业技能】

【我的职业素养】</td></tr>
<tr><td colspan="4">【课堂提问】
一、小组被提问记录

二、小组提问记录

三、教师提问记录</td></tr>
<tr><td colspan="4">【我的评分】
评分标准：
1.知识掌握（20分）：案例适用政策完整且准确（20分）。
2.技能掌握（30分）：案例税额计算准确（10分）、凭证制作（15分）、信息搜集整理（5分）。
3.素质提升（30分）：思政精神力挖掘务实（5分）、与具体实践结合（15分）、具有共鸣感（10分）。
4.小组合作（20分）：分工明确（5分）、全员贡献度（10分）、活跃度（问及答）（5分）。
一、自评分（20%）

二、小组互评分（40%）

三、教师评分（40%）</td></tr>
</table>

续表

【我的诊改】 一、存在问题 （一）知识方面   （二）技能方面   （三）素质方面   二、未来改进 （一）知识方面   （二）技能方面   （三）素质方面

八、课后作业及拓展

（一）讨论

哪些情形下委托加工环节消费税计入“委托加工物资”科目，哪些情形下委托加工环节消费税计入“应交税费——应交消费税”科目借方？

（二）阅读

消费税委托加工环节应纳消费税的计算，https：//www.shui5.cn/article/0c/115254.html。

委托加工的会计核算（增值税、消费税），https：//www.shui5.cn/article/94/118359.html。

（三）作业

1.【单项选择题】享美化妆品厂受托加工一批高档化妆品，委托方提供原材料成本30 000元。该化妆品厂收取加工费10 000元、代垫辅助材料款5 000元，该厂没有同类化妆品销售价格。假设以上款项均不含增值税，则该化妆品厂应代收代缴消费税（　　）。

A.7 941.18元　　B.19 285.71元　　C.20 142.86元　　D.20 250.00元

2.【单项选择题】委托加工的应税消费品收回后用于连续加工应税消费品的，

由受托方代扣代缴的消费税，委托方应借记的会计科目是（　　）。

A.在途物资　　　　　　　　B.委托加工物资

C.应交税费——应交消费税　　D.税金及附加

3.【多项选择题】下列各项中，不属于委托加工应税消费品的有（　　）。

A.委托方提供原材料，受托方代垫辅助材料加工的应税消费品

B.受托方以委托方的名义购进原材料加工的应税消费品

C.受托方提供原材料加工的应税消费品

D.委托方向受托方购买原材料，并要求受托方加工的应税消费品

4.【业务题】新华珠宝公司委托红星加工厂加工珠宝玉石一批，新华珠宝公司提供主要材料，发出材料的成本为62 450元，支付加工费20 000元。

（1）该批珠宝玉石收回后直接用于对外销售，销售价格不高于计税价格。试对新华珠宝公司的业务进行会计处理。

（2）假设新华珠宝公司将该批珠宝玉石收回后用于连续生产珠宝玉石，并全部实现对外销售，不含税销售收入为120 000元，珠宝玉石的消费税税率为10%，其他条件相同。试对上述业务进行会计处理。

任务五　外购应税消费品已纳税款扣除会计核算

一、任务导航

表4-10是外购应税消费品已纳税款扣除会计核算工作任务表。

表4-10　　外购应税消费品已纳税款扣除会计核算工作任务表

任务基本描述：外购应税消费品已纳税款扣除的会计核算				
任务目标	任务知识点	任务技能点	学习时间节点	学习资源
1.准备资料	•外购应税消费品已纳税款扣除的范围 •外购应税消费品已纳税款扣除的计算	•制作消费税计算表	•课前准备 •课堂展示	•百度搜索 •国家税务总局法规库
2.制作凭证	•外购应税消费品已纳税款扣除的会计处理	•根据原始凭证填写记账凭证	•课堂完成 •课堂展示	•百度搜索 •税务会计练习平台

二、前导知识和技能测试

1.前导知识测试4.5.1

2.前导技能测试4.5.1

前导知识测试 4.5.1

前导技能测试 4.5.1

三、任务计划

（一）学习目标：________________

（二）学习内容及时间安排：________________

（三）学习完成率及成果：________________

四、任务案例

业务原始凭证

202×年06月03日，北京华烟烟草有限公司外购一批烟丝（该批烟丝用于生产香烟），增值税专用发票上注明金额50万元，款项尚未支付。

月初库存外购应税烟丝金额20万元，月末库存烟丝金额10万元，其余被当月生产卷烟领用。烟丝适用的消费税税率为30%。

五、任务知识殿堂

（一）外购应税消费品已纳税款的扣除计算

由于消费税在课征时，选择的是单一环节课征，强调税不重征，因此税法规定对于用外购已税产品连续生产出来的应税消费品，在计算征税时，按当期生产领用数量计算准予扣除外购已税消费品已纳的消费税税额。

1.准予扣除外购已税消费品已纳消费税的范围

（1）外购已税烟丝生产的卷烟。

（2）外购已税高档化妆品生产的高档化妆品。

（3）外购已税珠宝玉石生产的贵重首饰及珠宝玉石。

（4）外购已税摩托车生产的摩托车。

（5）外购已税杆头、杆身和握把生产的高尔夫球杆。

（6）外购已税木制一次性筷子生产的木制一次性筷子。

（7）外购已税实木地板生产的实木地板。

（8）外购已税石脑油生产的应税消费品。

（9）外购已税润滑油生产的润滑油。

2.准予扣除外购已税消费品的计算公式

当期准予扣除的外购应税消费品已纳税款=当期准予扣除的外购应税消费品买价×外购应税消费品的适用税率

当期准予扣除的外购应税消费品买价=期初库存的外购应税消费品的买价+当期购进的应税消费品的买价−期末库存的外购应税消费品的买价

3.扣除环节的规定

（1）允许扣除已纳税款的应税消费品只限于从工业企业购进的应税消费品，从境内商业企业购进的应税消费品已纳税款不得扣除。

（2）纳税人用外购的已税珠宝玉石生产改在零售环节缴纳消费税的金银首饰，在计税时一律不得扣除外购珠宝玉石已纳税款。

（二）外购应税消费品已纳税款扣除的会计处理

按照计算出的当期准予扣除的外购应税消费品已纳税款，借记“应交税费——应交消费税”，贷记“原材料”等科目。

|例4-11| 享美化妆品生产企业（增值税一般纳税人），202×年1月从北京复兴生物技术有限公司购入高档保湿精华一批（外购的高档保湿精华期初库存为0），取得增值税专用发票上注明不含税价款200万元，已通过勾选确认；当月领用其中

60%（即期末库存的外购高档保湿精华为40%）生产高档保湿粉底液并全部销售给商贸公司，向商贸公司开具增值税专用发票上注明不含税价款1 000万元。该批高档保湿粉底液已发出，款项以银行存款收讫。该批高档保湿粉底液成本为500万元。

|解析|

（1）购入高档保湿精华时：

借：原材料　　2 000 000

　　应交税费——应交增值税（进项税额）　　260 000

　贷：银行存款　　2 260 000

（2）销售高档保湿粉底液：

确认收入：

借：银行存款　　11 300 000

　贷：主营业务收入　　10 000 000

　　　应交税费——应交增值税（销项税额）　　1 300 000

结转成本：

借：主营业务成本　　5 000 000

　贷：库存商品　　5 000 000

当期准予扣除的外购应税消费品已纳税款=（0+200−200×40%）×15%=18（万元）

计提消费税：

借：税金及附加　　1 500 000

　贷：应交税费——应交消费税　　1 500 000

借：应交税费——应交消费税（待抵扣）　　180 000

　贷：原材料　　180 000

实际上缴消费税时：

借：应交税费——应交消费税　　1 320 000

　贷：银行存款　　1 320 000

拓展阅读

变票虚抵消费税与传统虚开骗抵增值税是否一律构成虚开犯罪

目前，变票虚抵消费税的行为在刑事司法实践中大多按照虚开犯罪处理，这种未加以区分增值税与消费税抵扣原理以及虚开犯罪与逃税犯罪构成要件的做法有损司法公正，损害刑事被告人的合法权益。因此，要对变票虚抵消费税与传统虚开骗抵增值税的行为进行严格区分。

一、消费税征收环节及其抵扣制度的特殊性成为变票行为存在的客观原因

大家一般都知道一般纳税人通过增值税专用发票可以抵扣增值税进项税额。但对税法不是很了解的人，很少有知道增值税专用发票也是抵扣消费税税款的合法有效凭证。根据国家税务总局《消费税若干具体问题的规定》（国税发〔1993〕156号）第三条第（三）（四）项、《财政部 国家税务总局关于调整和完善消费税政策的通知》（财税〔2006〕33号）等条款的规定，外购或委托加工以上条款范围内的

已税原材料（作为下一环节的原料使用，也属于消费税应税消费品），准予从应纳税额中扣除原料已纳的消费税税款。

由于消费税征收环节以及抵扣税款的特殊性，只要将增值税专用发票上的货物名称由非应税消费品变更为应税消费品，下游用票企业便可以利用增值税专用发票进行消费税税款的抵扣，从而达到少缴消费税的目的。虽然国家税务总局出台了2012年第47号公告，规定工业企业以外的单位和个人将外购的消费税非应税产品以消费税应税产品对外销售的，视为应税消费品的生产行为，按规定征收消费税。另外国家税务总局2015年39号公告规定，外购应税消费品未缴纳消费税的，纳税人应将已抵扣的消费税税款，从核实当月允许抵扣的消费税中冲减。2012年第47号公告以及2015年39号公告在一定程度上堵住了消费税抵扣的漏洞。但是在利益的驱使下，仍然存在商贸企业回避税收监管不申报缴纳消费税或者通过设立空壳公司进行变票的情况。

二、目前司法实践中对变票虚抵消费税行为一般也按虚开处理

根据《中华人民共和国发票管理办法》第二十二条第二款以及第三十七条的规定，存在为他人、为自己开具与实际经营业务情况不符的发票；让他人为自己开具与实际经营业务情况不符的发票；介绍他人开具与实际经营业务情况不符的发票等情形的，由税务机关没收违法所得。虚开金额在1万元以下的，可以并处5万元以下的罚款；虚开金额超过1万元的，并处5万元以上50万元以下的罚款。实务中，针对仅变更发票品名未造成消费税抵扣损失的行为一般只按照《中华人民共和国发票管理办法》的规定没收违法所得并处罚款即可，构成犯罪的一般也是按照逃税罪进行查处。变票虚抵消费税的行为的特殊之处在于其利用变名的增值税专用发票抵扣了消费税税款，造成了消费税税款的损失，因此实务中一般将其视为虚开增值税专用发票犯罪。笔者认为，判断此种变票虚抵消费税的行为是否属于虚开应该综合考量刑法第二百零五条所要保护的法益、立法目的、构成要件等。同时也应该认识到变票虚抵消费税与传统虚开骗抵增值税的行为存在本质差异，应当予以区分，不能将变票虚抵消费税的行为也定性为虚开犯罪。

三、变票虚抵消费税与传统虚开骗抵增值税存在本质差异

增值税的抵扣和消费税的抵扣两者虽都涉及增值税专用发票，同时也都涉及抵扣税款，但是两者之间存在本质的差别，不仅在抵扣范围、抵扣时限、期末留抵、扣税手续上存在差异，抵扣方法上也大有不同。本文将从增值税与消费税的征税原理入手，着重分析两者抵扣方式的差异，明确两者之间的本质差别。

传统虚开骗抵增值税：

从计税原理上说，增值税是对应税销售行为中多个环节的新增价值征收的一种流转税。增值税是价外税，即税负最终由消费者承担，有增值才征税没有增值不征税，但在实际当中，货物新增价值或附加值在生产和流通过程中是很难准确计算的。因此，我国采用国际上普遍采用的税款抵扣办法，即根据销售货物或劳务的销售额，按规定的税率计算出销项税额，然后扣除取得该货物或劳务时所支付的增值税款，即进项税额，其差额就是增值部分应交的税额，这种计算方法体现了按增值额计税的原则。

例如，A企业购进货物，销售给B企业。A企业113元购进，不含税成本100元，进项税13元。A企业购进货物后再以339元卖出，不含税收入300元，销项税39元。按照销项税额减去进项税额的计算方法，A企业应缴增值税26元。该笔交易中，纳税人是A企业，但税负人是B企业。B企业在买货的同时把需要在该环节申报缴纳的增值税税款转移给A企业，A企业需要将增值部分税款上缴。该笔交易中，国家应收增值税税款为销售A企业货物企业缴纳的13元以及A企业需要缴纳的26元。

紧接上述案例，此时如果A企业虚接价税合计数226元的增值税专用发票，记载进项税26元，A企业虚假抵扣掉这部分税款导致其不需要再交税。注意，这里A企业不是减少了纳税义务，而是把原归属于国家且A企业已经占有的26元税款通过虚抵进项税的方式非法占有，从经济层面看A企业违法取得了经济利益的增长26元，国家原应收取的26元被骗取，国家损失26元增值税税款。

换言之，国家信任A企业，让A企业代收了26元的税款，A企业通过虚开骗抵的方式非法占有了26元税款。传统虚开骗抵增值税本质上是骗取税款，非法占有国家已确认的税款。

变票虚抵消费税：

根据《中华人民共和国消费税暂行条例》等相关规定，消费税属于价内税，其是对我国境内从事生产、委托加工和进口应税消费品的单位和个人就其销售额或销售数量，在特定环节征收的一种税。所有的消费税应税消费品，生产出来后仅在一个环节征收一次税款（特殊除外），不重复征税。

例如，A企业购买非应税原材料1吨，价格5 000元；生产汽油销售1吨，售价7 000元，应交消费税1 500元（此处为方便计算将消费税定为1 500元）。如果A企业接受变票，把采购非应税原材料的发票变更为应税的燃料油发票，购买燃料油1吨，价格为5 000元，需要交纳消费税1 200元（此处为方便计算将消费税定为1 200元）。此时A企业生产汽油销售1吨，价格7 000元，根据消费税抵扣制度的相关规定，A企业应交消费税300元（1 500−1 200）。

上述交易中，A企业抵扣燃料油的消费税是虚假的，其上游并未缴税，由此产生A企业少缴1 200元税款的效果，实现逃税。国家并不对这1 200元抵扣的税款有占有的性质。变票虚抵消费税本质是少缴税款，应缴不缴国家应收的税款。

四、区分两者差异的目的在于明晰两者在刑法上的定性：逃税或虚开

根据上述阐述以及举例分析可知，增值税的抵扣与消费税的抵扣存在一定差异，传统的虚开骗抵增值税与变票虚抵消费税也因此存在本质的区别。增值税抵扣的税额为增值税专用发票记载的（进项）税额，消费税则是根据增值税专用发票上记载的应税产品的价格或者数量来完成抵扣税款的计算，不能因为两者都需要凭借增值税专用发票完成抵扣就“一刀切”地认定变票虚抵消费税与传统虚开骗抵增值税的行为都为虚开犯罪行为。对以上两种行为进行定性，不光要考察其外在表现形式，也应该综合考察逃税与虚开犯罪的构成要件。

就《中华人民共和国刑法》第二百零五条规定的虚开犯罪而言，其构成要件表现为：第一，行为人在主观上具有骗抵国家增值税税款的目的。刑法设立虚开犯罪

的立法目的是打击侵害国家税收收入的犯罪行为。因此不以骗抵国家增值税税款为目的的"虚开"行为不是刑法第二百零五条的评价对象。变票虚抵消费税的交易中，行为人不存在骗抵增值税税款的目的。第二，行为人构成虚开增值税专用发票罪应当在客观上造成国家税款损失的后果。如果行为人所实施的"虚开"行为在客观上未造成国家增值税税款损失的后果，则不具有犯罪所具有的严重社会危害性，不应当为刑法二百零五条所评价。虚开骗抵消费税的交易过程中，每一个环节各主体均按时足额申报缴纳增值税税款，不会造成增值税税款的损失。

就《中华人民共和国刑法》第二百零一条规定的逃税罪而言，其构成要件表现为：第一，逃税罪的主观方面表现为直接故意，并且具有逃避缴纳应缴税款义务而非法获利的目的。变票虚抵消费税的行为中，行为人主要是利用消费税征管中的漏洞，企图逃避缴纳消费税税款，从中谋取非法利益，符合逃税罪的主观构成要件。第二，逃税罪的客观方面表现为，纳税人采取欺骗、隐瞒手段，进行虚假纳税申报或者不申报，逃避缴纳税款数额较大且占应纳税额百分之十以上。在变票虚抵消费税的行为中，行为人造成消费税税款损失的，符合逃税罪的客观构成要件。

综上所述，变票虚抵消费税的行为如构成犯罪的仅属于一般的逃税犯罪，不满足虚开犯罪的构成要件，不能被《中华人民共和国刑法》第二百零五条所评价。逃税犯罪与虚开犯罪不仅在构成要件上存在差异，而且两罪的刑罚也有差异。逃税罪最高刑期为七年，且存在刑罚阻却事由；虚开增值税专用发票罪最高刑期为无期徒刑，属于重刑犯罪。只有严格区分变票虚抵消费税与传统虚开骗抵增值税两者之间的本质差异，区分消费税与增值税的抵扣原理，才能在司法实践中更加准确地对变票虚抵消费税的行为进行定罪量刑，维护刑事被告人的合法权益。

资料来源：佚名.变票虚抵消费税与传统虚开骗抵增值税是否一律构成虚开犯罪[EB/OL].[2020-04-17].https：//www.shui5.cn/article/f9/136358.html.

六、任务实践

请完成任务案例中已纳消费税税款扣除的计算，并编制记账凭证。

七、任务成果报告及评价

表4-11是外购应税消费品已纳税款扣除会计核算成果报告。

表4-11　外购应税消费品已纳税款扣除会计核算成果报告

<table>
<tr><td colspan="4">实训任务五　外购应税消费品已纳税款扣除会计核算成果报告</td></tr>
<tr><td>适用项目</td><td></td><td>课时</td><td>1</td></tr>
<tr><td>组名</td><td></td><td rowspan="2">成员及分工</td><td rowspan="2">组织者：　思路方案：
政策支持：　职业素养：
凭证制作及上传：</td></tr>
<tr><td>时间及地点</td><td></td></tr>
<tr><td colspan="4">【案例描述及要求】</td></tr>
</table>

续表

【我的思路或方法】 【我的解决方案】 【我的政策知识】 【我的职业技能】 【我的职业素养】
【课堂提问】 一、小组被提问记录 二、小组提问记录 三、教师提问记录
【我的评分】 评分标准： 1.知识掌握（20分）：案例适用政策完整且准确（20分）。 2.技能掌握（30分）：案例税额计算准确（10分）、凭证制作（15分）、信息搜集整理（5分）。 3.素质提升（30分）：思政精神力挖掘务实（5分）、与具体实践结合（15分）、具有共鸣感（10分）。 4.小组合作（20分）：分工明确（5分）、全员贡献度（10分）、活跃度（问及答）（5分）。 一、自评分（20%） 二、小组互评分（40%） 三、教师评分（40%）

续表

【我的诊改】 一、存在问题 （一）知识方面 （二）技能方面 （三）素质方面 二、未来改进 （一）知识方面 （二）技能方面 （三）素质方面

八、课后作业及拓展

（一）讨论

购进珠宝玉石生产金镶嵌首饰可以抵扣珠宝玉石已纳消费税吗？为什么。

（二）阅读

图解消费税已纳税额扣除（含税率表），https：//www.shui5.cn/article/d4/128908.html。

（三）作业

1.【单项选择题】下列项目中，可以抵扣外购应税消费品的已纳税额的有（　　）。

A.为生产高档化妆品而领用的酒精　　B.为零售金银首饰而出库的金银首饰

C.领用外购已税白酒勾兑的白酒　　D.为生产卷烟而外购的烟丝

2.【单项选择题】纳税人将收回的委托加工的应税消费品用于连续生产应税消费品，在计算纳税时，其委托加工消费品的已纳消费税税款应（　　）。

A.按当期生产领用的数量计算扣除　　B.于当期部分领用时一次性扣除

C.于当期领用时扣除50%　　D.直接计入成本，不予扣除

3.【多项选择题】某工艺品厂外购已税珠宝玉石用于加工各种饰品，允许从应征消费税中扣除外购已税珠宝玉石已纳消费税的有（　　）。

A.外购已税玉石用于镶嵌纯金戒指

B.外购已税玉石用于镶嵌镀金手链

C.外购已税珍珠用于加工珍珠项链

D.外购已税钻石用于镶嵌白金首饰

E.外购已税玉石用于镶嵌纯金项链

4.【多项选择题】下列产品中，在计算缴纳消费税时准许扣除外购应税消费品已纳消费税的有（　　）。

A.外购已税烟丝生产的卷烟

B.外购已税实木素板涂漆生产的实木地板

C.外购已税白酒加香生产的白酒

D.外购已税手表镶嵌钻石生产的手表

任务六　进口应税消费品会计核算

一、任务导航

表4-12是进口应税消费品会计核算工作任务表。

表4-12　进口应税消费品会计核算工作任务表

任务基本描述：进口应税消费品的会计核算				
任务目标	任务知识点	任务技能点	学习时间节点	学习资源
1.准备资料	•进口应税消费品进口环节消费税的计算	•制作消费税计算表	•课前准备 •课堂展示	•百度搜索 •国家税务总局法规库
2.制作凭证	•进口应税消费品的会计处理	•根据原始凭证填写记账凭证	•课堂完成 •课堂展示	•学习通 •税务会计练习平台

二、前导知识和技能测试

1.前导知识测试4.6.1

2.前导技能测试4.6.1

前导知识测试 4.6.1

前导技能测试 4.6.1

三、任务计划

（一）学习目标：________

（二）学习内容及时间安排：________

（三）学习完成率及成果：________

四、任务案例

202×年12月23日，武汉新世纪家具有限公司从国外进口一批木制地板，材料已验收入库，货款及运费尚未支付。中国海关货物报关单上注明的报关价格为

950 000元。（提示：关税税率7.5%，消费税税率5%，增值税税率13%。）

业务原始凭证

202×年12月23日武汉新世纪家具有限公司依次支付并取得海关进口关税缴款书、海关进口增值税缴款书、海关进口消费税缴款书。

五、任务知识殿堂

（一）进口应税消费品应纳税额的计算

进口应税消费品以进口商品总值为课税对象，于报关进口时按照组成计税价格计算缴纳消费税。其应纳税额的计算如下：

（1）实行从价定率办法计算应纳税额的：

组成计税价格=（关税完税价格+关税）÷（1−消费税税率）

应纳税额=组成计税价格×适用比例税率

（2）实行从量定额办法计算应纳税额的：

应纳税额=应税消费品数量×消费税定额税率

（3）实行复合计税办法计算应纳税额的：

组成计税价格=（关税完税价格+关税+进口数量×消费税定额税率）÷（1−消费税比例税率）

应纳税额=组成计税价格×适用比例税率+进口数量×消费税定额税率

（二）进口应税消费品的会计处理

进口的应税消费品，应在进口时，由进口者缴纳消费税，缴纳的消费税应计入进口应税消费品的成本。在将消费税计入进口应税消费品成本时，直接贷记“银行存款”等科目。在特殊情况下，如先提货、后缴纳消费税的，也可以通过“应交税费——应交消费税”科目核算应交消费税税额。在进口时，应按应税消费品的进口成本连同消费税及不允许抵扣的增值税，借记“固定资产”“库存商品”“在途物资”等科目，按支付的允许抵扣的增值税，借记“应交税费——应交增值税（进项税额）”科目，按采购成本、缴纳的增值税及消费税的合计数，贷记“银行存款”等科目。

|例4-12| 北京华域国际贸易有限公司（一般纳税人），本年1月从国外进口一辆小汽车，其关税完税价格为30 000美元，款项已开出支票支付。该小汽车适用关税税率为50%，消费税税率为3%，当月1日汇率为1美元兑6.2元人民币。公司已取得海关进口增值税专用缴款书，海关进口增值税专用缴款书本年1月已申请稽核比对并且稽核比对结果相符。

计算北京华域国际贸易有限公司进口环节应纳增值税和消费税，并作出账务处理。

|解析|

（1）组成计税价格=30 000×6.2×（1+50%）÷（1−3%）=287 628.87（元）

（2）应纳增值税=287 628.87×13%=37 391.75（元）

（3）应纳消费税=287 628.87×3%=8 628.87（元）

（4）账务处理：

借：在途物资——小汽车　　　　287 628.87

借：应交税费——应交增值税（进项税额）　　37 391.75

　贷：银行存款　　325 020.62

拓展阅读

中国税务机关助力在华举办大型国际活动

刚刚过去的2021年，北京服贸会、广交会、上海进博会等多项大型国际活动相继在华成功举办，吸引了世界关注的目光。为支持和保障在华举办的各类大型国际活动，中国相继出台了一系列税收优惠政策。

2019年11月，中国财政部、国家税务总局、海关总署联合公布了《关于北京2022年冬奥会和冬残奥会税收优惠政策的公告》，在企业所得税、增值税、消费税等方面对参与冬奥会的各类纳税人予以减免优惠。

2020年4月，财政部、国家税务总局、海关总署发布《关于杭州2022年亚运会和亚残运会税收政策的公告》，在企业所得税、增值税、消费税、印花税等方面对相关纳税人予以减免优惠。

2020年10月，财政部、国家税务总局和海关总署联合发出通知，明确对进博会展期内销售的合理数量的进口展品免征进口关税、进口环节增值税和消费税。

2021年3月，财政部、国家税务总局和海关总署联合发出通知，明确对"十四五"期间中西部地区国际性展会展期内销售的免税额度内的进口展品免征进口关税和进口环节增值税、消费税。

国家税务总局国际税务司有关负责人表示，举办大型国际活动，能够进一步提升中国国际影响力，扩大"朋友圈"。这中间涉及很多与税收相关的工作，比如冬奥会增值税退税，涉奥运涉亚运企业减税降费，进博会、广交会中外贸企业出口退税，东博会、中阿博览会离境退税，国际税收政策宣讲服务外资企业等。这些税收工作对吸引外资"走进来"，鼓励中国企业"走出去"，推动国际交流合作发挥了重要作用。

中央出台税收优惠政策后，各级税务机关负责落地。截至目前，河北省税务局累计为相关冬奥企业减免退税3.9亿元（人民币，下同）。浙江省税务局2021年以来共为涉亚运企业落实研发费用加计扣除1.88亿元，帮助企业享受协定待遇1 052.82万元，实现留抵退税金额7.69亿元。

作为北京冬奥会滑雪单板大跳台项目承建方，北京首钢自动化信息技术有限公司财务负责人范宇秋介绍说，"税务部门及时对接，上门辅导冬奥税收优惠政策，公司2021年累计享受减免税1 642万元，为按时完成冬奥项目建设提供了保障。"

落实税费优惠政策的同时，借助举办大型国际活动，各级税务机关不断创新服务，把实践证明行之有效、广受欢迎的举措推广到更大范围。

河北省税务局通过组建冬奥双语服务团队，提升全省国际税收服务水平。服务广交会期间，广东税务机关探索税收服务数字化改革，把成功经验复制推广到跨境电商领域。

国家税务总局相关负责人表示，中国税务机关将继续提升税收服务水平，为推动中外经贸合作贡献力量。

资料来源：佚名.中国税务机关助力在华举办大型国际活动[EB/OL].[2022-01-18].http：//www.chinatax.gov.cn/chinatax/n810219/n810780/c5172176/content.html.

六、任务实践

请完成任务案例相关税费的计算，并编制记账凭证。

七、任务成果报告及评价

表4-13是进口应税消费品会计核算成果报告。

表4-13 进口应税消费品会计核算成果报告

<table>
<tr><td colspan="4">实训任务六　进口应税消费品会计核算成果报告</td></tr>
<tr><td>适用项目</td><td></td><td>课时</td><td>1</td></tr>
<tr><td>组名</td><td></td><td rowspan="2">成员及分工</td><td rowspan="2">组织者：　思路方案：
政策支持：　职业素养：
凭证制作及上传：</td></tr>
<tr><td>时间及地点</td><td></td></tr>
<tr><td colspan="4">【案例描述及要求】</td></tr>
<tr><td colspan="4">【我的思路或方法】

【我的解决方案】

【我的政策知识】

【我的职业技能】

【我的职业素养】</td></tr>
<tr><td colspan="4">【课堂提问】
一、小组被提问记录

二、小组提问记录

三、教师提问记录</td></tr>
</table>

续表

【我的评分】 评分标准： 1.知识掌握（20分）：案例适用政策完整且准确（20分）。 2.技能掌握（30分）：案例税额计算准确（10分）、凭证制作（15分）、信息搜集整理（5分）。 3.素质提升（30分）：思政精神力挖掘务实（5分）、与具体实践结合（15分）、具有共鸣感（10分）。 4.小组合作（20分）：分工明确（5分）、全员贡献度（10分）、活跃度（问及答）（5分）。 一、自评分（20%） 二、小组互评分（40%） 三、教师评分（40%）
【我的诊改】 一、存在问题 （一）知识方面 （二）技能方面 （三）素质方面 二、未来改进 （一）知识方面 （二）技能方面 （三）素质方面

八、课后作业及拓展

（一）讨论

进口环节消费税和增值税的计税依据是一样的吗？

（二）阅读

进口应税消费品的计税方法—从价、定额、复合，https：//www.shui5.cn/article/5f/114832.html。

（三）作业

1.【单项选择题】某企业为增值税一般纳税人。202×年6月，该企业进口220辆小汽车，每辆小汽车关税完税价格为12万元。（已知小汽车关税税率为25%，消费税税率为5%），该企业进口该批小汽车应纳消费税税额是（　　）万元。

A.251.96　　B.173.68　　C.391.79　　D.456.56

2.【单项选择题】进口的应税消费品，实行复合计税办法计算纳税，组成计税价格的计算公式为（　　）。

A.组成计税价格=（关税完税价格+关税）÷（1-消费税比例税率）

B.组成计税价格=关税完税价格+关税

C.组成计税价格=（关税完税价格+关税+进口数量×消费税定额税率）÷（1-消费税比例税率）

D.组成计税价格=（关税完税价格+关税）÷（1-消费税比例税率）+进口数量×消费税定额税率

3.【单项选择题】依据消费税的有关规定，下列行为中，应缴纳消费税的是（　　）。

A.进口卷烟　　B.进口服装　　C.零售化妆品　　D.零售白酒

4.【单项选择题】华域公司从国外进口一批应税消费品，关税完税价格为200 000元，关税10 000元，从海关取得海关进口增值税专用缴款书。款已支付，增值税税率为13%，消费税税率为30%。则华域公司应纳进口环节消费税（　　）元。

A.51 000　　B.60 000　　C.63 000　　D.90 000

任务七　出口应税消费品会计处理

一、任务导航

表4-14是出口应税消费品会计处理工作任务表。

表4-14　出口应税消费品会计处理工作任务表

任务基本描述：出口应税消费品的会计核算				
任务目标	任务知识点	任务技能点	学习时间节点	学习资源
1.准备资料	•出口应税消费品出口退税的计算	•制作消费税出口退税计算表	•课前准备 •课堂展示	•百度搜索 •国家税务总局法规库 •税屋
2.制作凭证	•出口应税消费品的会计处理	•根据原始凭证填写记账凭证	•课堂完成 •课堂展示	•百度搜索 •税务会计实训平台

前导知识测试 4.7.1

前导技能测试 4.7.1

二、前导知识和技能测试

1.前导知识测试4.7.1

2.前导技能测试4.7.1

三、任务计划

（一）学习目标：______

（二）学习内容及时间安排：______

（三）学习完成率及成果：______

四、任务案例

202×年10月5日，北京华域国际贸易有限公司从北京复兴生物技术有限公司购入高档化妆品一批，增值税专用发票注明价款250万元，增值税32.5万元。

业务原始凭证

10月11日，北京华域国际贸易有限公司将该批高档化妆品销往国外，离岸价为40万美元（当日外汇牌价1∶6.4），并按规定申报办理消费税退税。消费税税率为15%，增值税退税率为9%。上述款项均已收付。

五、任务知识殿堂

纳税人出口应税消费品与已纳增值税出口货物一样，国家都是给予退（免）税优惠的。出口应税消费品同时涉及退（免）增值税和消费税，且退（免）消费税与出口货物退（免）增值税在退（免）税范围的限定、退（免）税办理程序、退（免）税审核及管理上有许多一致的地方。这里仅就出口应税消费品退（免）消费税不同于出口货物退（免）增值税的特殊规定进行介绍。

（一）出口应税消费品退（免）税政策适用范围

出口应税消费品消费税退（免）税在政策适用上分为三种情况：

1.出口免税并退税

适用这个政策的是：有出口经营权的外贸企业购进应税消费品直接出口，以及外贸企业受其他外贸企业委托代理出口应税消费品。需要注意的是，外贸企业只有受其他外贸企业委托，代理出口应税消费品才可办理退税；外贸企业受其他企业（主要是非生产性的商贸企业）委托，代理出口应税消费品是不予退（免）税的。这个政策限定与前述出口货物退（免）增值税的政策是一致的。

2.出口免税但不退税

适用这个政策的是：有出口经营权的生产性企业自营出口或生产企业委托外贸企业代理出口自产的应税消费品，依据其实际出口数量免征消费税，不予办理退还消费税。这里，免征消费税是指对生产性企业按其实际出口数量免征生产环节的消费税；不予办理退还消费税，是指因已免征生产环节的消费税，该应税消费品出口时，已不含有消费税，所以无须办理退还消费税。这与前述出口货物退（免）增值税的规定不一致，原因是消费税仅在生产环节征收，如果生产环节免税，出口的应税消费品就不含有消费税了；而增值税却在货物销售的各个环节征收，生产企业出口货物时，已纳的增值税就需要退还。

3.出口不免税也不退税

适用这个政策的是：除生产企业、外贸企业外的其他企业，具体是指一般商贸企业，这类企业委托外贸企业代理出口应税消费品一律不予退（免）税。

（二）出口应税消费品的退税率

出口应税消费品应退消费税的税率或单位税额，依据《中华人民共和国消费税暂行条例》所附的“消费税税目税率（税额）表”执行。

当出口的货物是应税消费品时，其退还增值税要按规定的退税率计算，其退还消费税则按该应税消费品所适用的消费税税率计算。企业应将适用不同消费税税率的出口应税消费品分开核算和申报，凡划分不清适用税率的，一律从低适用税率计算应退消费税税额。这是退（免）消费税与退（免）增值税的一个重要区别。

（三）出口应税消费品退税额的计算

1.从价定率征收退税额的计算

从价定率计征消费税的应税消费品，应根据外贸企业从工厂购进货物时征收消费税的价格计算应退消费税税额。其计算公式为：

应退消费税税额=出口货物的工厂销售额×税率

公式中的“出口货物的工厂销售额”不包含增值税，对含增值税的购进金额应换算成不含增值税的金额。

2.从量定额征收退税额的计算

从量定额计征消费税的应税消费品，应根据货物购进和报关出口的数量计算应退消费税税额。其计算公式为：

应退消费税税额=出口数量×单位税额

3.复合征收退税额的计算

复合计征消费税的应税消费品，应根据货物购进和报关出口的数量以及外贸企业从工厂购进货物时征收消费税的价格计算应退消费税税额。其计算公式为：

应退消费税税额=出口货物的工厂销售额×税率+出口数量×单位税额

（四）出口应税消费品的会计处理

1.生产企业出口自产应税消费品的会计处理

（1）生产企业直接出口自产应税消费品，按规定予以直接免税，不计算应交消费税。

（2）生产企业委托外贸企业代理出口自产应税消费品，按先征后退办法进行核算。

生产企业计算消费税时：

借：其他应收款——应收出口退税

　　贷：应交税费——应交消费税

实际交纳消费税时：

借：应交税费——应交消费税

　　贷：银行存款

收到外贸企业退回的税金时：

借：银行存款

贷：其他应收款——应收出口退税

2.外贸企业出口应税消费品的会计处理

（1）外贸企业代理生产企业出口应税消费品。

收到退回的消费税时：

借：银行存款

　贷：应付账款

退还生产企业时：

借：应付账款

　贷：银行存款

（2）外贸企业自营出口应税消费品。

申请出口退税时：

借：其他应收款——应收出口退税

　贷：主营业务成本

实际收到退回的消费税时：

借：银行存款

　贷：其他应收款——应收出口退税

|例4-13| 北京华域国际贸易有限公司（一般纳税人），本年1月从北京复兴生物技术有限公司购入高档化妆品一批，取得增值税专用发票注明价款200万元，增值税26万元，并已勾选确认；公司本年2月将该批高档化妆品销往国外，离岸价为120万美元（当日外汇牌价1∶6.3），并按规定申报办理消费税退税。消费税税率为15%，增值税退税率为9%。上述款项均已收付。

计算北京华域国际贸易有限公司的应退增值税和应退消费税，并对公司上述业务作出账务处理。

|解析|

（1）应退增值税=2 000 000×9%=180 000（元）

（2）应退消费税=2 000 000×15%=300 000（元）

（3）账务处理如下：

①购入高档化妆品

借：库存商品	2 000 000	
应交税费——应交增值税（进项税额）	260 000	
贷：银行存款		2 260 000

②高档化妆品出口报关

借：银行存款（1 200 000×6.3）	7 560 000	
贷：主营业务收入		7 560 000
借：主营业务成本	2 000 000	
贷：库存商品		2 000 000

③不予退还增值税作进项税额转出

借：主营业务成本（2 000 000×（13%−9%））	80 000	
贷：应交税费——应交增值税（进项税额转出）		80 000

④申请退税

借：其他应收款——应收出口退税（增值税）	180 000	
——应收出口退税（消费税）	300 000	
贷：应交税费——出口退税		180 000
主营业务成本		300 000

⑤收到退税款

借：银行存款	480 000	
贷：其他应收款——应收出口退税（增值税）		180 000
——应收出口退税（消费税）		300 000

拓展阅读

一揽子税收政策掷地有声“真金白银”助力外贸企业持续回稳向好

12月7日，海关总署发布的数据显示，11月份，我国外贸进出口3.09万亿元，同比增长7.8%，连续6个月实现同比正增长。我国外贸持续回稳向好的背后，一系列“真金白银”的减税降费政策作出了重要贡献。

中国财政学会绩效管理专委会副主任委员张依群表示，我国外贸持续回稳向好，税收支持政策在其中发挥了重要作用。而且根据国际形势和市场变化情况分析，我国外贸在未来还会持续向好，对外贸企业的税收优惠政策还应继续保持稳定、连续，通过税收优惠政策持续减轻外贸企业负担，帮助外贸企业盘活资金。

近日，财政部、海关总署、税务总局联合印发公告，对自2020年1月1日至2020年12月31日申报出口，因新冠疫情不可抗力原因，自出口之日起1年内原状复运进境的货物，不征收进口关税和进口环节增值税、消费税；出口时已征收出口关税的，退还出口关税。

除了上述措施，今年以来，我国还出台了其他税收优惠政策，例如，提高1 400多项产品出口退税率、扩大内销选择性征收关税政策试点范围、免征加工贸易企业内销税款缓税利息等；同时，税务部门帮助企业用足用好出口退税政策，从增进出口退税便利化、加快出口退税速度等方面推出一系列举措，促进出口退税提速增效。

张依群表示，我国连续多年实施大规模减税降费政策，国家对外贸出口企业给予了大量税收优惠政策，扩大出口退税规模，增强出口退税便利，减缓出口企业资金压力，极大增强了外贸企业活力，为外贸回稳向好提供了有力支撑。

近年来，上海制皂有限公司积极扩展国际市场，产品远销东南亚、中亚、非洲，但随着境外疫情持续蔓延，企业面临国际业务锐减、渠道开拓受阻等系列难题。因国外港口关闭影响返单，2020年上半年企业的外贸销售量较去年同期下降25%。与此同时，原材料价格的上涨也增加了产品的成本，企业产销两端都面临一定压力。

国家税务总局上海市宝山区税务局主动联系企业，辅导享受疫情防控相关税收优惠政策，并指派专人对接出口退税，一笔312万元的出口退税款短短几天就到账了，资金的迅速回笼，给企业经营者吃下一颗“定心丸”。

“减下来的都是真金白银，税收优惠政策为下一步研发创新和市场推广增加了资金储备。”上海制皂有限公司副总经理马德雄表示，今年以来，公司已新投入625万元用于产品创新、推广，购进价值35万元的高级液相色谱仪等测试设备，节约的资金转化成了科技创新的生产力。

巨丰投顾投资总监郭一鸣对记者表示，今年实施的一系列税收优惠政策，减轻了外贸企业负担，增强了发展信心和动能，使得企业可以更好地应对新形势，实现企业的突围和新发展。

在帮助企业盘活资金的同时，税务部门充分发挥税收大数据优势，通过税务大数据平台，帮助出口企业积极谋求向内销转型。税务总局公布的最新税收数据显示，前三季度，全国出口企业内销销售收入同比增长7.7%，高于全部企业销售收入增速5.9个百分点，出口企业内销市场份额由1月份的12.2%提升至9月份的13.8%。

“我国出台的一系列税收优惠政策引导外贸企业向高技术、高质量、高效益转型，进一步提升了我国外贸企业、外贸产品在国际市场上的竞争力，从而带动整个经济结构的转型升级。”张依群说。

资料来源：佚名.一揽子税收政策掷地有声“真金白银”助力外贸企业持续回稳向好[EB/OL].[2020-12-09].http://www.chinatax.gov.cn/chinatax/n810219/n810780/c5159577/content.html.

六、任务实践

请完成任务案例中出口业务应退增值税和消费税的计算，并编制记账凭证。

七、任务成果报告及评价

表4-15是出口应税消费品会计处理成果报告。

表4-15　出口应税消费品会计处理成果报告

实训任务七　出口应税消费品会计处理成果报告			
适用项目		课时	1
组名		成员及分工	组织者：　思路方案： 政策支持：　职业素养： 凭证制作及上传：
时间及地点			
【案例描述及要求】			
【我的思路或方法】 【我的解决方案】 【我的政策知识】 【我的职业技能】 【我的职业素养】			

续表

【课堂提问】 一、小组被提问记录 二、小组提问记录 三、教师提问记录
【我的评分】 评分标准： 1.知识掌握（20分）：案例适用政策完整且准确（20分）。 2.技能掌握（30分）：案例税额计算准确（10分）、凭证制作（15分）、信息搜集整理（5分）。 3.素质提升（30分）：思政精神力挖掘务实（5分）、与具体实践结合（15分）、具有共鸣感（10分）。 4.小组合作（20分）：分工明确（5分）、全员贡献度（10分）、活跃度（问及答）（5分）。 一、自评分（20%） 二、小组互评分（40%） 三、教师评分（40%）
【我的诊改】 一、存在问题 （一）知识方面 （二）技能方面 （三）素质方面 二、未来改进 （一）知识方面 （二）技能方面 （三）素质方面

八、课后作业及拓展

（一）讨论

消费税出口退税计算原理跟增值税有区别吗？

（二）阅读

出口消费品的消费税如何做好税务筹划，https：//www.shui5.cn/article/f3/84780.html。

（三）作业

【业务题】菱智外贸公司202×年5月向国外某公司出售高档化妆品一批，FOB价格为20万美元，退税率为9%。采购成本为100万元，取得增值税专用发票，进项税额为13万元，货款已用银行存款支付。即期汇率1美元=6.5元人民币，该化妆品的消费税税率为30%，申请退税的单证齐全。

计算应退增值税和消费税并编制会计分录。

任务八　企业消费税纳税申报

一、任务导航

表4-16是企业消费税纳税申报工作任务表。

表4-16　企业消费税纳税申报工作任务表

任务基本描述：消费税的纳税申报				
任务目标	任务知识点	任务技能点	学习时间节点	学习资源
1.准备资料	•消费税的计算、消费税申报表的结构	•制作消费税计算表	•课前准备 •课堂展示	•百度搜索 •国家税务总局法规库
2.填制申报表	•消费税申报表的填报	•根据业务填写消费税纳税申报表	•课堂完成 •课堂展示	•百度搜索 •国家税务总局法规库 •税屋

二、前导知识和技能测试

1.前导知识测试4.8.1

2.前导技能测试4.8.1

前导知识测试4.8.1

前导技能测试4.8.1

三、任务计划

（一）学习目标：________________________________

（二）学习内容及时间安排：________________________________

（三）学习完成率及成果：________________________________

四、任务案例

业务1

业务2

业务3

业务1：北京醇香酒业有限公司（统一社会信用代码：91110102119100265７）于202×年9月销售冰海啤酒合计187 200元（不含税），52吨。请根据背景资料，代为申报消费税。（啤酒不含税的销售单价为3 600元/吨）

业务2：北京醇香酒业有限公司（统一社会信用代码：911101021191002657）于202×年7月销售粮食白酒合计611 631元（不含税），67 959斤。请根据背景资料，代为申报消费税。（粮食白酒不含税的销售单价为9元/斤）

业务3：北京华烟烟草有限公司（统一社会信用代码：911101020200183838）于202×年7月销售华山牌卷烟合计57 000元（不含税），2.85箱。请根据背景资料，代为申报消费税。（卷烟不含税销售单价为20 000元/标准箱，1标准箱等于50 000支）

五、任务知识殿堂

（一）纳税义务发生时间

纳税人生产的应税消费品于销售时纳税，进口消费品应当于应税消费品报关进口环节纳税，但金银首饰、钻石及钻石饰品在零售环节纳税。消费税纳税义务发生时间以货款结算方式或行为发生时间分别确定。

（1）纳税人销售的应税消费品，其纳税义务发生时间为：

①纳税人采取赊销和分期收款结算方式的，其纳税义务发生时间为销售合同规定的收款日期的当天。

②纳税人采取预收货款结算方式的，其纳税义务发生时间为发出应税消费品的当天。

③纳税人采取托收承付和委托银行收款方式销售应税消费品的，其纳税义务发生时间为发出应税消费品并办妥托收手续的当天。

④纳税人采取其他结算方式的，其纳税义务发生时间为收讫销售款或者取得索取销售款凭据的当天。

（2）纳税人自产自用的应税消费品，其纳税义务发生时间为移送使用的当天。

（3）纳税人委托加工的应税消费品，其纳税义务发生时间为纳税人提货的当天。

（4）纳税人进口的应税消费品，其纳税义务发生时间为报关进口的当天。

（二）纳税期限

根据《中华人民共和国消费税暂行条例》的规定，消费税的纳税期限分别为1日、3日、5日、10日、15日、1个月或者1个季度；纳税人的具体纳税期限，由主管税务机关根据纳税人应纳税额的大小分别核定；不能按照固定期限纳税的，可以按次纳税。

纳税人以1个月或1个季度为一期纳税的，自期满之日起15日内申报纳税；以1日、3日、5日、10日或者15日为一期纳税的，自期满之日起5日内预缴税款，于次月1日起至15日内申报纳税并结清上月应纳税款。

纳税人进口应税消费品，应当自海关填发海关进口消费税专用缴款书之日起

15日内缴纳税款。

如果纳税人不能按照规定的纳税期限依法纳税，将按《中华人民共和国税收征收管理法》的有关规定处理。

（三）纳税地点

消费税的具体纳税地点为：

（1）纳税人销售应税消费品，以及自产自用应税消费品，除国家另有规定的外，应当向纳税人核算地主管税务机关申报纳税。

（2）委托个人加工应税消费品，由委托方向其机构所在地或者居住地主管税务机关申报纳税。除此之外，由受托方向所在地主管税务机关代收代缴消费税税款。

（3）进口应税消费品，由进口人或其代理人向报关地海关申报纳税。

（4）纳税人到外县（市）销售或者委托外县（市）代销自产应税消费品的，于应税消费品销售后，回纳税人核算地或者所在地主管税务机关申报纳税。

纳税人的总机构与分支机构不在同一县（市）的，应当分别向各自机构所在地主管税务机关申报纳税；经财政部、国家税务总局或者其授权的财政、税务机关批准，可以由总机构汇总向总机构所在地主管税务机关申报纳税。

（5）纳税人销售的应税消费品，如因质量等原因由购买者退回，经所在地主管税务机关审核批准后，可退还已征收的消费税税款，但不能自行直接抵减应纳税款。

（四）申报资料

消费税纳税人应按有关规定及时办理纳税申报。

自2021年8月1日起，增值税、消费税分别与城市维护建设税、教育费附加、地方教育附加申报表整合，启用《消费税及附加税费申报表》。消费税纳税申报表及其附列资料包括以下内容：

（1）《消费税及附加税费申报表》

（2）《附表1-1 本期准予扣除税额计算表》

（3）《附表1-2 本期准予扣除税额计算表（成品油消费税纳税人适用）》

（4）《附表2 本期减（免）税额明细表》

（5）《附表3 本期委托加工收回情况报告表》

（6）《附表4 卷烟批发企业月份销售明细清单（卷烟批发环节消费税纳税人适用）》

（7）《附表5 卷烟生产企业合作生产卷烟消费税情况报告表（卷烟生产环节消费税纳税人适用）》

（8）《附表6 消费税附加税费计算表》

例4-14 北京华烟烟草有限公司（统一社会信用代码：911101020200183838），生产销售黄山牌卷烟平均售价为100元/条（不含增值税），202×年6月经济业务如下：

（1）移送烟叶一批，委托某县城加工厂加工烟丝1.5吨，烟叶成本为300 000元。该加工厂提供辅料，加工后直接发给北京华烟烟草有限公司，共收取辅料及加工费50 000元，开具增值税专用发票给北京华烟烟草有限公司（受托方没有同类产品售价），北京华烟烟草有限公司收到加工厂的消费税代收代缴税款凭证。北京华烟烟草有限公司的生产车间本月领用委托加工收回烟丝的60%，用于继续生产黄山牌卷烟。北京华烟烟草有限公司期初库存无委托加工收回的烟丝。

（2）外购已税烟丝，取得增值税专用发票，注明金额500 000元、增值税税额65 000元，生产车间本月领用其中的80%用于连续生产黄山牌卷烟。北京华烟烟草有限公司期初库存无外购已税的烟丝。

（3）向当地某烟草商贸公司销售黄山牌卷烟100标准箱（1标准箱=250标准条，1标准条=200支），取得不含税销售额2 500 000元，并收取包装物租金共计226 000元，货物已经发出，款项已收到。该批卷烟在发出时，其控制权由北京华烟烟草有限公司转移给该烟草商贸公司

（4）本月没收黄山牌卷烟逾期包装物押金56 500元。另外，202×年5月应缴未缴消费税为1 100 000元，202×年6月12日缴纳202×年5月应缴未缴消费税1 100 000元。北京华烟烟草有限公司取得的增值税专用发票均符合抵扣规定。北京华烟烟草有限公司202×年7月9日对202×年6月的消费税进行纳税申报。卷烟消费税定额税率为每支0.003元。卷烟每标准条对外调拨价格在70元以上（含70元）的，消费税比例税率为56%；70元以下的，消费税比例税率为36%。烟丝消费税税率为30%。

|要求|

（1）计算北京华烟烟草有限公司202×年6月的应纳消费税。

（2）北京华烟烟草有限公司202×年7月9日对202×年6月的消费税进行纳税申报，填写消费税相关申报表。

|解析|

（1）计算北京华烟烟草有限公司202×年6月的应纳消费税。

①逐笔分析经济业务，确定本期每笔经济业务应纳消费税或者可抵扣（扣除）消费税。

第1笔业务：

委托加工环节受托方代收代缴的消费税=（300 000+50 000）÷（1−30%）×30%=150 000（元）

生产车间本月领用委托加工收回烟丝的60%用于连续生产黄山牌卷烟，则可以扣除的烟丝消费税=150 000×60%=90 000（元）

第2笔业务：生产车间本月领用外购烟丝的80%用于连续生产黄山牌卷烟，则可以扣除的烟丝消费税=500 000×30%×80%=120 000（元）

第3笔业务：

100标准箱=100×250=25 000（标准条）=25 000×200=5 000 000（支）

销售卷烟应纳消费税=2 500 000×56%+226 000÷（1+13%）×56%+5 000 000×0.003

=1 527 000（元）

第4笔业务：

没收包装物押金应纳消费税=56 500÷（1+13%）×56%=28 000（元）

②计算本期应纳消费税以及本期应补（退）消费税。

本期应纳消费税=1 527 000+28 000=1 555 000（元）

本期应补（退）消费税=1 555 000−90 000−120 000= 1 345 000（元）

（2）消费税相关申报表见表4-17、表4-18。

表 4-17　**本期准予扣除税额计算表**　金额单位：元（列至角分）

准予扣除项目 \ 应税消费品名称				卷烟			合计
一、本期准予扣除的委托加工应税消费品已纳税款计算		期初库存委托加工应税消费品已纳税款	1	0			0
		本期收回委托加工应税消费品已纳税款	2	150 000			150 000
		期末库存委托加工应税消费品已纳税款	3	60 000			60 000
		本期领用不准予扣除委托加工应税消费品已纳税款	4	0			0
		本期准予扣除委托加工应税消费品已纳税款	5=1+2-3-4	90 000			90 000
二、本期准予扣除的外购应税消费品已纳税款计算	(一)从价计税	期初库存外购应税消费品买价	6	0			0
		本期购进应税消费品买价	7	500 000			500 000
		期末库存外购应税消费品买价	8	100 000			100 000
		本期领用不准予扣除外购应税消费品买价	9	0			0
		适用税率	10	30%			30%
		本期准予扣除外购应税消费品已纳税款	11=（6+7-8-9）×10	120 000			120 000
	(二)从量计税	期初库存外购应税消费品数量	12				
		本期外购应税消费品数量	13				
		期末库存外购应税消费品数量	14				
		本期领用不准予扣除外购应税消费品数量	15				
		适用税率	16				
		计量单位	17				
		本期准予扣除的外购应税消费品已纳税款	18=（12+13-14-15）×16				
三、本期准予扣除税款合计			19=5+11+18	210 000			210 000

表4-18　　消费税及附加税费申报表

税款所属期：自202×年6月1日至202×年6月30日

纳税人识别号(统一社会信用代码)：911101020200183838

纳税人名称：北京华烟烟草有限公司　　金额单位：人民币元（列至角分）

项目 应税消费品名称	适用税率 定额税率	适用税率 比例税率	计量单位	本期销售数量	本期销售额	本期应纳税额
	1	2	3	4	5	6=1×4+2×5
卷烟	30	56%	万支	500	2 750 000	1 555 000
合计	—	—	—	—	—	

	栏次	本期税费额
本期减（免）税额	7	0
期初留抵税额	8	0
本期准予扣除税额	9	210 000
本期应扣除税额	10=8+9	210 000
本期实际扣除税额	11[10<(6−7)，则为10，否则为6−7]	0
期末留抵税额	12=10−11	0
本期预缴税额	13	0
本期应补（退）税额	14=6−7−11−13	1 345 000
城市维护建设税本期应补（退）税额	15	94 150
教育费附加本期应补（退）费额	16	40 350
地方教育附加本期应补（退）费额	17	26 900
声明：此表是根据国家税收法律法规及相关规定填写的，本人（单位）对填报内容（及附带资料）的真实性、可靠性、完整性负责。 纳税人（签章）：　　年　月　日		
经办人： 经办人身份证号： 代理机构签章： 代理机构统一社会信用代码：	受理人： 受理税务机关（章）： 受理日期：　　年　月　日	

拓展阅读

截至11月10日，全国新增减税降费及退税缓税缓费超3.7万亿元
——税费支持政策积极作用不断显现

11月16日，国务院新闻办举行国务院政策例行吹风会，介绍落实系列税费支持政策的有关情况。国家税务总局副局长王道树在会上介绍，今年1月1日至11月10日，全国税务系统合计办理新增减税降费及退税缓税缓费超3.7万亿元。同时，各项税费支持政策积极作用不断显现，税务部门监测的全国10万户重点税源企业每百元营业收入税费负担下降了5.3%，三季度以来全国企业销售收入同比增长3.4%、呈现回稳向好势头。

留抵退税为企业“输血”“活血”

大规模增值税留抵退税是今年新的组合式税费支持政策“重头戏”。王道树介

绍，截至11月10日，已退到纳税人账户的留抵退税款达23 097亿元，是去年全年退税规模的3.5倍。

国家税务总局收入规划核算司司长蔡自力介绍，留抵退税发挥了为企业“输血”“活血”的积极作用：

——助力工业经济平稳运行。截至11月10日，工业企业共退税8 313亿元；全国退税工业企业购进金额同比增长12.1%，比无退税企业高2.8个百分点；退税工业企业销售收入同比增长10.3%，比无退税企业高2.2个百分点。在超2.3万亿元留抵退税款中，制造业退税达6 176亿元，占26.7%，是受益最明显的行业。此外，制造业增量留抵退税到账平均时间压缩至2个工作日以内，提速近80%。

——助力小微企业纾困发展。小微企业是大规模留抵退税的受益主体，今年以来已获得留抵退税的纳税人中，小微企业户数占比为93.1%，共享受退税9 178亿元，金额占近四成。截至11月10日，小微企业和旅游、民航、铁路、道路运输等受疫情冲击较大的困难行业，分别退税9 178亿元、5 092亿元。三季度以来，小微企业销售收入同比增长0.8%，比二季度高0.7个百分点；困难行业销售收入同比增长4.3%，比二季度高1.4个百分点。

——促进新动能加快发展。截至11月10日，高新技术行业和高新技术企业退税4 056亿元，销售收入同比增长7.2%，比全部企业平均水平高3.8个百分点。

税惠“红包”促进汽车市场回暖

汽车产业是国民经济战略性、支柱性产业，释放汽车消费潜力对助力提振消费、稳住宏观经济大盘具有重要意义。

王道树介绍，今年以来，支持汽车市场发展的“延续性+阶段性”税费优惠政策搭配出台，车辆购置税免税政策和减征政策同向发力，对促进汽车市场回暖企稳、刺激国内消费发挥了重要作用：

一方面，新能源汽车免征车辆购置税政策于今年9月延续至2023年12月31日，提振了市场信心。另一方面，中国出台阶段性减征部分乘用车车辆购置税政策，对购置日期在2022年6月1日至2022年12月31日且单车价格不超过30万元的2.0升及以下排量乘用车减半征收车辆购置税。“减征政策‘2.0升＋30万元’的组合条件，将受益范围精准锁定在小排量、经济型、占比大的乘用车，起到快速有效拉动汽车消费的作用。”王道树说。

政策效应如何？看新能源汽车免征政策，截至11月10日，全国累计免征新能源汽车车辆购置税686.2亿元，同比增长101.2%；全国累计销售新能源汽车448万辆，同比增长78.1%。今年6月至11月10日，符合条件的乘用车共享受减征车辆购置税397.5亿元；全国2.0升及以下排量乘用车销量约652.3万辆，较政策实施前的1月至5月环比增长20.6%。

有力支撑税费支持政策直达快享

国家税务总局有关负责人介绍，今年是税务部门连续第9年开展“便民办税春风行动”，相关121项便民办税措施已有112项落实到位，有力支撑了系列税费支持政策的直达快享。

今年以来，各级税务机关面向不同政策适用主体，累计精准推送政策44批次，惠及纳税人、缴费人4.75亿户次。全面实行税务行政许可事项清单管理后，原有的6个税务行政许可事项减少至1个；调整优化部分文书内容，税务行政许可文书样式由15种减少至12种；优化纳税人延期缴纳税款等税务事项办理程序，取消法制审核等环节，降低了市场主体的制度性交易成本。

此外，契税法和城市维护建设税法于去年9月1日起实施一年多以来，总体运行平稳顺畅。国家税务总局有关负责人介绍，整合城市维护建设税与增值税、消费税申报表后，纳税人手工填写数据项比整合前减少66%；集成办理二手房过户涉及的契税、增值税等业务，办税资料减少近一半，平均办税时间减少60%，90%以上的业务实现即时办结；契税立法将“先税后证”制度上升为法律，不动产登记办税便利度不断提升，全国2 800多个县（市、区）的不动产登记办税已实现“一窗办理”。

资料来源：佚名.截至11月10日，全国新增减税降费及退税缓税缓费超3.7万亿元[EB/OL].[2022-11-16].http：//www.chinatax.gov.cn/chinatax/n810219/n810780/c5182910/content.html.

六、任务实践

请完成业务1–3相关税费的计算，并完成消费税申报表的填列。

七、任务成果报告及评价

表4–19是企业消费税纳税申报成果报告。

表4–19　企业消费税纳税申报成果报告

<table>
<tr><td colspan="4">实训任务八　消费税纳税申报成果报告</td></tr>
<tr><td>适用项目</td><td></td><td>课时</td><td>2</td></tr>
<tr><td>组名</td><td></td><td rowspan="2">成员及分工</td><td rowspan="2">组织者：　思路方案：
政策支持：　职业素养：
申报表填列及上报：</td></tr>
<tr><td>时间及地点</td><td></td></tr>
<tr><td colspan="4">【案例描述及要求】</td></tr>
<tr><td colspan="4">【我的思路或方法】
【我的解决方案】
【我的政策知识】
【我的职业技能】
【我的职业素养】</td></tr>
<tr><td colspan="4">【课堂提问】
一、小组被提问记录
二、小组提问记录
三、教师提问记录</td></tr>
</table>

续表

【我的评分】 评分标准： 1.知识掌握（20分）：案例适用政策完整且准确（20分）。 2.技能掌握（30分）：案例税额计算准确（10分）、申报表填列（15分）、信息搜集整理（5分）。 3.素质提升（30分）：思政精神力挖掘务实（5分）、与具体实践结合（15分）、具有共鸣感（10分）。 4.小组合作（20分）：分工明确（5分）、全员贡献度（10分）、活跃度（问及答）（5分）。 一、自评分（20%） 二、小组互评分（40%） 三、教师评分（40%）
【我的诊改】 一、存在问题 （一）知识方面 （二）技能方面 （三）素质方面 二、未来改进 （一）知识方面 （二）技能方面 （三）素质方面

八、课后作业及拓展

（一）讨论

消费税申报表的填列应注意哪些细节？

（二）阅读

国家税务总局湖南省电子税务局增值税、消费税分别与附加税费合并申报操作指引，https：//www.shui5.cn/article/34/141673.html 。

（三）作业

1.【单项选择题】下列关于委托加工应税消费品纳税地点的表述中，不正确的是（　　）。

A.委托加工的应税消费品，除受托方为个人外，由受托方向机构所在地或者居住地主管税务机关解缴消费税税款

B.委托加工的应税消费品，受托方为个人的，由受托方向机构所在地或者居住地主管税务机关解缴消费税税款

C.委托加工的应税消费品，受托方为个人的，由委托方向机构所在地或者居住地主管税务机关解缴消费税税款

D.委托加工的应税消费品，受托方为企业的，由受托方向机构所在地或者居住地主管税务机关解缴消费税税款

2.【多项选择题】下列关于消费税纳税地点的表述中，正确的有（　　）。

A.纳税人销售的应税消费品，以及自产自用的应税消费品，除国务院财政、税务主管部门另有规定外，应当向纳税人机构所在地或者居住地主管税务机关申报纳税

B.委托加工的应税消费品，除受托方为个人外，由受托方向机构所在地或者居住地主管税务机关解缴消费税税款

C.进口的应税消费品，应当向报关地海关申报纳税

D.委托加工的应税消费品，受托方为个人的，由委托方向机构所在地或者居住地主管税务机关解缴消费税税款

3.【多项选择题】消费税的纳税期限分别为（　　）。

A.1日、3日、5日、10日、15日

B.1个月

C.1个季度

D.不能按照固定期限纳税的，可以按次纳税

4.【多项选择题】下列关于纳税人销售应税消费品纳税义务发生时间的表述中，正确的有（　　）。

A.采取赊销和分期收款结算方式的，为书面合同约定的收款日期的当天

B.采取预收货款结算方式的，为发出应税消费品的当天

C.采取托收承付和委托银行收款方式的，为发出应税消费品并办妥托收手续的当天

D.采取其他结算方式的，为收讫销售款或者取得索取销售款凭据的当天

5.【多项选择题】下列关于消费税纳税义务发生时间的表述中，正确的有（　　）。

A.某金银珠宝店销售金银首饰10件，收取价款25万元，其纳税义务发生时间为收款的当天

B.纳税人进口应税消费品，其纳税义务发生时间为报关进口的当天

C.某汽车厂采用托收承付结算方式销售汽车，其纳税义务发生时间为发出汽车并办妥托收手续的当天

D.某化妆品厂销售化妆品采用赊销方式，合同规定收款日为5月份，实际收到货款为6月份，纳税义务发生时间为6月份

项目五　橙黄橘绿——企业所得税财税处理

项目导读

褪去花朵，获得果实，一片橙黄橘绿丰收景象。有得必有舍，有进必有出，这是企业发展的客观规律。企业发展的最终目的是盈利，有收入也有支出，在会计实务工作中，企业所得税日常申报和汇算清缴是重点内容之一。本项目主要展示企业所得税的会计核算和纳税申报。完成本项目的学习，可以独立承担企业所得税的日常申报工作和年终汇算清缴工作，并能进行企业所得税会计核算。

项目目标

* 能够准确区分企业所得税查账征收与核定征收；
* 能够独立完成查账征收企业所得税预缴申报；
* 能够独立完成核定征收企业所得税预缴申报；
* 能够独立完成企业所得税年度汇算清缴申报；
* 能够独立完成企业所得税会计核算；
* 能够正确理解企业所得税在促进行业公平、提高企业发展能力等方面的重要作用。

任务一　企业所得税日常核算与申报

一、任务导航

表5-1是企业所得税日常核算与申报工作任务表。

表5-1　企业所得税日常核算与申报工作任务表

任务基本描述：展示企业所得税日常会计核算和预缴申报基本要求				
任务目标	任务知识点	任务技能点	学习时间节点	学习资源
1.确定需求意图	•企业所得税日常申报工作要点	•查账征收与核定征收	•课前准备 •课堂展示	•百度搜索
2.准备资料	•企业所得税预缴表	•企业所得税预缴表的填报	•课前准备 •课堂展示	•国家税务总局网站
3.制作文案	•文字处理、表格操作	•文案构成、设计、制作技巧、工具	•课堂完成 •课堂展示	•百度搜索

二、前导知识和技能测试

前导知识测试 5.1.1

前导技能测试 5.1.1

1.前导知识测试5.1.1

2.前导技能测试5.1.1

三、任务计划

（一）学习目标：____________________

（二）学习内容及时间安排：____________________

（三）学习完成率及成果：____________________

四、任务案例

武汉凯信信息技术有限公司202×年被认定为国家重点扶持的高新技术企业，202×年第一季度取得符合条件的技术转让所得700万元（其中500万元免税，另外200万元减半征收），营业收入5 000万元，营业成本2 000万元，利润总额1 000万元（含技术转让所得），企业减按15%的税率征收企业所得税。

五、任务知识殿堂

（一）认识企业所得税预缴纳税申报表

1.查账征收企业所得税预缴纳税申报表

为贯彻落实党中央、国务院关于深化“放管服”改革、优化营商环境的部署，进一步减轻纳税人负担，优化执法方式，国家税务总局发布《国家税务总局关于发布〈中华人民共和国企业所得税月（季）度预缴纳税申报表（A类）〉的公告》（国家税务总局公告2021年第3号），对查账征收企业所得税预缴纳税申报表进行了修订，简化表单样式。修订后的表单包括：

《A200000 中华人民共和国企业所得税月（季）度预缴纳税申报表（A类）》
《A201020 资产加速折旧、摊销（扣除）优惠明细表》
《A202000 企业所得税汇总纳税分支机构所得税分配表》

2.核定征收企业所得税预缴纳税申报表

实行核定征收的企业所得税居民企业纳税人（以下简称“纳税人”）在月（季）度预缴纳税申报时填报《B100000 中华人民共和国企业所得税月（季）度预缴和年度纳税申报表（B类，2018年版）》。此外，实行核定应税所得率征收方式的纳税人在年度纳税申报时填报本表。

（二）查账征收企业所得税预缴纳税申报表填报

1.优惠事项有关信息

这部分很关键，直接关系到企业能否享受小型微利企业优惠政策，主要填报从业人数、资产总额以及是否是限制和禁止行业。应纳税所得额从预缴税款计算相应的栏次获取。

从业人数是指与企业建立劳动关系的职工人数和企业接受的劳务派遣用工人数之和。资产总额取数来源为资产负债表的期末时点数。

填报了从业人数和资产总额，系统自动算出季度平均值，然后勾选国家限制或者禁止行业为“否”，再填写《A200000 中华人民共和国企业所得税月（季）度预缴纳税申报表（A类）》第10行数据后，系统就能自动判断是否满足小型微利企业条件。

企业预缴企业所得税时已享受小型微利企业所得税减免政策，汇算清缴企业所得税时不符合小型微利企业条件的，应当按照规定补缴企业所得税税款。

|例5-1| 武汉大新信息有限责任公司202×年第一季度取得营业收入1 200万元，营业成本为600万元，利润总额为400万元，其中发生的符合条件的技术转让所得为200万元。该企业第一季度季初从业人数300人，季末280人；季初资产总额4 000万元，季末5 000万元。假设不考虑其他情况。

|解析| 第一季度企业所得税预缴纳税申报表的填报见表5-2。

表5-2　A200000 中华人民共和国企业所得税月（季）度预缴纳税申报表（A类）　金额单位：元

优惠及附报事项有关信息									
项目	一季度		二季度		三季度		四季度		季度平均值
	季初	季末	季初	季末	季初	季末	季初	季末	
从业人数	300	280							290
资产总额（万元）	4000	5000							4500
国家限制或禁止行业	□是　☑否				小型微利企业				☑是　□否
	附报事项名称								金额或选项
事项1	（填写特定事项名称）								
事项2	（填写特定事项名称）								

续表

	预缴税款计算	本年累计
1	营业收入	12 000 000
2	营业成本	6 000 000
3	利润总额	4 000 000
⋮	⋮	
8	减：所得减免（8.1+8.2+…）	2 000 000
8.1	符合条件的技术转让所得减免企业所得税	2 000 000
8.2	（填写优惠事项名称）	
9	减：弥补以前年度亏损	
10	实际利润额（3+4-5-6-7-8-9）\按照上一纳税年度应纳税所得额平均额确定的应纳税所得额	2 000 000
11	税率（25%）	25%
12	应纳所得税额（10×11）	500 000
13	减：减免所得税额（13.1+13.2+…）	375 000
13.1	符合条件小型微利企业减免企业所得税	375 000
⋮	⋮	
16	本期应补（退）所得税额（12-13-14-15）\税务机关确定的本期应纳所得税额	125 000

2.附报事项名称

《企业所得税申报事项目录》对所有预缴申报事项进行了精准分类，纳税人在填报《A200000 中华人民共和国企业所得税月（季）度预缴纳税申报表（A类）》和《A201020 资产加速折旧、摊销（扣除）优惠明细表》时，可分类别查找具体事项，并进行填报。

（1）《A200000 中华人民共和国企业所得税月（季）度预缴纳税申报表（A类）》。

该表有4部分内容涉及具体申报事项，分别是“附报事项”、第7行“减：免税收入、减计收入、加计扣除”、第8行“减：所得减免”、第13行“减：减免所得税额”。

①附报事项：纳税人发生“支持新型冠状病毒感染的肺炎疫情防控捐赠支出全额扣除”“扶贫捐赠支出全额扣除”事项，享受“软件、集成电路企业优惠政策”事项时，应在相关行次中填写具体事项名称和相关情况。

例5-2 某集成电路企业自2014年度开始盈利，并开始享受集成电路企业线宽小于0.25微米（含）的集成电路生产企业减免企业所得税政策，202×年第一季度利润总额250万元，发生支持新冠疫情防控捐赠支出20万元，发生扶贫捐赠支出20万元，均符合全额扣除政策规定，无其他特定事项。

解析 预缴申报时，企业应在“附报事项”部分填写3项，见表5-3。

表5-3　　A200000 中华人民共和国企业所得税月（季）度预缴纳税申报表（A类）　金额单位：元

	附报事项名称	金额或选项
事项1	支持新型冠状病毒感染的肺炎疫情防控捐赠支出	200 000
事项2	扶贫捐赠支出	200 000
事项3	软件、集成电路企业优惠政策适用类型	原政策
	预缴税款计算	本年累计
3	利润总额	2 500 000
⋮	⋮	
10	实际利润额（3+4−5−6−7−8−9）\按照上一纳税年度应纳税所得额平均额确定的应纳税所得额	2 500 000
11	税率（25%）	25%
12	应纳所得税额（10×11）	625 000
13	减：减免所得税额（13.1+13.2+…）	312 500
13.1	0.25微米（含）集成电路生产企业减免企业所得税	312 500
⋮	⋮	
16	本期应补（退）所得税额（12−13−14−15）\税务机关确定的本期应纳所得税额	312 500

②第7行“减：免税收入、减计收入、加计扣除”：纳税人享受免税收入、减计收入优惠政策时，应在主表第7行的下级行次填写具体优惠事项名称和减免金额。免税收入优惠事项主要包括国债利息收入免征企业所得税、股息红利等权益性投资收益免征企业所得税、符合条件的非营利组织的收入免征企业所得税、投资者从证券投资基金分配中取得的收入免征企业所得税、取得的地方政府债券利息收入免征企业所得税等。减计收入优惠事项主要包括综合利用资源生产产品取得的收入、金融机构取得的涉农贷款利息收入、保险机构取得的涉农保费收入、小额贷款公司取得的农户小额贷款利息收入、社区家庭服务收入、取得铁路债券利息收入减半征收企业所得税等。

③第8行“减：所得减免”：纳税人享受所得减免优惠政策时，应在主表第8行的下级行次填写具体优惠事项名称和减免金额。所得减免优惠事项主要包括从事农、林、牧、渔业项目的所得减免征收企业所得税，从事国家重点扶持的公共基础设施项目投资经营的所得定期减免企业所得税，从事符合条件的环境保护、节能节水项目的所得定期减免企业所得税，符合条件的技术转让项目所得减免征收企业所得税，实施清洁发展机制项目的所得定期减免企业所得税，符合条件的节能服务公司实施合同能源管理项目的所得定期减免企业所得税，集成电路生产项目的所得减免企业所得税等。

④第13行“减：减免所得税额”：纳税人享受所得减免优惠政策时，应在主表第13行的下级行次填写具体优惠事项名称和减免金额。减免所得税额优惠事项主要包括符合条件的小型微利企业减免企业所得税，高新技术企业减免企业所得税，软件、集成电路企业减免企业所得税，技术先进型服务企业减免企业所得税，西部地区的鼓励类产业企业减免企业所得税，海南自由贸易港鼓励类企业减免企业所得税等。

|例5-3| 武汉新芯集成电路有限责任公司自202×年度开始盈利，享受线宽小于28纳米（含）集成电路生产企业减免企业所得税政策，202×年第一季度利润总额为200万元，无其他特定事项。

|解析| 预缴申报时，企业“附报事项”部分仅需填写“软件、集成电路企业优惠政策适用类型”事项，并选择“新政策”，见表5-4。

表5-4　A200000 中华人民共和国企业所得税月（季）度预缴纳税申报表（A类） 金额单位：元

	附报事项名称	金额或选项
事项1	软件、集成电路企业优惠政策适用类型	新政策
	预缴税款计算	本年累计
3	利润总额	2 000 000
⋮	⋮	
10	实际利润额（3+4-5-6-7-8-9）\按照上一纳税年度应纳税所得额平均额确定的应纳税所得额	2 000 000
11	税率（25%）	25%
12	应纳所得税额（10×11）	500 000
13	减：减免所得税额（13.1+13.2+…）	500 000
13.1	28纳米（含）集成电路生产企业减免企业所得税	500 000
⋮	⋮	
16	本期应补（退）所得税额（12-13-14-15）\税务机关确定的本期应纳所得税额	0

（2）《A201020 资产加速折旧、摊销（扣除）优惠明细表》。

该表有2部分内容涉及申报具体事项，分别是第1行“加速折旧、摊销”、第2行“一次性扣除”。

①第1行“加速折旧、摊销”：纳税人享受重要行业固定资产加速折旧、其他行业研发设备加速折旧、海南自由贸易港企业固定资产加速折旧、海南自由贸易港企业无形资产加速摊销政策时，应在表A201020第1行的下级行次填写具体优惠事项名称和相关资产情况。

②第2行“一次性扣除”：纳税人享受500万元以下设备器具一次性扣除、疫情防控重点保障物资生产企业单价500万元以上设备一次性扣除、海南自由贸易港企业固定资产一次性扣除、海南自由贸易港企业无形资产一次性扣除政策时，应在表A201020第2行的下级行次填写具体优惠事项名称和相关资产情况。

需要说明的是，如今后政策调整，纳税人应根据《企业所得税申报事项目录》最新分类事项进行填报。

3.预缴税款计算填报

（1）税款所属期及累计数填报。

A200000表头的税款所属期间：企业按月申报的应填报每月第一天和每月最后一天；企业按季度申报的应填报每季度第一天和每季度最后一天。

预缴申报表中的累计数填写截至申报季度末的累计数。比如10月申报第3季度，就是填写1-9月的累计数据。

（2）预缴方式的选择。

企业所得税预缴有三种方式：按照月度或者季度的实际利润额预缴、按照上一纳税年度应纳税所得额的月度或者季度平均额预缴、按照经税务机关认可的其他方法预缴。预缴方法一经确定，该纳税年度内不得随意变更。目前大部分企业都采用按实际利润预缴。

（3）营业收入、营业成本与利润取自财务报表。

纳税人在网上申报企业所得税预缴申报表时，应先填写财务报表，预缴申报表中的营业收入、营业成本、利润应与财务报表数据保持一致。

第1行“营业收入”=主营业务收入+其他业务收入，直接按照财务报表数字填写即可。

第2行“营业成本”=主营业务成本+其他业务成本，不包括营业外支出和期间费用，直接按照财务报表数字填写即可。

第3行“利润总额”是直接按照企业会计制度、企业会计准则等国家会计规定核算出来的利润总额，也就是财务报表上的利润总额数字，直接按照报表填写即可。

营业收入和营业成本均不参与表格计算。指标意义在于数据采集，按照财务报表填写，一定保持和财务报表一致。这里的利润总额与第二行营业收入、第三行营业成本不存在必然的钩稽关系。

（4）特殊事项填报。

第4行“加：特定业务计算的应纳税所得额”：由房地产开发企业填报（行业代码为7010），填报数据应≥0，且≥本年上期本行金额。

第5行“不征税收入”：填报纳税人已经记入本表“利润总额”行次但属于税收规定的不征税收入的本年累计金额。

第6行“资产加速折旧、摊销（扣除）调减额”这个栏次填写的金额，取自表A201020第三行第五列数据。

|例5-4| 武汉烽火汽车制造股份有限公司202×年1月购入一台机器设备，设备原值480万元。202×年2月开始计提折旧，会计折旧年限为5年，采用直线法计提折旧，税法规定最低折旧年限为10年，不考虑净残值和其他因素。

|解析| 该企业选择享受“500万元以下设备器具一次性扣除”优惠政策，202×年第一季度填报见表5-5。

表5-5　A201020 资产加速折旧、摊销（扣除）优惠明细表　金额单位：元

行次	项目	本年享受优惠的资产原值	本年累计折旧\摊销（扣除）金额				
			账载折旧\摊销金额	按照税收一般规定计算的折旧\摊销金额	享受加速政策计算的折旧\摊销金额	纳税调减金额	享受加速政策优惠金额
		1	2	3	4	5	6（4-3）
⋮	⋮						
2	二、一次性扣除（2.1+2.2+…）	4 800 000	160 000	40 000	4 800 000	4 640 000	4 760 000
2.1	500万以下设备器具一次性扣除	4 800 000	160 000	40 000	4 800 000	4 640 000	4 760 000
2.2	（填写优惠事项名称）						
3	合计（1+2）	4 800 000	160 000	40 000	4 800 000	4 640 000	4 760 000

第9行“弥补以前年度亏损”：填报按照税收规定可在企业所得税税前弥补的以前年度尚未弥补的亏损额。

依据上年度企业所得税汇算清缴表A106000填写，很多申报软件都会自动带出亏损弥补数字。如果没自动带出，可以按上年度汇算清缴的可弥补亏损数据填写。

需要注意的是，一个年度之内是不存在弥补亏损问题的，比如第一、二季度亏损，第三季度盈利，不存在弥补的概念，企业所得税年度内只有累算，只有跨年才存在亏损弥补问题。

第10行“实际利润额”=利润总额（会计报表的利润总额）+特定业务计算的应纳税所得额-不征税收入-固定资产加速折旧（扣除）调减额-免税收入、减计收入、所得减免等优惠金额-弥补以前年度亏损。

注意不要把这里的实际利润额（判断是否为小型微利企业参考这个数据）等于财务报表的利润总额，更不要把它当成汇算清缴的应纳税所得额。

4.汇总纳税企业总分机构税款计算表

《国家税务总局关于印发〈跨地区经营汇总纳税企业所得税征收管理办法〉的公告》（国家税务总局公告2012年第57号）第六条规定，汇总纳税企业按照《中华人民共和国企业所得税法》规定汇总计算的企业所得税，包括预缴税款和汇算清缴应缴应退税款，50%在各分支机构间分摊，各分支机构根据分摊税款就地办理缴库或退库；50%由总机构分摊缴纳，其中25%就地办理缴库或退库，25%就地全额缴入中央国库或退库。

（三）核定征收企业所得税预缴纳税申报表填报

核定征收的方式包括：核定应税所得率（能核算收入总额的）、核定应税所得率（能核算成本费用总额的）和核定应纳所得税额。

核定征收方式选择“核定应税所得率（能核算收入总额的）”的纳税人填报第1行至第17行，核定征收方式选择“核定应税所得率（能核算成本费用总额的）”的纳税人填报第10行至第17行，核定征收方式选择“核定应纳所得税额”的纳税人填报第17行。

例5-5 武汉信达科技有限责任公司202×年第一季度平均资产总额4 000万元，季度平均从业人员200人，从事国家非限制或禁止的行业，采用核定征收方式缴纳企业所得税，收入总额可以准确核算，税务机关核定的应税所得率为10%，202×年一季度收入总额为800万元。

解析 核定的应纳税所得额=800×10%=80（万元），季度预缴申报时可以享受小型微利企业的优惠政策，申报表见表5-6。

表5-6 B100000 中华人民共和国企业所得税月（季）度预缴纳税申报表（B类，2018年版）

金额单位：元

核定征收方式	☑核定应税所得率（能核算收入总额的） □核定应税所得率（能核算成本费用总额的）□核定应纳所得税额

续表

按季度填报信息									
项目	一季度		二季度		三季度		四季度		季度平均值
	季初	季末	季初	季末	季初	季末	季初	季末	
从业人数	200	200							200
资产总额（万元）	4 000	4 000							4 000
国家限制或禁止行业	□是　☑否				小型微利企业		☑是　□否		
按年度填报信息									
从业人数（填写平均值）					资产总额（填写平均值，单位：万元）				
国家限制或禁止行业	□是　□否				小型微利企业		□是　□否		
行次	项　　目								本年累计金额
1	收入总额								8 000 000
⋮	⋮								
12	应税收入额（1-2-3）\ 成本费用总额								8 000 000
13	税务机关核定的应税所得率（%）								10%
14	应纳税所得额（12×13）\［第 12 行÷（1-第 13 行）×第 13 行］								800 000
15	税率（25%）								25%
16	应纳所得税额（14×15）								200 000
17	减：符合条件的小型微利企业减免企业所得税								180 000
18	减：实际已缴纳所得税额								0
L19	减：符合条件的小型微利企业延缓缴纳所得税额（是否延缓缴纳所得税□是　□否）								0
19	本期应补（退）所得税额（16-17-18-L19）\ 税务机关核定本期应纳所得税额								20 000

（四）预缴企业所得税会计核算

在月末（季度末）计提企业所得税时：

借：所得税费用

　贷：应交税费——应交企业所得税

同时进行结转：

借：本年利润

　贷：所得税费用

在实际缴纳时：

借：应交税费——应交企业所得税

　贷：银行存款

拓展阅读

企业所得税按月份、季度预缴税款，年度终了后五个月内汇算清缴，多退少补。在会计圈子里有许多人（包括部分税务人员和中介机构）认为，企业所得税年度中间既然属于预缴性质，那么所得税就是按年度汇算清缴为准，预缴多少没有关系，只要年度最后缴税数额正确就可以。更有一部分人认为对于预缴发生错误的情况税务上没有处罚的规定，不需要承担造假的后果。于是，一些企业会计和中介机构认为，通过会计处理方法的选择（如预提大额费用等），调节（调减）会计报表利润，可以筹划企业预缴所得税，即通过会计手法在年度中调低会计报表利润，在前几个季度预缴时少缴纳企业税，年终最后一个月调账转回，以此在短期内获得企业营运资金的便利和好处，获得税款延迟缴纳的时间价值。由于长期以来对少预缴所得税的处罚极少发生，有的地方甚至从来没有处罚过，使得少数企业在财务报表上反映实际会计报表利润，但在所得税预缴时明目张胆地直接填写负数。

这种不恰当的税务筹划表面上看在短期内解决了企业营运资金的短缺问题，或者增加了企业的流动资金，但其实这是一种违反所得税法的行为，企业经营者应该要有清醒的认识，注意甄别是非。

《中华人民共和国税收征收管理法》第三十二条规定："纳税人未按照规定期限缴纳税款的，扣缴义务人未按照规定期限解缴税款的，税务机关除责令限期缴纳外，从滞纳税款之日起，按日加收滞纳税款万分之五的滞纳金。"

第六十三条规定："纳税人伪造、变造、隐匿、擅自销毁账簿、记账凭证，或者在账簿上多列支出或者不列、少列收入，或者经税务机关通知申报而拒不申报或者进行虚假的纳税申报，不缴或者少缴应纳税款的，是偷税。对纳税人偷税的，由税务机关追缴其不缴或者少缴的税款、滞纳金，并处不缴或者少缴的税款百分之五十以上五倍以下的罚款；构成犯罪的，依法追究刑事责任。"

第六十四条规定，"纳税人、扣缴义务人编造虚假计税依据的，由税务机关责令限期改正，并处五万元以下的罚款。"

从《中华人民共和国税收征收管理法》的上述三个规定可以看出，对未按规定申报预缴企业所得税的，造成不缴或者少缴应纳税款的，属于进行虚假的纳税申报的情形，按照偷税处理；未造成不缴或者少缴应纳税款的，属于编造虚假计税依据的情形，按照《中华人民共和国税收征收管理法》第六十四条的规定处理。

因此，企业在按照月度或者季度的实际利润额预缴所得税时，应当按所属期实际利润总额申报，不得少申报；对于以虚假手段编制虚假利润或者采用申报与利润报表不一致的办法，虚假申报或者编造虚假计税依据的，将按照《中华人民共和国税收征收管理法》及其实施细则的有关规定进行处理。

六、任务实践

请同学们课前完成分小组，以小组为单位完成任务案例中企业所得税季度预缴申报工作。课堂进行展示、提问、讲解和互评。

步骤一：判定企业所得税日常申报的类型；

步骤二：选用企业所得税预缴申报表；

步骤三：填写企业所得税季度预缴申报表。

七、任务成果报告及评价

表5-7是企业所得税日常核算与申报成果报告。

表 5-7　　企业所得税日常核算与申报成果报告

<table>
<tr><td colspan="4">实训任务一　企业所得税日常核算与申报成果报告</td></tr>
<tr><td>适用项目</td><td></td><td>课时</td><td>4</td></tr>
<tr><td>组名</td><td></td><td rowspan="2">成员及分工</td><td rowspan="2">组织者：　　　　思路方案：
政策支持：　　　职业素养：
申报表填报及上传：</td></tr>
<tr><td>时间及地点</td><td></td></tr>
<tr><td colspan="4">【案例描述及要求】</td></tr>
<tr><td colspan="4">【我的思路或方法】

【我的解决方案】

【我的政策知识】

【我的职业技能】

【我的职业素养】</td></tr>
<tr><td colspan="4">【课堂提问】
一、小组被提问记录

二、小组提问记录

二、教师提问记录</td></tr>
<tr><td colspan="4">【我的评分】
评分标准：
1.知识掌握（20分）：案例适用政策完整且准确（20分）。
2.技能掌握（30分）：税额计算准确（10分）、企业所得税预缴申报表填报准确（15分）、信息搜集整理（5分）。
3.素质提升（30分）：思政精神力挖掘务实（5分）、与具体实践结合（15分）、具有共鸣感（10分）。
4.小组合作（20分）：分工明确（5分）、全员贡献度（10分）、活跃度（问及答）（5分）。
一、自评分（20%）

二、小组互评分（40%）

三、教师评分（40%）</td></tr>
</table>

续表

【我的诊改】 一、存在问题 （一）知识方面   （二）技能方面   （三）素质方面   二、未来改进 （一）知识方面   （二）技能方面   （三）素质方面

八、课后作业及拓展

（一）讨论

1.某公司是分支机构，是否需要预缴企业所得税？

2.独立核算的分支机构是否可以享受小型微利企业所得税优惠政策？

3.预缴企业所得税时，如何享受研发费用加计扣除政策？

（二）阅读

《财政部 税务总局关于进一步实施小微企业“六税两费”减免政策的公告》（财政部 税务总局公告2022年第10号）

《财政部 税务总局关于进一步实施小微企业所得税优惠政策的公告》（财政部 税务总局公告2022年第13号）

《国家税务总局 财政部关于制造业中小微企业继续延缓缴纳部分税费有关事项的公告》（国家税务总局 财政部公告2022年第17号）

《国家税务总局关于印发〈跨地区经营汇总纳税企业所得税征收管理办法〉的公告》（国家税务总局公告2012年第57号）

（三）作业

1.【单项选择题】查账征收企业所得税预缴纳税申报表的表单不包括（　　）。

A.《中华人民共和国企业所得税月（季）度预缴纳税申报表（A类）》

B.《中华人民共和国企业所得税月（季）度预缴和年度纳税申报表（B类）》

C.《资产加速折旧、摊销（扣除）优惠明细表》

D.《企业所得税汇总纳税分支机构所得税分配表》

2.【单项选择题】甲企业是我市一家制造业企业，符合小微企业条件，202×年1月从乙企业购进一台生产设备，当月投入使用并取得增值税专用发票，单位价值为1 440万元。企业在税收上享受税前扣除优惠政策，会计上采用直线法计提折旧，折旧年限为10年，不考虑净残值。第一季度预缴时，享受加速折旧政策优惠金额为（　　）。

A.696万元　　B.720万元　　C.708万元　　D.1 440万元

3.【单项选择题】A企业是查账征收小型微利企业，202×年第一季度营业收入为800万，营业成本为500万，利润总额为250万元，假设该企业除小型微利企业所得税优惠外，未享受其他优惠，A企业第一季度预缴时，第13行“减：减免所得税额”填报金额为（　　）。

A.625 000元　　B.525 000元　　C.100 000元　　D.405 000元

4.【业务题】A企业2020年成立，从事国家非限制或禁止行业，202×年各季度的资产总额、从业人数以及累计应纳税所得额情况见表5-8。

表5-8　　A企业信息表

季　度	从业人数		资产总额（万元）		应纳税所得额（累计值，万元）
	期　初	期　末	期　初	期　末	
第一季度	120	200	2 000	4 000	150
第二季度	400	500	4 000	6 600	200
第三季度	350	200	6 600	7 000	280
第四季度	220	210	7 000	2 500	350

要求：请判定该企业第一、二、三、四季度是否符合小型微利企业的条件。

5.【业务题】B企业202×年第一季度不符合小型微利企业条件，第二季度和第三季度符合小型微利企业条件，第一季度至第三季度预缴企业所得税时，相应的累计应纳税所得额分别为20万元、100万元、200万元。请计算B企业在预缴202×年第一季度至第三季度企业所得税时，减免税额和实际缴纳税额各是多少？

6.【业务题】北京日盛日用品经销有限公司是以日用品批发、零售为主的商业企业。该企业虽设置账簿，但无专职财务人员管理公司账目，导致账目混乱、成本资料、费用凭证残缺不全，税务机关难以查账征收企业税费，但该企业能够准确提供销货发票凭证并能够提供当期银行进账单，采用按月核定征收方式预缴企业所得税。税务机关出具的企业所得税核定征收鉴定表中注明该企业实行按收入总额核定应纳税所得额，税务机关参照行业的应税所得率及企业实际经营规模确定其应税所得率为8%，企业执行新会计准则，非汇总企业，无分支机构，符合小型微利企业条件。

该企业202×年1月份预缴企业所得税情况见表5-9。

表5-9 中华人民共和国企业所得税月（季）度预缴和年度纳税申报表（B类）

税款所属期间：202×年01月01日至202×年01月31日

纳税人名称：北京日盛日用品经销有限公司

纳税人识别号：91230460238967046L　　　　金额单位：人民币元（列至角分）

核定征收方式	☑核定应税所得率（能核算收入总额的） □核定应税所得率（能核算成本费用总额的） □核定应纳所得税额	
行次	项　　目	本年累计金额
1	收入总额	5 060 089.00
2	减：不征税收入	
3	减：免税收入（4+5+10+11）	
4	国债利息收入免征企业所得税	
5	符合条件的居民企业之间的股息、红利等权益性投资收益免征企业所得税（6+7.1+7.2+8+9）	
6	其中：一般股息、红利等权益性投资收益免征企业所得税	
7	通过沪港通投资且连续持有H股满12个月取得的股息、红利所得免征企业所得税	
8	居民企业持有创新企业CDR取得的股息、红利所得免征企业所得税	
9	符合条件的居民企业之间属于股息、红利性质的永续债利息收入免征企业所得税	
10	投资者从证券投资基金分配中取得的收入免征企业所得税	
11	取得的地方政府债券利息收入免征企业所得税	
12	应税收入额（1-2-3）\成本费用总额	5 060 089.00
13	税务机关核定的应税所得率（%）	8%
14	应纳税所得额（12×13）\[第12行÷（1-第13行）×第13行]	404 807.12
15	税率（25%）	25%
16	应纳所得税额（14×15）	101 201.78
17	减：符合条件的小型微利企业减免企业所得税	80 961.42
18	减：实际已缴纳所得税额	0
19	本期应补（退）所得税额（16-17-18-L19）\税务机关核定本期应纳所得税额	20 240.36
20	民族自治地方的自治机关对本民族自治地方的企业应缴纳的企业所得税中属于地方分享的部分减征或免征（ □免征 □减征:减征幅度__%）	
21	本期实际应补（退）所得税额	

按季度填报信息			
季初从业人数		季末从业人数	
季初资产总额（万元）		季末资产总额（万元）	
国家限制或禁止行业	□是 □否	小型微利企业	□是 □否
按年度填报信息			
小型微利企业	□是 □否		

谨声明：本纳税申报表是根据国家税收法律法规及相关规定填报的，是真实的、可靠的、完整的。

纳税人（签章）：　年　月　日

经办人： 经办人身份证号： 代理机构签章： 代理机构统一社会信用代码：	受理人： 受理税务机关（章）： 受理日期：　　年　　月　　日

202×年 2 月开具批发、零售发票记载实现收入总额为 6 051 968 元。请根据上述业务资料完成该企业 202×年 2 月企业所得税的月度预缴申报工作。

任务二　认识企业所得税年度纳税申报表

一、任务导航

表 5-10 是认识企业所得税年度纳税申报表工作任务表。

表 5-10　　认识企业所得税年度纳税申报表工作任务表

任务基本描述：展示企业所得税年终汇算清缴的报表体系，为顺利进行企业所得税年终汇算清缴做好准备				
任务目标	任务知识点	任务技能点	学习时间节点	学习资源
1.确定需求意图	•企业所得税应纳税额计算	•企业所得税年度纳税申报工作要点	•课前准备 •课堂展示	•百度搜索
2.准备资料	•企业所得税年度汇算清缴表	•企业所得税年度纳税申报表总体结构	•课前准备 •课堂展示	•国家税务总局网站
3.制作文案	•文字处理，表格操作	•文案构成、设计、制作技巧、工具	•课堂完成 •课堂展示	•百度搜索

二、前导知识和技能测试

1.前导知识测试 5.2.1

2.前导技能测试 5.2.1

前导知识测试 5.2.1

前导技能测试 5.2.1

三、任务计划

（一）学习目标：________________

（二）学习内容及时间安排：________________

（三）学习完成率及成果：________________

四、任务案例

武汉方圆信息科技公司，企业所得税查账征收，202×年全年资产总额季度平均值为 8 000 万元。公司全年经营情况如下：

全年新技术研发费用 3 400 000 元，全年支付工资总额 4 575 600 元，计提折旧 3 711 000 元，向国家扶贫基金会捐款 200 000 元，支持防疫向某市红十字会捐赠 300 000 元。与抖音达成战略合作，直播发布 IP 合作款，签约流量明星，共发生广告与业务宣传费 7 800 000 元。

202×年 11 月 1 日取得政府补助 4 200 000 元，不满足不征税收入的条件。11 月 15 日购入一台不需要安装的设备，用于日常经营，设备按 10 年折旧，净残值为零。当年计提坏账准备 91 860 元，计提存货跌价准备 80 720 元，发生坏账损失 50 000 元。202×年由于东泰公司发生财务困难，经双方协商，东泰公司以其控制的子公司的部分股权偿还债务4 050 000元，其余450 000元债务豁免。全年利润总额为7 380 471.90元。

五、任务知识殿堂

（一）企业所得税年终汇算清缴申报表结构体系

1.企业所得税年度申报表的编号规则

企业所得税纳税申报表实行统一编号规则，表单编号由字母和数字共同组成，共7位。其中，首位为字母，后6位为数字。第1位为字母，表示申报表类型，其中，A代表查账征收方式，B代表核定征收方式；第2位为数字，表示一级表，其中0代表基础信息表，1代表年度纳税申报表，2代表季度纳税申报表；第3、4位为数字，表示二级表，按照01、02、03……的顺序排列；第5、6、7位为数字，表示三级表，按照010、011、012……的顺序排列。

2.企业所得税年度申报表的架构说明

（1）从填报内容看，全套申报表由反映纳税人整体情况（2张）以及反映会计核算（6张）、纳税调整（13张）、弥补亏损（1张）、税收优惠（9张）、境外税收（4张）、汇总纳税（2张）等明细情况的“1+6”表单体系组成。

（2）从表单结构看，全套申报表分为基础信息表（1张）、主表（1张）、一级明细表（6张）、二级明细表（25张）和三级明细表（4张），表单数据逐级汇总，环环相扣。

（3）从使用频率看，绝大部分纳税人实际填报表单的数量为8~10张。《企业基础信息表》《企业所得税年度纳税申报表（A类）》《一般企业收入明细表》《一般企业成本支出明细表》《期间费用明细表》《纳税调整项目明细表》《职工薪酬支出及纳税调整明细表》《减免所得税优惠明细表》等，为常用表单。除此之外，纳税人应当根据行业类型、业务发生情况正确选择适合本企业的表单。

3.企业所得税年度申报表的设计理念

企业所得税年度申报表的设计理念是：应纳税所得额=会计利润总额+纳税调增-纳税调减。

因此，年度申报表以企业会计核算为基础，在会计利润总额的基础上，加减纳税调整额后计算出应纳税所得额。会计与税法的差异（包括收入类、扣除类、资产类等永久性和暂时性差异）通过纳税调整表集中体现。

4.企业所得税年度申报表的填报顺序

第一步：填写封面，选择需要填报的表单。

第二步：填报《A000000 企业基础信息表》。

第三步：一般企业填报《A101010 一般企业收入明细表》；金融企业填报《A101020 金融企业收入明细表》。

第四步：一般企业填报《A102010 一般企业成本支出明细表》；金融企业填报《A102020 金融企业支出明细表》。

第五步：填报《A104000 期间费用明细表》。

注：事业单位及民间非营利组织可合并第三、四、五步，直接填报《A103000事业单位、民间非营利组织收入、支出明细表》。

第六步：填报《A105000纳税调整项目明细表》。其中调整项目需要填列明细附表的，应自下而上，按表格括号中的明细表单号填写三级附表及二级附表。

第七步：填制《A107010免税、减计收入及加计扣除明细表》。其中优惠项目需要填列明细附表的，应自下而上，按表格括号中的明细表单号填写三级附表及二级附表。

第八步：填制《A107020所得减免优惠明细表》。

第九步：填制《A107030抵扣应纳税所得额明细表》。

第十步：填制《A106000企业所得税弥补亏损表》。

第十一步：填制《A107040减免所得税优惠明细表》。其中优惠项目需要填列明细附表的，应自下而上，按表格括号中的明细表单号填写三级附表及二级附表。

第十二步：填制《A107050税额抵免优惠明细表》。

第十三步：填制《A108000境外所得税收抵免明细表》及其附表。

第十四步：填制《A109000跨地区经营汇总纳税企业年度分摊企业所得税明细表》及《A109010企业所得税汇总纳税分支机构所得税分配表》。

第十五步：填制《A100000企业所得税年度纳税申报表》（主表）的第3、7、8、9行。

第十六步：检查主表与各附表的逻辑关系、数据的准确性。无误后，登录各省市网上申报系统按顺序填报。

5.选择表单的注意事项

（1）2张必须报送的表单。

实行查账征收的纳税人，企业所得税年度纳税申报必须报送的申报表有两张：《A000000企业基础信息表》和《A100000企业所得税年度纳税申报表》。

（2）6张发生即填报的表单。

为全面搜集涉税信息，收集数据用于比对，有6张纳税调整项目表，只要企业有相应的发生额，就必须勾选报送，发生即填报，无论其是否存在纳税调整事项：

①《A105000纳税调整项目明细表》；

②《A105050职工薪酬支出及纳税调整明细表》；

③《A105070捐赠支出及纳税调整明细表》；

④《A105080资产折旧、摊销及纳税调整明细表》；

⑤《A105090资产损失税前扣除及纳税调整明细表》；

⑥《A105120贷款损失准备金及纳税调整明细表》。

（3）高新技术企业必须填报表单。

凡具有高新技术企业资格的纳税人，即使在亏损年度不享受税收优惠，也必须填报《A107041高新技术企业优惠情况及明细表》。

（4）勾选的报表可修改。

电子税务局的申报系统只显示已在《企业所得税年度纳税申报表填报表单》（以下简称《填报表单》）中勾选的附表，不勾选的不显示。企业在申报过程中发现需要增加或者删除已经在《填报表单》完成选择的报表，需要回到《填报表单》进行增加或者删除相关报表的操作，在完成整体申报前，《填报表单》可进行反复修改。

（二）企业所得税年终汇算清缴的基本流程

办理企业所得税年终汇算清缴，网上申报主要操作流程如下：登录系统（有数字证书或无数字证书）——填写保存财务报表——填写企业所得税年度纳税申报表（查账征收或核定征收或汇总纳税分支机构）——提交申报——扣缴税款——打印报表。

拓展阅读

2022年以来，财政部、国家税务总局及相关部门出台了支持小型微利企业发展、激励企业加大研发投入、推动企业创新发展等多项企业所得税优惠政策。主要如下：

1.支持小型微利企业发展

财政部、税务总局发布《财政部 税务总局关于进一步实施小微企业所得税优惠政策的公告》（财政部 税务总局公告2022年第13号），延续小型微利企业判定标准，并对年应纳税所得额100~300万元的部分，再减半征收企业所得税。

2.激励企业加大研发投入

一是财政部、税务总局、科技部发布《财政部 税务总局 科技部关于进一步提高科技型中小企业研发费用税前加计扣除比例的公告》（财政部 税务总局 科技部公告2022年第16号），科技型中小企业开展研发活动中实际发生的研发费用，未形成无形资产计入当期损益的，在按规定据实扣除的基础上，自2022年1月1日起，再按照实际发生额的100%在税前加计扣除；形成无形资产的，自2022年1月1日起，按照无形资产成本的200%在税前摊销。二是财政部、税务总局、科技部发布《财政部 税务总局 科技部关于加大支持科技创新税前扣除力度的公告》（财政部 税务总局 科技部公告2022年第28号），现行适用研发费用税前加计扣除比例75%的企业，在2022年10月1日至2022年12月31日期间，税前加计扣除比例提高至100%。

3.促进中小微企业和高新技术企业设备更新和技术升级

一是财政部、税务总局发布《财政部 税务总局关于中小微企业设备器具所得税税前扣除有关政策的公告》（财政部 税务总局公告2022年第12号），中小微企业在2022年1月1日至2022年12月31日期间新购置的设备、器具，单位价值在500万元以上的，按照单位价值的一定比例自愿选择在企业所得税税前扣除。二是财政部、税务总局、科技部发布《财政部 税务总局 科技部关于加大支持科技创新税前扣除力度的公告》（财政部 税务总局 科技部公告2022年第28号），高新技术企业在2022年10月1日至2022年12月31日期间新购置的设备、器具，允许当年一次性全额在计算应纳税所得额时扣除，并允许在税前实行100%加计扣除。

4.支持我国基础研究发展

财政部、税务总局发布《财政部 税务总局关于企业投入基础研究税收优惠政策的公告》（财政部 税务总局公告2022年第32号），对企业出资给非营利性科研机构、高等学校和政府性自然科学基金用于基础研究的支出，在计算应纳税所得额时可按实际发生额在税前扣除，并可按100%在税前加计扣除。对非营利性科研机构、高等学校接收企业、个人和其他组织机构基础研究资金收入，免征企业所得税。

5. 支持广州南沙深化粤港澳全面合作

财政部、税务总局发布《财政部 税务总局关于广州南沙企业所得税优惠政策的通知》（财税〔2022〕40号），对设在南沙先行启动区的符合条件的企业减按15%的税率征收企业所得税。

6. 支持基础设施领域不动产投资信托基金试点

财政部、税务总局发布《财政部 税务总局关于基础设施领域不动产投资信托基金（REITs）试点税收政策的公告》（财政部 税务总局公告2022年第3号），区分设立基础设施REITs前和基础设施REITs设立阶段，明确企业所得税试点政策。

为贯彻落实《中华人民共和国企业所得税法》及有关税收政策，进一步精简办税资料，减轻办税负担，税务总局发布《国家税务总局关于企业所得税年度纳税申报有关事项的公告》（国家税务总局公告2022年第27号），对《中华人民共和国企业所得税年度纳税申报表（A类，2017年版）》部分表单和填报说明进行修订，具体如下：对《资产折旧、摊销及纳税调整明细表》《企业重组及递延纳税事项纳税调整明细表》《免税、减计收入及加计扣除优惠明细表》《研发费用加计扣除优惠明细表》《减免所得税优惠明细表》的表单样式及填报说明进行修订；对《纳税调整项目明细表》的填报说明进行修订。

六、任务实践

请同学们课前进行分组，完成任务案例企业所得税申报表勾选任务。课堂进行展示、提问、讲解和互评，期待你们的精彩呈现。

步骤一：判定企业经营信息；

步骤二：选用企业所得税年度纳税申报表；

步骤三：勾选企业所得税申报表表单。

七、任务成果报告及评价

表5-11是认识企业所得税年度纳税申报表成果报告。

表5-11　认识企业所得税年度纳税申报表成果报告

<table>
<tr><td colspan="5">实训任务二　认识企业所得税年度纳税申报表成果报告</td></tr>
<tr><td>适用项目</td><td></td><td>课时</td><td colspan="2">2</td></tr>
<tr><td>组名</td><td></td><td rowspan="2">成员及分工</td><td>组织者：
政策支持：
申报表填报及上传：</td><td>思路方案：
职业素养：</td></tr>
<tr><td>时间及地点</td><td></td><td></td><td></td></tr>
</table>

续表

【案例描述及要求】
【我的思路或方法】 【我的解决方案】 【我的政策知识】 【我的职业技能】 【我的职业素养】
【课堂提问】 一、小组被提问记录 二、小组提问记录 三、教师提问记录
【我的评分】 评分标准： 1.知识掌握（20分）：案例适用政策完整且准确（20分）。 2.技能掌握（30分）：信息搜集整理（10分），企业所得税年度申报表表单勾选正确（20分）。 3.素质提升（30分）：思政精神力挖掘务实（5分）、与具体实践结合（15分）、具有共鸣感（10分）。 4.小组合作（20分）：分工明确（5分）、全员贡献度（10分）、活跃度（问及答）（5分）。 一、自评分（20%） 二、小组互评分（40%） 三、教师评分（40%）

续表

【我的诊改】 一、存在问题 （一）知识方面   （二）技能方面   （三）素质方面   二、未来改进 （一）知识方面   （二）技能方面   （三）素质方面

八、课后作业及拓展

（一）讨论

企业所得税年度纳税申报一共有37张报表，如何确定企业具体需要填写哪几张报表？

（二）阅读

《国家税务总局关于企业所得税年度汇算清缴有关事项的公告》（国家税务总局公告2021年第34号）

《关于〈国家税务总局关于企业所得税年度汇算清缴有关事项的公告〉的解读》

（三）作业

1.【业务题】中国居民企业A公司为查账征收企业，202×年度主营业务收入为260万元，主营业务成本为150万元，期间费用为21万元，经计算应纳税所得额为89万元，季度申报已预缴所得税额3万元，非从事国家限制或禁止行业，资产总额及从业人数平均值均符合小型微利企业条件，12月份发生了固定资产毁损。其他情况暂不考虑。该企业应如何勾选《企业所得税年度纳税申报表填报表单》？

2.【业务题】某公司202×年度企业所得税申报相关涉税事项如下：

（1）公司目前不存在境外业务，也没有境外相关费用。

（2）资产折旧、摊销情况：会计核算与税法一致，不存在调整事项，也不存在固定资产加速计提折旧。

（3）202×年度营业外支出为535 000元，其中：500 000元为直接捐赠给希望小学支出，35 000元为行政罚款支出。

（4）202×年度已预缴企业所得税2 476 836.17元。

（5）202×年所发生的利息支出可全额扣除。

（6）投资收益情况：202×年度被投资单位北京滨海工贸有限公司发生亏损，确认损益调整11 000元。202×年度被投资单位北京美星旅游股份有限公司宣告分派现金股利6 000元。

（7）202×年度职工教育经费不存在全额扣除人员支出，上年度无留抵。

（8）202×年度所有费用及职工薪酬都已全部发放，且有合法票据，无股权激励，不存在税收优惠及其他特殊事项。

（9）202×年度境内委托境内外部机构进行研发活动发生费用1 050 000元。

（10）应收衡阳宝能仪器制造有限公司款项15 000元，已计提坏账，金额无法收回，确认坏账损失，已报税务局批准，准予税前扣除。（该笔应收账款已逾期3年，属于逾期一年以上的小额应收款）

要求：请根据上述资料，勾选《企业所得税年度纳税申报表填报表单》。

任务三 企业所得税年度纳税申报基础信息表填报

一、任务导航

表5-12是企业所得税年度纳税申报基础信息表填报工作任务表。

表5-12 企业所得税年度纳税申报基础信息表填报工作任务表

任务基本描述：展示企业所得税基础信息表的填报内容，为后续工作做好准备				
任务目标	任务知识点	任务技能点	学习时间节点	学习资源
1.确定需求意图	•企业基础信息	•《企业所得税年度纳税申报基础信息表》	•课前准备 •课堂展示	•百度搜索
2.准备资料	•《企业所得税年度纳税申报基础信息表》填报要点	•《企业所得税年度纳税申报基础信息表》填报	•课前准备 •课堂展示	•国家税务总局网站 •网中网金税平台
3.制作文案	•文字处理，表格操作	•文案构成、设计、制作技巧、工具	•课堂完成 •课堂展示	•百度搜索

前导知识测试 5.3.1

二、前导知识和技能测试

1.前导知识测试5.3.1

2.前导技能测试5.3.1

前导技能测试 5.3.1

三、任务计划

（一）学习目标：______

（二）学习内容及时间安排：______

（三）学习完成率及成果：______

四、任务案例

武汉大方家电制造有限公司202×年度基本信息如下：

（1）纳税申报企业类型：100非跨地区经营企业

（2）资产总额：7 042.02万元

（3）从业人数（平均值）：220人

（4）所属国民经济行业：3852家用电力器具制造

（5）从事国家限制或禁止行业：否

（6）适用会计准则或会计制度：110一般企业

（7）采用一般企业财务报表格式：是

（8）小型微利企业：否

（9）上市公司：否

（10）从事股权投资业务：是

（11）发生非货币性资产对外投资递延纳税事项：否

（12）非货币性资产对外投资转让所得递延纳税年度：否

（13）股东信息：李悦华（身份证号码：110101198202021353）投资比例100%；当年（决议日）分配的股息、红利等权益性投资收益金额：0.00；注册地址：中国

（14）本年累计实际已缴纳的所得税额：175万元

（15）业务题中涉及的商品为大概念：既包括产品也包括服务、劳务、销售的无形资产及不动产。

五、任务知识殿堂

（一）《企业所得税年度纳税申报基础信息表》概述

1.集成基础信息

将原分布在附表中的基础信息整合到本表；优化填报方式，调整和补充填报项目，增强申报信息的完整性。

2.划分企业所得税年度纳税申报基础信息类型

将年度申报基础信息划分为三类：（1）基本经营情况（必填项目）；（2）有关涉税事项情况（存在或者发生下列事项时必填）；（3）主要股东及分红情况（必填项目）。纳税人在填报时应能够清晰掌握需要填报的事项。

由于基础信息中不同事项的涉税信息较多，大部分填报事项使用代码表方式选择填写。纳税人在填报时，根据其经济业务涉税业务类型选择代码表对应的类型

即可。

3.分纳税人类型选择填写

为了简化小型微利企业的填写，充分考虑不同类型纳税人申报和税收管理的要求。“基本经营情况”为小型微利企业必填项目；“主要股东及分红情况”为小型微利企业免填项目；“有关涉税事项情况”为选填项目，发生相关事项时小型微利企业必须填报。

（二）《企业所得税年度纳税申报基础信息表》填报要点

1.基本经营情况（必填项）

表5-13是企业所得税年度纳税申报基础信息表（部分）。

表5-13　　A000000　企业所得税年度纳税申报基础信息表（部分）

基本经营情况（必填项目）			
101 纳税申报企业类型（填写代码）		102 分支机构就地纳税比例（%）	
103 资产总额（填写平均值，单位：万元）		104 从业人数（填写平均值，单位：人）	
105 所属国民经济行业（填写代码）		106 从事国家限制或禁止行业	□是 □否
107 适用会计准则或会计制度（填写代码）		108 采用一般企业财务报表格式（2019年版）	□是 □否
109 小型微利企业	□是 □否	110 上市公司	是（□境内 □境外）□否

“基本经营情况”共10个项目，代码从101到110，是纳税人必填项目。

（1）“101纳税申报企业类型”：主要区分纳税人是否属于跨地区经营企业及总分机构类型。电子税务局中，系统将自动调取纳税人在税务系统中已经备案的汇总纳税相关信息，本项不可修改。纳税人如果发现类型信息与实际不符，需要先在电子税务局提交“企业所得税汇总纳税信息报告”，变更相关汇总纳税信息。

需要注意：如果企业是“210跨地区经营企业总机构 总机构（跨省）——适用《跨地区经营汇总纳税企业所得税征收管理办法》”和“230总机构（省内）”，且汇总备案信息中所属分支机构至少有1户“就地缴纳标识”为“是”的，需要填报表A109000、表A109010。

（2）“102分支机构就地纳税比例”：当101项的类型为“311分支机构（须进行完整年度申报并按比例纳税）”时，本项自动调取税务系统中已备案的就地缴纳比例。其他类型时默认为空。

（3）“103资产总额”：本项为判定纳税人是否享受小型微利企业税收优惠的相关指标。

需要注意：本项单位为万元，保留小数点后2位，且年度申报时不能为0；具体计算公式如下：

季度平均值=（季初值+季末值）÷2

全年季度平均值=全年各季度平均值之和÷4

年度中间开业或者终止经营活动的，以其实际经营期作为一个纳税年度确定上述相关指标。实际经营期不足一个季度的，以实际经营月份计算。

年度填报的资产总额的计算结果应与预缴申报的资产总额相关联。

（4）“104从业人数”：本项为判定纳税人是否享受小型微利企业税收优惠的相关指标。

需要注意：本项应当填报自然数（有小数四舍五入），且年度申报时不能为0；具体计算公式如下：

季度平均值=（季初值+季末值）÷2

全年季度平均值=全年各季度平均值之和÷4

年度中间开业或者终止经营活动的，以其实际经营期作为一个纳税年度确定上述相关指标。实际经营期不足一个季度的，以实际经营月份计算。

从业人数是指与企业建立劳动关系的职工人数和企业接受的劳务派遣用工人数之和。从业人数不仅是工资表上的职工人数，还是企业当年度用工规模的反映。建筑劳务企业临时用工和劳务派遣用工人数较多，填报此项一定要正确计算填报。

（5）“105所属国民经济行业”：本项通过调取税务系统中的税务登记信息“国民经济行业”系统自动填报，纳税人如果发现类型信息与实际不符，需要联系主管税务机关，及时变更相关信息。

需要注意：行业代码，严格按照《国民经济行业分类》（GB/4754—2017）列示的所属行业明细代码填报；行业明细代码与纳税调整表、税收优惠表相关联，如果带出信息与实际不符，又没有及时更正信息，会影响上述表单的正确填报。

（6）“106从事国家限制或禁止行业”：本项目的判断应以《产业结构调整指导目录》规定的限制类和淘汰类产业，以及《外商投资产业指导目录》规定的限制类和禁止类产业为参照依据。

（7）“108采用一般企业财务报表格式（2019年版）”：本项目与主表（A100000）第1到13行存在钩稽关系。本项目选择“是”的情形，仅适用于已执行新会计准则以及《财政部关于修订印发2019年度一般企业财务报表格式的通知》（财会〔2019〕6号）和《财政部关于修订印发2018年度金融企业财务报表格式的通知》（财会〔2018〕36号）规定格式编制财务报表的纳税人。

由于主表1到13行未设置“研发费用”“其他收益”“资产处置收益”等行次，对于已执行新会计准则，并按新版财务报表格式编制财务报表的纳税人，在《利润表》中归集的“研发费用”通过《期间费用明细表》（A104000）第19行“十九、研究费用”的管理费用相应列次填报；在《利润表》中归集的“其他收益”“资产处置收益”“信用减值损失”“净敞口套期收益”项目则无须填报，同时第10行“二、营业利润”不执行“10=1-2-3-4-5-6-7+8+9”的表内关系，按照《利润表》“营业利润”项目直接填报。

需要注意：只有执行新会计准则、按新版财务报表规定编制《利润表》的纳税人，该项目才可以选“是”；如果勾选“是”，主表第10行“营业利润”不执行“10=1-2-3-4-5-6-7+8+9”的表内关系，需要手动按照《利润表》“营业利润”的数据进行填列。执行小企业会计准则、会计制度、政府会计制度等财务报表类型的纳税人该项目应该选择“否”。

108项勾选“是”，主表第10行需要手动填写。

（8）“109小型微利企业”：符合小型微利企业条件的，选择“是”，同时，《填报表单》中A101010、A101020、A102010、A102020、A103000、A104000不可勾选，即小型微利企业不需要填写这些表。

2.有关涉税事项情况（存在或者发生下列事项时必填）

表5-14是企业所得税年度纳税申报基础信息表（续表）。

表5-14　　A000000　企业所得税年度纳税申报基础信息表（续表）

<table>
<tr><td colspan="9">有关涉税事项情况（存在或者发生下列事项时必填）</td></tr>
<tr><td colspan="3">201 从事股权投资业务</td><td colspan="2">□是</td><td colspan="2">202 存在境外关联交易</td><td colspan="2">□是</td></tr>
<tr><td rowspan="2">203 境外所得信息</td><td colspan="4">203-1 选择采用的境外所得抵免方式</td><td colspan="4">□分国（地区）不分项
□不分国（地区）不分项</td></tr>
<tr><td colspan="4">203-2 新增境外直接投资信息</td><td colspan="4">□是（产业类别：□旅游业□现代服务业
□高新技术产业）</td></tr>
<tr><td colspan="3">204 有限合伙制创业投资企业的法人合伙人</td><td colspan="2">□是</td><td colspan="2">205 创业投资企业</td><td colspan="2">□是</td></tr>
<tr><td colspan="3">206 技术先进型服务企业类型（填写代码）</td><td colspan="2"></td><td colspan="2">207 非营利组织</td><td colspan="2">□是</td></tr>
<tr><td colspan="3">208 软件、集成电路企业类型（填写代码）</td><td colspan="2"></td><td>209 集成电路生产项目类型</td><td colspan="3">□130 纳米 □65 纳米
□28 纳米</td></tr>
<tr><td rowspan="2">210科技型中小企业</td><td colspan="4">210-1__年（申报所属期年度）入库编号1</td><td></td><td colspan="2">210-2 入库时间1</td><td></td></tr>
<tr><td colspan="4">210-3__年（所属期下一年度）入库编号2</td><td></td><td colspan="2">210-4 入库时间2</td><td></td></tr>
<tr><td colspan="2" rowspan="2">211 高新技术企业申报所属期年度有效的高新技术企业证书</td><td colspan="3">211-1 证书编号1</td><td></td><td colspan="2">211-2 发证时间1</td><td></td></tr>
<tr><td colspan="3">211-3 证书编号2</td><td></td><td colspan="2">211-4 发证时间2</td><td></td></tr>
<tr><td colspan="2">212 重组事项税务处理方式</td><td colspan="3">□一般性
□特殊性</td><td colspan="3">213 重组交易类型（填写代码）</td><td></td></tr>
<tr><td colspan="2">214 重组当事方类型（填写代码）</td><td colspan="3"></td><td colspan="3">215 政策性搬迁开始时间</td><td>年　月</td></tr>
<tr><td colspan="4">216 发生政策性搬迁且停止生产经营无所得年度</td><td>□是</td><td colspan="3">217 政策性搬迁损失分期扣除年度</td><td>□是</td></tr>
<tr><td colspan="4">218 发生非货币性资产对外投资递延纳税事项</td><td>□是</td><td colspan="3">219 非货币性资产对外投资转让所得递延纳税年度</td><td>□是</td></tr>
<tr><td colspan="4">220 发生技术成果投资入股递延纳税事项</td><td>□是</td><td colspan="3">221 技术成果投资入股递延纳税年度</td><td>□是</td></tr>
<tr><td colspan="4">222 发生资产（股权）划转特殊性税务处理事项</td><td>□是</td><td colspan="3">223 债务重组所得递延纳税年度</td><td>□是</td></tr>
<tr><td colspan="4">224 研发支出辅助账样式</td><td colspan="5">□2015 版　□2021 版　□自行设计</td></tr>
</table>

（1）“201从事股权投资业务”：发生有关事项的必须选择“是”，本行选择“是”的，《填报表单》自动选择《A105030投资收益纳税调整明细表》。

（2）“202存在境外关联交易”：纳税人存在境外关联交易的，选择“是”。注意汇算清缴时应同时报送《中华人民共和国企业年度关联业务往来报告表》。

（3）“203-1选择采用的境外所得抵免方式”：发生有关事项的必须选择“分国（地区）不分项”或“不分国（地区）不分项”。

需要注意：当纳税人选择“分国（地区）不分项”时，则《A108000境外所得税收抵免明细表》按照“分国（地区）不分项”规则处理；当纳税人选择“不分国（地区）不分项”时，则《A108000境外所得税收抵免明细表》按照“不分国（地区）不分项”规则处理。

根据财税〔2017〕84号，上述方式一经选择，5年内不得改变。以后四个年度处理方式不可变更。

只有勾选此项，《A108000境外所得税收抵免明细表》才允许填报。

（4）“204有限合伙制创业投资企业的法人合伙人”和“205创业投资企业”：符合有关条件的应该选择“是”。选择“是”的，《填报表单》将自动勾选《A107030抵扣应纳税所得额明细表》，如果没有发生相关优惠，可以自行取消填报表单的勾选。

（5）“206技术先进型服务企业类型”：符合有关条件的，必须填报具体类型。本项填报具体类型的，则允许填报《A107040减免所得税优惠明细表》第19行“十九、技术先进型服务企业减按15%的税率征收企业所得税”和第20行“二十、服务贸易类技术先进型服务企业减按15%的税率征收企业所得税”，否则不允许填报这2行。

（6）“207非营利组织”：已取得免税优惠资格的非营利组织本项应该填报。本项选择“是”的，则允许填报《A107010免税、减计收入及加计扣除优惠明细表》第9行“（三）符合条件的非营利组织的收入免征企业所得税”，否则不允许填报该行。

（7）“208软件、集成电路企业类型”：软件、集成电路企业符合相关企业所得税优惠政策条件的，无论是否享受企业所得税优惠，均应填报本项。本项的具体选项与《A107040所得减免优惠明细表》《A107042软件、集成电路企业优惠情况及明细表》相关联。

（8）“209集成电路生产项目类型”：只有当纳税人填报了“208软件、集成电路企业类型”的明细代码，才允许填写“209集成电路生产项目类型”。

未勾选209项，则无法填报《A107020所得减免优惠明细表》的第七项、第八项和第九项优惠栏次。

（9）“210科技型中小企业”：纳税人根据申报所属期年度和申报所属期下一年度取得的科技型中小企业入库登记编号情况填写。

（10）“211高新技术企业申报所属期年度有效的高新技术企业证书”：纳税人根据申报所属期年度拥有的有效期内的高新技术企业证书情况填写。

（11）“212重组事项税务处理方式”：纳税人在申报所属期年度发生重组事项的，应填报本项。勾选本项后，《A105100企业重组情况及纳税调整明细表》为必填表。

（12）“213重组交易类型”和“214重组当事方类型”：填报“212重组事项税务处理方式”的纳税人，应当同时填报“213重组交易类型”和“214重组当事方类型”（类型为法律形式改变的无须填报214项）。纳税人根据重组情况从代码表中选择相应代码分别填入对应项目中。

（13）“215政策性搬迁开始时间”：纳税人发生政策性搬迁事项且申报所属期年度处在搬迁期内的，填报政策性搬迁开始的时间。

（14）“216发生政策性搬迁且停止生产经营无所得年度”：纳税人的申报所属期年度处于政策性搬迁期内，且停止生产经营无所得的，选择“是”。

需要注意：本项勾选“是”，则《A106000企业所得税弥补亏损明细表》弥补亏损年限中申报所属年度将自动减除，请不要误选此项，否则当年正常的亏损将无法被以后年度弥补。本项勾选“是”的年度连续不能超过5年。

（15）“217政策性搬迁损失分期扣除年度”：纳税人发生政策性搬迁事项出现搬迁损失，选择自搬迁完成年度起分3个年度均匀在税前扣除的，且申报所属期年度处在分期扣除期间的，选择“是”。

（16）“218发生非货币性资产对外投资递延纳税事项”：纳税人在申报所属期年度发生非货币性资产对外投资递延纳税事项的，应选择“是”，同时《A105100企业重组情况及纳税调整明细表》为必填表。

（17）“219非货币性资产对外投资转让所得递延纳税年度”：纳税人以非货币性资产对外投资确认的非货币性资产转让所得，按照文件规定在不超过5年期限内分期均匀计入相应年度的应纳税所得额的，且申报所属期年度处在递延纳税期间的，选择“是”，同时《A105100企业重组情况及纳税调整明细表》为必填表。

（18）“220发生技术成果投资入股递延纳税事项”：纳税人在申报所属期年度发生技术入股递延纳税事项的，应选择“是”，同时《A105100企业重组情况及纳税调整明细表》为必填表。

（19）“221技术成果投资入股递延纳税年度”：纳税人发生技术入股事项，并按照文件规定选择适用递延纳税政策，即在投资入股当期暂不纳税，递延至转让股权年度计算缴纳所得税。申报所属期年度为转让股权年度的，应选择“是”，同时《A105100企业重组情况及纳税调整明细表》为必填表。

（20）“222发生资产（股权）划转特殊性税务处理事项”：纳税人在申报所属期年度发生符合规定的资产（股权）划转特殊性税务处理事项的，应选择“是”，同时《A105100企业重组情况及纳税调整明细表》为必填表。

（21）“223债务重组所得递延纳税年度”：纳税人债务重组确认的应纳税所得额按照文件规定在5个纳税年度内，均匀计入各年度的应纳税所得额，申报所属期年度处在递延纳税期间的，应选择“是”，同时《A105100企业重组情况及纳税调整明细表》为必填表。

（22）“224研发支出辅助账样式”：用于填报企业适用的研发支出辅助账样式类型。

3.主要股东及分红情况

表5-15是企业所得税年度纳税申报基础信息表（续表）。

表5-15 A000000 企业所得税年度纳税申报基础信息表（续表）

主要股东及分红情况（必填项目）					
股东名称	证件种类	证件号码	投资比例（%）	当年（决议日）分配的股息、红利等权益性投资收益金额	国籍（注册地址）
其余股东合计	——	——			——

（1）小微型利企业无须填报主要股东及分红情况。

（2）纳税人填报本企业投资比例位列前10位的股东情况。纳税人股东数量超过10位的，应将其余股东有关数据合计后填入“其余股东合计”行次。

（3）投资比例，合计额应为100%。

（4）纳税人股东为非居民企业的，证件种类和证件号码可不填报。

（5）电子税务局将自动调取税务系统中的信息，如果与纳税人实际不符，请及时变更税务登记信息。

（6）该项的信息也和个人所得税密切相关，税务机关可通过该表来稽查股东的个人所得税，投资者应高度关注。

拓展阅读

近期，税务机关在应对中等风险案件中发现，部分小型微利企业因涉税风控不到位，出现减免企业所得税优惠政策适用不当的问题。

根据政策，小型微利企业在2021年1月1日—2022年12月31日期间，年应纳税所得额不超过100万元的部分，减按12.5%计入应纳税所得额，按照20%的税率缴纳企业所得税；2022年1月1日—2024年12月31日期间，年应纳税所得额超过100万元，但不超过300万元的部分，减按25%计入应纳税所得额，按照20%的税率缴纳企业所得税。

风险点一：谎报误报资产和人数

小型微利企业，指从事国家非限制和禁止行业，且同时符合年度应纳税所得额不超过300万元、从业人数不超过300人、资产总额不超过5 000万元三个条件的企业。应纳税所得额、从业人数和资产总额任意一个指标超过规定标准的，都不得享受小型微利企业所得税减免优惠。

A电子商务公司2021年申报享受小型微利企业所得税减免优惠，但税务机关经过大数据比对发现，其年度申报的资产总额与系统测算的数据差距较大。经核查，A公司未按照全年季度平均值计算资产总额，只是对年初与年末资产进行了简单的平均计算，其申报年度资产总额4 090万元，远低于实际资产总额13 253万元，不符合小型微利企业条件，无法享受小型微利企业所得税减免优惠，最终补缴企业所得税税款4.32万元，同时补缴滞纳金。

风险点二：蓄意隐瞒销售收入

收入是企业确认应纳税所得额的重要基础。税法规定，企业应该如实向税务机关申报销售收入。也就是说，纳税人“暗度陈仓”，通过个人账户收款从事账外经营，或以受票方不需要发票为由少记销售收入等行为，都是涉税违法违规行为。从笔者日常征管经验来看，部分纳税人通过蓄意隐瞒收入，降低企业所得税应纳税所得额，进而违规享受小型微利企业所得税减免优惠，以此达到少缴税款的目的。

B餐饮公司在2021年度企业所得税申报时，确认应纳税所得额299.56万元，享受小型微利企业所得税减免优惠49.93万元。但是经过数据分析，税务人员关注到，2021年度B公司申报无票收入占总收入的比重仅为3.4%，远低于其他餐饮企业。税务人员在实地调取后台销售记录后发现，B公司确实存在少记销售收入的行为。最终，B公司不仅不能享受企业所得税优惠，而且要按照税法规定，补记销售收入，补缴相应的增值税及附加税费和企业所得税等税款100余万元。因其行为已经涉嫌偷税，B公司还受到了税务机关的处罚。

风险点三：虚列成本费用

根据企业所得税法的规定，企业所得税税前扣除，应遵循真实性、相关性、合理性原则。在日常征管中，笔者发现，部分企业违反真实性、相关性原则，将取得的与生产经营无关的咨询费、业务推广费、会议费等不合规发票，作为扣除凭证，将相应费用在企业所得税税前扣除；或者将业务招待费、佣金手续费、广告宣传费等项目支出混淆，未按照税法规定进行纳税调整，从而减少企业所得税应纳税所得额。

C机电公司享受小型微利企业所得税减免优惠。但税务机关经过大数据分析发现，C机电公司在持续经营期间，销售费用增长幅度远超过其营业收入增长幅度，且近两年的应纳税所得额均低于300万元，很可能存在多列支费用以降低应纳税所得额，违规享受小型微利企业所得税减免优惠的风险。经过约谈，公司法定代表人承认，为降低税负，企业盲听抖音等平台上“税筹专家”的意见，违规取得代开的市场推广费发票，并将相应费用作为销售费用，在企业所得税税前扣除。最终，C机电公司补缴企业所得税79.01万元，并缴纳滞纳金20.34万元。

风险点四：违规叠加税收优惠

一些企业可以享受的税收支持政策涵盖税种多，体现出系统集成的政策叠加效应。笔者发现，部分企业会通过利用税收优惠的叠加效应，违规享受小型微利企业所得税减免优惠。

以研发型小型微利企业为例，企业开展研发活动，可以适用研发费用加计扣除政策。同时，享受研发费用加计扣除政策后，企业的应纳税所得额随之减少，符合享受小型微利企业所得税减免优惠政策的条件，进而叠加享受了企业所得税减免政策。如果企业在研发费用归集上存在问题，超标准进行加计扣除，很可能造成应纳税所得额不合理降低，进而导致企业违规享受小型微利企业所得税减免优惠。

D物流科技公司2021年度利润总额为318.72万元，自行填报的研发费用加计扣除额为236.05万元，计算得出的应纳税所得额为82.67万元，享受小型微利企业所得税减免优惠18.6万元。后经过税务机关核实，D公司所从事的活动并非研发活动，不能适用研发费用加计扣除政策，应纳税所得额须调增236.05万元。纳税调整后，企业应纳税所得额超过300万元，不满足小型微利企业条件，无法享受小型微利企业所得税减免优惠，应补缴企业所得税税款并缴纳相应滞纳金。

六、任务实践

请同学们课前完成分小组，完成任务案例企业基础信息表的填报，课堂进行展示、提问、讲解和互评，期待你们的精彩呈现。

步骤一：确定企业基础信息；

步骤二：填报企业基础信息表。

七、任务成果报告及评价

表5-16是企业所得税年度纳税申报基础信息表填报成果报告。

表5-16 企业所得税年度纳税申报基础信息表填报成果报告

<table>
<tr><td colspan="4">实训任务三　企业所得税年度纳税申报基础信息表填报成果报告</td></tr>
<tr><td>适用项目</td><td></td><td>课时</td><td>2</td></tr>
<tr><td>组名</td><td></td><td rowspan="2">成员及分工</td><td rowspan="2">组织者：　　思路方案：
政策支持：　　职业素养：
申报表填报及上传：</td></tr>
<tr><td>时间及地点</td><td></td></tr>
<tr><td colspan="4">【案例描述及要求】</td></tr>
<tr><td colspan="4">【我的思路或方法】

【我的解决方案】

【我的政策知识】

【我的职业技能】

【我的职业素养】</td></tr>
</table>

续表

【课堂提问】 一、小组被提问记录   二、小组提问记录   三、教师提问记录
【我的评分】 评分标准： 1.知识掌握（20分）：案例适用政策完整且准确（20分）。 2.技能掌握（30分）：信息搜集整理（5分）、企业所得税年度纳税申报基础信息表填报准确（25分）。 3.素质提升（30分）：思政精神力挖掘务实（5分）、与具体实践结合（15分）、具有共鸣感（10分）。 4.小组合作（20分）：分工明确（5分）、全员贡献度（10分）、活跃度（问及答）（5分）。 一、自评分（20%）   二、小组互评分（40%）   三、教师评分（40%）
【我的诊改】 一、存在问题 （一）知识方面   （二）技能方面   （三）素质方面   二、未来改进 （一）知识方面   （二）技能方面   （三）素质方面

八、课后作业及拓展

（一）讨论

《企业所得税年度纳税申报基础信息表》有哪些涉税风险点？

（二）阅读

《财政部 国家税务总局 发展改革委 工业和信息化部关于软件和集成电路产业企业所得税优惠政策有关问题的通知》（财税〔2016〕49号）

《财政部 国家税务总局关于进一步鼓励软件产业和集成电路产业发展企业所得税政策的通知》（财税〔2012〕27号）

《财政部 税务总局 国家发展改革委 工业和信息化部关于集成电路生产企业有关企业所得税政策问题的通知》（财税〔2018〕27号）

（三）作业

1.【单项选择题】下列有关《企业所得税年度纳税申报基础信息表》“104从业人数”填报的表述中，错误的是（　　）。

A.填报从业人数的全年季度平均值

B.包括劳务派遣用工人数

C.按月平均职工总数确定

D.年度中间开业或者终止经营活动的，以其实际经营期作为一个纳税年度计算。实际经营期不足一个季度的，以实际经营月份计算

2.【单项选择题】下列有关《企业所得税年度纳税申报基础信息表》“108采用一般企业财务报表格式（2019年版）”填报的表述中，错误的是（　　）。

A.执行新会计准则、按新版财务报表规定编制利润表的纳税人，该项目才可以选“是”

B.执行小企业会计准则、会计制度、政府会计制度等财务报表类型的纳税人，该项目应该选择“否”

C.108项选“是”，主表第10行需要手动填写

D.108项选“是”，主表第10行“营业利润”的计算公式为“10=1-2-3-4-5-6-7+8+9”

3.【多项选择题】下列有关《企业所得税年度纳税申报基础信息表》有关涉税事项填报的表述中，正确的有（　　）。

A.“201从事股权投资业务”：发生有关事项的必须选择“是”，本行选择“是”的，《填报表单》自动勾选《A105030投资收益纳税调整明细表》

B.“203-1选择采用的境外所得抵免方式”：发生有关事项的必须选择“分国（地区）不分项”或“不分国（地区）不分项”

C.“分国（地区）不分项”或“不分国（地区）不分项”本年度选择，以后四个年度处理方式可变更

D.“208软件、集成电路企业类型”：软件、集成电路企业符合相关企业所得

税优惠政策条件的，无论是否享受企业所得税优惠，均应填报本项

4.【多项选择题】下列有关《企业所得税年度纳税申报基础信息表》主要股东及分红情况填报的表述中，正确的有（　　）。

A.小微型利企业无须填报此项

B.纳税人填报本企业投资比例位列前10位的股东情况

C.纳税人股东数量超过10位的，应将其余股东有关数据合计后填入“其余股东合计”行次

D.纳税人股东为非居民企业的，证件种类和证件号码必须填报

任务四　财务信息类报表填报

一、任务导航

表5-17是财务信息类报表填报工作任务表。

表5-17　财务信息类报表填报工作任务表

任务基本描述：展示企业所得税年度申报财务信息类报表填报				
任务目标	任务知识点	任务技能点	学习时间节点	学习资源
1.确定需求意图	•财务报表基础知识	•财务报表的填报与分析	•课前准备 •课堂展示	•百度搜索
2.准备资料	•财务报表、科目余额表与企业所得税年度申报表	•财务报表信息获取与填报	•课前准备 •课堂展示	•国家税务总局网站 •网中网金税平台
3.制作文案	•文字处理，表格操作	•文案构成、设计、制作技巧、工具	•课堂完成 •课堂展示	•百度搜索

二、前导知识和技能测试

前导知识测试 5.4.1

前导技能测试 5.4.1

1.前导知识测试5.4.1

2.前导技能测试5.4.1

三、任务计划

（一）学习目标：________________

（二）学习内容及时间安排：________________

（三）学习完成率及成果：________________

四、任务案例

武汉金松商贸有限公司202×年12月份利润表见表5-18，科目余额表见表5-19。

表5-18

利润表

会企02表

编制单位：武汉金松商贸有限公司　　202×年12月　　单位：元

项目	本期金额	上期金额
一、营业收入	90 910 000.00	85 454 335.09
减：营业成本	50 295 200.00	47 133 856.97
税金及附加	5 303 600.00	4 895 992.15
销售费用	15 249 390.86	13 176 578.54
管理费用	6 102 857.24	5 704 484.95
研发费用	3 400 000.00	2 600 000.00
财务费用	1 389 400.00	1 410 400.00
其中：利息费用	1 365 000.00	1 365 000.00
利息收入	205 600.00	231 100.00
加：其他收益	35 000.00	
投资收益（损失以“-”号填列）	-375 000.00	66 840.00
其中：对联营企业和合营企业的投资收益		
以摊余成本计量的金融资产终止确认收益(损失以“-”号填列)		
净敞口套期收益（损失以“-”号填列）		
公允价值变动收益（损失以“-”号填列）		
信用减值损失（损失以“-”号填列）	-91 860.00	-40 477.33
资产减值损失（损失以“-”号填列）	-50 720.00	-80 260.00
资产处置收益（损失以“一”号填列）		
二、营业利润（亏损以“-”号填列）	8 686 971.90	10 479 125.15
加：营业外收入	250 000.00	111 946.67
减：营业外支出	1 556 500.00	54 946.67
三、利润总额（亏损总额以“-”号填列）	7 380 471.90	10 536 125.15
减：所得税费用	1 845 117.98	2 634 122.29
四、净利润（净亏损以“-”号填列）	5 535 353.92	7 902 002.86
（一）持续经营净利润（净亏损以“-”号填列）	5 535 353.92	7 902 002.86
（二）终止经营净利润（净亏损以“-”号填列）		
五、其他综合收益的税后净额		
六、综合收益总额	5 535 353.92	7 902 002.86
七、每股收益：		
（一）基本每股收益		
（二）稀释每股收益		

表5-19 收入、成本、费用科目余额表

单位：武汉金松商贸有限公司 期间：202×年 01月-12月 单位：元

科目代码	科目名称	本期发生额		备注
		借方	贷方	
6001	主营业务收入	88 430 000.00	88 430 000.00	
600101	销售商品收入	88 430 000.00	88 430 000.00	
6051	其他业务收入	2 480 000.00	2 480 000.00	
605101	销售材料收入	860 000.00	860 000.00	多余原材料出售
605102	出租固定资产收入	1 620 000.00	1 620 000.00	出租部分办公楼，租期202×-4-1至2030-3-31，月租18万元
6301	营业外收入	250 000.00	250 000.00	
630101	捐赠利得	100 000.00	100 000.00	接受其他企业无偿现金捐赠
630102	确实无法偿付的应付款项	150 000.00	150 000.00	对方违约，收取的无须返还定金
6401	主营业务成本	48 545 200.00	48 545 200.00	
640101	销售商品成本	48 545 200.00	48 545 200.00	
6402	其他业务成本	1 750 000.00	1 750 000.00	
640201	销售材料成本	850 000.00	850 000.00	
640202	出租固定资产成本	900 000.00	900 000.00	
6601	销售费用	15 249 390.86	15 249 390.86	
660101	职工薪酬	1 851 800.00	1 851 800.00	
660102	广告与业务宣传费	7 800 000.00	7 800 000.00	与抖音达成战略合作；直播发布IP合作款；签约流量明星
660103	差旅费	897 590.86	897 590.86	
660104	运输费、仓储费	2 500 000.00	2 500 000.00	配送至各直营店、加盟店等，以及仓储产成品、半成品、原材料等
660105	安装修理费	2 200 000.00	2 200 000.00	
6602	管理费用	9 502 857.24	9 502 857.24	
660201	职工薪酬	1 660 000.00	1 660 000.00	
660202	业务招待费	800 000.00	800 000.00	
660203	资产折旧费	1 822 400.00	1 822 400.00	
660204	办公费	227 527.52	227 527.52	
660205	诉讼费	323 896.00	323 896.00	具备了法院开具的《人民法院诉讼费用专用票据》
660206	差旅费	463 433.72	463 433.72	
660207	研发费用	3 400 000.00	3 400 000.00	
660208	其他	805 600.00	805 600.00	水电费、通讯费、劳保费、会议费等
6603	财务费用	1 389 400.00	1 389 400.00	

续表

科目代码	科目名称	本期发生额		备注
		借方	贷方	
660301	利息支出	1 365 000.00	1 365 000.00	其中：2021年1月1日借入5年期银行借款2100万元，年利率6.5%
660302	利息收入	205 600.00	205 600.00	属于利息收支
660303	手续费	230 000.00	230 000.00	
6711	营业外支出	1 556 500.00	1 556 500.00	
671101	捐赠支出	500 000.00	500 000.00	向国家扶贫基金会捐款20万元，支持防疫向武汉市政府捐赠30万元
671102	罚没支出	200 000.00	200 000.00	环保局处罚5万元；质量问题被监管部门罚款10万元，进项转出1.3万元；银行罚息3.7万元
671103	非常损失	56 500.00	56 500.00	因自然灾害导致存货受潮变质
671104	其他	800 000.00	800 000.00	问题电器产品召回和解金

五、任务知识殿堂

（一）“利润总额”项目填报要点

（1）“利润总额计算”中的项目，按照国家统一会计制度规定计算填报。实行企业会计准则、小企业会计准则、企业会计制度、分行业会计制度的纳税人，其数据直接取自《利润表》（另有说明的除外）。

（2）当《A000000企业所得税年度纳税申报基础信息表》“108采用一般企业财务报表格式（2019年版）”勾选“是”时，第10行“营业利润”不执行“10=1-2-3-4-5-6-7+8+9”的表内关系，按照企业财务报表利润表“营业利润”项日直接填报。

同时其利润表中的“研发费用”通过《A104000期间费用明细表》填报。而利润表中的“其他收益”“资产处置收益”“信用减值损失”“净敞口套期收益”项目则无须填报。

（3）“利润总额计算”的各项目中，营业收入、营业成本、销售费用、管理费用、财务费用、营业外收入、营业外支出7个项目有附表，因此，对企业来说，其数据可取自利润表，也可从相应的附表取得；税金及附加、资产减值损失、公允价值变动收益、投资收益4个项目没有附表，其数据只能直接取自利润表。

（二）财务信息类附表填报要点

主表“利润总额计算”1-13行数据来源于财务信息表类。实行查账征收企业所得税的小型微利企业免于填报财务信息表，相关数据应当在主表中直接填写。

对一般企业而言，收入、成本、费用明细表是纳税申报的必填表，也是企业进行纳税调整的主要数据来源。由于企业行业不同，所适用的财务会计制度也有所不同，纳税人根据企业适用的会计制度的不同选择填写以下6张2级附表：

（1）《A101010 一般企业收入明细表》；

（2）《A102010 一般企业成本支出明细表》；

（3）《A101020 金融企业收入明细表》；

（4）《A102020 金融企业支出明细表》；

（5）《A103000 事业单位、民间非营利组织收入、支出明细表》；

（6）《A104000 期间费用明细表》。

注意：《A104000 期间费用明细表》的填报应确保销售费用、管理费用、财务费用的填报金额来源于企业会计报表。

《A104000 期间费用明细表》不适用事业单位、民间非营利组织纳税人。

拓展阅读

企业所得税未根据财务报表进行申报稽查案例

税务处罚决定书具体内容见表5-20。

表5-20 税务处罚决定书

行政处罚决定书文号	昆税一稽罚〔2021〕3号
处罚名称	税务行政处罚
处罚类别1	罚款
处罚类别2	行为罚款
处罚事由	2017年、2018年企业所得税未根据财务报表进行申报，前后存在265 928.79元的差异。
处罚依据	根据《中华人民共和国税收征收管理法》第六十四条第一款“纳税人、扣缴义务人编造虚假计税依据的，由税务机关责令限期改正，并处5万元以下的罚款”
行政相对人名称	云南×××旅行社有限公司
处罚结果	5 000.00元
处罚决定日期	2021.02.02
处罚机关	国家税务总局昆明市税务局第一稽查局

六、任务实践

请同学们课前完成分小组，根据任务案例相关资料，填报企业所得税年度汇算清缴表主表和财务信息类报表。课堂进行展示、提问、讲解和互评，期待你们的精彩呈现。

步骤一：确定企业业务类型；

步骤二：选用企业所得税年度纳税申报表；

步骤三：填报财务信息类报表和计算主表利润总额。

七、任务成果报告及评价

表5-21是财务信息类报表填报成果报告。

表 5-21　　财务信息类报表填报成果报告

<table>
<tr><td colspan="4">实训任务四　财务信息类报表填报成果报告</td></tr>
<tr><td>适用项目</td><td></td><td>课时</td><td>2</td></tr>
<tr><td>组名</td><td></td><td rowspan="2">成员及分工</td><td rowspan="2">组织者：　　思路方案：
政策支持：　　职业素养：
申报表填报及上传：</td></tr>
<tr><td>时间及地点</td><td></td></tr>
<tr><td colspan="4">【案例描述及要求】</td></tr>
<tr><td colspan="4">【我的思路或方法】

【我的解决方案】

【我的政策知识】

【我的职业技能】

【我的职业素养】</td></tr>
<tr><td colspan="4">【课堂提问】
一、小组被提问记录

二、小组提问记录

三、教师提问记录</td></tr>
<tr><td colspan="4">【我的评分】
评分标准：
1.知识掌握（20分）：案例适用政策完整且准确（20分）。
2.技能掌握（30分）：信息搜集整理（5分）、利润总额计算准确（10分）、报表填报准确（15分）。
3.素质提升（30分）：思政精神力挖掘务实（5分）、与具体实践结合（15分）、具有共鸣感（10分）。
4.小组合作（20分）：分工明确（5分）、全员贡献度（10分）、活跃度（问及答）（5分）。
一、自评分（20%）

二、小组互评分（40%）

三、教师评分（40%）</td></tr>
</table>

续表

【我的诊改】 一、存在问题 （一）知识方面 （二）技能方面 （三）素质方面 二、未来改进 （一）知识方面 （二）技能方面 （三）素质方面

八、课后作业及拓展

（一）讨论

现金折扣如何进行财税处理？

（二）阅读

《财政部关于修订印发2019年度一般企业财务报表格式的通知》（财会〔2019〕6号）

（三）作业

1.【单项选择题】《A100000企业所得税年度纳税申报表》（主表）中1-13行，利润总额的计算，需要手动填报的项目是（　　）。

A.营业收入　　B.营业成本

C.税金及附加　　D.财务费用

2.【多项选择题】恒达科技有限责任公司采用一般企业财务报表格式（2019年版），下列利润表项目中，无须在企业所得税申报表主表填报的有（　　）。

A.其他收益　　B.资产处置收益

C.信用减值损失　　D.营业外收入

3.【业务题】武汉方圆信息科技有限公司202×年利润表和科目余额表见表5-22

和表5-23。

表5-22　　　　　　　　　　　利 润 表

编制单位：武汉方圆信息科技有限公司　　202×年12月　　　　　　　　　单位：元

项 目	本年累计	上年同期（略）
一、营业收入	139 300 000.00	
减：营业成本	97 773 000.00	
税金及附加	757 095.50	
销售费用	7 793 767.64	
管理费用	9 791 039.38	
研发费用	4 283 210.30	
财务费用	674 692.48	
其中：利息费用	675 000.00	
利息收入	1 957.20	
加：其他收益	1 300 000.00	
投资收益（损失以“-”号填列）	210 000.00	
其中：对联营企业和合营企业的投资收益		
以摊余成本计量的金融资产终止确认收益（损失以“-”号填列）		
净敞口套期收益（损失以“-”号填列）		
公允价值变动收益（损失以“-”号填列）	120 000.00	
信用减值损失（损失以“-”号填列）	-571 226.00	
资产减值损失（损失以“-”号填列）		
资产处置收益（损失以“—”号填列）		
二、营业利润（亏损以“-”号填列）	19 285 968.70	
加：营业外收入	20 000.00	
减：营业外支出	700 536.90	
三、利润总额（亏损总额以“-”号填列）	18 605 431.80	
减：所得税费用	1 860 543.18	
四、净利润（净亏损以“-”号填列）	16 744 888.62	
（一）持续经营净利润（净亏损以“-”号填列）	16 744 888.62	
（二）终止经营净利润（净亏损以“-”号填列）		
五、其他综合收益的税后净额		
六、综合收益总额	16 744 888.62	
七、每股收益：		
（一）基本每股收益		
（二）稀释每股收益		

表 5-23　　　　科目余额表　　　　单位：元

单位：武汉方圆信息科技有限公司　　202×年 01 月-12 月

科目代码	科目名称	本期发生额		备注
		借方	贷方	
6001	主营业务收入	139 300 000.00	139 300 000.00	
600101	数字嵌入式软件产品收入	65 800 000.00	65 800 000.00	属于销售商品收入
600102	其他嵌入式软件产品收入	32 112 000.00	32 112 000.00	属于销售商品收入
600103	建筑工程收入	33 500 000.00	33 500 000.00	属于建造合同收入
600104	技术设计收入	6 520 000.00	6 520 000.00	属于劳务收入
600105	技术维保收入	1 368 000.00	1 368 000.00	属于劳务收入
6101	公允价值变动损益	120 000.00	120 000.00	
6111	投资收益	210 000.00	210 000.00	其中国债利息收益40 000.00元
6301	营业外收入	20 000.00	20 000.00	
630101	罚没利得	20 000.00	20 000.00	属于罚没收入
6117	其他收益	1 300 000.00	1 300 000.00	
611701	政府补助	1 300 000.00	1 300 000.00	
6401	主营业务成本	97 773 000.00	97 773 000.00	
640101	数字嵌入式软件产品成本	44 071 120.00	44 071 120.00	属于销售商品成本
640102	其他嵌入式软件产品成本	22 399 520.00	22 399 520.00	属于销售商品成本
640103	建筑工程成本	25 661 000.00	25 661 000.00	属于建造合同成本
640104	技术设计成本	4 724 800.00	4 724 800.00	属于劳务成本
640105	技术维保成本	916 560.00	916 560.00	属于劳务成本
6403	税金及附加	757 095.50	757 095.50	
6601	销售费用	7 793 767.64	7 793 767.64	
660101	办公费	156 300.00	156 300.00	属于办公费
660102	水电费	61 500.00	61 500.00	属于办公费
660103	折旧费	50 273.88	50 273.88	属于资产折旧摊销费
660104	工资	2 569 618.00	2 569 618.00	属于职工薪酬
660105	社保费	59 731.20	59 731.20	属于职工薪酬
660106	住房公积金	34 560.00	34 560.00	属于职工薪酬
660107	福利费	366 352.00	366 352.00	属于职工薪酬
660108	职工教育经费	148 416.00	148 416.00	属于职工薪酬
660109	工会经费	51 651.56	51 651.56	属于职工薪酬
660110	差旅费	488 465.00	488 465.00	属于差旅费
660111	广告宣传费	3 224 000.00	3 224 000.00	属于广告费和业务宣传费；以前年度累计结转扣除额为0
660112	运杂费	57 500.00	57 500.00	属于运输、仓储费
660113	通讯费	85 400.00	85 400.00	属于办公费
660114	房租费	360 000.00	360 000.00	属于租赁费
660115	保险费	80 000.00	80 000.00	属于保险费
6602	管理费用	14 074 249.68	14 074 249.68	
660201	房租费	360 000.00	360 000.00	属于租赁费
660202	水电费	64 834.00	64 834.00	属于办公费
660203	折旧费	120 902.98	120 902.98	属于资产折旧摊销费

续表

科目代码	科目名称	本期发生额		备注
		借方	贷方	
660204	工资	3 273 720.00	3 273 720.00	属于职工薪酬
660205	社保费	74 664.00	74 664.00	属于职工薪酬
660206	住房公积金	43 200.00	43 200.00	属于职工薪酬
660207	福利费	388 080.00	388 080.00	属于职工薪酬
660208	职工教育经费	185 520.00	185 520.00	属于职工薪酬
660209	工会经费	61 798.40	61 798.40	属于职工薪酬
660210	差旅费	258 860.00	258 860.00	属于差旅费
660211	业务招待费	2 880 360.00	2 880 360.00	属于业务招待费
660212	办公费	89 560.00	89 560.00	属于办公费
660213	互联网接入费	50 000.00	50 000.00	属于办公费
660214	通讯费	18 600.00	18 600.00	属于办公费
660215	鉴证咨询费	768 000.00	768 000.00	属于咨询顾问费
660217	物业管理费	50 000.00	50 000.00	属于办公费
660218	燃油费	64 500.00	64 500.00	属于运输、仓储费
660219	无形资产摊销	120 000.00	120 000.00	属于资产折旧摊销费
660220	残疾人就业保障金	43 440.00	43 440.00	属于各项税费
660221	招聘费	5 000.00	5 000.00	属于办公费
660222	诉讼费	60 000.00	60 000.00	属于诉讼费
660223	保险费	310 000.00	310 000.00	属于保险费
660224	长期待摊费用摊销	500 000.00	500 000.00	属于资产折旧摊销费
660225	研发费用	4 283 210.30	4 283 210.30	属于研究费
6603	财务费用	674 692.48	674 692.48	
660301	手续费	1 649.68	1 649.68	属于佣金和手续费
660302	利息收入	（1 957.20）	（1 957.20）	属于利息收支
660303	利息支出	675 000.00	675 000.00	银行长期借款利息30万元；股东张鑫宸的短期借款利息37.5万元
6702	信用减值损失	571 226.00	571 226.00	
6711	营业外支出	700 536.90	700 536.90	
671101	捐赠	170 000.00	170 000.00	公益性捐赠支出140 000元；向北京仁和医院捐赠支出30 000元
671102	罚没支出	368 000.00	368 000.00	违约罚款338 000元；行政罚款30 000元
671103	滞纳金	536.90	536.90	税收滞纳金
671104	赞助费	100 000.00	100 000.00	属于赞助支出
671105	非常损失	62 000.00	62 000.00	存货损失62 000元
6801	所得税费用	1 860 543.18	1 860 543.18	已预缴202×年企业所得税1 860 543.18元

要求：请根据上述资料，完成企业所得税年度纳税申报财务信息类报表的填报以及企业所得税年度申报表主表1-13行利润总额的填报。

任务五 收入类纳税调整

一、任务导航

表5-24是收入类纳税调整工作任务表。

表5-24 收入类纳税调整工作任务表

任务基本描述：展示企业所得税收入类纳税调整的基本要求，能够准确进行收入事项的纳税调整，培养税收风险管控意识和服务社会意识				
任务目标	任务知识点	任务技能点	学习时间节点	学习资源
1.确定需求意图	•企业所得税收入确认	•收入会计确认与企业所得税差异	•课前准备 •课堂展示	•百度搜索
2.准备资料	•企业所得税纳税调整明细表	•收入纳税调整明细表	•课前准备 •课堂展示	•国家税务总局网站 •网中网金税平台
3.制作文案	•文字处理，表格操作	•文案构成、设计、制作技巧、工具	•课堂完成 •课堂展示	•百度搜索

二、前导知识和技能测试

1.前导知识测试5.5.1

2.前导技能测试5.5.1

前导知识测试 5.5.1

前导技能测试 5.5.1

三、任务计划

（一）学习目标：______

（二）学习内容及时间安排：______

（三）学习完成率及成果：______

四、任务案例

武汉红太阳啤酒有限公司为增值税一般纳税人，执行企业会计准则，2×22年发生业务如下：

（1）公司与承租人武汉博乐玻璃有限公司签订2年房屋租赁合同，租期是2×22年7月1日到2×24年6月30日，年租金60万元，合同约定2年租金期满后一次性支付。

（2）2×22年4月15日出售交易性金融资产A，售价1 300万元。（交易性金融资产A于2×20年12月31日以1 000万元购入，2×21年12月31日，交易性金融资产A公允价值为1 200万元）

（3）2×22年6月10日出售交易性金融资产B，售价1 050万元。（交易性金融资产B于2×20年12月31日以1 000万元购入，2×21年12月31日，交易性金融资产B

公允价值为1 100万元）

（4）2×22年9月从县科技主管部门取得技术改造专项资金150万元。台账资料显示，该公司2×17年2月从县科技主管部门取得技术改造专项资金800万元。两笔专项资金均符合不征税收入条件，且该企业已作为不征税收入处理，专项资金结余部分无须上缴相应资金拨付部门，留企业自行支配使用。企业将当年度取得的财政性资金金额计入当期“其他收益”核算。

2×17年2月取得的专项资金800万元在以下各年的资金使用情况如下：

2×17年：费用化支出120万元，资本化支出110万元；

2×18年：费用化支出100万元，资本化支出90万元；

2×19年：费用化支出80万元，资本化支出80万元；

2×20年：费用化支出60万元，资本化支出50万元；

2×21年：费用化支出40万元，资本化支出30万元；

2×22年：费用化支出20万元，资本化支出10万元。

2×22年取得的专项资金150万元在2×22年费用化支出80万元，资本化支出30万元。

五、任务知识殿堂

《纳税调整项目明细表》中的第一大类调整项目是收入类调整项目，包括视同销售收入，未按权责发生制原则确认的收入，投资收益，按权益法核算长期股权投资对初始投资成本调整确认收益，交易性金融资产初始投资调整，公允价值变动净损益，不征税收入，销售折扣、折让和退回，其他九项内容。

涉及二级附表4张，包括《A105010视同销售和房地产开发企业特定业务纳税调整明细表》《A105020未按权责发生制确认收入纳税调整明细表》《A105030投资收益纳税调整明细表》《A105040专项用途财政性资金纳税调整明细表》。

（一）视同销售纳税调整

1.视同销售纳税调整填报要点（A105010）

（1）符合企业所得税视同销售条件，会计未核算确认收入、成本（或确认金额与税收规定不一致）的，进行填报调整；若会计已进行处理，且与税收确认金额一致，不存在差异。

（2）《中华人民共和国企业所得税法实施条例》第二十五条规定：企业发生非货币性资产交换，以及将货物、财产、劳务用于捐赠、偿债、赞助、集资、广告、样品、职工福利或者利润分配等用途的，应当视同销售货物、转让财产或者提供劳务，但国务院财政、税务主管部门另有规定的除外。

（3）企业在计算业务招待费、广告费和业务宣传费等费用扣除限额时，其销售（营业）收入额应包括《中华人民共和国企业所得税法实施条例》第二十五条规定的视同销售（营业）收入额。

需要注意的是，不能单独按照税法规定，或者按照税法列举的情形去处理视同销售。会计上如果确认了销售，税务上也要按照销售计税，根本就不存在视同销售调整的问题。

（4）《国家税务总局关于修订企业所得税年度纳税申报表有关问题的公告》（国家税务总局公告2019年第41号）对《纳税调整项目明细表》的修订内容有如下规定：企业将货物、资产、劳务用于捐赠、广告等用途时，进行视同销售纳税调整后，对应支出的会计处理与税收规定有差异须纳税调整的金额填报在本行。若第1列≥第2列，第3列“调增金额”填报第1列–第2列金额。若第1列＜第2列，第4列“调减金额”填报第1列–第2列金额的绝对值。

2.视同销售纳税调整填报案例

（1）视同销售纳税调整步骤：

第一，进行视同销售调整。因会计处理与税收规定有差异须纳税调整的扣除类项目金额，企业将货物、资产、劳务用于捐赠、广告等用途时，进行视同销售调整。

第二，进行对应支出调整。对应支出的会计处理与税收规定有差异须纳税调整时，进行对应支出的纳税调整。

第三，扣除限额调整（包括不得扣除调整）。通过支出填写对应调整明细表。

（2）在进行对应支出的纳税调整时，需要注意以下事项：

第一，纳税调整时要考虑对应支出能否在税前扣除，是否应全额税前扣除，是否应限额税前扣除，如不得税前扣除的捐赠、全额扣除的公益性捐赠、限额扣除的公益性捐赠、限额扣除的广告费和业务招待费。

第二，当视同销售收入高于视同销售成本时，视同销售调增所得；当视同销售收入低于视同销售成本时，视同销售调减所得。

第三，对应支出调整的所得如果能在税前扣除，调减所得；对应支出调减的金额，如果已经在税前扣除，不能重复扣除，调增所得。

第四，还要考虑捐赠、广告费以及招待费扣除是有顺序和标准的，如捐赠是先扣以前结转的再扣当年的；广告费是先扣当年的再扣以前结转的；业务招待费只看当年是否超标，当年超标当年调增，以后不调减。

|例5-6| 全额扣除的视同销售

武汉博乐玻璃有限公司202×年将产品成本为80万元，市场价值（不含税）为100万元的产品对外捐赠，该捐赠为符合全额扣除的扶贫捐赠。

|解析|

借：营业外支出	93
贷：库存商品	80
应交税费——应交增值税（销项税额）	13

①调整视同销售，调增所得=100–80=20（万元）

②调整对应支出，会计口径支出93万元，税法口径支出=100+13=113（万元）。

③A105000第30行，“其他”调减所得=113–93=20（万元）。

全额扣除的公益性捐赠经过调增和调减相抵后，税会差异消失。

|例5-7| 限额扣除的视同销售

武汉博乐玻璃有限公司202×年将产品成本为80万元，市场价值（不含税）为

100万元的产品用于市场推广发放给客户，当年主营业务收入为500万元。企业所得税税前扣除限额为90万元（（500+100）×15%）。

|解析|

借：销售费用　93

　贷：库存商品　80

　　　应交税费——应交增值税（销项税额）　13

①A105000视同销售调增20万元（100−80），第30行“其他”调减20万元（113−93）。

②会计支出93万元，税法认为应当支出113万元，且大于当期允许扣除的限额，超过限额的部分20万元（113−93），结转以后年度扣除，通过A105060填表体现。

《A105060广告费和业务宣传费等跨年度纳税调整明细表》填表说明：第1行“一、本年支出”：填报纳税人计入本年损益的支出金额。

同A105070“账载金额”填表说明一样，A105060填表说明承认了税收口径的支出，超出限额的支出允许结转以后年度扣除。

|例5−8|不得扣除的视同销售

武汉博乐玻璃有限公司202×年将产品成本为80万元，市场价值（不含税）为100万元的产品对外捐赠，该捐赠不符合公益性捐赠扣除条件。

|解析|

借：营业外支出　93

　贷：库存商品　80

　　　应交税费——应交增值税（销项税额）　13

①A105000视同销售调增20万元（100−80），第30行“其他”调减20万元（113−93）。

②A105070“账载金额”填报113万元，“税收金额”填报0，纳税调增金额填报113万元。

（二）未按权责发生制原则确认的收入纳税调整

1.未按权责发生制原则确认的收入填报要点（A105020）

“未按权责发生制原则确认的收入”主要填报会计处理按权责发生制确认收入、税法规定未按权责发生制确认收入需要纳税调整的收入类项目。这类项目主要有：

（1）跨期收取的租金、利息和特许权使用费收入。

根据企业所得税法的规定，跨期收取的租金、利息和特许权使用费，按照合同约定的应付租金、利息和特许权使用费的日期确认收入的实现。如果交易合同或协议中规定租赁期限跨年度，且租金提前一次性支付的，出租人可对已确认的租金收入，在租赁期内，分期均匀计入相关年度收入。租金、利息和特许权使用费在会计上按照权责发生制原则确认收入。会计与税法存在差异，需要纳税调整。

（2）分期确认的销售货物、提供劳务、建造合同收入。

根据企业所得税法的规定，以分期收款方式销售货物的，应按照合同约定的收款日期确认收入的实现。

企业受托加工制造大型机械设备、船舶、飞机，以及从事建筑、安装、装配工程业务或者提供其他劳务等，持续时间超过12个月的，应按照纳税年度内完工进度或者完成的工作量确认收入的实现。

（3）政府补助递延收入。

①政府补助分总额法和净额法两种会计处理方法，总额法是在确认政府补助时，将其全额一次或分次确认为收益，不作为相关资产账面价值或者成本费用等的扣减；净额法将政府补助确认为对相关资产账面价值或者所补偿成本费用等的扣减。

②《国家税务总局关于企业所得税若干政策征管口径问题的公告》（国家税务总局公告2021年第17号）第六条规定，企业按照市场价格销售货物、提供劳务服务等，凡由政府财政部门根据企业销售货物、提供劳务服务的数量、金额的一定比例给予全部或部分资金支持的，应当按照权责发生制原则确认收入。除上述情形外，企业取得的各种政府财政支付，如财政补贴、补助、补偿、退税等，应当按照实际取得收入的时间确认收入。

③企业取得的政府补助不符合财税〔2011〕70号文件规定的条件，或者属于《国家税务总局关于企业所得税应纳税所得额若干税务处理问题的公告》（国家税务总局公告2012年第15号）第七条规定的，企业未按照不征税收入相关规定进行管理，则应作为应税收入计入应纳税所得额，依法缴纳企业所得税。

④取得财政性资金时，判断是“按照权责发生制原则确认收入”还是“按照实际取得收入的时间确认收入”。与销售货物、提供劳务服务的数量、金额无关的，应一次性计入收入总额，需要进行纳税调整。

⑤表中第3、5列的累计项目，均是指“历年累计确认金额”，即相关行次中该类收入类型会计按权责发生制或税收未按权责发生制历年累计确认金额，虽然这2列数据对调整结果没有影响，但也要准确填写，避免被税务机关风险扫描误判。

与未按权责发生制原则确认收入相关的成本，也应进行纳税调整。

2.未按权责发生制原则确认的收入纳税调整填报案例

例5-9 武汉博乐玻璃有限公司是一般纳税人，2×22年5月1日将一台设备租赁给乙公司，每月租金1.13万元（含税价），租赁时间为1年。合同约定，5月1日、11月1日分别收取半年的租金。5月1日已经收到前半年的租金，11月1日未收到后半年的租金，但是增值税专用发票已经按时开具给乙公司。2×23年1月份收到租金。

请对武汉博乐玻璃有限公司2×22年度租赁业务进行会计处理和纳税调整。

解析

（1）设备租赁的会计处理。

①2×22年5月1日收到租金：

借：银行存款	67 800	
贷：预收账款——乙公司		60 000
应交税费——应交增值税（销项税额）		7 800

②5月至10月每月确认收入：

借：预收账款——乙公司　10 000

　贷：其他业务收入　10 000

③11月份虽然未收到租金，仍然需要确认收入及开具增值税发票：

借：其他应收款——乙公司　67 800

　贷：预收账款——乙公司　60 000

　　　应交税费——应交增值税（销项税额）　7 800

④2×22年11月至2×23年4月每月确认收入：

借：预收账款——乙公司　10 000

　贷：其他业务收入　10 000

⑤2×23年1月收到租金：

借：银行存款　67 800

　贷：其他应收款——乙公司　67 800

（2）设备租赁的税务处理。

《中华人民共和国企业所得税法实施条例》第十九条规定，按照合同约定的租金收取日期确认收入。合同约定的租金收取日期均在2×22年，不管是否收到，企业所得税方面均应确认收入。设备总租金12万元，会计上按照权责发生制原则已经确认8万元，税法上按照合同约定确认12万元，应纳税调增4万元。

（三）投资收益纳税调整

1.投资收益纳税调整填报要点（A105030）

本表适用于发生投资收益纳税调整项目的纳税人，纳税人应填报投资收益的会计处理、税法规定，以及纳税调整情况，但是以下三种情形的投资收益不填报本表。

（1）交易性金融资产等项目初始投资产生的投资收益，在《A105000纳税调整项目明细表》中的第6行“交易性金融资产初始投资调整”调整；

（2）发生持有期间投资收益，并按税法规定为减免税收入的（如国债利息收入和居民企业之间的股息、红利等），本表不作调整。

符合免税条件的“国债利息收入”在《A107010免税、减计收入及加计扣除优惠明细表》的第2行“国债利息收入”填报；

符合免税条件的“符合条件的居民企业之间的股息、红利等权益性投资收益”在《A107011符合条件的居民企业之间的股息、红利等权益性投资收益优惠明细表》填报。

（3）处置投资项目产生的投资收益，按税法规定确认为损失的，本表不作调整，在《A105090资产损失税前扣除及纳税调整明细表》进行纳税调整。

2.投资收益纳税调整填报案例

以长期股权投资为例。在权益法下，长期股权投资在持有阶段，会计与税法存在两项差异：

（1）由于投资收益确认时间不一致带来的差异。会计上按照被投资方所有者权益的变化确认投资收益，而税法则按照被投资方作出利润分配决定的时间确认投资收益的实现。

投资方需要通过填写《A105030 投资收益纳税调整明细表》体现该差异，该项差异转入《A105000 纳税调整项目明细表》的第 4 行“（三）投资收益”。

（2）由于符合条件的居民企业之间的股息、红利等权益性投资收益属于免税收入，因此税法要做纳税调减处理，该项差异属于永久性差异，差异一经形成，不会消失。投资方需要通过填写《A107011 符合条件的居民企业之间的股息、红利等权益性投资收益优惠明细表》体现该差异。

|例 5-10| 武汉博乐玻璃有限公司于2×22年 1 月取得乙公司 30% 的股权，2×22年 12 月 31 日乙公司所有者权益总和为15 000万元，其中2×22年实现的净损益为3 000万元。武汉博乐玻璃有限公司应该按照被投资方净损益 3 000万元的 30%，即900万元确认投资收益。

|解析|

借：长期股权投资——损益调整　　9 000 000

　贷：投资收益　　9 000 000

根据税法的规定，股息、红利等权益性投资收益以被投资企业股东会或股东大会作出利润分配或转股决定的日期，确定收入的实现，企业按照权益法进行核算确认的900万元的投资收益，由于此时被投资企业尚未作出利润分配的决议，税收金额为0，应纳税调减900万元。通过《A105030 投资收益纳税调整明细表》填报。

2×23 年 5 月 10 日，乙公司股东会作出利润分配决策，分配 1 250 万元的利润，武汉博乐玻璃有限公司可以获得375万元。5 月 15 日武汉博乐玻璃有限公司收到股息款。

乙公司作出利润分配决策时，武汉博乐玻璃有限公司的账务处理为：

借：应收股利　　3 750 000

　贷：长期股权投资——损益调整　　3 750 000

武汉博乐玻璃有限公司收到股利时，账务处理为：

借：银行存款　　3 750 000

　贷：应收股利　　3 750 000

投资方实际收到股息红利时，通过应收股利和长期股权投资的损益调整科目来进行核算，会计上不确认损益。但按照企业所得税法的规定，投资方应于被投资企业股东会或股东大会作出利润分配或转股决定的日期，确定收入的实现，需要将375万元股息、红利收入进行纳税调增，计入应税收入计算缴纳企业所得税。此项调整通过《A105030 投资收益纳税调整明细表》填报。

同时该笔股息红利又可以作为免税收入，作为永久性差异，需要填报《A107010 免税、减计收入及加计扣除优惠明细表》《A107011 符合条件的居民企业之间的股息、红利等权益性投资收益优惠明细表》。

（四）按权益法核算长期股权投资对初始投资成本调整确认收益

1.按权益法核算长期股权投资对初始投资成本调整确认收益填报要点

该项目只有“调减金额”项目，填报纳税人采取权益法核算，初始投资成本小于取得投资时应享有被投资单位可辨认净资产公允价值份额的差额计入取得投资当期的营业外收入的金额。“账载金额”“税收金额”“调增金额”项目不需要填写。

2.按权益法核算长期股权投资对初始投资成本调整确认收益填报案例

长期股权投资的初始投资成本小于投资时应享有被投资单位可辨认净资产公允价值份额的，其差额应当计入当期损益，同时调整长期股权投资的成本。账务处理如下：

借：长期股权投资——成本

　贷：营业外收入（调减金额）

初始投资成本大于投资时应享有被投资单位可辨认净资产公允价值份额的，不调整已确认的初始投资成本。（无差异）

|例 5-11| 武汉博乐玻璃有限公司202×年度5月20日以银行存款1 600万元投资B企业，持股比例20%（权益法核算），资产负债表日B企业净资产公允价值为9 000万元，此业务如何填报呢？

|解析|

武汉博乐玻璃有限公司202×年5月20日初始投资会计分录：

借：长期股权投资——成本	18 000 000	
贷：银行存款		16 000 000
营业外收入		2 000 000

企业用1 600万的银行存款购买了B企业公允价值1 800万元股权，支付金额小于被投资企业可辨认净资产公允价值份额，差额计入营业外收入。

企业所得税法实施条例规定，通过支付现金方式取得的投资资产，以购买价款为成本；通过支付现金以外的方式取得的投资资产，以该资产的公允价值和支付的相关税费为成本。

税法上以初始投资成本1 600万元作为计税基础，对计入营业外收入的200万元需要纳税调减，直接填报在《A105000纳税调整项目明细表》第5行“按权益法核算长期股权投资对初始投资成本调整确认收益”调减金额栏次。

（五）交易性金融资产初始投资调整

1.交易性金融资产初始投资调整填报要点

该项目只有“调增金额”项目，填报纳税人根据税法规定确认交易性金融资产初始投资金额与会计核算的交易性金融资产初始投资账面价值的差额。“账载金额”“税收金额”“调减金额”项目不需要填写。

2.交易性金融资产初始投资调整填报案例

企业初始确认金融资产或金融负债，应当按照公允价值计量。对于以公允价值计量且其变动计入当期损益的金融资产或金融负债，相关交易费用应当直接计入当期损益；对于其他类别的金融资产或金融负债，相关交易费用应当计入初始确认金额。账务处理如下：

借：交易性金融资产——成本（公允价值）

投资收益（发生的交易费用）（差异，需调整）

应收股利或利息

贷：银行存款等

|例 5-12| 武汉博乐玻璃有限公司202×年8月20日从二级市场购买B公司股票30万股，并将其划分为交易性金融资产。在购买日该股票每股价格为8.00元（含已宣告未发放的现金股利0.4元），另支付相关交易费用2 800元。

|解析|

202×年度武汉博乐玻璃有限公司做如下会计处理：

借：交易性金融资产——成本	2 280 000	
应收股利	120 000	
投资收益	2 800	
贷：银行存款		2 402 800

武汉博乐玻璃有限公司购入股票发生的交易费用2 800元会计上计入投资收益。税法上要将交易费用计入资产的计税基础，需要纳税调增，在《A105000 纳税调整项目明细表》第6行"调增金额"填写2 800元。

需要注意的是，此项投资的会计账面价值为2 280 000元，计税基础为2 282 800元，将来处置时需要关注该项差异。

（六）公允价值变动净损益

1.公允价值变动净损益填报要点

公允价值变动净损益"账载金额"填报纳税人会计核算的以公允价值计量的金融资产、金融负债以及投资性房地产类项目，计入当期损益的公允价值变动金额。若"账载金额"为负数，将绝对值填入第3列"调增金额"；若"账载金额"为正数，填入第4列"调减金额"。

该项差异属于暂时性差异，后期需要关注会计账面价值和计税基础的差异。

2.公允价值变动净损益填报案例

根据《企业会计准则》的规定，公允价值变动损益科目核算企业交易性金融资产、交易性金融负债，以及采用公允价值模式计量的投资性房地产、衍生工具、套期保值业务等公允价值变动形成的应计入当期损益的利得或损失。

指定为以公允价值计量且其变动计入当期损益的金融资产或金融负债公允价值变动形成的应计入当期损益的利得或损失，也在本科目核算。

公允价值变动净损益包括：以公允价值计量且其变动计入当期损益的金融资产、以公允价值计量且其变动计入当期损益的金融负债和投资性房地产等资产公允价值变动净损益。

根据企业所得税法的相关规定，企业的各项资产，包括固定资产、生物资产、无形资产、长期待摊费用、投资资产、存货等，以历史成本为计税基础。所称历史成本，是指企业取得该项资产时实际发生的支出。企业持有各项资产期间资产增值或者减值，除国务院财政、税务主管部门规定可以确认损益外，不得调整该资产的计税基础。

|例 5-13| 武汉博乐玻璃有限公司于202×年1月投资一项交易性金融资产，购入价为500万元，202×年12月31日，该项交易性金融资产公允价值为800万元。

|解析| 企业会计处理如下：

借：交易性金融资产——公允价值变动　　3 000 000

　贷：公允价值变动损益　　3 000 000

会计处理上公允价值当期变动的300万元计入当期损益，税法处理以历史成本为计税基础，不确认公允价值当期变动额，调减300万元。在《A105000 纳税调整项目明细表》第7行"账载金额"填写300万元，"调减金额"填写300万元。

（七）不征税收入纳税调整

1.专项用途财政性资金纳税调整填报要点（A105040）

本项目填报纳税人计入收入总额但属于税法规定不征税的财政拨款、依法收取并纳入财政管理的行政事业性收费以及政府性基金和国务院规定的其他不征税收入。

（1）企业取得符合条件的财政性资金，准予作为不征税收入，在计算应纳税所得额时从收入总额中减除。同时，不征税收入用于支出所形成的费用或资产的折旧、摊销不得在计算应纳税所得额时扣除。

符合不征税收入条件的专项用途财政性资金的收入应进行纳税调减，即第4列"其中：符合不征税收入条件的财政性资金"中第7行金额为《A105000 纳税调整项目明细表》第9行"其中：专项用途财政性资金"的第4列"调减金额"。第11列"其中：费用化支出金额"第7行金额为《A105000 纳税调整项目明细表》第25行"其中：专项用途财政性资金用于支出所形成的费用"的第3列"调增金额"。

（2）企业以前年度取得财政性资金且已作为不征税收入处理后，在5年（60个月）内未发生支出且未缴回财政部门或其他拨付资金的政府部门，应计入本年应税收入进行纳税调增，即第14列"应计入本年应税收入金额"第7行金额为《A105000 纳税调整项目明细表》第9行"其中：专项用途财政性资金"的第3列"调增金额"。

（3）本表对不征税收入用于资本化支出进行调整，通过《A105080 资产折旧、摊销情况及纳税调整明细表》进行纳税调整。

2.专项用途财政性资金纳税调整案例

|例 5-14| 根据市政府有关政策，企业购置污水处理设备可以申请政府补助。武汉博乐玻璃有限公司向政府提交了购置环保设备专项资金申请，审核通过后，于2×22年12月15日收到政府补助款400万元。2×22年12月20日，武汉博乐玻璃有限公司按照规定购入不需安装的污染物排放测试环保设备一台，取得的增值税专用发票注明价款1 000万元，增值税130万元，进项税额已抵扣，设备当月投入使用。该设备预计使用年限为10年，采用直线法计提折旧（不考虑预计净残值）。

|解析| 武汉博乐玻璃有限公司采用总额法对取得的政府补助进行会计核算，

账务处理如下：

（1）2×22年12月15日，实际收到政府补助，确认递延收益。

借：银行存款　　4 000 000

　贷：递延收益　　4 000 000

（2）2×22年12月20日购入设备。

借：固定资产　　10 000 000

　　应交税费——应交增值税（进项税额）　　1 300 000

　贷：银行存款　　11 300 000

（3）2×23年计提固定资产折旧，同时分摊递延收益（为计算简便，例题中按年计算折旧，实务中应按月计提，下同）。

2×23年共计提累计折旧=1 000÷10=100（万元）

2×23年共分摊递延收益=400÷10=40（万元）

借：制造费用　　1 000 000

　贷：累计折旧　　1 000 000

借：递延收益　　400 000

　贷：其他收益　　400 000

（4）武汉博乐玻璃有限公司企业所得税汇算清缴时纳税申报调整。

2×22年度，该项政府补助符合不征税收入条件，因当年会计核算未计入损益，无须纳税调整。当期取得400万元政府补助，应填报《A105040专项用途财政性资金纳税调整明细表》第6行“本年”对应的第3列“其中：符合不征税收入条件的财政性资金”项下的“金额”。

2×23年度，会计核算确认“累计折旧”金额100万元，其中不征税收入用于支出所形成的资产计算的折旧金额为40万元，不得税前扣除，应纳税调增，填报《A105080资产折旧、摊销及纳税调整明细表》第3行“（二）飞机、火车、轮船、机器、机械和其他生产设备”对应的第9列“纳税调整金额”；会计核算确认“其他收益”金额40万元，符合不征税收入条件，应纳税调减40万元，填报《A105040专项用途财政性资金纳税调整明细表》第6行“本年”对应的第4列“其中：符合不征税收入条件的财政性资金”项下的“其中：计入本年损益的金额”。同一纳税期间调增、调减金额相等。

如果武汉博乐玻璃有限公司采用净额法核算此项政府补助，由于取得时冲减环保设备的账面价值，资产的折旧额不包含政府补助金额，未来也不再确认其他收益。所以，会计与税法的计算不存在差异，无须纳税调整。

（八）销售折扣、折让和退回纳税调整

1.销售折扣、折让和退回填报要点

“销售折扣、折让和退回”填报不符合税收规定的销售折扣、折让应进行纳税调整的金额和发生的销售退回因会计处理与税收规定有差异需要纳税调整的金额。

（1）企业在销售商品时给予客户的现金折扣，应当按照《企业会计准则第14号——收入》中关于可变对价的相关规定进行会计处理。

企业所得税上，销售商品涉及现金折扣的，应当按扣除现金折扣前的金额确定销售商品收入金额，现金折扣在实际发生时作为财务费用扣除。

现金折扣按照新收入准则进行会计处理后，“主营业务收入”与“财务费用”会计与税法存在差异，需要纳税调整。

（2）对于附有退回条件的销售，会计初次确认商品销售收入时，需要合理估计退货的可能，并按照最佳估计数确认“预计负债——应付退货款”，而且在资产负债表日（通常是年末）还要重新评估，如有变化还需要调整。

企业所得税上，退货期内，企业都需要考虑其存在的可能性，会计上计入“预计负债——应付退货款”的这部分金额要确认为企业所得税的应税收入。因此，对于企业年度“预计负债——应付退货款”余额的增加额需要调增。

同样的，对于商品销售成本，会计处理时根据“配比原则”，在暂估退货减少收入的同时，也要暂估退货减少的销售成本。企业所得税上，对于企业年度“应收退货成本”余额的增加额需要调减。

2.销售折扣、折让和退回填报案例

|例 5-15| 武汉博乐玻璃有限公司为增值税一般纳税人（增值税税率为13%），企业所得税率为25%。武汉博乐玻璃有限公司于202×年11月10日签署合同将一批商品销售给乙公司，销售价格为100万元（不含增值税），商品销售成本为80万元。根据双方签订的协议，乙公司在收到货后3个月内不满意有权退货，按以往的经验估计退货的可能性为10%。202×年11月25日商品已被乙公司签收，在签收后的12月1日已经付款，增值税专用发票已开具。

假定武汉博乐玻璃有限公司适用新收入准则，退货发生不会对商品价值产生减损。12月31日对退货可能性进行了重新估计，最佳的退货可能性为5%。

|解析|

（1）武汉博乐玻璃有限公司202×年会计处理。

①11月25日确认商品销售收入时：

借：应收账款	1 130 000	
贷：主营业务收入		900 000
预计负债——应付退货款		100 000
应交税费——应交增值税（销项税额）		130 000

同时结转成本：

借：主营业务成本	720 000	
应收退货成本	80 000	
贷：库存商品		800 000

②资产负债表日（12月31日）对退货可能性重新评估后：

借：预计负债——应付退货款	50 000	
贷：主营业务收入		50 000

同时，调整成本：

借：主营业务成本	40 000	
贷：应收退货成本		40 000

（2）税会差异分析。

无论是或有负债，还是销售退回的估计，在没有实际发生时税法一律不予认可。因此，会计处理确认的销售收入和成本需要通过纳税调整来进行修正。

拓展阅读

乌鲁木齐市税务局稽查局税务行政处罚事项告知书
乌税稽罚告〔2021〕94号

乌鲁木齐***电子商务有限公司（纳税人识别号：91650***6332U）：

对你单位（地址：新疆乌鲁木齐市***）的税收违法行为拟于2021年8月24日之前作出行政处罚决定，根据《中华人民共和国税收征收管理法》第八条、《中华人民共和国行政处罚法》第四十四条、第六十三条、第六十四条的规定，现将有关事项告知如下：

一、税务行政处罚的事实、理由、依据及拟作出的处罚决定：

1.增值税及其附加、城建税：2016年1月—2019年2月，你公司法定代表人舒某某建设银行个人账户（账号：6217***65294）收到各网购平台以及其他转来款项未计销售收入；另自你公司成为一般纳税人起，转入公司的款项多数以借款名义转入，贷记“其他应付款——舒某某”，后附原始凭证内有大量各平台转入你公司的款项，你公司以其法人个人借款名义转入公司账户，未据实申报销售收入。2016年共计收入35 966 019.42元（不含税收入，下同）、2017年33 181 880.19元、2018年28 910 190.26元、2019年1—2月3 850 635.90元。根据《中华人民共和国增值税暂行条例》第一条、第三条、第十九条第一款第（一）项之规定，你公司应于收到款项的当天确认收入。

（1）你公司2016年少申报销售收入35 966 019.42元，少缴增值税1 080 775.81元；

（2）你公司2017年1月—7月（小规模期间）少申报销售收入25 489 487.38元、8月—12月（一般纳税人期间））少申报销售收7 692 392.81元，少缴增值税1 577 631.75元；

（3）你公司2018年少申报销售收入28 910 190.26元，少缴增值税4 658 838.50元；

（4）你公司2019年1—2月少申报销售收入3 850 635.90元，少缴增值税576 922.07元。你公司2016年1月至2019年2月合计少缴增值税7 894 168.13元。

2.城市维护建设税：根据《中华人民共和国城市维护建设税暂行条例》（编者注：现已废止）第二条、第三条之规定，你公司少申报缴纳2016年1月至2019年2月城市维护建设税552 591.77元。

3.教育费附加：根据国务院《征收教育费附加的暂行规定》第三条之规定，你公司少申报缴纳2016年1月至2019年2月教育费附加236 825.03元。

4.地方教育附加：根据《新疆维吾尔自治区人民政府关于修改〈新疆维吾尔自治区地方教育附加征收使用管理办法〉的通知》（新政发〔2011〕24号）之规定，你公司少申报缴纳2016年1月至2019年2月地方教育附加157 883.36元。

5.印花税：你公司隐匿收入，未签订纸质购销合同，以电子形式在网络平台上完成货物购销行为。根据《中华人民共和国印花税暂行条例》（编者注：现已废止）第一条、第二条、第三条及《财政部 国家税务总局关于印花税若干政策的通知》（财税（2006）162号）第一条之规定，你公司2016年1月至2019年2月少缴印花税30 572.62元。

6.企业所得税：你公司2016年—2018年期间，收入凭证、费用凭证残缺不全，难以查账，无法对你公司真实的应纳税所得进行核实。根据《企业所得税核定征收办法（试行）》（国税发〔2008〕30号）第三条第四款、第八条之规定，考虑到你公司为网络电商，部分成本费用支出比实体店经营者低，利润较高。故对你公司2016年、2017年、2018年企业所得税按10%应税所得率核定征收。

（1）你公司2016年少缴企业所得税908 996.07元｛［35 966 019.42（查补收入）+393 823.30（已申报收入）］×10%×25%｝；

（2）你公司2017年少缴企业所得税886 988.66元｛［33 181 880.19（查补收入）+3 582 704.44（已申报收入）］×10%×25%−32 125.96（已缴税额）｝；

（3）你公司2018年少缴企业所得税809 064.99元｛［28 910 190.26（查补收入）+ 3 452 409.52（已申报收入）］×10%×25%｝。

综上所述，你公司2016年1月至2019年2月少缴增值税7 894 168.13元、城市维护建设税552 591.77元、教育费附加236 825.03元、地方教育附加157 883.36元、印花税30 572.62元，2016—2018年度少缴企业所得税2 605 049.72元。

我局认为：你公司在账簿上不列、少列收入，进行虚假的纳税申报，造成少缴税款的违法事实成立，上述行为符合《中华人民共和国税收征收管理法》第六十三条第一款关于偷税的界定，应定性为偷税。根据《中华人民共和国税收征收管理法》第六十三条之规定，拟对你公司处少缴税款百分之五十的罚款5 738 545.32元。

二、你单位有陈述、申辩的权利。请在我局作出税务行政处罚决定之前，到我局进行陈述、申辩或自行提供陈述、申辩材料；逾期不进行陈述、申辩的，视同放弃权利。

三、若拟对你单位罚款10 000元（含10 000元）以上，或符合《中华人民共和国行政处罚法》第六十三条规定的其他情形的，你单位有要求听证的权利。可自收到本告知书之日起五个工作日内向我局书面提出听证申请；逾期不提出，视为放弃听证权利。

乌鲁木齐市税务局稽查局

2021年8月23日

六、任务实践

请同学们课前进行分组，根据任务案例相关资料，填写A105020、A105030、A105040申报表，课堂进行展示、提问、讲解和互评，期待你们的精彩呈现。

步骤一：判定企业业务类型；

步骤二：分析会计与税法差异；

步骤三：填写纳税调整明细表。

七、任务成果报告及评价

表5-25是收入类纳税调整成果报告。

表 5-25 收入类纳税调整成果报告

实训任务五　收入类纳税调整成果报告			
适用项目		课时	4
组名		成员及分工	组织者：　　思路方案： 政策支持：　　职业素养： 申报表填报及上传：
时间及地点			

【案例描述及要求】

【我的思路或方法】

【我的解决方案】

【我的政策知识】

【我的职业技能】

【我的职业素养】

【课堂提问】

一、小组被提问记录

二、小组提问记录

三、教师提问记录

【我的评分】

评分标准：

1. 知识掌握（20分）：案例适用政策完整且准确（20分）。

2. 技能掌握（30分）：信息搜集整理（5分）、会计与税法差异分析准确（10分）、纳税调整明细表填报准确（15分）

3. 素质提升（30分）：思政精神力挖掘务实（5分）、与具体实践结合（15分）、具有共鸣感（10分）。

4. 小组合作（20分）：分工明确（5分）、全员贡献度（10分）、活跃度（问及答）（5分）。

一、自评分（20%）

二、小组互评分（40%）

三、教师评分（40%）

续表

【我的诊改】 一、存在问题 （一）知识方面   （二）技能方面   （三）素质方面   二、未来改进 （一）知识方面   （二）技能方面   （三）素质方面

八、课后作业及拓展

（一）讨论

会计收入、企业所得税收入与增值税销售额如果不一致，是否存在涉税风险？

（二）阅读

《企业会计准则第14号——收入》（财会〔2017〕22号）

《国家税务总局关于修订企业所得税年度纳税申报表有关问题的公告》（国家税务总局公告2019年第41号）

（三）作业

1.【业务题】武汉方圆数码科技有限公司为一般纳税人，202×年6月通过红十字会将自产的10台电脑用于贫困山区学校公益性捐赠，该电脑的单位成本为3 500元，同期同类电脑单位销售价格为5 000元。账务处理如下：

借：营业外支出——扶贫捐赠	41 500	
贷：库存商品		35 000
应交税费——应交增值税（销项税额）		6 500

要求：根据以上业务，填写A105010、A105000申报表（不考虑公益性捐赠的纳税调整）。

2.【业务题】武汉方圆信息科技有限公司，202×年11月1日取得政府补助420万元，该政府补助不符合不征税收入条件。202×年11月15日购入不需安装生产设备（用于企业日常活动），取得增值税专用发票注明价款540万元，进项税额70.2万元，预计使用年限为10年，采用直线法计提折旧，预计净残值为零，采用总额法。

要求：根据以上业务，填写《A105020未按权责发生制确认收入纳税调整明细表》。

任务六 扣除类纳税调整

一、任务导航

表5-26是扣除类纳税调整工作任务表。

表5-26 扣除类纳税调整工作任务表

任务基本描述：展示企业所得税扣除类纳税调整的基本要求，使学生能够准确进行扣除项目的纳税调整，增强规范操作意识，树立敬业精神和工匠精神				
任务目标	任务知识点	任务技能点	学习时间节点	学习资源
1.确定需求意图	•企业所得税税前扣除项目基本规定	•成本费用项目会计与税法差异	•课前准备 •课堂展示	•百度搜索
2.准备资料	•企业所得税纳税调整明细表	•准确填报扣除项目纳税调整明细表	•课前准备 •课堂展示	•国家税务总局网站 •网中网金税平台
3.制作文案	•文字处理，表格操作	•文案构成、设计、制作技巧、工具	•课堂完成 •课堂展示	•百度搜索

二、前导知识和技能测试

1.前导知识测试5.6.1

2.前导技能测试5.6.1

前导知识测试 5.6.1

前导技能测试 5.6.1

三、任务计划

（一）学习目标：________________

（二）学习内容及时间安排：________________

（三）学习完成率及成果：________________

四、任务案例

武汉方圆信息科技有限公司202×年发生如下业务：

（1）全年计提工资薪金1 200万元，在202×年度实际发放工资1 100万元，100万元年终奖在次年1月发放。

（2）全年计提职工福利费228万元，实际发生福利费192万元。

（3）全年计提职工教育经费135万元，实际发生职工教育经费99万元。以前年度结转可扣除职工教育经费金额为10万元。

（4）全年计提工会经费25万元，实际申报缴纳工会经费24万元，取得《工会经费收入专用收据》。

（5）通过中国红十字会捐赠1 000万元，专用于医学技术研究，取得红十字会开具的公益性捐赠票据；通过镇政府捐赠200万元，用于建设希望小学；通过公益性社会组织捐赠500万元，用于新疆阿克苏目标脱贫地区扶贫。202×年以前无扶贫捐赠情况。

（6）202×年销售收入30 000万元，相关销售成本20 000万元，营业利润11 700万元，利润总额10 000万元。上一年度结转可扣除捐赠额100万元，上年度以前无捐赠业务。

（7）202×年发生广告宣传费为685万元，其中有50万元没有取得合法票据；发生非广告性赞助支出150万元。

五、任务知识殿堂

（一）职工薪酬支出及纳税调整（A105050）

1.职工薪酬支出及纳税调整填报要点

职工薪酬支出主要是指企业给员工发放的薪酬。这里的薪酬包括工资薪金、职工福利费、职工教育经费、工会经费、各类基本社保费、住房公积金、补充养老保险、补充医疗保险等支出。由于会计处理和税收处理相关规定不一致，导致部分项目和金额需要进行纳税调整。需要注意的是，只要发生相关职工薪酬支出，无论是否需要纳税调整，均需要填报表A105050。

（1）“账载金额”：填报纳税人会计核算计入成本费用的职工工资、奖金、津贴和补贴金额，一般根据“应付职工薪酬”会计科目贷方发生额填报。

（2）“实际发生额”：分析填报纳税人“应付职工薪酬”会计科目借方发生额（实际发放的工资薪金）。

（3）根据《国家税务总局关于企业工资薪金和职工福利费等支出税前扣除问题的公告》（国家税务总局公告2015年第34号）第二条的规定，企业在年度汇算清缴结束前向员工实际支付的已预提汇缴年度工资薪金，准予在汇缴年度按规定扣除。

税收金额=实际发生额-本年度支付上年度计提且在上年度汇缴前列支部分+本年度计提且已在本年度汇缴前支付金额

比如，武汉博乐玻璃有限公司202×年1-12月“应付职工薪酬——工资”账面上贷方计提总金额为130万元，账面上202×年1月-12月“应付职工薪酬——工资”借方发生额总金额为131万元，202×年1月发放的是上一年12月计提的工资16万元，次年1月发放的是202×年12月计提的工资15万元。

202×年1月发放的16万元在上一年汇算清缴前扣除，在202×年的汇算清缴时就要剔除这部分。次年1月发放的15万元应在202×年汇算清缴中扣除，这部分要计入借方的实际发生额，税收金额栏合计为130万元。

2.职工薪酬支出及纳税调整填报案例

例5-16 武汉博乐玻璃有限公司202×计提工资72 000元，在次年5月31日汇算清缴之前实际发放了66 000元。

解析 具体填报如下：

（1）工资薪金的账载金额=72 000（元）

（2）工资薪金的实际发生额=66 000（元）

（3）工资薪金的税收金额=66 000（元）

（4）纳税调整金额=72 000−66 000=6 000（元）

例5-17 武汉博乐玻璃有限公司2×23年3月份发放2×22年度已计提未发放的年终奖及绩效奖300万元；2×23年度计提工资1 100万元（其中预提年终奖200万元），当年实际发放工资900万元，2×24年1月发放2×23年预提的年终奖100万元。

解析 具体填报如下：

（1）账载金额（计入2×23年度成本费用的工资）=1 100（万元）

（2）实际发生额（2×23年“应付职工薪酬——工资及奖金”的借方发生额）=300+900=1 200（万元）

（3）税收金额（按照税法规定当年允许扣除的金额）=900+100=1 000（万元）

例5-18 武汉博乐玻璃有限公司2×21年结转以后年度扣除的职工教育经费5万元。2×22年税收上允许扣除的工资支出为1 000万元，会计上计提职工教育经费100万元，当年实际使用80万元。2×23年税收上允许扣除的工资支出为1 500万元，会计上计提职工教育经费80万元，实际使用100万元（包含2×22年计提未使用的20万元）。

解析 具体填报如下：

（1）账载金额（计入2×23年度成本费用的职工教育经费）=80（万元）

（2）实际发生额（2×23年“应付职工薪酬——职工教育经费”的借方发生额）=80+20=100（万元）

（3）税收扣除限额=1 500×8%=120（万元）

（4）税收金额=MIN（税收限额，2+4列）=105（万元）

（5）当年纳税调减25万元。

（二）业务招待费支出纳税调整

1.业务招待费支出纳税调整填报要点

（1）根据《企业会计准则》的规定，企业发生的业务招待费，全部在“管理费用”科目核算。如有在其他期间费用或成本科目列支业务招待费，在进行企业所得税申报时，必须将散落在各科目中的“业务招待费”全部汇总填至表A105000第15行第1列“账载金额”中。

（2）业务招待费扣除限额的计算基数不仅包括利润表中的营业收入，还包括根据税收规定确认的视同销售收入，营业外收入不包括在内。

（3）对从事股权投资业务的企业（包括集团公司总部、创业投资企业等），其从被投资企业所分配的股息、红利以及股权转让收入，可以按规定的比例计算业务招待费扣除限额。计算基数仅包括从被投资企业分配的股息、红利以及股权转让收入3项收入，不包括权益法核算的账面投资收益，以及以公允价值计量资产的公允价值变动。

（4）企业发生的与生产经营有关的业务招待费支出，按照发生额的60%扣除，但最高不得超过当年销售（营业）收入的5‰。

业务招待费扣除限额≥业务招待费发生额60%时，应调增应纳税所得额=业务招待费发生额×40%，即企业已在管理费用中实际列支的业务招待费发生额的40%。

业务招待费扣除限额<业务招待费发生额60%时，应调增应纳税所得额=业务招待费发生额-业务招待费扣除限额，即业务招待费发生额超过业务招待费扣除限额的差额。

（5）企业在筹建期间，发生的与筹办活动有关的业务招待费支出，可按实际发生额的60%计入企业筹办费，并按有关规定在税前扣除。

2.业务招待费支出纳税调整填报案例

例5-19 武汉博乐玻璃有限公司202×年度主营业务收入为1 000万元，其他业务收入为60万，视同销售收入为40万元，202×年发生的业务招待费实际为10万元。

解析 具体填报如下：

业务招待费发生额的60%=10×60%=6（万元）

业务招待费扣除限额=（1 000+60+40）×5‰=5.5（万元）

202×年业务招待费准予扣除限额为5.5万元，应纳税调增4.5万元（10-5.5）。年度纳税申报时，应在《A105000纳税调整项目明细表》第15行“业务招待费支出”纳税调增金额填写45 000元。

（三）广告和业务宣传费支出纳税调整（A105060）

1.广告和业务宣传费支出纳税调整填报要点

（1）归集会计核算口径实际发生的广告费和业务宣传费支出，需要考虑广告性赞助支出是否纳入归集范围内。

（2）计算本企业广告费和业务宣传费税法扣除限额时，应关注：企业的类型不同，扣除限额不同。

（3）本年度发生额在税法扣除限额范围内，则考虑结转或者以前年度扣除额。如本年度发生额超过税法扣除限额，则不考虑结转或者以前年度扣除额。

（4）考虑分摊协议归集事项。按照归集方向分：

①本年度发生额在税法扣除限额范围内，可按本年度分摊协议广告费和业务宣传费归集至其他关联方，归集金额直接纳税调增；

②按本年度分摊协议广告费和业务宣传费，满足税法规定条件，从其他关联方归集至本企业，归集金额直接纳税调减。

2.广告和业务宣传费支出纳税调整填报案例

|例 5-20| 武汉博乐玻璃有限公司是增值税一般纳税人，202×年有关账户结账前的贷方余额为：主营业务收入1 000万元，其他业务收入500万元，营业外收入300万元。全年发生的符合条件的广告费和业务宣传费合计200万元，其中包括用本企业生产的产品作为广告宣传的产品，产品成本为5万元，不含税售价8万元，非广告赞助支出10万元。武汉博乐玻璃有限公司以前年度累计结转的尚未扣除的广告费和业务宣传费合计20万元。

|解析| 具体填报分析如下：

本年广告费和业务宣传费支出200万元。

本年不允许扣除的广告费和业务宣传费支出10万元，调增10万元。

本年计算广告费和业务宣传费的扣除基数=1 000+500+8=1 508（万元）

本期广告费和业务宣传费的扣除限额=1 508×15%=226.2（万元）

实际发生符合条件的广告费和业务宣传费小于扣除限额，本年符合条件的广告费和业务宣传费可以全额扣除。

以前年度结转的尚未扣除的广告费和业务宣传费可以在本期扣除20万元，纳税调减20万元。

（四）捐赠支出及纳税调整（A105070）

1.捐赠支出及纳税调整填报要点

（1）捐赠支出在会计处理时，一般直接计入营业外支出，不区分公益性捐赠还是非公益性捐赠。

（2）企业对外捐赠在企业所得税上，区分为公益性捐赠和非公益性捐赠；公益性捐赠又进一步分为限额扣除的公益性捐赠和全额扣除的公益性捐赠。

（3）对于限额扣除的公益性捐赠，在年度利润总额12%以内的部分，准予在计算应纳税所得额时扣除；超过年度利润总额12%的部分，准予结转以后三年内在计算应纳税所得额时扣除。企业在对公益性捐赠支出计算扣除时，应先扣除以前年度结转的捐赠支出，再扣除当年发生的捐赠支出。

2.捐赠支出及纳税调整填报案例

|例 5-21| 武汉博乐玻璃有限公司2×21年度实现利润总额800万元，公益性捐赠支出60万元，其中通过市民政局向目标脱贫地区捐赠支出20万元；为支持新冠疫情防控，通过红十字会捐赠30万元；直接向某小学捐赠5万元；限额扣除的公益性捐赠支出5万元。2×18年度结转以后年度扣除的捐赠支出为30万元，2×19年度结转以后年度扣除的捐赠支出为40万元，2×20年度结转以后年度扣除的捐赠支出为50万元。

|解析| 在进行2×21年度汇算清缴时，捐赠支出的填报分析如下：

由于武汉博乐玻璃有限公司2×21年有可全额税前扣除、限额扣除、不得扣除的公益性捐赠支出，需要分情况计算扣除额度。

（1）直接向受赠人提供的捐赠5万元，不得税前扣除，全额调增应纳税所得额。

（2）限额扣除公益性捐赠部分。

2×21年度汇缴允许税前扣除的捐赠支出限额为96万元（800×12%）

根据以前年度先扣除的顺序，2×18年度和2×19年度的结转余额均可全额扣除，分别纳税调减30万元和40万元，2×20年度结转余额26万元（96-30-40）可以税前扣除，纳税调减26万，剩余24万元（50-26）继续往以后年度结转扣除。2×21年度限额扣除捐赠支出5万元（60-20-30-5），已无额度可以被扣除，需要纳税调增5万元。

（3）全额扣除公益性捐赠部分。

扶贫捐赠和新冠疫情防控捐赠支出可全额税前扣除。

（五）利息支出纳税调整

1.利息支出纳税调整填报要点

“账载金额”填报纳税人向非金融企业借款，会计核算计入当期损益的利息支出的金额。“税收金额”填报按照税收规定允许税前扣除的利息支出的金额。账载金额大于税收金额的部分，填报在调增金额栏内。

如果向金融机构借款的利息支出涉及纳税调整的（如资本化差异），不能在“利息支出”栏调整填报。

企业在会计核算时应设置不同的明细科目，即“财务费用——利息支出（金融企业）”和“财务费用——利息支出（非金融企业）”。如果会计核算时没有区分，在进行企业所得税纳税申报时，就需要先区分后才能申报。

2.利息支出纳税调整填报案例

例5-22 武汉博乐玻璃有限公司属于非金融企业，202×年1月1日向银行贷款1 000万元用于补充流动资金，年利率6%，期限一年，利息每季度支付一次。同年7月1日又向非关联企业B公司贷款500万元，用于周转，贷款利率9%，期限一年，每月15日支付当月利息。该公司只有这两笔贷款。

解析 武汉博乐玻璃有限公司202×年度利息支出的纳税调整分析如下：

202×年度支付银行贷款利息=1 000×6%=60（万元）

202×年度支付非关联企业B公司利息=500×9%×6÷12=22.5（万元）

税法规定，非金融企业向非金融企业借款的利息支出，不超过按照金融企业同期同类贷款利率计算的数额的部分，可以扣除。

因此，非关联企业借款利息202×年度可以税前扣除金额=500×6%×6÷12=15（万元）

税前不可以扣除金额=22.5-15=7.5（万元）

202×年度企业所得税申报表“利息支出”的账载金额为225 000元，税收金额为150 000元，纳税调增为75 000元。

（六）罚金、罚款和被没收财物的损失

会计上，企业发生的与其经营活动无直接关系的各项净支出，包括处置非流动资产损失、非货币性资产交换损失、债务重组损失、罚款支出、捐赠支出、非常损失等一般计入营业外支出。

在计算应纳税所得额时，罚金、罚款和被没收财物的损失不得扣除。

企业会计核算列支的罚金、罚款和没收财产损失，应作为永久性税会差异全额纳税调增。

（七）税收滞纳金、加收利息

企业会计核算列支的税收滞纳金和加收利息，应作为永久性税会差异全额调增。

（八）赞助支出

企业会计核算计入营业外支出的公益性捐赠以外的捐赠支出、赞助支出，不得税前扣除，应作为永久性税会差异全额调增。

（九）与未实现融资收益相关在当期确认的财务费用

未实现融资收益核算企业分期计入租赁收入或利息收入的未实现融资收益，可按未实现融资收益项目进行明细核算。

以具有融资性质的分期收款为例，企业发生分期收款销售业务时，会计上按现销价格计算当前收入，现销价与合同价之间的差额确认为未实现融资收益。税法上按合同约定的收款日期分期确认收入。

在对分期收款的收入、成本，会计与税法之间的差异调整完之后，利息收入视为未发生，冲减财务费用，需要纳税调整。这里的财务费用是从未确认融资收益分步结转过来的，结果是负数，账载金额是负数，需要纳税调减。

（十）佣金和手续费支出

会计上对于销售商品、提供劳务过程中的手续费及佣金，作为期间费用归入“销售费用”科目核算。在实际发生时直接计入“销售费用”，同时设置“销售费用——手续费及佣金”进行明细核算，期末结转计入“本年利润”。

企业不得将手续费及佣金支出计入回扣、业务提成、返利、进场费等费用。

企业已计入固定资产、无形资产等相关资产的手续费及佣金支出，应当通过折旧、摊销等方式分期扣除，不得在发生当期直接扣除。

企业支付的手续费及佣金不得直接冲减服务协议或合同金额，并应如实入账。

手续费及佣金支出的税前扣除按照权责发生制原则，企业发生与生产经营有关的手续费及佣金支出按规定税前扣除。未实际发生的手续费及佣金支出不得税前扣除；超限额部分不得扣除；与生产经营无关的手续费及佣金支出不得税前扣除；税前扣除凭证不符合规定的不得扣除。

保险企业发生与其经营活动有关的手续费及佣金支出，不超过当年全部保费收入扣除退保金等后余额的18%（含本数）的部分，在计算应纳税所得额时准予扣除；超过部分，允许结转以后年度扣除。

保险企业不同于其他企业之处在于，存在手续费及佣金跨年度结转，需要先填报表A105060，然后将相关行次的金额代入表A105000第23行的“账载金额”“税收金额”以及“调增金额”“调减金额”。

（十一）跨期扣除项目

跨期扣除项目主要填报纳税人发生的维简费、安全生产费用、预提费用、预计负债等跨期扣除项目调整情况。

一些特殊的行业企业按照国家规定预提的行业特殊保障性费用（如煤炭行业的维简费、高危行业企业安全生产费、会计师事务所计提的职业风险准备金）等，会计准则或会计制度规定该类费用可以计入相关产品的成本或当期损益，但企业所得税相关法规规定该类预提费用在“实际发生”时才能税前扣除，从而产生会计与税法的时间性差异。计提费用时，由于费用未实际发生，不允许在企业所得税税前扣除，应做纳税调增；未来费用实际发生时，允许在企业所得税税前扣除，应做纳税调减。

（十二）与收入无关支出

与收入无关支出，是指与本企业取得收入无关的各项支出。企业所得税法规定，与取得收入无关的其他支出不得扣除。从总体上说，判断一项支出是否可以在税前扣除，关键看其是否与取得收入相关。由于与取得收入无关的其他支出项目无法一一列举，这相当于是一个“兜底条款”。

比如，企业在生产经营过程中列支的一些高管个人的消费支出、应由个人负担的费用、应由对方负担的税款、企业在节日期间支付的离退休职工现金补贴等，都属于与收入无关的支出。

（十三）境外所得分摊的共同支出

企业为取得境内、境外所得而在境内、境外发生的共同支出，与取得境外应税所得有关的、合理的部分，应在境内、境外（分国（地区）别，下同）应税所得之间，按照合理比例进行分摊后扣除。

同一纳税主体境内、境外所得共同支出应进行分摊，由境外所得分摊的共同支出在表A105000第28行进行纳税调增，同时在表A108010第16、第17列进行填列。

（十四）党组织工作经费

对于国有企业和集体所有制企业，纳入管理费用的党组织工作经费，实际支出不超过职工年度工资薪金总额1%的部分，可以据实在企业所得税税前扣除。年末如有结余，结转下一年度使用。累计结转超过上一年度职工工资总额2%的，当年不再从管理费用中安排。

对于非公有制企业，党组织工作经费在企业管理费列支，不超过职工年度工资薪金总额1%的部分，可以据实在企业所得税税前扣除。

拓展阅读

企业所得税稽查案例

税务处罚决定书具体内容见表5-27。

表 5-27 税务处罚决定书

行政处罚决定书文号	昆税一稽罚〔2020〕7号
处罚名称	税务行政处罚
处罚类别1	罚款
处罚类别2	涉税罚款
处罚事由	将不符合旅游行业差额纳税标准的扣除凭证进行税前列支，造成少缴增值税116 213.28元，少缴城市维护建设税8 134.93元，少缴教育费附加3 486.39元，少缴地方教育附加2 324.26元，少缴企业所得税67 244.94元。
处罚依据	《中华人民共和国税收征收管理法》第六十三条：纳税人伪造、变造、隐匿、擅自销毁账簿、记账凭证，或者在账簿上多列支出或者不列、少列收入，或者经税务机关通知申报而拒不申报或者进行虚假的纳税申报，不缴或者少缴应纳税款的，是偷税。对纳税人偷税的，由税务机关追缴其不缴或者少缴的税款、滞纳金，并处不缴或者少缴的税款百分之五十以上五倍以下的罚款；构成犯罪的，依法追究刑事责任。扣缴义务人采取前款所列手段，不缴或者少缴已扣、已收税款，由税务机关追缴其不缴或者少缴的税款、滞纳金，并处不缴或者少缴的税款百分之五十以上五倍以下的罚款；构成犯罪的，依法追究刑事责任。
行政相对人名称	昆明×××旅行社有限公司
处罚结果	95 796.59元
处罚决定日期	2020.1.10
处罚机关	国家税务总局昆明市税务局第一稽查局

六、任务实践

请同学们课前进行分组，根据任务案例相关资料，填写A105050、A105060、A105070申报表。课堂进行展示、提问、讲解和互评，期待你们的精彩呈现。

步骤一：准确判定业务实质；

步骤二：分析会计与税法差异事项；

步骤三：填报纳税调整明细表。

七、任务成果报告及评价

表5-28是扣除类纳税调整成果报告。

表5-28　　扣除类纳税调整成果报告

<table>
<tr><td colspan="4">实训任务六　扣除类纳税调整成果报告</td></tr>
<tr><td>适用项目</td><td></td><td>课时</td><td>4</td></tr>
<tr><td>组名</td><td></td><td rowspan="2">成员及分工</td><td rowspan="2">组织者：　思路方案：
政策支持：　职业素养：
申报表填报及上传：</td></tr>
<tr><td>时间及地点</td><td></td></tr>
<tr><td colspan="4">【案例描述及要求】</td></tr>
<tr><td colspan="4">【我的思路或方法】

【我的解决方案】

【我的政策知识】

【我的职业技能】

【我的职业素养】</td></tr>
<tr><td colspan="4">【课堂提问】
一、小组被提问记录

二、小组提问记录

三、教师提问记录</td></tr>
<tr><td colspan="4">【我的评分】
评分标准：
1.知识掌握（20分）：案例适用政策完整且准确（20分）。
2.技能掌握（30分）：信息搜集整理（5分）、会计与税法差异分析准确（10分）、纳税调整明细表填报准确（15分）。
3.素质提升（30分）：思政精神力挖掘务实（5分）、与具体实践结合（15分）、具有共鸣感（10分）。
4.小组合作（20分）：分工明确（5分）、全员贡献度（10分）、活跃度（问及答）（5分）。
一、自评分（20%）

二、小组互评分（40%）

三、教师评分（40%）</td></tr>
</table>

续表

【我的诊改】 一、存在问题 （一）知识方面   （二）技能方面   （三）素质方面   二、未来改进 （一）知识方面   （二）技能方面   （三）素质方面

八、课后作业及拓展

（一）讨论

企业所得税汇算清缴申报中扣除类项目常见的涉税风险点有哪些？

（二）作业

1.【业务题】武汉红太阳啤酒有限公司为增值税一般纳税人，执行企业会计准则，202×年发生业务如下：

（1）销售商品收入10 000万元，销售商品成本6 000万元，营业利润4 000万元。

（2）发生广告和业务宣传费1 300万元，另外将一批自产的啤酒用于市场推广，市场同期同类销售价格为500万元，产品生产成本为300万元。公司账务处理如下：

借：销售费用——广告和业务宣传费　　3 650 000

　贷：库存商品——啤酒　　3 000 000

　　　应交税费——应交增值税（销项税额）　　650 000

（3）企业发生业务招待费50万元，另外将一批自产啤酒用于交际应酬，市场同期同类销售价格为100万元，产品生产成本为80万元。公司账务处理如下：

借：管理费用——业务招待费　　930 000

　贷：库存商品——啤酒　　800 000

　　　应交税费——应交增值税（销项税额）　　130 000

根据以上业务，填写A105000、A105010、A105060申报表。注：不考虑其他情况。

2.【业务题】武汉欧雅化妆品有限公司为增值税一般纳税人，主营化妆品生产销售业务，202×年发生业务如下：

（1）经审计全年主营业务收入为15 000万元，其中：销售商品收入13 500万元，提供劳务收入1 500万元。

（2）经审计全年其他业务收入为3 000万元，其中：销售材料收入2 000万元，出租固定资产收入500万元，出租包装物收入500万元。

（3）自产产品用于对外捐赠视同销售，经审计全年视同销售收入为2 000万元，视同销售成本为1 500万元。

（4）经审计债务重组利得为1 000万元。

（5）发生广告费与业务宣传费6 850万元，非广告性赞助支出150万元。

根据以上业务，填写A105000、A105010、A105060申报表。（注：不考虑其他情况。）

3.【业务题】武汉希达商贸有限公司，202×年度发生的应付职工薪酬明细见表5-29。

表5-29　应付职工薪酬明细表　单位：元

总账科目	明细科目	本年累计贷方/借方发生额	备注
应付职工薪酬	工资	4 575 600.00	无股权激励行权
	社保费	915 120.00	
	职工福利	385 840.00	
	职工教育经费	200 000.00	高技能人才培训
	工会经费	91 215.00	
	住房公积金	549 072.00	
	补充养老保险	210 000.00	只为部分员工支付，据实缴纳
	补充医疗保险	230 000.00	为全员支付，据实缴纳
合计		7 156 847.00	企业当年度计入成本费用的应付职工薪酬在汇算前已全部支付

根据以上业务，填写A105050申报表。

4.【业务题】武汉烽火建材有限公司为增值税一般纳税人，202×年发生业务如下：

（1）因少申报税款，被税务机关处以税收滞纳金3万元，罚款8万元。

（2）因违反环境保护法被环保局处以5万元行政罚款。

（3）公司车辆因交通违规被处以交通罚款0.1万元。

（4）因产品质量问题被工商管理部门罚没商品一批，产品生产成本6万元。账务处理如下：

借：营业外支出——罚没支出　　67 800

　贷：库存商品　　60 000

　　　应交税费——应交增值税（进项税额转出）　　7 800

（5）因经济合同未履行，支付甲公司违约金12万元。

（6）因购买发票构成虚开发票等偷税行为，被税务机关处以10万元罚金。

根据以上业务，填写A105000申报表。

任务七　资产类纳税调整

一、任务导航

表5-30是资产类纳税调整工作任务表。

表5-30　**资产类纳税调整工作任务表**

任务基本描述：展示企业所得税资产类纳税调整的基本要求，使学生能够准确进行资产类的纳税调整，培养自主学习能力和独立思考能力				
任务目标	任务知识点	任务技能点	学习时间节点	学习资源
1.确定需求意图	•资产折旧与摊销税法	•资产折旧与摊销会计与税法差异	•课前准备 •课堂展示	•百度搜索
2.准备资料	•企业所得税纳税调整明细表	•准确进行资产的折旧摊销纳税调整	•课前准备 •课堂展示	•国家税务总局网站 •网中网金税平台
3.制作文案	•文字处理、表格操作	•文案构成、设计、制作技巧、工具	•课堂完成 •课堂展示	•百度搜索

二、前导知识和技能测试

前导知识测试 5.7.1

前导技能测试 5.7.1

1.前导知识测试5.7.1

2.前导技能测试5.7.1

三、任务计划

（一）学习目标：________________

（二）学习内容及时间安排：________________

（三）学习完成率及成果：________________

四、任务案例

武汉莱恩电器有限公司为增值税一般纳税人，执行企业会计准则，2×23年发生业务见表5-31至表5-34。

表 5-31　　固定资产折旧明细表　　单位：元

固定资产类别	原值	购入日期	折旧年限	月折旧额	本年折旧额	累计折旧	固定资产净值	备注
房屋及建筑物	24 000 000	2×16年12月	20	100 000	1 200 000	8 400 000	15 600 000	净残值0
生产设备(新款)	840 000	2×23年11月	5	14 000	14 000	14 000	826 000	净残值0
生产设备1	16 200 000	2×16年12月	10	135 000	1 620 000	11 340 000	4 860 000	净残值0
生产设备2	5 400 000	2×23年11月	10	45 000	45 000	45 000	5 355 000	净残值0
运输工具	2 240 000	2×21年12月	5	37 333.33	448 000	896 000	1 344 000	净残值0
电子设备	1 920 000	2×21年12月	5	32 000	384 000	768 000	1 152 000	净残值0
合计	50 600 000			363 333.33	3 711 000	21 463 000	29 137 000	
注：2×23年11月购入生产设备一台，按照税法规定享受税前一次性扣除，不再分年度计算折旧。								

表 5-32　　长期待摊费用明细表　　单位：元

长期待摊费用类别	原值	摊销年限	月摊销额	年摊销额	累计摊销额	长期待摊费用净值	备注
办公大楼软装	1 200 000	5	20 000	240 000	720 000	480 000	2×21年1月完工
备注：属于办公楼大修理支出							

表 5-33　　资产减值准备金计算表（应收账款）　　单位：元

公司名称	应收账款	账龄	比例	估计坏账损失	本期应计提额
武汉敦实商业有限公司	1 234 000	逾期150天	3%	37 020	37 020
武汉加旺实业有限公司	521 600	逾期420天	5%	26 080	26 080
武汉卡卡批发有限公司	287 600	逾期540天	10%	28 760	28 760
合计	2 043 200			91 860	91 860
注：武汉莱恩电器有限公司确实无法收回5万元的应收账款（已逾期三年以上），已进行专项申报，并有合同、协议等证明资料，至2×22年年末已经计提5万元					

表 5-34　　存货跌价准备金计算表　　单位：元

存货名称	账面金额	估计存货跌价准备	本期应计提金额
空调	240 400	0	0
冰箱	80 800	40 400	40 400
洗衣机	57 600	40 320	40 320
合计	378 800	80 720	80 720
注：莱恩电器2×23年年末冲回计提存货跌价准备3万元，2×23年由于自然灾害，导致价值5.65万元的存货变质不能销售，增值税税率13%。 本企业存货变质损失已准备的留存备查资料： （1）存货计税成本的计税依据；（2）企业内部关于存货变质情况的说明及核销资料；（3）相关责任人的赔偿情况说明（本业务无相关赔偿责任人）；（4）法人、主要负责人及财务负责人签章有关损失的书面申明			

五、任务知识殿堂

（一）资产折旧、摊销纳税调整（A105080）

1.资产折旧、摊销纳税调整填报要点

（1）《A105080资产折旧、摊销及纳税调整明细表》适用于发生资产折旧、摊销的纳税人填报，即只要当年发生过折旧、摊销，不论是否形成税会差异需要调整，均需要填报。

（2）第1列“资产原值”：填报纳税人会计处理计提折旧、摊销的资产原值（或历史成本）的金额。当年发生过折旧、摊销的资产，即使当年处置了，也需要在此体现；当年12月份购进的固定资产，次年才开始计提折旧，不需要填报；该表中的“资产原值”与资产负债表中的相关资产原值没有必然的对应关系。

（3）第5列“税收折旧、摊销额”：填报纳税人按照税收规定计算的允许税前扣除的本年资产折旧、摊销额。

第8行至第17行、第30行至第32行第5列“税收折旧、摊销额”：填报享受相关加速折旧、摊销优惠政策的资产，采取税收加速折旧、摊销或一次性扣除方式计算的税收折旧额合计金额、摊销额合计金额。本列仅填报“税收折旧、摊销额”大于“享受加速折旧政策的资产按税收一般规定计算的折旧、摊销额”月份的金额合计。如，享受加速折旧、摊销优惠政策的资产，发生本年度某些月份其“税收折旧、摊销额”大于“享受加速折旧政策的资产按税收一般规定计算的折旧、摊销额”，其余月份其“税收折旧、摊销额”小于“享受加速折旧政策的资产按税收一般规定计算的折旧、摊销额”的情形，仅填报“税收折旧、摊销额”大于“享受加速折旧政策的资产按税收一般规定计算的折旧、摊销额”月份的税收折旧额合计金额、摊销额合计金额。

（4）第6列“享受加速折旧政策的资产按税收一般规定计算的折旧、摊销额”。仅适用于第8行至第17行、第30行至第32行，填报纳税人享受加速折旧、摊销优惠政策的资产，按照税收一般规定计算的折旧额合计金额、摊销额合计金额。按照税收一般规定计算的折旧、摊销额，是指该资产在不享受加速折旧、摊销优惠政策情况下，按照税收规定的最低折旧年限以直线法计算的折旧、摊销额。本列仅填报“税收折旧、摊销额”大于“享受加速折旧政策的资产按税收一般规定计算的折旧、摊销额”的月份按税收一般规定计算的折旧额合计金额、摊销额合计金额。

只有享受加速或者一次性折旧（摊销）的资产才填写第6列。计算公式为：

享受加速折旧政策的资产按税收一般规定计算的折旧、摊销额=［计税基础÷（税法规定的最低折旧年限×12个月）］×当年计提折旧月份数

（5）根据国家税务总局放管服改革的规定，企业现在享受优惠事项采取“自行判别、申报享受、相关资料留存备查”的办理方式。企业应当根据经营情况以及相关税收规定自行判断是否符合优惠事项规定的条件，符合条件的可以按照《目录》列示的时间自行计算减免税额，并通过填报企业所得税纳税申报表享受税收优惠。

同时，企业按照规定归集和留存相关资料备查。

税收政策在赋予企业更多权利的同时，也带给企业更多义务，更多义务意味着更多的税务风险。因此，企业应严格按照《企业所得税优惠政策事项办理办法》（国家税务总局公告2018年第23号）执行，首先做好“自行判别”，最好还要做好“相关资料留存备查”。

2.资产折旧、摊销纳税调整填报案例

资产的折旧、摊销，会计与税法的差异主要有账面价值与计税基础的差异、折旧、摊销方法和年限的差异、残值率的差异。以固定资产为例：

（1）固定资产的折旧年限差异

企业固定资产会计折旧年限如果短于税法规定的最低折旧年限，其按会计折旧年限计提的折旧高于按税法规定的最低折旧年限计提的折旧部分，应调增当期应纳税所得额；企业固定资产会计折旧年限已期满且会计折旧已提足，但税法规定的最低折旧年限尚未到期且税收折旧尚未足额扣除，其未足额扣除的部分准予在剩余的税收折旧年限继续按规定扣除。

企业固定资产会计折旧年限如果长于税法规定的最低折旧年限，其折旧应按会计折旧年限计算扣除。

（2）固定资产残值率差异

税务上固定资产的预计净残值一经确定，不得变更。实务中企业会计核算中首次确定的残值率则可与税务上的残值率相同；如果会计上年末的净残值有变更，税务上将不再变更，则每年仍需要按照税务上确定的净残值调整每期的税会差异。

（3）固定资产折旧方法的差异

税务上一般只认可直线法，如果企业使用其他折旧方法，需要调整税会差异。但是，企业按税法规定实行加速折旧的，其按加速折旧办法计算的折旧额可全额在税前扣除，此时如果会计上也使用相同的加速折旧办法，则无须调整。

需要注意的是，企业享受税收优惠加速折旧、一次性税前扣除，这不能随意更改会计核算。因此，所得税汇算清缴时应进行纳税调整，在享受了加速折旧、一次性税前扣除的以后的每一个年度所得税汇算清缴要做相应的纳税调整直到该项资产按照会计核算计提折旧结束，按当年会计处理的折旧金额做相应的纳税调增即可。

例5-23 武汉博乐玻璃有限公司2×23年6月购入一台空调价值6 780元（含税价），按5年计提折旧，无残值。企业享受优惠政策一次性税前扣除，该固定资产在汇算清缴时如何填报《A105080资产折旧、摊销及纳税调整明细表》?

会计处理：

2×23年7-12月份折旧额为6 780÷（1+13%）÷60×6=600（元）

税务处理：

武汉博乐玻璃有限公司在企业所得税汇算清缴填报《A105080资产折旧、摊销及纳税调整明细表》时选择一次性税前扣除。

扣除金额=6 780÷（1+13%）=6 000（元）

该项固定资产在所得税汇算清缴时进行纳税调减。

调整金额=600-6 000=-5 400（元）

该项固定资产在2×23年度汇算清缴选择了一次性扣除，进行纳税调减，以后年度汇算清缴时，要对该项固定资产折旧纳税调增，调整金额为：2×24年调增1 200元；2×25年调增1 200元；2×26年调增1 200元；2×27年调增1 200元；2×28年调增600元，每年纳税调整的金额即为该项固定资产当年会计处理计提的折旧金额。

（二）资产减值准备金

1.资产减值准备金填报要点

（1）在会计上，一般企业计提的资产减值准备主要有：存货跌价准备、坏账准备、固定资产减值准备、在建工程减值准备、无形资产减值准备、长期股权投资减值准备、持有至到期投资减值准备。企业计提的坏账准备、存货跌价准备、持有至到期投资减值准备，相关资产的价值又得以恢复的，应在原已计提的减值准备金额内，按恢复增加的金额予以转回。企业因计提固定资产减值准备、在建工程减值准备、无形资产减值准备、长期股权投资减值准备确认的资产减值损失，在以后会计期间不得结转已计提的减值准备。存货、固定资产、无形资产发生报废、盘亏等情况的，也应同时结转已计提的减值准备。

（2）在企业所得税税前扣除上，根据《中华人民共和国企业所得税法》第十条及其实施条例第五十五条的规定，不符合国务院财政、税务主管部门规定的各项资产减值准备、风险准备等准备金支出不得税前扣除。目前，仅对一些特定行业如金融、保险、证券、期货、中小企业信用担保机构等按规定计提的准备金可准予税前扣除。

（3）在企业所得税填报上，企业资产减值准备应于年度企业所得税申报时进行纳税调整：

①计提减值准备的纳税调整。企业计提的资产减值准备金在企业所得税申报表中的《A105000纳税调整项目明细表》第32行“（二）资产减值准备金”进行填列：第1列“账载金额”填报纳税人会计核算计入当期损益的资产减值准备金金额（因价值恢复等原因转回的资产减值准备金应予以冲回），若账载金额≥0，填入第3列“调增金额”；若账载金额＜0，将绝对值填入第4列“调减金额”。

②折旧、摊销或成本结转时的纳税调整。

③资产处置时的纳税调整需要注意的是，由于资产处置、报废、盘亏等原因，结转已计提的减值准备，不属于转回的资产减值准备，不应在《A105000纳税调整项目明细表》第32行中反映，应根据具体情况反映在《A105090资产损失税前扣除及纳税调整明细表》等表中。

2.资产减值准备金填报案例

例5-24 武汉永辉体育用品有限公司为增值税一般纳税人，执行企业会计准则，202×年年初应收账款坏账准备余额为0。202×年年末应收账款账面余额为800万元，经减值测试可回收的应收账款金额为770万元。

根据以上业务，填写《A105000纳税调整项目明细表》。

解析 本期计提坏账准备账务处理如下：

借：信用减值损失 300 000

　贷：坏账准备 300 000

《A105000纳税调整项目明细表》第33行第1列“账载金额”填写300 000元，第3列“调增金额”填写300 000元。

（三）资产损失（A105090）

1.资产损失填报要点

（1）按照《企业资产损失所得税税前扣除管理办法》（国家税务总局公告2011年第25号）的规定，企业发生的资产损失，应按规定的程序和要求向主管税务机关申报后方能在税前扣除。未经申报的损失，不得在税前扣除。

根据《国家税务总局关于企业所得税资产损失资料留存备查有关事项的公告》（国家税务总局公告2018年第15号）的规定，纳税人申报资产损失时，不再划分清单申报和专项申报，而是按照资产损失类别进行填报。

资产包括现金、银行存款、应收及预付款项（包括应收票据、各类垫款、企业之间往来款项）等货币性资产，存货、固定资产、无形资产、在建工程、生产性生物资产等非货币性资产，以及债权性投资和股权（权益）性投资。

（2）按照《国家税务总局关于取消20项税务证明事项的公告》（国家税务总局公告2018年第65号）的规定，自2018年12月28日起，企业申报资产损失需要中介出具专项报告的，全部取消。企业自行出具有法定代表人、主要负责人和财务负责人签章证实有关损失的书面申明和相关材料即可。

（3）《国家税务总局关于企业所得税资产损失资料留存备查有关事项的公告》（国家税务总局公告2018年第15号）规定，资产损失相关资料改为由企业留存备查。企业应当完整保存资产损失相关资料，保证资料的真实性、合法性。

2.资产损失填报案例

例5-25 武汉博乐玻璃有限公司企业所得税实行查账征收，2×23年发生如下业务：

业务1：购进的一台设备达到使用年限正常报废，该设备账面原值10万元，已提折旧8万元，报废时残值收入1.13万元（含销项税），清理费用5 000元。

业务2：A类库存商品发生盘亏，账面成本26万元，增值税进项税额3.38万元，该存货已计提跌价准备3万元，责任人赔偿1万元，上述损失企业会计核算计入“营业外支出”科目。

业务3：2×22年年末应收乙公司账款5万元，已计提准备金1万元，业务员小张赔偿1万元。2×23年，乙公司破产，该账款已确定无法收回。

解析

业务1：设备正常报废损失

（1）会计处理：

①设备清理

借：固定资产清理 20 000

　　累计折旧 80 000

贷：固定资产　100 000

②残值收入

借：银行存款　11 300

贷：固定资产清理　10 000

应交税费——应交增值税（销项税额）　1 300

③清理费用

借：固定资产清理　5 000

贷：银行存款　5 000

④资产损失的账载金额=20 000-10 000+5 000=15 000（元）

借：营业外支出——处置固定资产净损失　15 000

贷：固定资产清理　15 000

（2）税务处理：

①确定损失类别。该设备正常报废属于固定资产损失。

②税收计算的设备报废损失：

资产计税基础=20 000（元）

资产处置收入=10 000-5 000=5 000（元）

赔偿收入=0

资产损失的税收金额=资产计税基础-赔偿收入-资产处置收入

=20 000-5 000-0=15 000（元）

③纳税调整金额=资产损失的账载金额-资产损失的税收金额=15 000-15 000=0，税会无差异。

业务2：库存商品盘亏损失

（1）会计处理：

借：银行存款　10 000

营业外支出　253 800

存货跌价准备　30 000

贷：库存商品　260 000

应交税费——应交增值税（进项税额转出）　33 800

资产损失的账载金额= 253 800（元）

（2）税务处理：

①确定损失类别。库存商品盘亏损失属于存货损失。

②税收计算的存货损失：

资产损失计税基础=260 000+33 800=293 800（元）

资产处置收入=0

赔偿收入=10 000

资产损失的税收金额=资产计税基础-赔偿收入-资产处置收入

=293 800-0-10 000=28 3800（元）

③纳税调整金额=资产损失的账载金额-资产损失的税收金额=253 800-283 800=-30 000（元），纳税调减30 000元。

业务3：应收乙公司账款损失

（1）会计处理：

乙公司破产，该账款于2×23年已确定无法收回。

借：资产减值损失 30 000
　　坏账准备 10 000
　　其他应收款——小张 10 000
　贷：应收账款 50 000

资产损失的账载金额=30 000（元）

（2）税务处理：

①确定损失类别。应收乙公司账款损失属于应收及预付款项坏账损失。

②税收计算的应收及预付款项坏账损失：

资产计税基础=50 000元，资产处置收入=0，赔偿收入=10 000元。

资产损失的税收金额=资产计税基础-赔偿收入-资产处置收入
=50 000-0-10 000=40 000（元）

③纳税调整金额=资产损失的账载金额-资产损失的税收金额=30 000-40 000=-10 000（元），纳税调减10 000元。

拓展阅读

在适用固定资产一次性税前扣除政策过程中，税会差异是一个值得企业关注的问题。实践中，由于时间性税会差异，企业在享受该优惠时，可能需要先进行纳税调减，再进行纳税调增。然而一些企业由于疏忽大意，在纳税调减后却忘了调增，导致发生涉税风险。对此，相关企业务必要增强风控意识，对税会差异"多一份小心"。

案例：连续两个年度纳税调整金额均为"0"

近日，税务机关在对甲企业进行纳税辅导时发现，该企业2018年度企业所得税纳税申报表《A105080资产折旧、摊销及纳税调整明细表》"固定资产一次性扣除"栏次填报有调减金额295 250元，但在2019年度和2020年度，企业同一纳税申报表的纳税调整额却均为0。

经查，甲企业于2018年11月购入一台机器设备并于当月投入使用，固定资产原值为30万元，残值率为5%，预计使用年限5年。2018年，甲企业会计上计提折旧300 000×（1-5%）÷5×1÷12=4 750（元）。税务处理上，甲企业选择适用固定资产一次性税前扣除政策，并于当年企业所得税汇算清缴时，纳税调减300 000-4 750=295 250（元）。2019年度和2020年度，甲企业在会计上分别计提了折旧300 000×（1-5%）÷5=57 000（元），但在进行企业所得税汇算清缴时，并未作相应纳税调增处理。

分析：由于税会差异，需要先调减再调增

根据《财政部 税务总局关于设备器具扣除有关企业所得税政策的通知》（财税〔2018〕54号）的规定，企业在2018年1月1日以后新购进的除房屋、建筑物以外的固定资产，单位价值不超过500万元的，允许一次性税前扣除，不再分年度计算折旧。《国家税务总局关于设备器具扣除有关企业所得税政策执行问题的公告》（国家税务总局公告2018年第46号）规定，固定资产在投入使用月份的次月所属年度一次性税前扣除。企业选择享受一次性税前扣除政策的，其资产的税务处理可与会计处理不一致。

在会计处理上，企业会计准则要求，对于固定资产，应分期计提折旧。企业适用固定资产一次性税前扣除政策时，由于会计上分期计提了折旧，可税前扣除的金额远大于其计提的折旧额。因此，在企业所得税汇算清缴时会作纳税调减处理。这种情况下，虽然以后年度该固定资产的纳税金额为零，但会计上仍然在计提折旧，这样，企业就应相应地作纳税调增处理。

由此可见，企业适用固定资产一次性税前扣除政策，将会导致时间性差异，企业先纳税调减，再纳税调增，这实际上有利于企业减少购进固定资产当年的资金压力。不过从总体上看，并没有减少企业的企业所得税应纳税额。在上述案例中，税务机关最终依据相关规定作出决定——甲企业2019年度和2020年度应分别调增应纳税所得额57 000元，应分别补缴企业所得税57 000×25%=14 250（元），并缴纳相应滞纳金。

建议：做好台账管理，注意跨年度调整事项

据笔者了解，实践中常有企业在纳税调减以后年度，忘记进行纳税调增处理，导致发生涉税风险。对此，笔者建议相关企业，务必详细做好台账管理，在办理企业所得税汇算清缴时，要注意检查有无跨年度纳税调整事项，避免遗漏。

实践中，有些税会差异可能导致企业需要先进行纳税调增，在以后年度再进行纳税调减。比如，企业取得与收益相关的政府补助，在会计上计入递延收益分期确认其他收益，在税务上要求一次性确认收入，则应在取得收入当年作纳税调增，以后年度作纳税调减；还有些税会差异则可能导致企业需要先进行纳税调减，以后年度再进行纳税调增。比如，企业采用以分期收款方式销售货物，在会计上应当按照假定客户在取得商品控制权时即以现金支付的应付金额确定交易价格，在税务上应按照合同约定的收款日期确认收入，这样就需要企业在销售当年作纳税调减，以后年度作纳税调增。

六、任务实践

请同学们课前完成分小组，根据任务案例相关资料，填写A105000、A105080、A105090申报表（不考虑其他情况）。课堂进行展示、提问、讲解和互评，期待你们的精彩呈现。

步骤一：准确判定业务实质；

步骤二：分析业务会计与税法差异；

步骤三：准确填报纳税调整明细表。

七、任务成果报告及评价

表5-35是资产类纳税调整成果报告。

表5-35　资产类纳税调整成果报告

<table>
<tr><td colspan="4">实训任务七　资产类纳税调整成果报告</td></tr>
<tr><td>适用项目</td><td></td><td>课时</td><td>4</td></tr>
<tr><td>组名</td><td></td><td rowspan="2">成员及分工</td><td rowspan="2">组织者：　思路方案：
政策支持：　职业素养：
申报表填报及上传：</td></tr>
<tr><td>时间及地点</td><td></td></tr>
</table>

续表

【案例描述及要求】
【我的思路或方法】 【我的解决方案】 【我的政策知识】 【我的职业技能】 【我的职业素养】
【课堂提问】 一、小组被提问记录 二、小组提问记录 三、教师提问记录
【我的评分】 评分标准： 1.知识掌握（20分）：案例适用政策完整且准确（20分）。 2.技能掌握（30分）：信息搜集整理（5分）、会计与税法差异分析准确（10分）、纳税调整明细表填报准确（15分） 3.素质提升（30分）：思政精神力挖掘务实（5分）、与具体实践结合（15分），具有共鸣感（10分）。 4.小组合作（20分）：分工明确（5分）、全员贡献度（10分）、活跃度（问及答）（5分）。 一、自评分（20%） 二、小组互评分（40%） 三、教师评分（40%）

续表

【我的诊改】 一、存在问题 （一）知识方面 （二）技能方面 （三）素质方面 二、未来改进 （一）知识方面 （二）技能方面 （三）素质方面

八、课后作业及拓展

（一）讨论

固定资产折旧税前扣除常见的涉税风险点有哪些？

（二）作业

1.【业务题】武汉方圆信息科技有限公司为增值税一般纳税人，执行企业会计准则，202×年6月30日购入一台不需要安装的电子设备，不含税价格为300万元，进项税额为39万元，企业选择年限平均法计提折旧，会计折旧年限为3年，预计净残值为0。企业选择享受国家税务总局公告2018年第46号一次性税前扣除政策。

根据以上业务，填写A105080申报表。（注：不考虑其他情况。）

2.【业务题】武汉希达体育用品有限公司为增值税一般纳税人，执行企业会计准则，公司发生业务如下：

（1）202×年年初应收账款坏账准备余额为0。202×年年末应收账款账面余额为800万元，经减值测试可收回的应收账款金额为770万元。

（2）202×年10月，因客户资金周转困难确定无法收回10万元应收账款，已向税务机关说明情况，并出具专项报告。202×年年末应收账款账面余额为820万元，经减值测试可收回的应收账款金额为812万元。

根据以上业务，填写202×年A105000、A105090申报表。

任务八　税收优惠事项纳税调整

一、任务导航

表5-36是税收优惠事项纳税调整工作任务表。

表5-36　　税收优惠事项纳税调整工作任务表

任务基本描述：展示企业所得税优惠事项填报的基本要求，使学生能够准确进行税收优惠事项的所得税处理，激发爱国热情和行业自信，培养创新创业意识				
任务目标	任务知识点	任务技能点	学习时间节点	学习资源
1.确定需求意图	•企业所得税税收优惠政策	•税收优惠政策的适用	•课前准备 •课堂展示	•百度搜索
2.准备资料	•企业所得税税收优惠明细表	•准确填报税收优惠明细表	•课前准备 •课堂展示	•国家税务总局网站 •网中网金税平台
3.制作文案	•文字处理、表格操作	•文案构成、设计、制作技巧、工具	•课堂完成 •课堂展示	•百度搜索

二、前导知识和技能测试

1.前导知识测试5.8.1

2.前导技能测试5.8.1

前导知识测试 5.8.1

前导技能测试 5.8.1

三、任务计划

（一）学习目标：________________

（二）学习内容及时间安排：________________

（三）学习完成率及成果：________________

四、任务案例

武汉方圆信息科技有限公司是查账征收居民企业，2×22年11月2日被认定为高新技术企业。2×23年发生业务如下：

（1）企业纳税调整后所得额为3 000万元（销售收入为8 000万元，销售成本为3 200万元，税金及附加为800万元，工资薪酬为1 000万元，营业利润为3 000万元）。

（2）会计利润总额中有1 000万为专利技术转让所得（该项目取得收入2 000万元，项目成本为750万元，应分摊的期间费用为250万元）。

假设无其他调整项目。

五、任务知识殿堂

企业所得税税收优惠事项是指企业所得税法规定的优惠事项，以及国务院和民族自治地方根据企业所得税法授权制定的企业所得税优惠事项，包括免税收入、减计收入、加计扣除、加速折旧、所得减免、抵扣应纳税所得额、减低税率、税额抵免等。

（一）免税收入、减计收入及加计扣除（A107010）

1.免税收入填报的内容

（1）国债利息收入；

（2）符合条件的居民企业之间的股息、红利等权益性投资收益；

（3）在中国境内设立机构、场所的非居民企业从居民企业取得的与该机构、场所有实际联系的股息、红利等权益性投资收益；

（4）符合条件的非营利组织的收入；

（5）中国清洁发展机制基金取得的收入；

（6）投资者从证券投资基金分配中取得的收入；

（7）取得的地方政府债券利息收入；

（8）中国保险保障基金有限责任公司取得的保险保障基金等收入；

（9）中国奥委会取得的北京冬奥组委支付的收入；

（10）中国残奥委会取得的北京冬奥组委分期支付的收入。

2.减计收入填报的内容

（1）企业以《资源综合利用企业所得税优惠目录》规定的资源作为主要原材料，生产国家非限制或禁止并符合国家及行业相关标准的产品取得的收入，减按90%计入企业当年收入总额。

（2）对金融机构农户小额贷款的利息收入，在计算应纳税所得额时，减按90%计入收入总额。该项税收优惠至2023年12月31日。

（3）对保险公司为种植业、养殖业提供保险业务取得的保费收入，在计算应纳税所得额时，减按90%计入收入总额。该项税收优惠至2023年12月31日。

（4）对经省级金融管理部门（金融办、局等）批准成立的小额贷款公司取得的农户小额贷款利息收入，在计算应纳税所得额时，减按90%计入收入总额。该项税收优惠至2023年12月31日。

（5）对企业投资者持有2019—2023年发行的铁路债券取得的利息收入，减按50%征收企业所得税。

（6）2019年6月1日起至2025年12月31日，提供社区养老、托育、家政服务取得的收入，在计算应纳税所得额时，减按90%计入收入总额。

3.加计扣除填报的内容

（1）企业安置残疾人员的，在按照支付给残疾职工工资据实扣除的基础上，按照支付给残疾职工工资的100%加计扣除。残疾人员的范围适用《中华人民共和国残疾人保障法》的有关规定。

（2）2018年1月1日至2023年12月31日期间，一般企业（除不适用研发费用加计扣除行业以外的企业）开展研发活动中实际发生的研发费用，未形成无形资产计入当期损益的，在按规定据实扣除的基础上，再按照实际发生额的75%在税前加计扣除；形成无形资产的，在上述期间按照无形资产成本的175%在税前摊销。

（3）自2021年1月1日起，制造业企业开展研发活动中实际发生的研发费用，未形成无形资产计入当期损益的，在按规定据实扣除的基础上，再按照实际发生额的100%在税前加计扣除；形成无形资产的，按照无形资产成本的200%在税前摊销。

（4）自2022年1月1日起，科技型中小企业开展研发活动实际发生的研发费用，未形成无形资产计入当期损益的，在按规定据实扣除的基础上，再按照实际发生额的100%在税前加计扣除；形成无形资产的，按照无形资产成本的200%在税前摊销。

（二）所得减免（A107020）

纳税人应根据税法及相关税收政策规定，填报本年发生的所得减免优惠情况，《A100000中华人民共和国企业所得税年度纳税申报表（A类）》第19行“纳税调整后所得”为负数的，无须填报本表。所得减免项目包括农、林、牧、渔业项目，国家重点扶持的公共基础设施项目，符合条件的环境保护、节能节水项目，符合条件的技术转让项目，清洁发展机制项目，符合条件的节能服务公司实施合同能源管理项目，线宽小于130纳米（含）的集成电路生产项目，线宽小于65纳米（含）或投资额超过150亿元的集成电路生产项目，线宽小于28纳米（含）的集成电路生产项目。具体填报时需要注意：

（1）《中华人民共和国企业所得税法实施条例》第一百零二条规定，企业同时从事适用不同企业所得税待遇项目的，其优惠项目应当单独计算所得，并合理分摊企业的期间费用；没有单独计算的，不得享受企业所得税优惠。

（2）合理分摊办法和比例的选择，可以按照投资额、收入额、资产总额和人员工资等参数确定。一经确定，不得随意变更。

（3）优惠项目各项指标的调整在表外完成。表A107020第4列“项目收入”、第5列“项目成本”、第6列“相关税费”都是单独核算的优惠项目的金额，对这3列的调整，包括第7列期间费用的分摊，都是在表外通过计算完成的。

（4）纳税调整金额的计算遵循一定的计算公式。表A107020第8列“纳税调整额”=第4列的调整金额−第5列的调整金额−第6列的调整金额，各列的调减金额用负数表示。很多财务人员在计算和填报第8列时，忽略了这个逻辑关系，把3个列次的调整金额简单相加，纳税调整结果必然错误。

（5）应当正确把握A107020表和主表《A100000中华人民共和国企业所得税年度纳税申报表（A类）》的对应关系：

①本期纳税调整后所得（表A100000第19行）<0时，不需要填报表A107020。

②当表A107020合计行第11列≥0，且该列≤表A100000第19行时，表A100000第20行=表A107020合计行第11列。

③当表A107020合计行第11列≥0，且该列>表A100000第19行时，表A100000第20行=表A100000第19行。

（三）抵扣应纳税所得额（A107030）

1.适用对象

享受创业投资企业抵扣应纳税所得额优惠（含结转）的纳税人填报本项目，包括四种投资情形：创业投资企业直接投资于未上市中小高新技术企业；创业投资企业直接投资于种子期、初创期科技型企业；通过有限合伙制创业投资企业投资于未上市中小高新技术企业；通过有限合伙制创业投资企业投资于种子期、初创期科技型企业。

2.抵扣的基本顺序

（1）纵向顺序。

既有通过有限合伙制创业投资企业投资（以下简称“间接投资”）的，又有直接投资的，则在填报抵扣时，先对间接投资进行计算抵扣，尚有余额的，再由直接投资进行计算抵扣。也就是说，在填表时，需要先填写第二部分，再填写第一部分，最后计算出第三部分的最终结果。

（2）横向顺序。

同在间接投资，或者同在直接投资，仅仅投资于不同类型的企业（即未上市中小高新技术企业或者种子期、初创期科技型企业）在填表时，可以不考虑顺序，按照相应合并计算得出的当年度允许抵扣的总额，参照投资类型总量控制的方法，在两者之间进行自主分配。

（四）减免所得税额（A107040）

纳税人根据税法和相关税收政策规定，享受减免所得税优惠政策的，填报本年享受减免所得税优惠情况。

税法规定，纳税人存在项目所得减半征收与低税率优惠叠加适用的情况，需要进行调整，填报第29行“二十九、项目所得额按法定税率减半征收企业所得税叠加享受减免税优惠”。纳税人同时享受优惠税率和所得项目减半的，在填报本表低税率优惠时，在本行填报所得项目按照优惠税率减半计算多享受优惠的部分。

企业从事农林牧渔业项目、国家重点扶持的公共基础设施项目、符合条件的环境保护及节能节水项目、符合条件的技术转让、集成电路生产项目、其他专项优惠等所得额应按法定税率25%减半征收，同时享受小型微利企业、高新技术企业、技术先进型服务企业、集成电路生产企业、重点软件企业和重点集成电路设计企业等优惠税率政策，由于申报表填报顺序，按优惠税率减半叠加享受减免税优惠部分，应对该部分金额进行调整。计算公式如下：

A=需要进行叠加调整的减免所得税优惠金额

B=A×［（减半项目所得×50%）÷（纳税调整后所得–所得减免）］

本行填报A和B的孰小值。

其中，需要进行叠加调整的减免所得税优惠金额为本表中第1行到第28行的优惠金额，不包括免税行次和第21行。

（五）抵免所得税额（A107050）

纳税人根据税法的规定，购置并实际使用《环境保护专用设备企业所得税优惠目录》《节能节水专用设备企业所得税优惠目录》《安全生产专用设备企业所得税优惠目录》规定的环境保护、节能节水、安全生产等专用设备，该专用设备的投资额的10%可以从企业当年的应纳税额中抵免；当年不足抵免的，可以在以后5个纳税年度结转抵免。

专用设备投资额，是指购买专用设备发票价税合计价格，但不包括按有关规定退还的增值税税款以及设备运输、安装和调试等费用。

进行税额抵免时，如增值税进项税额允许抵扣，其专用设备投资额不再包括增值税进项税额；如增值税进项税额不允许抵扣，其专用设备投资额应为增值税专用发票上注明的价税合计金额。企业购买专用设备取得普通发票的，其专用设备投资额为普通发票上注明的金额。

拓展阅读

近期，税务部门陆续走访全国两会代表委员，围绕企业发展、税务服务等话题问计问需，征询意见建议。代表委员们表示，高新技术企业的发展离不开科技创新，税惠政策和税务帮扶助力企业自主创新研发，实现转型升级，高质量发展。

全国人大代表李寅：税费支持助企深耕技术研发

近日，国家税务总局黑龙江省税务局党委书记、局长王跃伟专程走访全国人大代表、九洲电气股份有限公司董事长李寅，主动问需问计问策，认真倾听意见建议。

成立于1997年的哈尔滨九洲电气股份有限公司作为科技部认定的国家重点高新技术企业，2015年积极实施可再生能源发展战略，进入可再生能源电站投资及开发运营领域。

“新的组合式税费支持政策极大地缓解了我们的资金链压力，2022年集团享受了研发费用加计扣除、企业所得税优惠、社保费缓缴和六税两费减免等多项优惠政策。在本次大规模增值税留抵退税中，我们集团及子公司收到了1.79亿元的政策红利。”李寅说。

在谈及“便民办税春风行动”时，李寅表示：“公司发展壮大离不开自主技术创新，也离不开税收优惠政策的大力支持，税费红利极大地减轻了企业前行的压力，为企业注入资金‘活水’。让我们有更多的资金和精力投入到自主创新应用中，不断深耕技术研发，攻克科技难题。”

全国人大代表王运敏：税务专家团队帮我们精准享优惠

“感谢税务部门一直以来细致、专业、高效的服务，对我们单位和我个人都有非常大的帮助。”全国人大代表、中国工程院院士、中国中钢集团有限公司首席专家王运敏对前来走访的国家税务总局马鞍山市税务局总会计师王凤彬说。

中钢集团马鞍山矿山研究总院股份有限公司创建于1963年，是国家创新型试点企业、重点高新技术企业。截至2022年年底，企业拥有境内有效专利360项，其中发明专利222项，主持、参与制定了59部国家及行业标准。

2022年，中钢集团马鞍山矿山研究总院股份有限公司享受增值税留抵退税420万元，享受技术转让企业所得税优惠2 400余万元。谈及企业享受的税费政策红利，王运敏赞许道："税务专家团队多次走访企业，宣传税费优惠政策，帮助精准享受税费红利，为企业加大研发投入，增强了信心和动力。"

王凤彬还向王运敏介绍了2023年"便民办税春风行动"。马鞍山市税务局首批推出7大类25条便民办税举措，充分发挥税务专家团队作用，做强做优服务品牌，帮助企业用好用活税费政策。

全国人大代表石羽：好政策为企业输入创新能量

"税务部门及时有效落实税费优惠政策，让公司创新发展、绿色发展的劲头更足了。"近日，见到前来走访的国家税务总局上饶市税务局干部，全国人大代表、江西和泽生物科技有限公司生产部车间主任石羽表示。

石羽就职的江西和泽生物科技有限公司是一家专业从事饲料添加剂、植物提取物研发、生产和销售的高新技术企业，2016年他带头组建了"石羽劳模创新工作室"，研制出"液态防霉剂""和酸宝"等新型环保饲料添加剂，拥有5项发明专利和5项实用新型专利，获得"国家级高新技术企业"等多项荣誉。

"2022年公司享受企业研发费用加计扣除191万元。税收的好政策源源不断地为我们工作室输入创新能量。"石羽说，税收政策的激励引导让研发团队的创新氛围更加浓厚，节省下来的资金公司将继续投入技术研发和生产，今年销售收入预计比2022年增长80%。

交谈中，石羽还特别提到了上饶市税务局成立高新技术企业志愿服务队，"一对一"服务让企业很安心。"我们只需要专心搞研发，服务队的队员们主动上门辅导政策，帮助公司精准享受税费优惠政策。"

六、任务实践

请同学们课前完成分小组，根据任务案例相关资料，填写A107020、A107041（不考虑1–30行）、A107040申报表。课堂进行展示、提问、讲解和互评，期待你们的精彩呈现。

步骤一：准确判定业务实质；

步骤二：准确适用税收优惠政策；

步骤三：填报税收优惠明细表。

七、任务成果报告及评价

表5–37是税收优惠事项纳税调整成果报告。

表5-37　　　　　　　　　　**税收优惠事项纳税调整成果报告**

<table>
<tr><td colspan="4">实训任务八　税收优惠事项纳税调整成果报告</td></tr>
<tr><td>适用项目</td><td></td><td>课时</td><td>4</td></tr>
<tr><td>组名</td><td></td><td rowspan="2">成员及分工</td><td rowspan="2">组织者：　　　　思路方案：
政策支持：　　　职业素养：
凭证制作及上传：</td></tr>
<tr><td>时间及地点</td><td></td></tr>
<tr><td colspan="4">【案例描述及要求】</td></tr>
<tr><td colspan="4">【我的思路或方法】

【我的解决方案】

【我的政策知识】

【我的职业技能】

【我的职业素养】</td></tr>
<tr><td colspan="4">【课堂提问】
一、小组被提问记录

二、小组提问记录

三、教师提问记录</td></tr>
<tr><td colspan="4">【我的评分】
评分标准：
1.知识掌握（20分）：案例适用政策完整且准确（20分）。
2.技能掌握（30分）：信息搜集整理（5分）、税收优惠政策适用准确（10分）、税收优惠明细表填报准确（15分）。
3.素质提升（30分）：思政精神力挖掘务实（5分）、与具体实践结合（15分）、具有共鸣感（10分）。
4.小组合作（20分）：分工明确（5分）、全员贡献度（10分）、活跃度（问及答）（5分）。
一、自评分（20%）

二、小组互评分（40%）

三、教师评分（40%）</td></tr>
</table>

续表

【我的诊改】 一、存在问题 （一）知识方面   （二）技能方面   （三）素质方面   二、未来改进 （一）知识方面   （二）技能方面   （三）素质方面

八、课后作业及拓展

（一）讨论

1.企业在进行所得税年度汇算清缴时，哪些税收优惠可以叠加享受？

2.高新技术企业认定中的研发费用占比、研发费加计扣除口径、企业会计核算研发费用范围有什么区别？

（二）作业

1.【业务题】武汉红太阳啤酒有限公司为一般纳税人，执行企业会计准则，202×年发生业务如下：

202×年7月1日购入面值为100万元的3年期国债，票面利率为4%，到期一次还本付息。202×年6月30日收到本金100万元，利息12万元。

根据以上业务，填写A105020、A105000、A107010申报表。

2.【业务题】武汉绿源农业有限公司从事蔬菜和花卉种植，不同项目收入成本能够合理划分。202×年发生业务如下：

（1）销售蔬菜，取得营业收入8 000万元，发生营业成本5 000万元。

（2）销售花卉，取得营业收入4 000万元，发生营业成本2 000万元。

（3）全年发生管理费用600万元，销售费用840万元，均为职工薪酬。未发生其他相关税金及附加。

企业选择按照收入比例分摊相关费用，无纳税调整项目。根据以上业务，填写A107020申报表。

3.【业务题】武汉方圆信息科技有限公司2×22年6月30日被认定为高新技术企业，2×23年发生业务如下。

（1）本年企业总收入10 000万元，销售（营业）收入9 650万元。本年高新技术产品（服务）收入8 000万元，其中产品（服务）收入5 000万元，技术性收入3 000万元。

（2）从事研发和相关技术创新活动的科技人员600人，本年职工总数1 000人。

（3）本年按照高新技术企业研发费用归集口径，内部研究开发投入达到4 800万元，其中：人员人工1 500万元、直接投入900万元、折旧费用与长期费用摊销350万元、设计费用250万元、装备调试费400万元、无形资产摊销300万元、其他费用1 100万元；委托外部研究开发费用260万元，其中：境内的外部研发费为180万元，境外的外部研发费为80万元。无其他年度研发费用。

（4）本年营业利润、应纳税所得额为3 200万元，不涉及以前年度亏损弥补。

高新技术领域为“一、电子信息（一）软件1.系统软件”，本年未发生违法行为。根据以上业务，填写A107041申报表。

任务九　企业亏损纳税调整

一、任务导航

表5-38是企业亏损纳税调整工作任务表。

表5-38　企业亏损纳税调整工作任务表

任务基本描述：展示企业亏损纳税调整的基本要求，使学生能够准确进行企业亏损的填报，强化团队合作意识				
任务目标	任务知识点	任务技能点	学习时间节点	学习资源
1.确定需求意图	•企业所得税亏损弥补政策	•企业亏损弥补	•课前准备 •课堂展示	•百度搜索
2.准备资料	•企业所得税亏损调整明细表	•企业亏损纳税调整	•课前准备 •课堂展示	•国家税务总局网站 •网中网金税平台
3.制作文案	•文字处理、表格操作	•文案构成、设计、制作技巧、工具	•课堂完成 •课堂展示	•百度搜索

二、前导知识和技能测试

1.前导知识测试5.9.1

2.前导技能测试5.9.1

前导知识测试5.9.1

前导技能测试5.9.1

三、任务计划

（一）学习目标：______

（二）学习内容及时间安排：______

（三）学习完成率及成果：______

四、任务案例

武汉方圆信息科技有限公司主营电子元器件制造，2×22年被认定为科技型中小企业，但2×23年由于不符合科技型中小企业的条件而转为一般企业，2×17年—2×22年发生亏损尚未弥补完毕，2×23年度实现盈利。2×17年—2×23年应纳税所得额见表5-39。

表5-39　2×17年—2×23年应纳税所得额　单位：元

2×17年	2×18年	2×19年	2×20年	2×21年	2×22年	2×23年
-45 500	-91 800	-415 000	-70 000	-430 000	-53 000	100 000

五、任务知识殿堂

（一）企业所得税弥补亏损明细表（A106000）填报要点

1.弥补以前年度亏损处理原则

纳税人弥补以前年度亏损时，应按照“先到期亏损先弥补、同时到期亏损先发生的先弥补”的原则处理。

2.年度填报顺序

“年度”应填报公历年度。纳税人应首先填报第11行“本年度”对应的公历年度，再依次从第10行往第1行倒推填报以前年度。

3.政策性搬迁事项涉及的弥补问题

纳税人发生政策性搬迁事项，如停止生产经营活动年度可以从法定亏损结转弥补年限中减除，则按可弥补亏损年度进行填报。

4.“当年境内所得额”填报问题

“当年境内所得额”第11行填报表A100000第19-20行金额。发生查补以前年度应纳税所得额、追补以前年度未能税前扣除的实际资产损失等情况的，按照相应调整后的金额填报。

5.“分立转出的亏损额”填报问题

“分立转出的亏损额”填报本年度企业分立按照企业重组特殊性税务处理规定转出的符合条件的亏损额。分立转出的亏损额按亏损所属年度填报，转出亏损的亏损额以正数表示。

6.“弥补亏损企业类型”填报问题

纳税人根据不同年度情况从《弥补亏损企业类型代码表》中选择相应的代码填入本项。

7. "当年待弥补的亏损额"填报问题

"当年待弥补的亏损额"填报本年度（申报所属期年度）所得额弥补亏损前，当年度尚未被弥补的亏损额。

8. "当年可结转以后年度弥补的亏损额"填报问题

"当年可结转以后年度弥补的亏损额"第1行至第11行，填报各年度尚未弥补完的且准予结转以后年度弥补的亏损额。本列第12行，填报本列第1行至第11行的合计金额。

（二）企业所得税弥补亏损明细表填报案例

例5-26 武汉博乐玻璃有限公司2×20年度具备科技型中小企业资格，2×21年—2×25年不具备科技型中小企业资格。2×15年—2×25年盈亏情况见表5-40。

表5-40　2×15年—2×25年盈亏情况　单位：万元

年份	2×15	2×16	2×17	2×18	2×19	2×20	2×21	2×22	2×23	2×24	2×25
盈亏	-60	-100	-20	-1	-10	-30	-80	-6	-8	-2	190

解析 武汉博乐玻璃有限公司在2×20年具备科技型中小企业资格，无论2×15年至2×19年是否具备资格，其2×15年至2×19年发生的尚未弥补完的亏损，均准予结转10年。

武汉博乐玻璃有限公司在2×21年-2×25年不具备科技型中小企业资格，2×20年的亏损只能向以后年度结转5年。

如上表所示，武汉博乐玻璃有限公司2×15年亏损的60万元与2×20年亏损的30万元均在2×25年到期，根据"先到期亏损先弥补"原则，2×15年度与2×20年度的亏损要优先于其他年度的亏损进行弥补；再根据"同时到期亏损先发生的先弥补"原则，因2×15年度的亏损早于2×20年度发生，所以2×25年度的盈利190万元应先弥补2×15年度的亏损60万元，然后将弥补后的余额130万元弥补2×20年度的亏损30万元，最后再将剩余的100万元盈利弥补2×16年度的亏损。

拓展阅读

企业亏损近4 000万元，反被税务局稽查、罚款

A企业是一家从事建材等货物生产销售企业，属于增值税一般纳税人，本次税务机关针对该企业检查年度为2020年度。2020年度A企业自行申报企业所得税应纳税所得额为-39 737 809.05元，自行适用小型微利企业所得税优惠政策。针对该企业发生的将近4 000万元的巨额亏损，检查人员产生了疑问——A企业的巨额亏损到底是如何产生的呢？为此，检查人员结合具体账务资料开展了核查工作。

经调查发现，A企业2020年采取预收货款方式销售建材等货物，货物已发出，未在账簿上计销售收35 991 946.60元，且A企业上述未确认收入相对应的各项成本已在当年企业所得税税前列支扣除。A企业发生近4 000万元巨额亏损的原因正是由于其一方面隐匿收入，另一方面却将成本费用在税前列支扣除造成的。

在本案例中，A企业销售的货物生产工期未超过12个月，其采取预收货款方式销售货物，应在货物发出的当天确认收入的实现。A企业已符合收入确认条件但

在账簿上不列收入进行虚假的纳税申报，其行为已构成了偷税。

根据规定，对纳税人偷税的，由税务机关追缴其不缴或者少缴的税款、滞纳金，并处不缴或者少缴的税款百分之五十以上五倍以下的罚款；构成犯罪的，依法追究刑事责任。

最终，税务机关依法认定A企业行为为偷税，除了予以补征税款与滞纳金，还处以0.5倍的罚款。

六、任务实践

请同学们课前完成分小组，根据任务案例相关业务资料，填报《A106000企业所得税弥补亏损明细表》，课堂进行展示、提问、讲解和互评，期待你们的精彩呈现。

步骤一：准确判定业务实质；

步骤二：正确适用亏损弥补政策；

步骤三：准确填报企业所得税弥补亏损明细表。

七、任务成果报告及评价

表5-41是企业亏损纳税调整成果报告。

表5-41　企业亏损纳税调整成果报告

实训任务九　企业亏损纳税调整成果报告			
适用项目		课时	2
组名		成员及分工	组织者：　思路方案： 政策支持：　职业素养： 申报表填报及上传：
时间及地点			
【案例描述及要求】			
【我的思路或方法】 【我的解决方案】 【我的政策知识】 【我的职业技能】 【我的职业素养】			

续表

【课堂提问】 一、小组被提问记录   二、小组提问记录   三、教师提问记录
【我的评分】 评分标准： 1.知识掌握（20分）：案例适用政策完整且准确（20分）。 2.技能掌握（30分）：信息搜集整理（5分）、企业亏损弥补计算准确（10分）、企业所得税弥补亏损明细表填报准确（15分） 3.素质提升（30分）：思政精神力挖掘务实（5分）、与具体实践结合（15分）、具有共鸣感（10分）。 4.小组合作（20分）：分工明确（5分）、全员贡献度（10分）、活跃度（问及答）（5分）。 一、自评分（20%）   二、小组互评分（40%）   三、教师评分（40%）
【我的诊改】 一、存在问题 （一）知识方面   （二）技能方面   （三）素质方面   二、未来改进 （一）知识方面   （二）技能方面   （三）素质方面

八、课后作业及拓展

（一）讨论

境外所得如何弥补境内亏损？

（二）作业

1.【业务题】武汉宏达建筑公司主营建筑服务，2×17年—2×21年发生亏损尚未弥补完毕，2×22年度实现盈利。2×17年—2×22年应纳税所得额见表5-42。

表5-42　　2×17年—2×22年应纳税所得额　　单位：元

2×17年	2×18年	2×19年	2×20年	2×21年	2×22年
-200 000	-30 000	-55 000	-8 000	-60 000	180 000

要求：请完成企业所得税弥补亏损明细表。

2.【业务题】武汉新芯软件有限公司主营软件开发服务，2×22年被认定为国家级高新技术企业，2×17年—2×21年发生亏损尚未弥补完毕，2×22年实现盈利。2×17年—2×21年应纳税所得额见表5-43。

表5-43　　2×17年—2×22年应纳税所得额　　单位：元

2×17年	2×18年	2×19年	2×20年	2×21年	2×22年
-80 000	-230 000	-56 600	-87 700	-5 000	60 000

要求：请完成企业所得税弥补亏损明细表。

任务十　确认递延所得税

一、任务导航

表5-44是确认递延所得税工作任务表。

表5-44　　确认递延所得税工作任务表

<table>
<tr><td colspan="5">任务基本描述：展示企业递延所得税确认的基本要求，使学生能够准确进行所得税会计处理，培养严谨的工作态度，增强诚信意识和服务意识</td></tr>
<tr><td>任务目标</td><td>任务知识点</td><td>任务技能点</td><td>学习时间节点</td><td>学习资源</td></tr>
<tr><td>1.确定需求意图</td><td>•企业递延所得税确认</td><td>•确认暂时性差异的事项</td><td>•课前准备
•课堂展示</td><td>•百度搜索</td></tr>
<tr><td>2.准备资料</td><td>•企业所得税纳税申报表
•企业财务报表</td><td>•所得税会计核算</td><td>•课前准备
•课堂展示</td><td>•财政部网站</td></tr>
<tr><td>3.制作文案</td><td>•文字处理、表格操作</td><td>•文案构成、设计、制作技巧、工具</td><td>•课堂完成
•课堂展示</td><td>•百度搜索</td></tr>
</table>

前导知识测试 5.10.1

二、前导知识和技能测试

前导技能测试 5.10.1

1.前导知识测试5.10.1

2.前导技能测试5.10.1

三、任务计划

（一）学习目标：____

（二）学习内容及时间安排：________________________________

（三）学习完成率及成果：__________________________________

四、任务案例

武汉环境科技有限公司适用的企业所得税税率为25%，2×17年从事节能节水项目，自2×17年2月取得第一笔生产经营收入所属纳税年度起，享受“三免三减半”的税收优惠政策，即2×17年至2×19年免交企业所得税，2×20年至2×22年减半按照12.5%的税率缴纳企业所得税。该公司2×18年至2×23年有关会计处理与税收处理不一致的交易或事项如下：

（1）2×18年12月10日，公司购入一台不需要安装即可投入使用的行政管理用A设备，成本为6 000万元。该设备采用年数总和法计提折旧，预计使用5年，预计无净残值。税法规定，固定资产按照年限平均法计提的折旧准予在税前扣除。假定税法规定的A设备预计使用年限及净残值与会计规定相同。

（2）公司拥有一栋五层高的B楼房，用于本公司行政管理部门办公。迁往新建的办公楼后，2×23年1月1日与乙公司签订租赁协议，将B楼房租赁给乙公司使用。租赁合同约定，租赁期为3年，租赁期开始日为2×23年1月1日；年租金为240万元，于每月月末分期支付。B楼房转换为投资性房地产前采用年限平均法计提折旧，预计使用50年，预计无净残值；转换为投资性房地产后采用公允价值模式进行后续计量。

转换日，B楼房原价为800万元，已计提折旧400万元，公允价值为1 300万元。2×21年12月31日，B楼房的公允价值为1 500万元。税法规定，企业的各项资产以历史成本为计量基础；固定资产按照年限平均法计提的折旧准予在税前扣除。假定税法规定的B楼房使用年限及净残值与其转换为投资性房地产前的会计规定相同。

（3）2×23年7月1日，武汉博乐玻璃有限公司以1 000万元的价格购入国家同日发行的国债，款项已用银行存款支付。该债券的面值为1 000万元，期限为3年，年利率为5%（与实际利率相同），利息于每年6月30日支付，本金到期一次支付。武汉博乐玻璃有限公司根据其管理该国债的业务模式和该国债的合同现金流量特征，将购入的国债分类为以摊余成本计量的金融资产。税法规定，国债利息收入免征企业所得税。

（4）2×23年9月3日，公司因违反环保法规被有关部门罚款60万元。税法规定，企业因违反环保法规被有关部门罚款不得税前扣除。

其他资料如下：

（1）2×23年度，公司实现利润总额4 500万元。

（2）2×19年年初，公司递延所得税资产和递延所得税负债无余额，无未确认递延所得税资产的可抵扣暂时性差异和可抵扣亏损。除上述事项外，公司2×19年至2×23年无其他会计处理与税收处理不一致的交易或事项。

（3）2×19年至2×23年各年末，公司均有确凿证据表明未来期间很可能获得足够的应纳税所得额用来抵扣可抵扣暂时性差异。

（4）不考虑除所得税外的其他税费及其他因素。

五、任务知识殿堂

（一）所得税会计核算理论基础

资产负债表债务法是从资产负债表出发，通过比较资产负债表上列示的资产、负债按照企业会计准则规定确定的账面价值与按照税法规定确定的计税基础，将两者之间的差异分为应纳税暂时性差异与可抵扣暂时性差异，确认相关的递延所得税负债与递延所得税资产，并在此基础上确定每一会计期间利润表中的所得税费用。

所得税会计是研究处理会计收益和应税收益差异的会计理论和方法，是税务会计的一个分支，是反映企业所得税的确认、计量和报告的一整套会计原理、程序和方法。

我国《企业会计准则第18号——所得税》（以下简称“所得税准则”）规定采用资产负债表债务法对企业所得税进行核算。

所得税准则所描述的企业所得税会计，可以解读成一个核心分录：

借：所得税费用
　　递延所得税资产
　贷：应交税费——应交所得税
　　　递延所得税负债

（二）所得税会计的核算过程

在采用资产负债表债务法核算所得税的情况下，企业一般应于每一资产负债表日进行所得税的核算。核算过程如下：

1.确定产生暂时性差异的项目

2.确定资产或负债的账面价值及计税基础

3.计算暂时性差异的期末余额

（1）应纳税暂时性差异的期末余额，如图5-1所示：

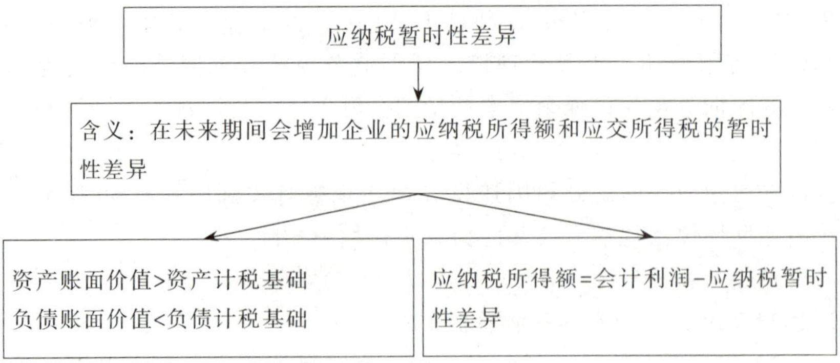

图5-1　应纳税暂时性差异

（2）可抵扣暂时性差异的期末余额，如图5-2所示：

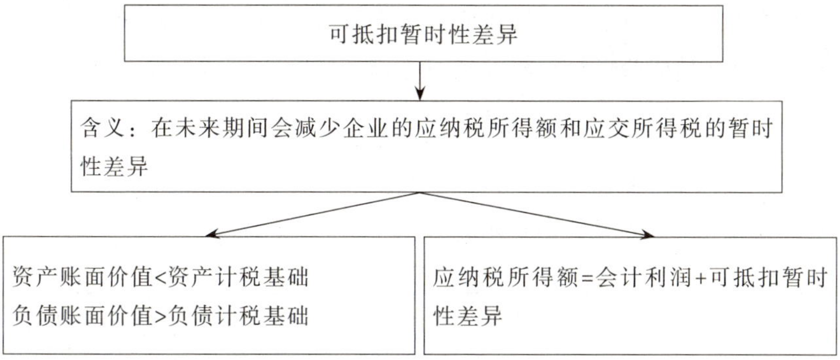

图 5-2　可抵扣暂时性差异

4. 计算“递延所得税负债”“递延所得税资产”科目的期末余额

“递延所得税负债”期末余额=应纳税暂时性差异的期末余额×未来转回时的所得税税率

“递延所得税资产”期末余额=可抵扣暂时性差异的期末余额×未来转回时的所得税税率

5. 计算“递延所得税负债”“递延所得税资产”科目的发生额

“递延所得税负债”发生额=期末余额-期初余额

“递延所得税资产”发生额=期末余额-期初余额

6. 计算所得税费用

所得税费用=当期所得税费用+递延所得税费用（或-递延所得税收益）

7. 编制会计分录

借：所得税费用（根据借贷平衡原理倒挤）
　　递延所得税资产（或贷方）
　贷：应交税费——应交所得税
　　　递延所得税负债（或借方）

（三）资产、负债账面价值与计税基础

1. 资产的账面价值与计税基础

资产的账面价值，是会计核算中账面记载的资产价值。一般为资产类科目的账面余额减去相关备抵项目后的净额，计算公式为：

资产的账面价值=资产账面余额-资产折旧或摊销-资产减值准备

资产的计税基础，是指企业计算应纳税所得额时按照税法规定可以自应税经济利益中抵扣的金额，即某一项资产在未来期间计税时按照税法规定可以税前扣除的金额。公式如下：

资产的计税基础=未来期间按照税法规定可以税前扣除的金额

资产负债表日资产的计税基础=取得成本-以前期间按照税法规定已累计税前扣除的金额

资产在初始确认时，其计税基础一般为取得成本，即企业为取得某项资产支付的成本在未来期间准予税前扣除的金额。

在资产持续持有的过程中，其计税基础是指资产的取得成本减去以前期间按照税法规定已经累计税前扣除的金额后的余额。

（1）固定资产。

企业以各种方式取得的固定资产，其初始确认时按照会计准则规定确定的入账价值基本上是被税法认可的，即取得时其账面价值一般等于计税基础。

固定资产在持有期间进行后续计量时，由于会计与税法规定就折旧方法、折旧年限以及固定资产减值准备的提取等处理的不同，可能造成固定资产的账面价值与计税基础的差异。固定资产的账面价值与计税基础见表5-45。

资产负债表日固定资产的账面价值=初始成本-累计折旧-固定资产减值准备

资产负债表日固定资产的计税基础=初始成本-税前已扣除的累计折旧

表5-45 固定资产账面价值与计税基础

资产项目	账面价值	计税基础
固定资产（各种方式取得）	初始确认时账面价值一般等于计税基础	
	初始成本-累计折旧（会计）-减值准备	初始成本-累计折旧（税法）

①折旧方法不同产生的差异。企业会计准则规定，企业既可以按直线法计提折旧，也可以按照加速折旧法计提折旧。税法规定，除某些按照规定可以加速折旧的情况外，按照直线法计提的折旧可以税前扣除。因折旧方法的不同，会产生固定资产账面价值与计税基础之间的差异。

②折旧年限不同产生的差异。企业会计准则规定，折旧年限是由企业按照固定资产能够为企业带来经济利益的期限估计确定的。但税法规定了每一类固定资产的最低折旧年限，而因折旧年限，也会产生固定资产账面价值与计税基础之间的差异。

③计提固定资产减值准备产生的差异。企业会计准则规定，在对固定资产计提了减值准备以后，其账面价值下降，但计税基础不会随资产减值准备的计提而发生变化（所计提的减值准备不允许税前扣除），这也会造成固定资产账面价值与计税基础的差异。

例5-27 武汉博乐玻璃有限公司于2×21年12月20日取得的某项固定资产，原价为750万元，使用年限为10年，会计上采用年限平均法计提折旧，净残值为零。税法规定该类（由于技术进步、产品更新换代较快的）固定资产采用加速折旧法计提的折旧可予税前扣除，该企业在计税时采用双倍余额递减法计提折旧，净残值为零。2×23年12月31日，企业估计该项固定资产的可收回金额为550万元。请分析该固定资产账面价值与计税基础之间的差异。

解析 2×23年12月31日，该项固定资产的账面净值=750-75×2=600（万元），该账面净值大于其可收回金额550万元，两者之间的差额应计提50万元的固定资产减值准备。

2×23年12月31日，该项固定资产的账面价值=750-75×2-50=550（万元）；

其计税基础=750-750×20%-600×20%=480（万元）；

该项固定资产的账面价值550万元与其计税基础480万元之间的70万元差额，将于未来期间计入企业的应纳税所得额。

例5-28 武汉光明玻璃有限公司于2×22年年末以750万元购入一项生产用固定资产，按照该项固定资产的预计使用情况，武汉光明玻璃有限公司在会计核算时估计其使用寿命为5年，计税时，按照税法规定，其最低折旧年限为10年，该企业计税时按照10年计算确定可税前扣除的折旧额。假定会计与税收均按年限平均法计提折旧，净残值均为零。2×23年该项固定资产按照12个月计提折旧。本例中假定固定资产未发生减值。请分析该固定资产账面价值与计税基础之间的差异。

解析 该项固定资产在2×23年12月31日的账面价值=750−750÷5=600（万元）

该项固定资产在2×23年12月31日的计税基础=750−750÷10=675（万元）

该项固定资产的账面价值600万元与其计税基础675万元之间产生的75万元差额，在未来期间会减少企业的应纳税所得额。

（2）无形资产。

除内部研究开发形成的无形资产以外，以其他方式取得的无形资产，在初始确认时按会计准则确定的入账价值与按税法规定确定的成本之间一般不存在差异。无形资产的账面价值与计税基础之间的差异主要产生于内部研究开发形成的无形资产以及使用寿命不确定的无形资产。无形资产在后续计量时，会计与税法上的差异主要产生于对无形资产是否需要摊销及无形资产减值准备的提取。无形资产的账面价值与计税基础见表5-46。

表5-46 无形资产账面价值与计税基础

<table>
<tr><th colspan="2">资产项目</th><th>账面价值</th><th>计税基础</th></tr>
<tr><td colspan="2" rowspan="2">无形资产（除内部研究开发形成并符合“三新”标准之外的）</td><td colspan="2">初始确认时账面价值一般等于计税基础</td></tr>
<tr><td>实际成本−累计摊销（会计）−减值准备（使用寿命有限）；
实际成本−减值准备（使用寿命不确定）</td><td>实际成本−累计摊销（税法）</td></tr>
<tr><td rowspan="2">无形资产（内部研究开发形成并符合“三新”标准的）</td><td>初始确认</td><td>开发阶段符合条件的资本化支出</td><td>形成无形资产支出×200%</td></tr>
<tr><td>后续计量</td><td>实际成本−累计摊销（会计）−减值准备（使用寿命有限）；
实际成本−减值准备（使用寿命不确定）</td><td>形成无形资产支出×200%−累计摊销（税法）</td></tr>
</table>

例5-29 武汉博乐玻璃有限公司当期为开发新技术发生研究开发支出2 000万元，其中研究阶段支出400万元，开发阶段符合资本化条件前发生的支出为400万元，符合资本化条件后至达到预定用途前发生的支出为1 200万元。税法规定，企业为开发新技术、新产品、新工艺发生的研究开发费用，未形成无形资产计入当期损益的，按照研究开发费用的100%加计扣除；形成无形资产的，按照无形资产成本的200%摊销。假定开发形成的无形资产在当期期末已达到预定用途（尚未开始摊销）。请分析该研究开发支出账面价值与计税基础之间的差异。

解析 武汉博乐玻璃有限公司当期发生的研究开发支出中，按照会计准则规定应予费用化的金额为800万元，形成无形资产的成本为1 200万元，即期末所形成无形资产的账面价值为1 200万元。

武汉博乐玻璃有限公司当期发生的2 000万元研究开发支出，按照税法规定可在当期税前扣除的金额为1 600万元。所形成的无形资产在未来期间可予税前扣除的金额为2 400万元，其计税基础为2 400万元，形成暂时性差异1 200万元。

例5-30 武汉光明玻璃有限公司于202×年1月1日取得某项无形资产，取得成本为1 500万元，取得该项无形资产后，根据各方面情况判断，武汉光明玻璃有限公司无法合理预计其使用期限，将其作为使用寿命不确定的无形资产。202×年12月31日，对该项无形资产进行减值测试表明其未发生减值。企业在计税时，对该项无形资产按照10年的期限采用直线法摊销，摊销金额允许税前扣除。请分析该无形资产账面价值与计税基础之间的差异。

|解析| 会计上将该项无形资产作为使用寿命不确定的无形资产，因未发生减值，其在202×年12月31日的账面价值为取得成本1 500万元。

该项无形资产在202×年12月31日的计税基础为1 350万元（成本1 500-按照税法规定可予税前扣除的摊销额150）。

该项无形资产的账面价值1 500万元与其计税基础1 350万元之间的差额150万元将计入未来期间企业的应纳税所得额。

（3）以公允价值计量且其变动计入当期损益的金融资产。

账面价值：期末按公允价值计量，公允价值变动计入当期损益（公允价值变动损益）。

计税基础：历史成本，即取得时支付的价款及相关税费。具体见表5-47。

表5-47 以公允价值计量且其变动计入当期损益的金融资产账面价值与计税基础

资产项目	账面价值	计税基础
以公允价值计量且其变动计入当期损益的金融资产	交易费用冲减投资收益	交易费用计入初始投资成本
	期末公允价值	初始取得成本

|例5-31| 202×年11月8日，武汉博乐玻璃有限公司自公开市场上取得一项平价发行的债权性投资，作为以公允价值计量且其变动计入当期损益的金融资产核算。该投资的成本为1 500万元。202×年12月31日，其市价为1 575万元。请分析该金融资产账面价值与计税基础之间的差异。

|解析| 根据会计准则的规定，该项金融资产在会计期末应以公允价值计量，其账面价值应为期末公允价值1 575万元。

税法规定，资产在持有期间的公允价值变动不计入应纳税所得额，则该项金融资产的期末计税基础应维持其取得成本不变，为1 500万元。

该金融资产在202×年资产负债表日的账面价值1 575万元与其计税基础1 500万元之间75万元的暂时性差异，将会增加未来该资产处置期间的应纳税所得额。

（4）其他计提了资产减值准备的各项资产。

其他计提了资产减值准备的各项资产账面价值与计税基础的计算公式如下（假设不存在除减值外其他导致暂时性差异的因素）：

账面价值=资产账面余额-减值准备账户余额

计税基础=资产账面余额

|例5-32| 武汉博乐玻璃有限公司202×年购入原材料，成本为5 000万元，因部分生产线停工，当年未领用任何原材料，202×年资产负债表日估计该原材料的可变现净值为4 000万元。假定该原材料在202×年的期初余额为零。请分析该原材料账面价值与计税基础之间的差异。

|解析| 该项原材料因期末可变现净值低于成本，应计提的存货跌价准备=5 000-4 000=1 000（万元）。计提存货跌价准备后，该项原材料的账面价值为4 000万元。

该项原材料的计税基础不会因计提存货跌价准备而发生变化，其计税基础为5 000万元不变。

该存货的账面价值4 000万元与其计税基础5 000万元之间产生了1 000万元的暂时性差异，该差异会减少企业在未来期间的应纳税所得额。

2.负债的账面价值与计税基础

负债的账面价值是根据会计准则的规定账面记载的金额。

负债的计税基础，是指负债的账面价值减去未来期间计算应纳税所得额时按照税法规定可予抵扣的金额。

（1）企业因销售商品提供售后服务等原因确认的预计负债。

账面价值与计税基础差异原因：税法规定，费用在实际发生时，可以税前扣除。

计税基础=账面价值-未来发生时可以扣除的金额=0

负债账面价值＞计税基础

|例5-33| 武汉博乐玻璃有限公司202×年因销售产品承诺提供3年的保修服务，在当年度利润表中确认了500万元的销售费用，同时确认为预计负债，当年度未发生任何保修支出。按照税法规定，与产品售后服务相关的费用在实际发生时允许税前扣除。请分析该预计负债账面价值与计税基础之间的差异。

|解析| 该项预计负债在武汉博乐玻璃有限公司202×年12月31日资产负债表中的账面价值为500万元。

该项预计负债的计税基础=账面价值-未来期间计算应纳税所得额时按照税法规定可予抵扣的金额=500-500=0

（2）合同负债。

①预收的款项计入当期应纳税所得额：

计税基础=账面价值-未来收入实现时原合同负债=0

②预收的款项不计入当期应纳税所得额：

计税基础=账面价值-0=账面价值

|例5-34| 武汉博乐玻璃有限公司于202×年12月20日收到一笔合同预付款，金额为2 000万元，因不符合收入确认条件，将其作为合同负债核算，假定按照税法规定，该款项应计入取得当期应纳税所得额计算缴纳所得税。请分析该合同负债账面价值与计税基础之间的差异。

|解析| 该合同负债在武汉博乐玻璃有限公司202×年12月31日资产负债表中的账面价值是2 000万元，计税基础=账面价值-未来期间按照税法规定可予以税前扣除的金额=2 000-2 000=0。

该项负债的账面价值2 000万元与计税基础0之间产生2 000万元暂时性差异，该项暂时性差异的含义为在未来期间企业按照会计准则规定确认收入，产生经济利益流入时，因其在产生期间已经计算缴纳了所得税，未来期间不再计入应纳税所得额，从而会减少企业未来期间的所得税税款流出（即产生可抵扣暂时性差异，确认递延所得税资产）。

（3）应付职工薪酬。

计税基础=账面价值-未来期间税法准予税前扣除的应付职工薪酬的金额

①计税基础=账面价值：

会计准则规定，企业为获得职工提供的服务给予的各种形式的报酬以及其他相关支出均应作为企业的成本费用，在未支付之前确认为负债。在税法中，职工薪酬通常允许税前扣除，但税法中明确规定了税前扣除标准的，按照会计准则规定计入成本费用的金额超过规定标准部分，应进行纳税调整。

②计税基础≠账面价值：

税法规定，与该项辞退福利有关的补偿款于实际支付时可税前扣除；因辞退福利确认的预计负债而形成的暂时性差异，应确认递延所得税。

例 5-35 武汉博乐玻璃有限公司202×年12月计入成本费用的职工工资总额为3 200万元，至202×年12月31日尚未支付，体现为资产负债表中的应付职工薪酬。请分析该项应付职工薪酬账面价值与计税基础之间的差异。

解析 该项应付职工薪酬于202×年12月31日的账面价值为3 200万元。该项应付职工薪酬于202×年12月31日的计税基础=账面价值-未来期间计算应纳税所得额时按照税法规定可予抵扣的金额=3 200-0=3 200（万元）。

该项负债的账面价值3 200万元与其计税基础3 200万元相同，没有形成暂时性差异，虽然该事项的会计处理与税收处理存在差异。

（4）其他负债。

行政罚款和滞纳金等，税法规定以后期间不得抵扣。

计税基础=账面价值-0=账面价值

例 5-36 武汉博乐玻璃有限公司2×22年12月因违反当地有关环保法规的规定，接到环保部门的处罚通知，要求其支付罚款400万元。税法规定，企业因违反国家有关法律法规支付的罚款和滞纳金，计算应纳税所得额时不允许税前扣除。至2×22年12月31日，该项罚款尚未支付。请分析该项负债账面价值与计税基础之间的差异。

解析 应支付罚款产生的负债（其他应付款）账面价值为400万元。

因按照税法规定，企业违反国家有关法律法规规定支付的罚款和滞纳金不允许税前扣除，与该项负债相关的支出在未来期间计税时按照税法规定准予税前扣除的金额为0，因此，该项负债的计税基础=账面价值-未来期间计算应纳税所得额时按照税法规定可予抵扣的金额=400-0=400（万元）。

该项负债的账面价值400万元与其计税基础400万元相同，没有形成暂时性差异，不会对未来期间的计税产生影响。

（四）暂时性差异

暂时性差异是指资产、负债的账面价值与其计税基础不同产生的差额。由于资产、负债的账面价值与其计税基础不同，产生了在未来收回资产或清偿负债期间，应纳税所得额增加或减少并导致未来期间应交所得税增加或减少的情况，形成企业的递延所得税资产和递延所得税负债。

根据暂时性差异对未来期间应纳税所得额的影响，分为应纳税暂时性差异和可抵扣暂时性差异。

除因资产、负债的账面价值与其计税基础不同产生的暂时性差异以外，按照税法规定可以结转以后年度的未弥补亏损和费用扣除，视同可抵扣暂时性差异处理。

1.应纳税暂时性差异

应纳税暂时性差异，是指在确定未来收回资产或清偿负债期间的应纳税所得额时，将导致产生应税金额的暂时性差异，该差异在未来期间转回时，会增加转回期间的应纳税所得额，即在未来期间不考虑该事项影响的应纳税所得额的基础上，由于该暂时性差异的转回，会进一步增加转回期间的应纳税所得额和应交所得税税额。在应纳税暂时性差异产生的当期，应当确认相关的递延所得税负债。

应纳税暂时性差异通常产生于以下情况：

（1）资产的账面价值>其计税基础。

一项资产的账面价值代表的是企业在持续使用或最终出售该项资产时将取得的经济利益的总额，而计税基础代表的是一项资产在未来期间可予税前扣除的金额。

通俗地理解：资产账面价值可视为收入，其计税基础可视为成本费用，收入-费用>0，产生利润，应当纳税，资产的账面价值大于其计税基础的差异为应纳税暂时性差异，会增加未来期间应纳税所得额和应交所得税税额。在其产生当期，符合确认条件的情况下，应确认相关的递延所得税负债。

（2）负债的账面价值<其计税基础。

一项负债的账面价值为企业预计在未来期间清偿该项负债时的经济利益流出，而其计税基础代表的是账面价值在扣除税法规定未来期间允许税前扣除的金额之后的差额。负债的账面价值小于其计税基础，则意味着该项负债在未来期间可以税前抵扣的金额为负数，即应在未来期间应纳税所得额的基础上调增，增加应纳税所得额和应交所得税税额，产生应纳税暂时性差异，应确认相关的递延所得税负债。

2.可抵扣暂时性差异

可抵扣暂时性差异，是指在确定未来收回资产或清偿负债期间的应纳税所得额时，将导致产生可抵扣金额的暂时性差异。可抵扣暂时性差异产生当期，企业预计未来期间能够产生足够的应纳税所得额利用该可抵扣差异时，应确认相关的递延所得税资产，即企业确认递延所得税资产应以未来期间可能取得的应纳税所得额为限。

可抵扣暂时性差异一般产生于以下情况：

（1）资产的账面价值<其计税基础。

资产在未来期间产生的经济利益少，按照税法规定允许税前扣除的金额多，则在未来期间可减少应纳税所得额并减少应交所得税税额，符合有关条件时，应当确认相关的递延所得税资产。

通俗地理解：资产的账面价值可视为收入，其计税基础可视为成本费用，收入减费用小于0，产生亏损，抵减税款。所以资产账面价值小于其计税基础的差异为可抵扣暂时性差异，发生当期确认递延所得税资产，减少未来期间应纳税所得额和应交所得税税额。

（2）负债的账面价值>其计税基础。

负债产生的暂时性差异实质上是未来期间计税时按照税法规定可予税前扣除的金额，即：

负债产生的暂时性差异=账面价值-计税基础

=账面价值-（账面价值-未来期间计税时按照税法规定可予税前扣除的金额）

=未来期间计税时按照税法规定可予税前扣除的金额

一项负债的账面价值大于其计税基础，意味着在未来期间按税法规定与该负债相关的全部或部分支出可以自未来应税经济利益中扣除，减少未来期间的应纳税所得额和应交所得税税额。

可抵扣暂时性差异对企业所得税的影响：产生差异时，本期多交税；未来同一事项对应的差异转回时，少交税。

3.特殊项目产生的暂时性差异

未作为资产、负债确认的项目产生的暂时性差异。某些交易或事项发生以后，因为不符合资产、负债的确认条件而未体现为资产负债表中的资产或负债，但按照税法规定能够确定其计税基础的，其账面价值与计税基础之间的差异也形成暂时性差异。

（1）广告费和业务宣传费。

会计准则规定，广告费和业务宣传费发生时计入当期损益（销售费用），不形成资产，即资产账面价值为0。税法规定，广告费和业务宣传费不超过当年销售收入15%的部分准予扣除；超过部分准予在以后纳税年度结转扣除，即超过部分形成资产的计税基础。超过税前扣除限额的部分形成可抵扣暂时性差异。

（2）职工教育经费。

会计准则规定，职工教育经费实际发生支出时通过“应付职工薪酬”结转相应的成本、费用，均在当期会计损益中扣除，不形成资产和负债，即资产账面价值为0。税法规定，在一般情况下，实际发生的职工教育经费不超过当年实发工资、薪金总额8%的部分准予税前扣除；超过部分准予结转以后纳税年度扣除，即超过部分形成资产的计税基础。超过税前扣除限额部分形成可抵扣暂时性差异。

（3）可抵扣亏损及税款抵减。

对于按照税法规定可以结转以后年度的未弥补亏损及税款抵减，虽不是因资产、负债的账面价值与计税基础不同产生的，但本质上可抵扣亏损和税款抵减与可抵扣暂时性差异具有同样的作用，均能够减少未来期间的应纳税所得额和应交所得税税额，视同可抵扣暂时性差异，在符合确认条件的情况下，应确认与其相关的递延所得税资产。

4.常见的资产、负债账面价值与其计税基础产生暂时性差异举例

常见的资产、负债账面价值与其计税基础产生暂时性差异举例见表5-48、表5-49。

表5-48 常见的资产账面价值与其计税基础产生暂时性差异举例 单位：万元

资产	事项描述	资产账面价值	资产计税基础	差异	暂时性差异性质
应收账款	账面余额1 000万元，坏账准备账面余额200万元。税法规定不得扣除坏账准备	800	1 000	-200	可抵扣
存货	存货账面余额2 000万元，存货减值准备账面余额300万元	1 700	2 000	-300	可抵扣
固定资产	原值1 000万元，会计直线法折旧10年，税法规定5年，无净残值，使用两年时确认120万元减值准备，在第3年年末	595（1 000-100×2-120）÷8×7	400（1 000-200×3）	195	应纳税
无形资产	无形资产取得成本500万元，会计确认为使用寿命不确定无形资产，不予摊销，税法规定按10年的期限摊销。取得该项无形资产1年以后	500	450（500-500÷10×1）	50	应纳税
	在自行开发无形资产过程中需要资本化的开发支出600万元，税法规定按200%摊销	600	1200	-600	可抵扣
以公允价值计量且其变动计入当期损益的金融资产	取得交易性金融资产支付成本1 200万元，另支付交易费用5万元	1 200	1 205	-5	可抵扣
	取得交易性金融资产支付成本1 200万元，另支付交易费用5万元，该交易性金融资产期末公允价值1 100万元	1 100	1 205	-105	可抵扣
	取得交易性金融资产支付成本1 200万元，另支付交易费用5万元，该交易性金融资产期末公允价值1 300万元	1 300	1 205	95	应纳税
其他权益投资	取得某股票支付成本1 200万元,该股票期末公允价值1 100万元(该股票划分为以公允价值计量且其变动计入其他综合收益的非交易性权益工具投资)	1 100	1 200	-100	可抵扣
	取得某股票支付成本1 200万元,该股票期末公允价值1 300万元(该股票划分为以公允价值计量且其变动计入其他综合收益的非交易性权益工具投资)	1 300	1 200	100	应纳税
投资性房地产	原值1 000万元，使用期20年，第5年年末转为投资性房地产按公允价值计价为700万元	700	750（1 000÷20×15）	-50	可抵扣
长期股权投资	权益法核算长期股权投资，初始成本1 000万元，应享有200万元被投资单位利润记入“长期股权投资——损益调整”科目	1 200	1 000	200	应纳税

表 5-49 常见的负债账面价值与其计税基础产生暂时性差异举例 单位：万元

负债	事项描述	负债账面价值	负债计税基础	差异	暂时性差异性质
预计负债	预计售后服务确认的预计负债账面余额150万元，税法规定发生服务时方可税前扣除	150	0	150	可抵扣
	合同赔偿涉及未决诉讼而确认预计负债200万元，税法规定支付时可税前扣除	200	0	200	可抵扣
合同负债	房地产公司预收账款1 000万元，税法要求计入当期应税所得缴纳所得税	1 000	0	1 000	可抵扣

（五）递延所得税负债与递延所得税资产的确认与计量

1.递延所得税负债的确认

（1）一般原则。

①除所得税准则中明确规定可不确认递延所得税负债的情况以外，企业对于所有的应纳税暂时性差异均应确认相关的递延所得税负债。

②除直接计入所有者权益的交易或事项以及企业合并中取得资产、负债确认的递延所得税负债以外，在确认递延所得税负债的同时，应增加利润表中的所得税费用。

③递延所得税负债的确认体现了会计信息质量要求中的谨慎性，即企业进行会计核算时不应高估资产、不应低估负债。

例 5-37 武汉博乐玻璃有限公司于2×20年12月底购入一台机器设备，成本为525万元，预计使用年限为6年，预计净残值为零。会计上按年限平均法计提折旧，因该设备符合税法规定的税收优惠条件，计税时可采用年数总和法计提折旧，假定税法规定的使用年限及净残值均与会计相同。本例中假定该公司各会计期间均未对固定资产计提减值准备，除该固定资产产生的会计与税收之间的差异外，不存在其他会计与税收的差异。

该公司每年因固定资产账面价值与计税基础不同，应予确认的递延所得税情况见表5-50。

表 5-50 递延所得税情况 单位：万元

项目	2×21	2×22	2×23	2×24	2×25	2×26
实际成本	525	525	525	525	525	525
年会计折旧	87.5	87.5	87.5	87.5	87.5	87.5
累计会计折旧	87.5	175	262.5	350	437.5	525
账面价值	437.5	350	262.5	175	87.5	0
年计税折旧	150	125	100	75	50	25
累计计税折旧	150	275	375	450	500	525
计税基础	375	250	150	75	25	0
暂时性差异	62.5	100	112.5	100	62.5	0
适用税率	25%	25%	25%	25%	25%	25%
递延所得税负债余额	15.625	25	28.125	25	15.625	0

解析 该项固定资产各年度账面价值与计税基础确定如下：

（1）2×21年资产负债表日：

账面价值=实际成本-会计折旧=525-87.5=437.5（万元）

计税基础=实际成本-税前扣除的折旧额=525-150=375（万元）

因资产的账面价值437.5万元大于其计税基础375万元，两者之间产生的62.5万元差异，会增加未来期间的应纳税所得额和应交所得税税额，属于应纳税暂时性差异，应确认与其相关的递延所得税负债15.625万元（62.5×25%），账务处理如下：

借：所得税费用　　156 250

　贷：递延所得税负债　　156 250

（2）2×22年资产负债表日：

账面价值=实际成本-会计折旧=525-87.5-87.5=350（万元）

计税基础=实际成本-累计已税前扣除的折旧额=525-275=250（万元）

因资产的账面价值350万元大于其计税基础250万元，两者之间产生的100万元差异为应纳税暂时性差异，应确认与其相关的递延所得税负债25万元，递延所得税负债的期初余额为15.625万元，当期应进一步确认递延所得税负债9.375万元，账务处理如下：

借：所得税费用　　93 750

　贷：递延所得税负债　　93 750

（3）2×23年资产负债表日：

账面价值=525-262.5=262.5（万元）

计税基础=525-375=150（万元）

因资产的账面价值262.5万元大于其计税基础150万元，两者之间产生的112.5万元差异为应纳税暂时性差异，应确认与其相关的递延所得税负债28.125万元，递延所得税负债的期初余额为25万元，当期应进一步确认递延所得税负债3.125万元，账务处理如下：

借：所得税费用　　31 250

　贷：递延所得税负债　　31 250

（4）2×24年资产负债表日：

账面价值=525-350=175（万元）

计税基础=525-450=75（万元）

因资产的账面价值175万元大于其计税基础75万元，两者之间产生的100万元差异为应纳税暂时性差异，应确认与其相关的递延所得税负债25万元，递延所得税负债的期初余额为28.125万元，当期应转回已确认递延所得税负债3.125万元，账务处理如下：

借：递延所得税负债　　31 250

　贷：所得税费用　　31 250

（5）2×25年资产负债表日：

账面价值=525-437.5=87.5（万元）

计税基础=525-500=25（万元）

因资产的账面价值87.5万元大于其计税基础25万元，两者之间产生的62.5万元差异为应纳税暂时性差异，应确认与其相关的递延所得税负债15.625万元，递延所得税负债的期初余额为25万元，当期应转回已确认递延所得税负债9.375万元，账务处理如下：

借：递延所得税负债　　93 750

　贷：所得税费用　　93 750

（6）2×26年资产负债表日：

因资产的账面价值和计税基础均为0，两者不存在暂时性差异，前期已确认的与该项资产相关的递延所得税负债应予全额转回，账务处理如下：

借：递延所得税负债　　156 250

　贷：所得税费用　　156 250

（2）不确认递延所得税负债的特殊情况。

非同一控制的企业合并下，按照会计准则规定已确认的商誉，税法规定计税时作为免税合并时，商誉计税基础为零，其账面价值与计税基础形成的应纳税暂时性差异，不确认递延所得税负债。

例5-38 武汉博乐玻璃有限公司以增发市场价值为15 000万元的自身普通股为对价购入B企业100%的净资产，对B企业进行吸收合并，合并前武汉博乐玻璃有限公司与B企业不存在任何关联方关系。假定该项合并符合税法规定的免税合并条件，交易各方选择进行免税处理，购买日B企业各项可辨认资产、负债的公允价值及其计税基础见表5-51。

表5-51　B企业各项可辨认资产、负债的公允价值及其计税基础　单位：万元

项目	公允价值	计税基础	暂时性差异
固定资产	6 750	3 875	2 875
应收账款	5 250	5 250	0
存货	4 350	3 100	1 250
其他应付款	（750）	0	（750）
应付账款	（3 000）	（3 000）	0
不包括递延所得税的可辨认资产、负债的公允价值	12 600	9 225	3 375

B企业适用的所得税税率为25%，预期在未来期间不会发生变化。

解析 该项交易中应确认递延所得税负债及商誉的金额计算如下：

可辨认净资产公允价值　　12 600万元

递延所得税资产　　187.5万元（750×25%）

递延所得税负债　　、　1 031.25万元（（2 875+1 250）×25%）

考虑递延所得税后：

可辨认资产、负债的公允价值　　11 756.25万元（12 600+187.5-1 031.25）

企业合并成本　　15 000万元

商誉　　3 243.75万元（15 000-11 756.25）

因该项合并符合税法规定的免税合并条件，当事各方选择进行免税处理的情况

下，购买方在免税合并中取得的被购买方有关资产、负债应维持其原计税基础不变。被购买方原账面上未确认商誉，即商誉的计税基础为零。

该项合并中所确认的商誉金额3 243.75万元与其计税基础零之间产生的应纳税暂时性差异，按照准则的规定，不再进一步确认相关的递延所得税。

需要说明的是，非同一控制下吸收合并形成的商誉，在应税合并情况下，按照税法的规定，商誉在初始确认时计税基础等于账面价值，不产生暂时性差异；该商誉在后续计量过程中因计提减值准备，使得商誉的账面价值小于计税基础，会产生可抵扣暂时性差异，应确认相关的递延所得税。

除企业合并以外，在确认时既不影响会计利润，也不影响应纳税所得额的，不确认递延所得税负债。

（3）长期股权投资的处理。

①一般情况下，应确认相应的递延所得税负债。

②同时满足以下两个条件时，可不确认递延所得税负债：一是投资企业能够控制暂时性差异转回的时间；二是该暂时性差异在可预见的未来很可能不会转回，即企业准备长期持有该长期股权投资。

2.递延所得税负债的计量

递延所得税负债应以相关应纳税暂时性差异转回期间按照税法规定适用的所得税税率计量，不考虑折现。

|例5-39| 武汉博乐玻璃有限公司2×22年度财务报表经董事会批准于2×23年3月15日向外报出，相关的交易或事项如下：

2×22年1月1日，武汉博乐玻璃有限公司从无关联关系的第三方处受让了其所持有乙公司30%股权，转让价格为2 000万元，款项已用银行存款支付。乙公司的股东变更登记手续已经办理完成，取得投资当日，乙公司净资产账面价值为5 000万元，可辨认净资产公允价值为7 000万元，除账面价值为1 000万元、公允价值为3 000万元的专利权外，其他资产、负债的公允价值与账面价值相同。该专利预计使用20年，已使用10年，自武汉博乐玻璃有限公司取得乙公司股权起尚可使用10年，预计净减值为零，采用直线法摊销，受让乙公司股权后，武汉博乐玻璃有限公司能够对乙公司施加重大影响，拟长期持有乙公司的股权。

2×22年度，乙公司账面实现净利润1 000万元，因金融资产公允价值变动确认其他综合收益50万元。

要求根据以上资料，判断武汉博乐玻璃有限公司对乙公司长期股权投资形成的暂时性差异是否应确认递延所得税，并说明理由；如应确认递延所得税，计算递延所得税金额，并编制相关的会计分录。

|解析| 武汉博乐玻璃有限公司对乙公司长期股权投资形成的暂时性差异不应确认递延所得税。

理由：武汉博乐玻璃有限公司拟长期持有乙公司该30%的股权，则因初始投资成本的调整产生的暂时性差异预计未来期间不会转回，对未来期间没有所得税影响；因确认投资损益产生的暂时性差异，在未来期间逐期分回现金股利或利润时免税（我国税法规定，居民企业间的股息、红利免税），也不存在对未来期间的所得

税影响；因确认应享有被投资单位其他权益变动而产生的暂时性差异，在长期持有的情况下预计未来期间也不会转回。因此，在准备长期持有的情况下，对于采用权益法核算的长期股权投资账面价值与计税基础之间的差异，投资企业一般不确认相关的递延所得税。

3.递延所得税资产的确认

（1）确认的一般原则。

递延所得税资产产生于可抵扣暂时性差异。确认因可抵扣暂时性差异产生的递延所得税资产应以未来期间可能取得的应纳税所得额为限。

①对与子公司、联营企业、合营企业投资相关的可抵扣暂时性差异，同时满足下列条件的，应当确认相关的递延所得税资产：一是暂时性差异在可预见的未来很可能转回；二是未来很可能获得用来抵扣可抵扣暂时性差异的应纳税所得额。

②按照税法规定可以结转以后年度的未弥补亏损和税款抵减，应视同可抵扣暂时性差异处理。在预计可利用未弥补亏损或税款抵减的未来期间，能够取得足够的应纳税所得额时，除准则中规定不予确认的情况外，应当以很可能取得的应纳税所得额为限，确认相应的递延所得税资产，同时减少确认当期的所得税费用。

（2）不确认递延所得税资产的情况。

企业发生的某项交易或事项不属于企业合并，并且交易发生时既不影响会计利润也不影响应纳税所得额，且该项交易中产生的资产、负债的初始确认金额与其计税基础不同，产生可抵扣暂时性差异的，准则规定在交易或事项发生时不确认相应的递延所得税资产，如自行研发的无形资产。

4.递延所得税资产的计量

（1）递延所得税资产应以预期收回该资产期间的适用所得税税率为基础确定，不考虑折现。

（2）资产负债表日，企业应当对递延所得税资产的账面价值进行复核：

①如果未来期间很可能无法取得足够的应纳税所得额用以利用可抵扣暂时性差异带来的利益，应当减记递延所得税资产的账面价值。

②递延所得税资产的账面价值减记以后，根据新的环境和情况判断能够产生足够的应纳税所得额用以利用可抵扣暂时性差异，使得递延所得税资产包含的经济利益能够实现的，应相应恢复递延所得税资产的账面价值。

例 5-40 202×年武汉博乐玻璃有限公司发生的有关交易事项如下：

武汉博乐玻璃有限公司研究开发一项新型环保技术，用该技术生产的产品可以大大减少碳排放量。该新型环保技术于202×年7月1日达到预定可使用状态，其中形成无形资产的成本为1 600万元，202×年直接计入当期损益的研发费用为600万元。当地政府为补贴武汉博乐玻璃有限公司成功研发形成的无形资产，202×年5月20日向武汉博乐玻璃有限公司拨付200万元补助，武汉博乐玻璃有限公司按照总额法核算。武汉博乐玻璃有限公司预计该新型环保技术形成的无形资产可使用10年，预计净残值为零，按直线法摊销。

要求：根据以上资料，判断该无形资产202×年7月1日是否应确认递延所得税并说明理由；计算202×年12月31日该无形资产的账面价值和计税基础；说明政府补助的会计处理方法，并计算计入损益的金额。

|解析| ①202×年7月1日，账面价值与计税基础不一致形成的暂时性差异，不需要确认递延所得税。

理由：因该项无形资产并非产生于企业合并，同时在其初始确认时既不影响会计利润也不影响应纳税所得额，因此相关的暂时性差异不确认递延所得税。

②202×年12月31日，

账面价值=1 600−1 600÷10÷2= 1 520（万元）

计税基础=1 600×（1+100%）−1 600 ×（1+100%）÷10÷2=3 040（万元）

③该项政府补助属于与资产相关的政府补助，并且武汉博乐玻璃有限公司按照总额法核算，因此政府补助应于收到时先计入递延收益，然后在资产达到预定可使用状态后，在资产摊销的期间内分摊计入当期损益。

因政府补助计入当期损益的金额=200÷10÷2=10（万元）

（六）所得税费用的确认和计量

1.当期所得税

（1）当期所得税，是指企业按照税法规定计算确定的针对当期发生的交易和事项，应交纳给税务部门的所得税金额，即当期应交所得税税额。

（2）计算公式：

当期应交所得税=应纳税所得额×所得税税率

应纳税所得额=会计利润+按会计准则规定计入利润表但计税时不允许税前扣除的费用+/−计入利润表的费用与按照税法规定可予税前抵扣的金额之间的差额+/−计入利润表的收入与按照税法规定应计入应纳税所得额的收入之间的差额−税法规定的不征税收入+/−其他调整因素

2.递延所得税

（1）递延所得税，是指按照准则规定当期应予确认的递延所得税资产和递延所得税负债，即递延所得税资产及递延所得税负债当期发生额的综合结果，但不包括计入所有者权益的交易或事项的所得税影响。

（2）计算公式：

递延所得税=（递延所得税负债的期末余额−递延所得税负债的期初余额）−（递延所得税资产的期末余额−递延所得税资产的期初余额）

（3）一般情况下，递延所得税应计入所得税费用，以下两种情况除外：

①某项交易或事项按照企业会计准则规定应计入所有者权益，由该交易或事项产生的递延所得税资产或递延所得税负债及其变化亦应计入所有者权益，不构成利润表中的递延所得税费用（或收益）。

②企业合并中取得的资产、负债，其账面价值与计税基础不同，应确认相关递延所得税的，该递延所得税的确认影响合并中产生的商誉或是计入当期损益的金额，不影响所得税费用。

3.所得税费用

所得税费用=当期所得税费用+递延所得税费用

例 5-41 （不计入所得税费用的情况）武汉博乐玻璃有限公司持有的某项分类为以公允价值计量且其变动计入其他综合收益的金融资产，成本为1 000万元，会计期末，其公允价值为1 200万元，该企业适用的所得税税率为25%。除该事项外，该企业不存在其他会计与税法之间的差异，且递延所得税资产和递延所得税负债不存在期初余额。请作出相应账务处理。

解析 会计期末在确认200万元的公允价值变动时，账务处理为：

借：其他债权投资——公允价值变动　　2 000 000

　贷：其他综合收益　　2 000 000

确认应纳税暂时性差异的所得税影响时，账务处理为：

借：其他综合收益　　500 000

　贷：递延所得税负债　　500 000

例 5-42 武汉博乐玻璃有限公司2×22年度利润表中利润总额为2 400万元，该公司适用的所得税税率为25%。递延所得税资产及递延所得税负债不存在期初余额。与所得税核算有关的情况如下：

（1）2×22年1月开始计提折旧的一项固定资产，成本为1 200万元，使用年限为10年，净残值为0，会计处理按双倍余额递减法计提折旧，税收处理按直线法计提折旧。假定税法规定的使用年限及净残值与会计规定相同。

（2）向关联企业捐赠现金400万元。假定按照税法规定，企业向关联方的捐赠不允许税前扣除。

（3）当期取得的分类为以公允价值计量且其变动计入当期损益的金融资产的成本为600万元，2×22年12月31日的公允价值为1 200万元。税法规定，以公允价值计量且其变动计入当期损益的金融资产持有期间公允价值变动不计入应纳税所得额。

（4）违反环保法规支付罚款200万元。

（5）期末对持有的存货计提60万元的存货跌价准备。

2×22年资产负债表相关项目金额及计税基础见表5-52。请作出所得税相关账务处理。

表 5-52　　2×22年资产负债表相关项目金额及计税基础　　单位：万元

项目	账面价值	计税基础	差异	
			应纳税暂时性差异	可抵扣暂时性差异
存货	1 600	1 660		60
固定资产：				
固定资产原价	1 200	1 200		
减：累计折旧	240	120		
减：固定资产减值准备	0	0		
固定资产账面价值	960	1 080		120
交易性金融资产	1 200	600	600	
其他应付款	200	200		
总计			600	180

解析

（1）2×22年应交所得税：

应纳税所得额=2 400+120（固定资产折旧）+400（捐赠）-600（公允价值变动损益）+200（罚款）+60（存货跌价准备）=2 580（万元）

应交所得税=2 580×25%=645（万元）

（2）2×22年度递延所得税：

递延所得税资产=180×25%=45（万元）

递延所得税负债=600×25%=150（万元）

递延所得税=150-45=105（万元）

（3）利润表中应确认的所得税费用：

所得税费用=645＋105=750（万元）

确认所得税费用的账务处理如下：

借：所得税费用	750	
递延所得税资产	45	
贷：应交税费——应交所得税		645
递延所得税负债		150

【例5-43】沿用【例5-42】中有关资料，假定武汉博乐玻璃有限公司2×23年当期应交所得税为924万元。资产负债表中有关资产、负债的账面价值与其计税基础相关资料见表5-53，除所列项目外，其他资产、负债项目不存在会计和税收的差异。请作出所得税相关账务处理。

表5-53　有关资产、负债的账面价值与其计税基础　单位：万元

项目	账面价值	计税基础	差异	
			应纳税暂时性差异	可抵扣暂时性差异
存货	3 200	3 360		160
固定资产：				
固定资产原价	1 200	1 200		
减：累计折旧	432	240		
减：固定资产减值准备	40	0		
固定资产账面价值	728	960		232
交易性金融资产	1 040	500	540	
预计负债	200	0		200
总计			540	592

【解析】

（1）当期所得税=当期应交所得税=924（万元）。

（2）递延所得税：

①期末递延所得税负债（540×25%）	135
期初递延所得税负债	150
递延所得税负债减少	15
②期末递延所得税资产（592×25%）	148
期初递延所得税资产	45
递延所得税资产增加	103

递延所得税=-15-103=-118（万元）。（收益）

（3）确认所得税费用：

所得税费用=924-118=806（万元），确认所得税费用的账务处理如下：

借：所得税费用　806

　　递延所得税资产　103

　　递延所得税负债　15

　贷：应交税费——应交所得税　924

拓展阅读

随着数字经济的发展，互联网财税、灵活用工、网络货运、云众包等新型业态乘着国家利好政策的东风而迅速发展。但是，资本无序扩张埋下隐患，数字经济、平台经济合规经营仍有相当长的路要走，尤其税务合规方面应引起重视。而在这个从无序到规范的过程中，一些不法分子利用了数字经济、平台经济的外衣从事违法犯罪活动而对整个行业带来了负面影响，一些平台在经营过程中的不合规行为也被逐步曝光。本文将以近期案例为切入点，分析数字经济、平台经济下税务风险的防范与化解。

青海、上海新型虚开接连爆发，企服平台被推上风口浪尖

8月8日，青海省海东市公安局经侦支队破获“4·13”新型虚开增值税发票专案，涉及全国14省100余家企业，发票金额高达1.6亿元。据悉，某公司以便于管理、降低风险为由注册个体和独资企业一百多家，并将这些个体和独资企业营业执照（正本）、税控盘、发票专用章控制在其公司内部，在营运期间集中为他人虚开增值税专用发票、增值税普通发票、增值税普通电子发票。办案人员称：“该案件是以数字经济、平台经济为借口的新型违法犯罪行为，目的是受票企业虚列成本、少缴企业所得税、抵扣增值税进项税额，这损害了国家税收利益。”

类似情形在上海地区同样存在。2021年年初，多家财税公众号发布新闻，上海地区税警针对互联网人力资源公司、灵活用工平台及税收返还园区开展了专项行动，查处大案要案。经过一年多的司法程序，一些案件逐步判决并公示。2021年9月，上海市宝山区人民检察院就同一起案件发布8份《不起诉决定书》，披露：2018年5月至2020年7月间，施某甲（起诉）在任职上海**人力资源股份有限公司福利事业部产品总监期间，以提供弹性福利为名，由郑某某（不起诉）负责转递开票信息和回流账户信息，由曹某某、王某甲、陈某甲、薛某某、罗某某、马某某、徐某某等人（不起诉）对外招揽企业，介绍上海**人力资源管理有限公司、上海**企业管理有限公司为受票企业虚开增值税普通发票3亿余元。

六、任务实践

请同学们课前完成分小组，根据任务案例相关业务资料，完成以下任务。课堂进行展示、提问、讲解和互评，期待你们的精彩呈现。

任务一：根据资料（1），分别计算武汉博乐玻璃有限公司2×19年至2×23年各年A设备应计提的折旧，并填写完成表5-54。

表 5-54　A设备暂时性差异计算表　单位：万元

项目	2×19年12月31日	2×20年12月31日	2×21年12月31日	2×22年12月31日	2×23年12月31日
账面价值					
计税基础					
暂时性差异					

任务二：根据上述资料，计算武汉博乐玻璃有限公司2×19年至2×23年各年末的递延所得税资产或负债余额。

任务三：根据资料（2），编制武汉博乐玻璃有限公司2×23年与B楼房转换为投资性房地产及其后续公允价值变动相关的会计分录。

任务四：根据资料（3），编制武汉博乐玻璃有限公司2×23年与购入国债及确认利息相关的会计分录。

任务五：根据上述资料，计算武汉博乐玻璃有限公司2×23年的应交所得税和所得税费用，以及2×23年年末递延所得税资产或负债余额，并编制相关会计分录。

七、任务成果报告及评价

表5-55是确认递延所得税成果报告。

表 5-55　确认递延所得税成果报告

实训任务十　确认递延所得税成果报告			
适用项目		课时	12
组名		成员及分工	组织者：　思路方案： 政策支持：　职业素养：
时间及地点			
【案例描述及要求】			
【我的思路或方法】 【我的解决方案】 【我的政策知识】 【我的职业技能】 【我的职业素养】			
【课堂提问】 一、小组被提问记录 二、小组提问记录 三、教师提问记录			

续表

【我的评分】 评分标准： 1.知识掌握（20分）：案例适用政策完整且准确（20分）。 2.技能掌握（30分）：信息搜集整理完整（5分）、暂时性差异计算准确（10分）、所得税核算准确（15分）。 3.素质提升（30分）：思政精神力挖掘务实（5分）、与具体实践结合（15分）、具有共鸣感（10分）。 4.小组合作（20分）：分工明确（5分）、全员贡献度（10分）、活跃度（问及答）（5分）。 一、自评分（20%） 二、小组互评分（40%） 三、教师评分（40%）
【我的诊改】 一、存在问题 （一）知识方面 （二）技能方面 （三）素质方面 二、未来改进 （一）知识方面 （二）技能方面 （三）素质方面

八、课后作业及拓展

（一）讨论

为什么平时核算时对暂时性差异不确认递延所得税？

（二）作业

1.【单项选择题】A公司202×年因债务担保确认了预计负债500万元，担保方未就该项担保收取与相应责任相关的费用；因产品质量保证确认预计负债100万元。假定税法规定与债务担保有关的费用不允许税前扣除，与产品质量保证相关的费用在实际发生时允许税前扣除。A公司适用的所得税税率为25%，A公司未来年度能够产生足够的应纳税所得额用以抵扣可抵扣暂时性差异。A公司该业务涉及的预计负债在202×年年末的计税基础为（　　）。

A.600万元　　B.100万元　　C.500万元　　D.400万元

2.【单项选择题】甲企业成立于202×年，主要从事A产品的生产和销售，适用的所得税税率为25%。3月10日购入价值200万元的设备，当日投入使用，预计使用年限为5年，无净残值，企业采用年限平均法计提折旧，税法与会计的折旧方法及净残值相同，税法规定的折旧年限为10年。甲企业当年实现销售收入2 000万元，发生广告费和业务宣传费支出350万元。税法规定广告费和业务宣传费不超过当年销售收入15%的部分准予当年扣除，超过部分结转到以后年度扣除。假定甲企业预计其未来能够产生足够的应纳税所得额用以抵扣可抵扣暂时性差异，不考虑其他因素，202×年年末甲企业应确认的递延所得税资产为（　　）。

A.16.25万元　　B.12.5万元　　C.8.75万元　　D.17.5万元

3.【单项选择题】国家为了鼓励高新产业技术的发展与创新，于2×22年将甲公司纳入高新企业行列，并规定其自2×23年1月1日起可按15%的税率缴纳企业所得税。甲公司于2×22年发生经营亏损1 000万元，按照税法规定，该亏损可用于抵减未来5个年度的应纳税所得额。该公司预计其在未来5年内能够产生的应纳税所得额为800万元。假定除上述事项外，甲公司无其他纳税调整事项，下列关于甲公司2×22年所得税的处理中，正确的是（　　）。

A.确认递延所得税资产250万元

B.确认递延所得税资产150万元

C.确认递延所得税资产120万元

D.确认递延所得税资产200万元

4.【单项选择题】202×年12月31日，甲公司因交易性金融资产和以公允价值计量且其变动计入其他综合收益的金融资产的公允价值变动，分别确认了10万元的递延所得税资产和20万元的递延所得税负债。甲公司当期应交所得税的金额为150万元。假定不考虑其他因素，该公司202×年度利润表“所得税费用”项目应列示的金额为（　　）。

A.120万元　　B.140万元　　C.160万元　　D.180万元

5.【单项选择题】A公司对B公司的长期股权投资采用权益法核算，占B公司有表决权资本的40%。A公司所得税税率为25%，A公司拟长期持有该投资。202×年12月31日，B公司由于行业生产技术发生重大变化，失去核心竞争能力，A公司对B公司的长期股权投资账面价值为1 800万元，期末预计未来现金流量现值为1 700万元，公允价值减去处置费用后的净额为1 650万元。以前年度未计提减值准备，假定A公司在未来期间能够产生足够的应纳税所得额用以抵扣可抵扣暂时性差异，不考虑其他因素。202×年年末，A公司因长期股权投资应确认递延所得税收益（　　）。

A.0　　B.25万元　　C.37.5万元　　D.12.5万元

6.【多项选择题】下列交易或事项中，可能产生应纳税暂时性差异的有（　　）。

A.为关联方提供债务担保而确认的预计负债，按照税法规定，计提时和实际

发生损失时均不允许税前扣除

B.企业当期以免税合并方式合并了乙公司，合并当日乙公司可辨认净资产的公允价值与计税基础存在差额

C.企业当期购入的无形资产，作为使用寿命不确定的无形资产进行核算，且期末经测试未减值

D.企业当期收到客户预付的款项，尚未确认收入，按照税法规定，在发出商品时确认收入

7.【多项选择题】下列有关递延所得税会计处理的表述中，正确的有（　　）。

A.无论暂时性差异的转回期间如何，相关的递延所得税资产和递延所得税负债都不需要折现

B.本期发生的暂时性差异均应确认递延所得税资产或递延所得税负债

C.与直接计入所有者权益的交易或者事项相关的递延所得税影响，应当计入所有者权益

D.资产负债表日，对于递延所得税资产应按照预期收回该资产或清偿该负债期间适用的税率计量，如果未来期间税率发生变化，应当按照变化后的新税率计算确定，并且要对递延所得税资产的账面价值进行复核

8.【多项选择题】下列暂时性差异在确认递延所得税时不影响所得税费用的有（　　）。

A.非投资性房地产转为以公允价值模式进行后续计量的投资性房地产时，公允价值大于账面价值

B.非投资性房地产转为以公允价值模式进行后续计量的投资性房地产时，公允价值小于账面价值

C.交易性金融资产的公允价值上升

D.持有的以公允价值计量且其变动计入其他综合收益的金融资产的公允价值上升

9.【多项选择题】甲公司202×年实现营业收入5 000万元，发生营业成本2 000万元，发生管理费用200万元，分类为以公允价值计量且其变动计入其他综合收益的金融资产的公允价值上升150万元，计提无形资产减值准备60万元，取得分类为以公允价值计量且其变动计入其他综合收益的金融资产的利息收益50万元，固定资产清理净收入30万元。甲公司适用的所得税税率为25%，假定甲公司在未来期间能够产生足够的应纳税所得额用以抵扣可抵扣暂时性差异。不考虑其他因素，下列有关甲公司所得税处理的表述中，正确的有（　　）。

A.甲公司202×年应交所得税705万元

B.甲公司202×年应确认递延所得税资产15万元

C.甲公司202×年应确认递延所得税负债37.5万元

D.甲公司202×年应确认所得税费用705万元

10.【多项选择题】甲公司适用的所得税税率为25%。2×22年财务报告于2×23年4月20日批准报出，2×22年度所得税汇算清缴于2×23年4月30日完成。甲公司2×22年12月31日涉及一项诉讼案件，甲公司的法律顾问认为，败诉的

可能性为60%，如败诉，预计赔偿金额为100万元。甲公司实际确认预计负债100万元。2×23年3月14日法院作出判决，甲公司应支付赔偿140万元，另支付诉讼费用10万元。假定税法规定该诉讼损失在实际支出时允许税前扣除。假定甲公司各年税前会计利润均为5 000万元。不考虑其他纳税调整事项。2×23年3月15日甲公司不服并上诉至上一级法院。甲公司的法律顾问认为，二审判决很可能维持一审判决。假定甲公司在未来期间能够产生足够的应纳税所得额用以抵扣可抵扣暂时性差异，不考虑其他因素。下列关于甲公司2×23年会计处理的表述中，正确的有（　　）。

A.通过“以前年度损益调整”调增2×22年营业外支出40万元和管理费用10万元

B.继续确认2×22年预计负债50万元

C.不调整2×22年应交所得税

D.调整增加2×22年递延所得税资产12.5万元

项目六　落叶无声——企业注销财税处理

项目导读

对于不适应社会需求的产品或者企业主体，及时退出是经营者正确的选择。

本项目，带着大家了解企业注销税务登记的具体内容，展示市场法人注销的过程。完成本项目所有任务，可以知晓企业办税员、会计岗位人员等的职业能力清单，能够提升办税员、会计岗位人员的执业能力，独立完成市场法人注销过程中的登记、清算财务处理、清算税务处理等工作。

项目目标

* 能够分辨引起注销登记的不同情况；
* 能够独立完成法人注销工作；
* 能够独立完成清算方案；
* 能够独立完成法人清算会计处理；
* 能够独立完成法人清算税务处理；
* 能够让学生树立担当意识，做事情有始有终；
* 能够让学生树立正确的价值观，懂得适时止损的重要性。

任务一　企业注销筹备工作

一、任务导航

表6-1是企业注销筹备工作任务表。

表6-1　企业注销筹备工作任务表

任务基本描述：展示企业法人注销的不同原因、类型及流程				
任务目标	任务知识点	任务技能点	学习时间节点	学习资源
1.确定注销原因及流程	•企业注销原因 •企业注销流程 •资产、债权债务清理 •税务清理，注销税务登记 •工商注销 •注销人员工作分配	•执行股东会注销要求 •加强与清算组沟通	•课前准备 •课堂展示	•百度搜索 •超星平台 •国家税务总局政策法规
2.准备资料		•专业询问沟通技巧 •注销流程图设计	•课前准备 •课堂展示	•百度搜索 •超星平台
3.制作文案		•文案构成、设计、制作技巧、工具	•课堂完成 •课堂展示	•百度搜索

二、前导知识和技能测试

前导知识测试6.1.1

前导技能测试6.1.1

前导知识测试 6.1.1

前导技能测试 6.1.1

三、任务计划

（一）学习目标：________________

（二）学习内容及时间安排：________________

（三）学习完成率及成果：________________

四、任务案例

中国居民宋某为扩大产业链，新成立主营玻璃工艺品的璃之花有限公司，但是由于市场信息不对称及经营管理等原因，导致经营不善，宋某决定注销璃之花有限公司，找到财务部门全体人员商量如何进行注销工作。

五、任务知识殿堂

（一）企业注销类型

企业注销是指当发生公司宣告破产，被其他公司收购，规定的营业期限届满不续或公司内部解散等情形时，公司需要到登记机关申请注销，以终止公司法人资格的过程。

从企业注销原因来说，企业注销有内部和外部两方面的原因，内部原因有公司经营不善、管理问题等，外部原因有被吊销、撤销等，具体如下：

股东或股东会作出公司解散决议；

公司依法宣告破产；

公司章程规定营业期限届满且不续；

公司章程或法律规定的解散事由出现；

公司因合并、分立解散；

公司被依法强制解散；

公司吊销或撤销后转注销。

从公司注销程序来看，分为简易注销和一般注销。

1.简易注销

简易注销是指符合条件的企业办理注销登记的简易程序，简易注销简化了注销程序、公告方式和登记材料。公告期满后，企业方可向企业登记机关提出简易注销登记申请。

（1）可以选择简易注销的情形。

领取营业执照后未开展经营活动、申请注销登记前未发生债权债务或已将债权债务清算完结的有限责任公司、非公司企业法人、个人独资企业、合伙企业，以及未发生债权债务或已将债权债务清偿的市场主体（上市股份有限公司除外），可以选择简易注销。

（2）免予办理清税证明的简易注销情形。

向市场监管部门申请简易注销的纳税人，符合下列情形之一的，可免予到税务机关办理清税证明，直接向市场监管部门申请办理注销登记；

①未办理过涉税事宜的；

②办理过涉税事宜但未领用发票，无欠税（滞纳金）及罚款的。

（3）不适用简易注销程序的情形。

①涉及国家规定实施准入特别管理措施的外商投资企业；

②被列入企业经营异常名录或严重违法失信企业名单的；

③存在股权（投资权益）被冻结、出质或动产抵押等情形的；

④有正在被立案调查或采取行政强制、司法协助、被予以行政处罚等情形的；

⑤企业所属的非法人分支机构未办理注销登记的；

⑥曾被终止简易注销程序的；

⑦法律、行政法规或者国务院规定在注销登记前须经批准的；

⑧不适用企业简易注销登记的其他情形。

2.一般清算

企业除了采用简易注销登记外，都适用一般清算。

人民法院裁定强制清算或裁定宣告破产的，有关企业清算组、企业管理人可持人民法院终结强制清算程序的裁定或终结破产程序的裁定，向被强制清算人或破产人的原登记机关申请办理简易注销登记。

（二）注销流程

1.简易注销流程

简易注销流程如图6-1所示。

在注销平台填报信息，生成《全体投资人承诺书》

通过国家企业信用信息公示系统《简易注销公告》专栏主动向社会公告。公告日期20日

登记机关将相关信息推送到同级税务、人力资源和社会保障部门，涉及外商投资企业的还要推送到同级商务主管部门

市场监督管理部门在企业发布简易注销公告起1个工作日内通过信息共享交换平台将相关数据推送税务机关

公告期满后企业提出简易注销登记申请

符合条件予以注销

注：具体简易注销登记流程及所需资料，以所在地相关部门要求为准。

图6-1　简易注销流程

2.一般性注销及清算流程

（1）注销程序：

①形成注销公司的决议

②税务审计（清算审计）

③税务注销

④工商注销

（2）具体操作：

①成立清算组。

②展开清算工作。

清算组自成立之日起接管公司，开展以下业务：

a.接管公司财产；

b.了结公司未了业务；

c.收取债权，清理债务；

d.分配剩余财产；

e.注销公司法人资格，注销营业执照。

③通知债权人申报债权。

④提出清算方案。

清算组在清理公司财产、编制资产负债表和财产清单后，拟定提出清算方案，

报股东会讨论通过或者主管机关确认。

清算方案的主要内容有：

a.清算费用；

b.应支付的职工工资、劳动保险费；

c.应缴纳的税款；

d.清偿公司债务。

⑤分配剩余财产。

⑥终结清算工作。

清算组在终结分配后，应制作清算终结报告，报股东会或主管机关认可后，申请注销公司法人资格，注销营业执照。

（三）注销及清算工作涉及相应人员及组织

注销及清算工作涉及相应人员及组织有：

（1）办税人员、助理会计岗；

（2）企业资产管理岗；

（3）企业财务岗；

（4）股东大会；

（5）清算组。

注意，注销营业执照之日起十五日内成立清算组，开始清算。有限责任公司的清算组由股东组成，股份有限公司的清算组由董事或者股东大会确定的人员组成。逾期不成立清算组进行清算的，债权人可以申请人民法院指定有关人员组成清算组进行清算。人民法院应当受理该申请，并及时组织清算组进行清算。

拓展阅读

企业注销后被税务机关检查，能不能补税和罚款？

稽查工作规程中对于终结检查和终结执行，专门规定：如果检查时，发现被查对象死亡或者被依法宣告死亡或者依法注销，且无财产可抵缴税款或者无法定税收义务承担主体的，则终结检查。在执行时，如果发现被执行人确实没有财产抵缴税款或者依照破产清算程序确实无法清缴税款，应终结执行。

从稽查工作规程对于终结检查和终结执行的规定，我们可以看到，对于在企业存续期间产生的税款这一税收债权，即便企业注销，如果有财产抵税或者有法定税收义务承担主体，仍然可以追缴税款。

《关于涉嫌犯罪单位被撤销、注销、吊销营业执照或者宣告破产的应如何进行追诉问题的批复》规定：“涉嫌犯罪的单位被撤销、注销、吊销营业执照或者宣告破产的，应当根据刑法关于单位犯罪的相关规定，对实施犯罪行为的该单位直接负责的主管人员和其他直接责任人员追究刑事责任，对该单位不再追诉。”

也就是说，在刑法上，对于单位犯罪，正常情况下要对单位处罚（如处以罚金），但按照最高检的批复，对于已经注销的企业，不再进行处罚（如罚金）。

六、任务实践

请课前完成分小组，课上随机选定角色，完成以下任务实践。

步骤一：角色扮演汇报企业的基本财务状况；

步骤二：角色扮演，向领导汇报清算基本流程；

步骤三：制订清算的基本方案。

表6-2是该企业简易资产负债表。

表6-2　　资产负债简表（经营结束日）

202×年5月31日　　单位：万元

项目	金额	项目	金额
货币资金	335	短期借款	232
应收票据	320	应付票据	210
应收账款	280	应付账款	190
交易性金融资产	120	应交税费	96
存货	298	长期借款	200
长期投资	300	负债合计	928
固定资产	1 200	实收资本	600
减：累计折旧	980	资本公积	118
固定资产净值	220	盈余公积	144
		未分配利润	83
		股东权益合计	945
资产合计	1 873	负债及股东权益合计	1 873

七、任务成果报告及评价

表6-3是企业注销筹备工作成果报告。

表6-3　　企业注销筹备工作成果报告

<table>
<tr><td colspan="4">实训任务一　企业注销筹备工作成果报告</td></tr>
<tr><td>适用项目</td><td></td><td>课时</td><td>2</td></tr>
<tr><td>组名</td><td></td><td rowspan="2">成员及分工</td><td rowspan="2">组织者：　　思路方案：
政策支持：　　职业素养：
文档制作及上传：</td></tr>
<tr><td>时间及地点</td><td></td></tr>
<tr><td colspan="4">【案例描述及要求】</td></tr>
</table>

续表

【我的思路或方法】 【我的解决方案】 【我的政策知识】 【我的职业技能】 【我的职业素养】
【课堂提问】 一、小组被提问记录 二、小组提问记录 三、教师提问记录
【我的评分】 评分标准： 1.知识掌握（20分）：案例适用政策完整且准确（20分）。 2.技能掌握（30分）：案例税额计算准确（15分）、文档制作（5分）、信息搜集整理（5）、演讲表达（5分）。 3.素质提升（30分）：思政精神力挖掘务实（5分）、与具体实践结合（15分）、具有共鸣感（10分）。 4.小组合作（20分）：分工明确（5分）、全员贡献度（10分）、活跃度（问及答）（5分）。 一、自评分（20%） 二、小组互评分（40%） 三、教师评分（40%）

续表

【我的诊改】 一、存在问题 （一）知识方面   （二）技能方面   （三）素质方面   二、未来改进 （一）知识方面   （二）技能方面   （三）素质方面

八、课后作业及拓展

（一）讨论

1.清算组由哪些人组成？

2.容缺办理是什么机制？

3.会计师事务所审计后出具清算审计报告有哪几种意见？

（二）阅读

1.企业重组、清算相关财税处理书籍。

2.《国家税务总局关于进一步优化办理企业税务注销程序的通知》（税总发〔2018〕149号）

3.符合条件的市场主体注销可免于办理清税证明，http：//www.chinatax.gov.cn/chinatax/c102192/c5178124/content.html。

（三）作业

1.【单项选择题】下列各项中，适用《企业破产清算有关会计处理规定》的是（　　）。

A.法院裁定进入重整的企业

B.法院裁定进入和解程序的企业

C.经法院宣告破产处于破产清算期间的企业法人

D.被吸收合并的企业

2.【多项选择题】下列各项中，一般属于破产企业清算财务报表报送对象的有（　　）。

A.股东　　B.职工　　C.法院　　D.债权人会议

3.【判断题】破产企业会计确认、计量和报告以持续经营为前提。（　　）

任务二　企业注销过程财务处理

一、任务导航

表6-4是企业注销过程财务处理工作任务表。

表6-4　企业注销过程财务处理工作任务表

任务基本描述：展示企业法人注销中清算适用的会计科目、账务处理及清算财务报表的处理				
任务目标	任务知识点	任务技能点	学习时间节点	学习资源
1.掌握清算中的会计科目	•编制基础和计量属性 •确认和计量 •负债类科目 •清算净值类科目 •清算损益类科目	•执行股东会注销要求 •加强与清算组沟通，确定要使用的会计科目	•课前准备 •课堂展示	•百度搜索 •超星平台
2.完成清算中的财务处理	•破产宣告日余额结转 •破产宣告日余额调整 •处置破产资产 •清偿债务	•完成清算中各项业务的财务处理	•课堂完成 •课堂展示	•百度搜索 •超星平台
3.制作清算财务报表		•完成清算损益表	•课堂后完成 •课堂展示	•百度搜索 •超星平台

二、前导知识和技能测试

前导知识测试6.2.1

前导技能测试6.2.1

前导知识测试6.2.1

前导技能测试6.2.1

三、任务计划

（一）学习目标：________________

（二）学习内容及时间安排：________________

（三）学习完成率及成果：________________

四、任务案例

根据清算组关于相关资产负债的处理决定，璃之花有限公司财务人员根据已有清算财务报表，对债权及其资产、清算债务、清算费用进行财务处理。

具体业务如下：

1.202×年6月1日清算组追回应收账款198万元，确认坏账损失82万元。

2.202×年6月2日将应收票据转让给华亚有限责任公司，收回现金280万元，确认损失40万元。

3. 202×年6月4日将存货变卖，取得现金185万元（含增值税），差额部分13万元作清算损益。

4.202×年6月5日处置长期投资，收回现金150万元，损失150万元。

5.202×年6月8日偿还短期借款232万元，支付利息11万元。

6.202×年6月9日偿还未到期的应付票据，支付现金180万元。

7.202×年6月10日偿还应付账款150万元。

8.202×年6月11日上缴税金96万元。

9.202×年6月12日偿还未到期的长期借款本金200万元，利息15万元。

10.202×年7月10日清算组支付清理过程中的工资、清理费等共计88万元。

表6-5是清算损益表。

业务1

业务2

业务3

业务4

业务5

业务6

业务7

业务8

业务9

业务10

表6-5 **清算损益表** 会清02表

编制单位： 年 月 日 单位：元

项目	行次	本期数	累积数
一、清算收益（净损失以“-”号表示）			
（一）资产处置净收益（净损失以“-”号表示）			
（二）债务清偿净收益（净损失以“-”号表示）			
（三）破产资产和负债净值变动净收益（净损失以“-”号表示）			
（四）其他收益			
小计			
二、清算费用			
（一）破产费用（以“-”号表示）			
（二）共益债务费用（以“-”号表示）			
（三）其他费用（以“-”号表示）			
（四）所得税费用（以“-”号表示）			
小计			
三、清算净收益（清算净损失以“-”号表示）			

注：暂不考虑所得税费用。

五、任务知识殿堂

（一）编制基础和计量属性

（1）破产企业会计确认、计量和报告以非持续经营为前提。

（2）企业经法院宣告破产的，应当按照法院或债权人会议要求的时点（包括破产宣告日、债权人会议确定的编报日、破产终结申请日等，以下简称破产报表日）编制清算财务报表，并由破产管理人签章。

（3）破产企业在破产清算期间的资产应当以破产资产清算净值计量。本规定所称的资产，是指《中华人民共和国企业破产法》（以下简称《破产法》）规定的债务人（破产企业）财产。

破产资产清算净值，是指在破产清算的特定环境下和规定时限内，最可能的变现价值扣除相关的处置税费后的净额。最可能的变现价值应当为公开拍卖的变现价值，但是债权人会议另有决议或国家规定不能拍卖或限制转让的资产除外；债权人会议另有决议的，最可能的变现价值应当为其决议的处置方式下的变现价值；按照国家规定不能拍卖或限制转让的，应当将按照国家规定的方式处理后的所得作为变现价值。

（4）破产企业在破产清算期间的负债应当以破产债务清偿价值计量。破产债务清偿价值，是指在不考虑破产企业的实际清偿能力和折现等因素的情况下，破产企业按照相关法律规定或合同约定应当偿付的金额。

（二）确认和计量

（1）破产企业被法院宣告破产的，应当按照破产资产清算净值对破产宣告日的资产进行初始确认计量，按照破产债务清偿价值对破产宣告日的负债进行初始确认计量，相关差额直接计入清算净值。

（2）破产企业在破产清算期间的资产，应当按照破产资产清算净值进行后续计量，负债按照破产债务清偿价值进行后续计量。破产企业应当按照破产报表日的破产资产清算净值和破产债务清偿价值，对资产和负债的账面价值分别进行调整，差额计入清算损益。

（3）破产清算期间发生资产处置的，破产企业应当终止确认相关被处置资产，并将处置所得金额与被处置资产的账面价值的差额扣除直接相关的处置费用后，计入清算损益。

（4）破产清算期间发生债务清偿的，破产企业应当按照偿付金额，终止确认相应部分的负债。在偿付义务完全解除时，破产企业应当终止确认该负债的剩余账面价值，同时确认清算损益。

（5）破产清算期间发生的各项费用、取得的各项收益应当直接计入清算损益。

（6）在破产清算期间，破产企业按照税法规定需要缴纳企业所得税的，应当计算所得税费用，并将其计入清算损益。所得税费用应当仅反映破产企业当期应交的所得税。

（7）破产企业因盘盈、追回等在破产清算期间取得的资产，应当按照取得时的破产资产清算净值进行初始确认计量，初始确认计量的账面价值与取得该资产的成本之间存在差额的，该差额应当计入清算损益。

（8）破产企业在破产清算期间新承担的债务，应当按照破产债务清偿价值进行初始确认计量，并计入清算损益。

（三）会计科目与账务处理

1.科目设置

破产企业的会计档案等财务资料经法院裁定由破产管理人接管的，应当在企业被法院宣告破产后，比照原有资产、负债类会计科目，根据实际情况设置相关科目，并增设相关负债类、清算净值类和清算损益类等会计科目。破产企业还可以根据实际需要，在一级科目下自行设置明细科目。

（1）负债类科目设置。

①“应付破产费用”科目，本科目核算破产企业在破产清算期间发生的《破产法》规定的各类破产费用。

②“应付共益债务”科目，本科目核算破产企业在破产清算期间发生的《破产法》规定的各类共益债务。

共益债务，是指在人民法院受理破产申请后，为全体债权人的共同利益而管理、变卖和分配破产财产而负担的债务，主要包括因管理人或者债务人（破产企业，下同）请求对方当事人履行双方均未履行完毕的合同所产生的债务、债务人财产受无因管理所产生的债务、因债务人不当得利所产生的债务、为债务人继续营业而应当支付的劳动报酬和社会保险费用以及由此产生的其他债务、管理人或者相关人员执行职务致人损害所产生的债务以及债务人财产致人损害所产生的债务。

（2）清算净值类科目设置。

“清算净值”科目，本科目核算破产企业在破产报表日结转的清算净损益科目余额。破产企业资产与负债的差额，也在本科目核算。

（3）清算损益类科目设置。

①“资产处置净损益”科目，本科目核算破产企业在破产清算期间处置破产资产产生的、扣除相关处置费用后的净损益。

②“债务清偿净损益”科目，本科目核算破产企业在破产清算期间清偿债务产生的净损益。

③“破产资产和负债净值变动净损益”科目，本科目核算破产企业在破产清算期间按照破产资产清算净值调整资产账面价值，以及按照破产债务清偿价值调整负债账面价值产生的净损益。

④“其他收益”科目，本科目核算除资产处置、债务清偿以外，在破产清算期间发生的其他收益。

⑤“破产费用”科目，本科目核算破产企业破产清算期间发生的《破产法》规定的各项破产费用，主要包括破产案件的诉讼费用，管理、变价和分配债务人资产的费用，管理人执行职务的费用、报酬和聘用工作人员的费用。本科目应按发生的费用项目设置明细账。

⑥“共益债务支出”科目，本科目核算破产企业破产清算期间发生的《破产法》规定的共益债务相关的各项支出。

⑦“其他费用”科目，本科目核算破产企业破产清算期间发生的除破产费用和共益债务支出之外的各项其他费用。

⑧“所得税费用”科目，本科目核算破产企业破产清算期间发生的企业所得税费用。

⑨“清算净损益”科目，本科目核算破产企业破产清算期间结转的上述各类清算损益科目余额。

破产企业可根据具体情况增设、减少或合并某些会计科目。

2.账务处理

（1）破产宣告日余额结转。

法院宣告企业破产时，应当根据破产企业移交的科目余额表，将部分会计科目的相关余额转入以下新科目，并编制新的科目余额表。

①原“应付账款”“其他应付款”等科目中属于《破产法》规定的破产费用的余额，转入“应付破产费用”科目。

②原“应付账款”“其他应付款”等科目中属于《破产法》规定的共益债务的余额，转入“应付共益债务”科目。

③原“商誉”“长期待摊费用”“递延所得税资产”“递延所得税负债”“递延收益”“股本”“资本公积”“盈余公积”“其他综合收益”“未分配利润”等科目的余额，转入“清算净值”科目。

（2）破产宣告日余额调整。

①关于各类资产，破产企业应当对拥有的各类资产（包括原账面价值为零的已提足折旧的固定资产、已摊销完毕的无形资产等）登记造册，估计其破产资产清算净值，按照其破产资产清算净值对各资产科目余额进行调整，并相应调整“清算净值”科目。

②关于各类负债，破产企业应当对各类负债进行核查，按照规定对各负债科目余额进行调整，并相应调整“清算净值”科目。

（3）处置破产资产。

①破产企业收回应收票据、应收款项类债权、应收款项类投资，按照收回的款项，借记“库存现金”“银行存款”等科目，按照应收款项类债权或应收款项类投资的账面价值，贷记相关资产科目，按其差额，借记或贷记“资产处置净损益”科目。

例 6-1 万盛企业在清算中应收账款账面金额为50万元，实际收到45万元，账务处理如下：

借：银行存款	450 000	
资产处置净损益	50 000	
贷：应收账款		500 000

②破产企业出售各类投资，按照收到的款项，借记“库存现金”“银行存款”等科目，按照相关投资的账面价值，贷记相关资产科目，按其差额，借记或贷记

“资产处置净损益”科目。

③破产企业出售存货、投资性房地产、固定资产及在建工程等实物资产，按照收到的款项，借记“库存现金”“银行存款”等科目，按照实物资产的账面价值，贷记相关资产科目，按应当缴纳的税费，贷记“应交税费”科目，按上述各科目发生额的差额，借记或贷记“资产处置净损益”科目。

④破产企业出售无形资产，按照收到的款项，借记“库存现金”“银行存款”等科目，按照无形资产的账面价值，贷记“无形资产”科目，按应当缴纳的税费，贷记“应交税费”科目，按上述各科目发生额的差额，借记或贷记“资产处置净损益”科目。

⑤破产企业的划拨土地使用权被国家收回，国家给予一定补偿的，按照收到的补偿金额，借记“库存现金”“银行存款”等科目，贷记“其他收益”科目。

⑥破产企业处置破产资产发生的各类评估、变价、拍卖等费用，按照发生的金额，借记“破产费用”科目，贷记“库存现金”“银行存款”“应付破产费用”等科目。

3.清偿债务

（1）破产企业清偿破产费用和共益债务，按照相关已确认负债的账面价值，借记“应付破产费用”“应付共益债务”等科目，按照实际支付的金额，贷记“库存现金”“银行存款”等科目，按其差额，借记或贷记“破产费用”“共益债务支出”科目。

（2）破产企业按照经批准的职工安置方案，支付的所欠职工的工资和医疗、伤残补助、抚恤费用，应当划入职工个人账户的基本养老保险、基本医疗保险费用和其他社会保险费用，以及法律、行政法规规定应当支付给职工的补偿金，按照相关账面价值借记“应付职工薪酬”等科目，按照实际支付的金额，贷记“库存现金”“银行存款”等科目，按其差额，借记或贷记“债务清偿净损益”科目。

（3）破产企业支付所欠税款，按照相关账面价值，借记“应交税费”等科目，按照实际支付的金额，贷记“库存现金”“银行存款”等科目，按其差额，借记或贷记“债务清偿净损益”科目。

例6-2 万盛企业在清算中应交税费账面金额为32万元，实际支付30万元，账务处理如下：

借：应交税费	320 000	
贷：银行存款		300 000
债务清偿净损益		20 000

（4）破产企业清偿破产债务，按照实际支付的金额，借记相关债务科目，贷记“库存现金”“银行存款”等科目。

破产企业以非货币性资产清偿债务的，按照清偿的价值借记相关负债科目，按照非货币性资产的账面价值，贷记相关资产科目，按其差额，借记或贷记“债务清偿净损益”科目。

债权人依法行使抵销权的，按照经法院确认的抵销金额，借记相关负债科目，贷记相关资产科目，按其差额，借记或贷记“债务清偿净损益”科目。

（5）其他账务处理。

①在破产清算期间通过清查、盘点等方式取得的未入账资产，应当按照取得日的破产资产清算净值，借记相关资产科目，贷记“其他收益”科目。

②在破产清算期间通过债权人申报发现的未入账债务，应当按照破产债务清偿价值确定计量金额，借记“其他费用”科目，贷记相关负债科目。

③在编制破产清算期间的财务报表时，应当对所有资产项目按其破产报表日的破产资产清算净值重新计量，借记或贷记相关资产科目，贷记或借记“破产资产和负债净值变动净损益”科目；应当对所有负债项目按照破产债务清偿价值重新计量，借记或贷记相关负债科目，贷记或借记“破产资产和负债净值变动净损益”科目。

④破产企业在破产清算期间，作为买入方继续履行尚未履行完毕的合同的，按照收到的资产的破产资产清算净值，借记相关资产科目，按照相应的增值税进项税额，借记“应交税费”科目，按照应支付或已支付的款项，贷记“库存现金”“银行存款”“应付共益债务”或“预付款项”等科目，按照上述各科目的差额，借记“其他费用”或贷记“其他收益”科目。企业作为卖出方继续履行尚未履行完毕的合同的，按照应收或已收的金额，借记“库存现金”“银行存款”“应收账款”等科目，按照转让的资产账面价值，贷记相关资产科目，按照应缴纳相关税费，贷记“应交税费”科目，按照上述各科目的差额，借记“其他费用”科目或贷记“其他收益”科目。

⑤破产企业发生《破产法》第四章相关事实，破产管理人依法追回相关破产资产的，按照追回资产的破产资产清算净值，借记相关资产科目，贷记“其他收益”科目。

⑥破产企业收到的利息、股利、租金等孳息，借记“库存现金”“银行存款”等科目，贷记“其他收益”科目。

⑦破产企业在破产清算终结日，剩余破产债务不再清偿的，按照其账面价值，借记相关负债科目，贷记“其他收益”科目。

⑧在编制破产清算期间的财务报表时，有已实现的应纳税所得额的，考虑可以抵扣的金额后，应当据此提存应交所得税，借记“所得税费用”科目，贷记“应交税费”科目。

⑨在编制破产清算期间的财务报表时，应当将“资产处置净损益”“债务清偿净损益”“破产资产和负债净值变动净损益”“其他收益”“破产费用”“共益债务支出”“其他费用”“所得税费用”科目结转至“清算净损益”科目，并将“清算净损益”科目余额转入“清算净值”科目。

（四）清算财务报表

破产企业应当按照规定编制清算财务报表，向法院债权人会议等报表使用者反映破产企业在破产清算过程中的财务状况、清算损益、现金流量变动和债务偿付状况。

破产企业的财务报表包括清算资产负债表、清算损益表、清算现金流量表、债务清偿表及相关附注。

法院宣告企业破产的，破产企业应当以破产宣告日为破产报表日编制清算资产负债表及相关附注。

法院或债权人会议等要求提供清算财务报表的，破产企业应当根据其要求提供清算财务报表的时点确定破产报表日，编制清算资产负债表、清算损益表、清算现金流量表、债务清偿表及相关附注。

向法院申请裁定破产终结的，破产企业应当编制清算损益表、债务清偿表及相关附注。

清算资产负债表反映破产企业在破产报表日资产的破产资产清算净值，以及负债的破产债务清偿价值。

资产项目和负债项目的差额在清算资产负债表中作为清算净值列示。

清算损益表反映破产企业在破产清算期间发生的各项收益、费用。清算损益表至少应当单独列示反映下列信息的项目：资产处置净收益（损失）、债务清偿净收益（损失）、破产资产和负债净值变动净收益（损失）、破产费用、共益债务支出、所得税费用等。

清算现金流量表反映破产企业在破产清算期间货币资金余额的变动情况。清算现金流量表应当采用直接法编制，至少应当单独列示反映下列信息的项目：处置资产收到的现金净额、清偿债务支付的现金、支付破产费用的现金、支付共益债务支出的现金、支付所得税的现金等。

债务清偿表反映破产企业在破产清算期间发生的债务清偿情况。债务清偿表应当根据《破产法》规定的债务清偿顺序，按照各项债务的明细单独列示。债务清偿表中列示的各项债务至少应当反映其确认金额、清偿比例、实际需要清偿金额、已清偿金额、尚未清偿金额等信息。

破产企业应当在清算财务报表附注中披露下列信息：

（1）破产资产明细信息；

（2）破产管理人依法追回的账外资产明细信息；

（3）破产管理人依法取回的质物和留置物的明细信息；

（4）未经法院确认的债务的明细信息；

（5）应付职工薪酬的明细信息；

（6）期末货币资金余额中已经提存用于向特定债权人分配或向国家缴纳税款的金额；

（7）资产处置损益的明细信息，包括资产性质、处置收入、处置费用及处置净收益；

（8）破产费用的明细信息，包括费用性质、金额等；

（9）共益债务支出的明细信息，包括具体项目、金额等。

拓展阅读

企业注销前留抵增值税进项税如何处理？

《财政部 国家税务总局关于增值税若干政策的通知》（财税〔2005〕165号）

“六、一般纳税人注销时存货及留抵税额处理问题”规定：一般纳税人注销或被取消辅导期一般纳税人资格，转为小规模纳税人时，其存货不作进项税额转出处理，其留抵税额也不予以退税。

在企业注销前，存在留抵税额的，可能存在两种情况：(1) 注销前还存在存货、固定资产等非货币性资产；(2) 注销前已经不存在非货币性资产。

在企业注销前，如果还存在非货币性资产，需要销售变现或者分配给股东（投资者）等，无论是销售还是分配等视同销售，都会产生增值税销项税额，留抵税额应先从销项税额抵扣。

如果抵扣后还有留抵税额，或注销前已经不存在非货币性资产但有留抵税额的，根据《财政部 国家税务总局关于企业清算业务企业所得税处理若干问题的通知》(财税〔2009〕60号)，可以依法减除。

企业的全部资产可变现价值或交易价格，减除资产的计税基础、清算费用、相关税费，加上债务清偿损益等后的余额，为清算所得。

《中华人民共和国企业所得税法实施条例》第三十一条规定，企业所得税法第八条所称税金，是指企业发生的除企业所得税和允许抵扣的增值税以外的各项税金及其附加。

因此，企业注销前还有的留抵税额就是上述“允许抵扣的增值税以外的各项税金”，可以作为“相关税费”，在计算清算所得时减除。

六、任务实践

根据上述任务案例的企业破产清算日财务报表及清算中发生业务进行财务处理，制作清算损益表。

步骤一：根据清算方案进行相应会计科目设置；

步骤二：根据清算实际情况进行清算的财务处理；

步骤三：制作清算损益表。

七、任务成果报告及评价

表6-6是企业注销过程财务处理成果报告。

表6-6 企业注销过程财务处理成果报告

<table>
<tr><td colspan="4">实训任务二　企业注销过程财务处理成果报告</td></tr>
<tr><td>适用项目</td><td></td><td>课时</td><td>6</td></tr>
<tr><td>组名</td><td></td><td rowspan="2">成员及分工</td><td rowspan="2">组织者：　　思路方案：
政策支持：　　职业素养：
文档制作及上传：</td></tr>
<tr><td>时间及地点</td><td></td></tr>
<tr><td colspan="4">【案例描述及要求】</td></tr>
</table>

续表

【我的思路或方法】 【我的解决方案】 【我的政策知识】 【我的职业技能】 【我的职业素养】
【课堂提问】 一、小组被提问记录 二、小组提问记录 三、教师提问记录
【我的评分】 评分标准： 1.知识掌握（20分）：案例适用政策完整且准确（20分）。 2.技能掌握（30分）：案例税额计算准确（15分）、文档制作（5分）、信息搜集整理（5）、演讲表达（5分）。 3.素质提升（30分）：思政精神力挖掘务实（5分）、与具体实践结合（15分）、具有共鸣感（10分）。 4.小组合作（20分）：分工明确（5分）、全员贡献度（10分）、活跃度（问及答）（5分）。 一、自评分（20%） 二、小组互评分（40%） 三、教师评分（40%）

续表

【我的诊改】 一、存在问题 （一）知识方面   （二）技能方面   （三）素质方面   二、未来改进 （一）知识方面   （二）技能方面   （三）素质方面

八、课后作业及拓展

（一）讨论

清算净损益与清算净值的关系是什么？

（二）阅读

公司注销前处置存货税务处理，https：//www.shui5.cn/article/45/10684.html。

市场监管总局等五部门关于发布《企业注销指引（2021年修订）》的公告（市场监管总局 人力资源社会保障部 商务部 海关总署 税务总局公告2021年第48号）

（三）作业

【业务题】某公司破产清算过程中发生以下业务：

（1）变卖材料收入300 000元，收取增值税39 000元，一并存入银行，材料的账面价值为368 000元。

（2）处置半成品收入120 000元，收取增值税15 600元，一并存入银行，半成品的账面价值为150 000元。

（3）处置产成品收入284 000元，收取增值税36 920元，一并存入银行，产成品账面价值为292 520元。

要求：根据以上经济业务编制会计分录。

任务三　企业注销清算所得税处理

一、任务导航

表6-7是企业注销清算所得税处理工作任务表。

表6-7　企业注销清算所得税处理工作任务表

任务基本描述：展示企业法人注销清算中适用的所得税政策及清算所得税报表的处理				
任务目标	任务知识点	任务技能点	学习时间节点	学习资源
1. 掌握清算中的所得税处理	•清算所得税在清算环节中所处位置 •注意清算时点 •清算资产税务处理	•清算资产税务处理	•课前准备 •课堂展示	•百度搜索 •超星平台资料库
2. 制作清算所得税报表		•完成清算所得税的计算及纳税申报	•课堂完成 •课堂展示	•百度搜索 •超星平台资料库

二、前导知识和技能测试

前导知识测试 6.3.1

前导技能测试 6.3.1

1. 前导知识测试6.3.1
2. 前导技能测试6.3.1

三、任务计划

（一）学习目标：________________

（二）学习内容及时间安排：________________

（三）学习完成率及成果：________________

四、任务案例

根据税法相关法规，璃之花有限公司财务人员对清算资产进行税务处理，并对清算所得税进行计算，编制清算所得税申报表。

璃之花有限公司账面资产为1 000万元（可变现净值1 210万元），负债500万元，所有者权益500万元（累计未分配利润及盈余公积300万元），企业股东投资200万元，发生清算费用20万元，以前年度亏损10万元，债务清偿金额为500万元。

五、任务知识殿堂

（一）企业清算的程序

企业清算的程序如下：

（1）在解散事由出现之日起十五日内成立清算组，开始清算。

（2）清算组应当自成立之日起十日内通知债权人，并于六十日内在报纸上公告。

（3）清理公司财产，分别编制资产负债表和财产清单。

（4）资产处置，包括收回应收款项、非现金资产转让等。

（6）清偿债务。按下列顺序清偿债务：

①清算费用；

②应付未付的职工工资薪金、劳动保险费、法定补偿金等；

③应缴未缴的各项税费；

④尚未偿付的债务；

⑤剩余财产分配；

⑥制作清算报告，申请注销登记。

（二）清算的时限规定

《财政部 国家税务总局关于企业清算业务企业所得税处理若干问题的通知》（国税函［2009］684号）规定，企业应将整个清算期作为一个独立的纳税年度计算清算所得，无论清算期间实际是长于12个月还是短于12个月都要视为一个纳税年度，以该期间为基准计算确定企业应纳税所得额。企业如果在年度中间终止经营，该年度终止经营前属于正常生产经营年度，此后则属于清算年度。

（三）清算资产的税务处理

税法规定，企业将剩余财产分配给股东前要就清算所得缴纳企业所得税。所以，企业清算期间的资产无论是否实际处置，一律视同变现，同时确认所得或者损失。确认清算环节企业资产的增值或者损失应按其可变现价值或公允价值进行计算。

在清算期间，企业实际处置资产时按照正常交易价格取得的收入可作为其公允价值。对于清算企业没有实际处置的资产，应按照其可变现价值来确认隐性的资产变现损益。

企业清算期间所得税优惠政策一律不再适用。企业清算期间，企业不是处于正常经营时期，取得的所得已经不是正常的生产经营所得，企业所得税优惠政策的适用对象已经不存在。企业应就其清算所得依照税法规定的25%的法定税率缴纳企业所得税。

（四）清算所得税的计算

清算所得是指企业的全部资产可变现价值或交易价格减除资产的计税基础、清算费用以及相关税费等后的余额。

计算公式为：

$$\text{清算所得}=\text{企业全部资产的可变现价值或交易价格}-\text{资产的计税基础}-\text{清算费用}-\text{相关税费}+\text{债务清偿损益}-\text{弥补以前年度亏损}$$

$$\text{清算所得税}=\text{清算所得}\times 25\%$$

因此，计算清算所得税需要处理的内容包括：资产的可变现价值或交易价格、资产的计税基础、相关税费、亏损弥补额等。

（五）被清算企业的股东处理

企业股东从被清算企业分得的剩余财产金额，其中相当于被清算方累计未分配利润和累计盈余公积中按该股东所占股份比例计算的部分，应确认为股息所得；剩余资产扣除股息所得后的余额，超过或低于企业投资成本的部分，应确认为企业的投资转让所得或损失。清算企业的累计未分配利润和累计盈余公积是指清算前的留存收益与清算期间实现的税后留存收益（或损失）的和。

可以向企业所有者分配的剩余财产＝企业全部资产的可变现价值或交易价格－清算费用－相关税费－职工工资－社会保险费用－法定补偿金－清算所得税－以前年度欠税－清偿企业债务

（六）清算所得税报表

清算所得税报表

清算企业应根据《国家税务总局关于印发〈中华人民共和国企业清算所得税申报表〉的通知》（国税函2009 388号）填写清算所得税申报表。

拓展阅读

公司注销的涉税风险分析及应对

部分公司由于经营不善，持续亏损，投资者选择进行注销清算，那在注销清算过程，有什么样的涉税风险，如何应对？

某公司为杨老板个人投资的经营进出口业务的外贸公司，近一年多由于出口订单急剧减少，连续亏损，准备注销。

当初公司成立时杨老板投入注册资本30万元，到准备注销前账面的实收资本仍然是30万元。经营期间杨老板不断地往公司填补资金，截至办理注销前，公司账面上记载其他应付杨老板往来款200万元，未分配利润-20万元。

杨老板认为公司已无力还款且公司就是自己的，不需要公司还款，于是放弃了对公司的债权。

注销过程中税务局认定公司的可弥补亏损只有15万元，而杨老板放弃债权的200万元其他应付款，被认定为企业当年的收入，需要补缴46.25万元的企业所得税。并且，据此算出公司最后的盈余有130万元，税务局又让杨老板补缴个人所得税26万元。

此次注销，一共需要缴纳72.25万元的税。

可见注销企业不是一件简单的事，即使公司是亏损的，但一些账务若是没有处理好，非常容易出现需要补税的情况。

就上面的例子来说，关键在于杨老板放弃了对企业的债权，导致企业补缴了大额的企业所得税。因为按照债务重组的原理，企业虽然不用还钱了，但不用偿还的应付款项按照规定应作为企业的债务重组收入，征收企业所得税。

《中华人民共和国企业所得税法实施条例》二十二条规定："企业所得税法第六条第（九）项所称其他收入，是指企业取得的除企业所得税法第六条第（一）项至第（八）项规定的收入外的其他收入，包括企业资产溢余收入、逾期未退包装物押金收入、确实无法偿付的应付款项、已作坏账损失处理后又收回的应收款项、债务重组收入、补贴收入、违约金收入、汇兑收益等。”

企业注销时需要进行汇算清缴，税法跟会计准则是有差异的，所以汇算清缴时会有各种调增调减项。税务局认定的可弥补亏损只有15万元，比账面上的亏损20万元要少，所以需要缴纳企业所得税46.25万元（（200-15）×25%）。

因为该公司的股东为杨老板个人，按目前税收政策，个人股东的税后分红需要按照“利息、股息、红利所得”项目和20%的税率来征收个人所得税。所以杨老板需要缴纳个人所得税26万元（130×20%）。

企业都亏了，税务部门还要求公司及杨老板缴纳企业所得税与个人所得税。杨老板痛苦不堪。

如何降低风险呢？

1.向税务局撤销注销手续，不进行注销；

2.向法院申请简易破产程序，按简易破产程序成立清算组、申报债权等，或者出具股东会决议（其实就是杨老板个人出具），将债权转为增资。

完成以上两个程序后，再申请清算。

经过3个月的处理，目前杨老板已将该公司注销，没有补缴企业所得税及个人所得税。

通过以上真实的案例可以看出，公司在注销过程中，稍处理不好，就可能产生重大涉税风险。

资料来源：佚名.公司注销的涉税风险分析及应对[EB/OL].[2019-07-05].https：//www.shui5.cn/article/03/127769.html.

六、任务实践

根据上述任务案例的企业破产清算日财务报表及清算中发生业务进行所得税处理，并完成清算期所得税申报。

步骤一：进行清算所得税的计算；

步骤二：对于剩余财产进行分配；

步骤三：填报清算所得税纳税申报表。

七、任务成果报告及评价

表6-8是企业注销清算所得税处理成果报告。

表6-8　企业注销清算所得税处理成果报告

<table>
<tr><td colspan="4">实训任务三　企业注销清算所得税处理成果报告</td></tr>
<tr><td>适用项目</td><td></td><td>课时</td><td>4</td></tr>
<tr><td>组名</td><td></td><td rowspan="2">成员及分工</td><td rowspan="2">组织者：　思路方案：
政策支持：　职业素养：
文档制作及上传：</td></tr>
<tr><td>时间及地点</td><td></td></tr>
<tr><td colspan="4">【案例描述及要求】</td></tr>
</table>

续表

【我的思路或方法】 【我的解决方案】 【我的政策知识】 【我的职业技能】 【我的职业素养】
【课堂提问】 一、小组被提问记录 二、小组提问记录 三、教师提问记录
【我的评分】 评分标准： 1.知识掌握（20分）：案例适用政策完整且准确（20分）。 2.技能掌握（30分）：案例税额计算准确（15分）、文档制作（5分）、信息搜集整理（5）、演讲表达（5分）。 3.素质提升（30分）：思政精神力挖掘务实（5分）、与具体实践结合（15分）、具有共鸣感（10分）。 4.小组合作（20分）：分工明确（5分）、全员贡献度（10分）、活跃度（问及答）（5分）。 一、自评分（20%） 二、小组互评分（40%） 三、教师评分（40%）

续表

【我的诊改】 一、存在问题 （一）知识方面 （二）技能方面 （三）素质方面 二、未来改进 （一）知识方面 （二）技能方面 （三）素质方面

八、课后作业及拓展

（一）讨论

《财政部 国家税务总局关于企业清算业务企业所得税处理若干问题的通知》（财税〔2009〕60号）规定：被清算企业的股东分得的剩余资产的金额，其中相当于被清算企业累计未分配利润和累计盈余公积中按该股东所占股份比例计算的部分，应确认为股息所得；剩余资产减除股息所得后的余额，超过或低于股东投资成本的部分，应确认为股东的投资转让所得或损失。

（二）阅读

1.《国家税务总局关于贯彻落实企业所得税法若干税收问题的通知》（国税函〔2010〕79号）

2.《国家税务总局关于个人终止投资经营收回款项征收个人所得税问题的公告》（国家税务总局公告2011年第41号）

3.《国家税务总局关于房地产开发企业土地增值税清算涉及企业所得税退税有关问题的公告》（国家税务总局公告2016年第81号）

（三）作业

【业务题】某企业在注销过程中，资产可回收金额：货币资金1 993 485.05元，应收账款600 000元，其他应收款300 000元，存货70 00元，固定资产20 000元；债务偿还金额:应付账款16 266.29元，其他应付款150 844.94元，应付工资20 234.44元，应交税费3 512.99元。其他信息如下：

资产净值=清算期开始日资产总额-清算期开始日负债总额

=3 469 131.50-402 849.64

=3 066 281.86（元）；

清算人员工资 30 000元；

清算审计费用 8 000元；

其他清算费用 20 000元；

清算期间银行存款利息 5 000元。

假设没有发生相关税费，根据上述资料，计算该公司的清算所得。

主要参考文献

[1]《财政部 国家税务总局关于全面推开营业税改征增值税试点的通知》(财税〔2016〕36号)

[2]《财政部关于印发〈增值税会计处理规定〉的通知》(财会〔2016〕22号)

[3] 朱淑梅，刘璐. 税务会计模拟实验 [M]. 3版. 大连：东北财经大学出版社，2023.

[4] 梁文涛，彭新媛. 税务会计实务 [M]. 3版. 大连：东北财经大学出版社，2021.

[5] 梁俊娇. 税务会计与税收筹划 [M]. 3版. 北京：中国人民大学出版社，2020.

[6]《财政部关于印发〈企业破产清算有关会计处理规定〉的通知》(财会〔2016〕23号)

[7]《中华人民共和国社会保险法》(2018年12月29日第十三届全国人民代表大会常务委员会第七次会议修订)